驱动力丛书

7th Edition
原书第7版

创新的历程

[美] 梅利莎·A.席林 著
Melissa A. Schilling

陈劲 刘沐洋 译

技术创新的
起源、战略和执行

Strategic Management of
Technological
Innovation

机械工业出版社
CHINA MACHINE PRESS

Melissa A. Schilling

Strategic Management of Technological Innovation, 7th Edition

978-1-265-07335-0

Copyright ©2023 by McGraw-Hill Education.

图书在版编目（CIP）数据

创新的历程：技术创新的起源、战略和执行：原书第7版 /（美）梅利莎·A.席林（Melissa A. Schilling）著；陈劲，刘沐洋译. —北京：机械工业出版社，2024.3
（驱动力丛书）

书名原文：Strategic Management of Technological Innovation, 7th Edition

ISBN 978-7-111-75330-8

Ⅰ.①创… Ⅱ.①梅… ②陈… ③刘… Ⅲ.①企业创新－研究 Ⅳ.①F273.1

中国国家版本馆CIP数据核字（2024）第072233号

机械工业出版社（北京市百万庄大街22号 邮政编码100037）
策划编辑：李新妞　　　　　　　　　责任编辑：李新妞　陈　洁
责任校对：肖　琳　薄萌钰　韩雪清　责任印制：张　博
北京联兴盛业印刷股份有限公司印刷
2024年5月第1版第1次印刷
169mm×239mm·24.25印张·1插页·394千字
标准书号：ISBN 978-7-111-75330-8
定价：99.00元

电话服务　　　　　　　　　　网络服务
客服电话：010-88361066　　　机 工 官 网：www.cmpbook.com
　　　　　010-88379833　　　机 工 官 博：weibo.com/cmp1952
　　　　　010-68326294　　　金 书 网：www.golden-book.com
封底无防伪标均为盗版　　　　机工教育服务网：www.cmpedu.com

丛书序

　　科技创新是企业的一项重要活动，对实现"产品卓越、品牌卓著"具有重要的作用。科技创新又是一项充满失败风险的活动，只有少数新技术能够被成功地转化为新产品及服务，并实现真正的价值创造。正如哈佛商学院杰出的管理学者坎特所揭示的，许多企业在提出加强创新工作的豪言壮语后并没有获得预期的效果，其主要原因是战略不当、新业务和传统业务冲突、管理流程控制过严以及领导力和沟通氛围不佳。所以，一方面创新是企业竞争力之源，另一方面科技与创新管理不同于常规的经营管理，其过程困难重重而且充满风险，极易面临克里斯坦森式的"创新困境"。企业需要掌握更为先进的管理知识及一整套的更精致的管理技巧，如战略与技术管理的融合、二元型组织的建设、创新管理体系的规划与落实等。

　　党的二十大报告指出，强化企业科技创新主体地位，发挥科技型骨干企业引领支撑作用，推动创新链、产业链、资金链、人才链深度融合。驱动力丛书以党的二十大精神为指引，以"国际经典 + 本土原创"两个细分产品品类组合形成高水平成果。第一阶段以引进版为主，围绕"科技管理"主题，系统引进、翻译国外科技管理领域的经典著作，不断向广大读者推介科技管理这一领域的优秀成果；之后第二阶段以本土原创精品为主，体现中国自主的科技与创新管理的研究成果与最佳实践，进一步促进经济高质量发展，推动现代化产业体系建设，培育世界一流创新企业，形成源自"科技与创新管理"理论与方法体系的强大驱动力。

陈劲

清华大学经济管理学院教授

教育部人文社会科学重点研究基地清华大学

技术创新研究中心主任

2023 年 11 月 15 日

前 言

创新是一件美好的事情。它是一种兼具美学和实用魅力的力量：它释放我们的创造精神，打开我们的思维以探索迄今为止我们做梦也想不到的可能性，同时加速经济增长，促使医学、农业和教育等人类重要事业进步。对于西方世界创新的主要引擎——产业组织来说，创新不仅提供了非凡的机遇，也带来了严峻的挑战。虽然创新是竞争差异化的有力手段，使企业能够打入新的市场并获得更高的利润，但它也是一场必须依靠速度、技巧和精确度进行的竞争竞赛。一家公司光有创新是不够的，要想成功，它必须比竞争对手创新得更好。

随着学者和管理者对创新的深入理解，在战略管理、组织理论、经济学、市场营销、工程和社会学等学科中，关于创新的广泛研究已经出现并蓬勃发展。这项工作产生了许多关于创新如何影响市场竞争动态、企业如何对创新进行战略管理，以及企业如何实施创新战略以最大限度地提高成功可能性的见解。相关文献分散在不同的研究领域的一个巨大好处是，许多创新主题已经从不同的角度进行了研究。然而，这种多样性也给教与学的融合带来了挑战。本书试图将这些广泛的工作整合到一个统一的战略框架中，试图提供严谨、包容和可理解的内容。

本书的组织框架

本书将创新管理作为一个战略过程来探讨。大纲反映了大多数有关战略的著作中使用的战略管理过程：从评估形势的竞争动态到战略制定，再到战略实施。本书第 1 部分涵盖了技术创新的基础和含义，帮助当今管理者和未来的管理者更好地解释他们的技术环境，识别有意义的趋势。第 2 部分涵盖了制定企业战略方向和创新战略的过程，包括项目选择、合作战略和保护公司产权的战略。第 3 部分涵盖了实施创新的过程，包括组织结构对创新的影响、新产品开发过程的管理、新产品开发团队的管理，以及制定公司的部署战略。虽然本书强调实际应用和例子，但它也提供了系统的覆盖现有研究的内容以指导进一步阅读。

全面覆盖商科和工程学

本书可作为创新和新产品开发的战略管理课程的主要用书。这类课程经常包括在商科和工程学中。因此，本书是给有需要的商科和工程学专业的学生的。例如，第 6 章（确定组织的战略方向）提供了基本的战略分析工具，对此商科学生可能已经熟悉了，但是工程学专业的学生可能不熟悉。同样，第 11 章（新产品开发过程的管理）中关于计算机辅助设计或质量功能展开的一些材料可能是信息系统学生或工程学专业学生的复习资料，但是对于管理学专业的学生是新的知识。虽然章节的顺序设计很直观，但也相对独立，因此教师可以根据需求自主选择阅读。

第 7 版的一些新内容

第 7 版已进行了全面修订，确保框架和工具的严格和全面，其中示例是新的，数字和案例代表了目前的最新信息。一些特别值得注意的变化包括：

6 个新的小案例

Netflix（奈飞）和流媒体服务之战。第 4 章的开篇案例是关于一场争夺电影和电视流媒体市场主导地位的战斗。虽然案例的重点是 Netflix，但也详细介绍了竞争对手的行动，如亚马逊 Prime 视频（Amazon Prime Video）、迪士尼（Disney）、Hulu 和 HBO。这个案例揭示了 Netflix 作为内容开发商和发行商所获得的非常有趣的协同效应，也强调了内容开发商在选择将自己的内容独家提供给特定流媒体服务时所做的权衡。

Uber Elevate（优步航空）启动失败。第 6 版第 5 章的开篇案例是关于 UberAIR 的，优步计划推出空中出租车服务；第 7 版第 5 章的开篇案例是关于优步（Uber）放弃推出自己的空中出租车服务计划，以及其他仍在前进的公司。这个案例强调了推出空中出租车这样的新服务面临的一系列挑战。虽然电池寿命和飞行时间仍然被认为是需要改进的领域，但这个市场目前面临的主要挑战是监管和基础设施：eVTOL（电动垂直起降飞机）将在哪里着陆？谁来监管空中交通以及如何监管？ eVTOL 会不会太吵？ eVTOL 是由飞行员驾驶还是自动驾驶？从这个案例中，我们很容易得出这样的结论：优步可能过早地试图进入这个市场，但尚不清楚剩下的参与者（它们几乎都是专门生产 eVTOL 的初创企业）是否会有更好的表现。

Zeta Energy（泽塔能源）和电池技术的"圣杯"。第 8 章的开篇是 Zeta Energy 的案例。Zeta Energy 是一家年轻的电池技术初创公司，正在开发一种锂硫电池。该技术令人印象深刻，其潜在市场巨大且多样（例如，电动汽车、电网存储、消费设备和无人机）。但 Zeta Energy 面临着如何实现商业化的困境。电池开发既昂贵又有风险；Zeta Energy 在筹集足够的资金来建造大规模生产电池所需的设施方面遇到了困难。该案例强调了 Zeta Energy 正在考虑的各种合作策略，为学生提供了一个很好的机会来分析各种合作协议和合作伙伴的优缺点。

CRISPR-Cas9 基因编辑专利之战。第 9 章的开篇案例为过去 50 年来重要的专利战之一。CRISPR-Cas9 是一项突破性的技术，它能使活体动物（包括人类）的基因被编辑，有可能使我们消除和/或治疗多种疾病。更令人兴奋的是，这项技术本身相对便宜和简单，促使大量学生、研究人员和制造商积极地使用它。然而，伯克利的一个小组和麻省理工学院的一个小组对其知识产权的所有权存在争议。它们的专利申请方式和专利法的变化，共同创造了专利律师们几十年来所见过的最有趣、赌注最高的战斗。

苹果公司（Apple）的创新组织。第 10 章的开篇案例描述了苹果公司是如何组织创新的。这个案例讲述了史蒂夫·乔布斯（Steve Jobs）重返苹果公司后，对公司进行了大规模重组，建立了一个结构更常见于小公司的大公司。这个案例详细说明了乔布斯为什么认为这种结构是合适的，它的权衡是什么，尤其强调了这种结构给了最高领导者多大的权力。虽然这可能是乔布斯非常想要的功能，但这个案例提出了一个问题：同样的组织结构对蒂姆·库克（Tim Cook）领导下的苹果公司是否有意义，以及对不同类型的公司是否也有意义。

麦格纳国际（Magna International）碳纤维 "轻量化" 项目。第 12 章的开篇案例详细描述了一级汽车供应商——麦格纳国际公司是如何针对宝马公司（BMW）宣布将使用碳纤维新材料制造汽车的计划而开发出一种可扩展的碳纤维汽车零部件的。通过对麦格纳国际公司的产品和过程开发项目的副总裁汤姆·帕莱特（Tom Pilette）的深入了解，我们了解到团队是如何组建和管理的，团队文化是如何发展的，团队成员是如何获得补偿的等。宝马公司最终决定自己制造碳纤维复合材料，而不是从供应商那里购买，但麦格纳的努力使其成为碳纤维复合材料制造领域屡获殊荣的世界领导者。

来自全球的案例与数据

本书确保了案例的全球性。案例来自中国、印度、以色列、日本、荷兰、肯尼亚、美国等国家的公司，并且书中使用的统计数据是基于全球的。

更全面的内容和关注当前的创新趋势

根据读者的反馈，新版增加了包括使用 "大数据" 引导创新、特奖（如 XPRIZE）在产生创新方面的优势和劣势、突破性创新者的特征、组织文化在创新中的作用、失败模式和影响分析的详细示例等方面的讨论，帮助相关专业的学生建立自己的 FMEA（故障模式与影响分析）表格等。尽管增加了这些内容，但为了确保本书保持简洁——这一点受到了读者的欢迎——我也付出了巨大的努力。

目 录

01

引言

第 1 部分 技术创新的产业动力

02

创新的来源

03

创新的类型和规律

04

标准之争，模块化和平台竞争

05

进入时机

第 2 部分　技术创新战略的制定

合作战略

保护创新

第 3 部分　技术创新战略的实施

12

新产品开发团队的管理

13

制定部署战略

01

引言

1.1 技术创新的重要性

目前在很多产业，技术创新（technological innovation）已经成为企业获得竞争成功的主要驱动因素。很多产业中的一些公司近 5 年内开发出来的产品的销售额或利润占公司整体销售额或利润的 1/3（或更多）以上。例如，强生（Johnson & Johnson）公司过去 5 年内开发的产品的销售额占总销售额的30% 以上，而 3M 公司近年来这个比例高达 45%。

创新越来越重要，部分原因是市场全球化的结果。国外竞争的压力迫使公司通过持续创新以实现产品与服务的差异化。新产品的引入有助于企业保护自己的利润，同时投资于生产过程的创新可以帮助企业降低成本。信息技术的进步也加速了创新的步伐。计算机辅助设计和制造使新产品的设计和生产变得更容易与更快速，并且柔性生产技术使小规模生产很经济，降低了大规模生产的重要性。[1] 这些技术帮助企业开发与生产更多种类的产品，以密切满足不同消费群体，从而实现与其他竞争对手的差异化。例如，2021 年，丰田（Toyota）公司提供了丰田旗下的数十种不同的乘用车系列（如 Camry、Prius、Highlander、Yaris、Land Cruiser 和 Tundra）。丰田还为每个汽车系列设计了不同的型号（如 Camry L、Camry LE、Camry SE 和 Camry Hybrid SE），其特点和价格各不相同。丰田总共提供了 200 多种车型，价格从 16605美元（Yaris sedan）到 85665 美元（Land Cruiser），承载人数从 3 人（如Tacoma 普通出租车、卡车）到 8 人（Sienna Minivan）。除此之外，丰田还生产了雷克萨斯（Lexus）品牌的一系列豪华汽车。与之类似，2021 年，三星

（Samsung）公司生产了超过 43 款智能手机，从售价约为 100 美元的 Galaxy A01 到售价约为 2000 美元的 Galaxy Fold。公司可以使用广泛的产品模式组合以确保自身可以渗透到几乎每一个可以想到的利基市场。在过去，生产多种类型的产品是昂贵的与耗时的，但是现在柔性生产技术使企业能够无缝地从生产一个型号的产品到下一个，并且可以根据实时需求信息调整生产计划。公司通过使用在许多型号中的通用组件来进一步降低生产成本。

丰田、三星等公司采用新技术，加快了技术创新步伐，抬高了竞争门槛，引发了整个行业开发周期的缩短，同时引入了更多新产品。最终的结果是更大的市场细分和产品的快速淘汰。[2] 产品生命周期（一个产品从引入到退出市场或被下一代产品替代的时间）已大大缩短，比如，软件产品为 4~12 个月，计算机硬件与电子消费产品为 12~24 个月，大型家用电器为 18~36 个月。[3] 这促使企业越来越关注创新，将其作为一种极其重要的战略——不创新的企业很快就会发现，随着其产品过时，其利润也在下降

1.2 技术创新对社会的影响

如果创新已经提高了行业的竞争门槛（创新提高了产业竞争门槛），可以说是使组织的成功变得更加复杂，那么创新对社会的最终影响显然是积极的。创新可以为世界各地的人们提供更广泛的商品和服务。创新使食品和其他生活必需品的生产更加有效率，产生了改善健康状况的医疗方法，能够让人们到世界各地旅行且与当地人交流。要真正了解技术创新对社会的巨大影响，请看图 1.1。图 1.1 显示了过去 200 年来发展的一些重要的技术创新。想象一下，如果没有这些创新，生活将会变得多么不同！

技术创新的总体影响可以通过国内生产总值（gross domestic product，GDP）来观察。一个经济体的国内生产总值是以最终购买价格来衡量的全年总产出。图 1.2 显示了 1980 年至 2018 年世界人均 GDP（即 GDP 除以总人口）。这些数据已转换为美元，并根据通货膨胀率进行了调整。如图 1.2 所示，自 1980 年以来，世界人均 GDP 一直在稳步增长。在美国国家经济研究局（National Bureau of Economic Research）进行的一系列经济增长研究中，经济学家们表明，GDP 的历史经济增长率不能完全由劳动力和资本投入的增长来解释。经

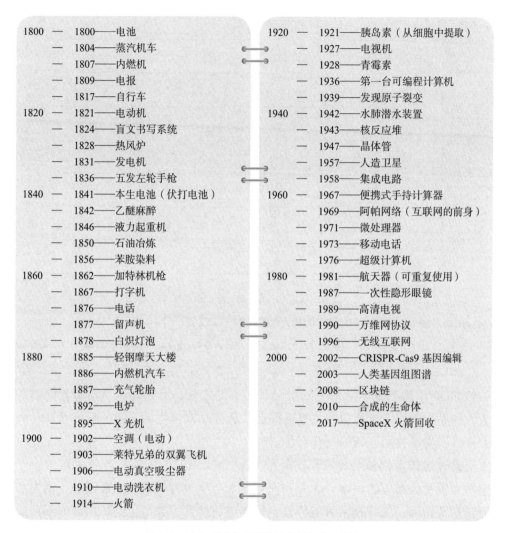

图 1.1　过去 200 年重要的技术创新的时间轴

济学家罗伯特·默顿·索洛（Robert Merton Solow）认为，这种未解释的剩余增长代表了技术变革：技术创新增加了一定数量的劳动力和资本所能实现的产出总量。这个解释没有被立即接受，许多研究人员试图用测量误差、不准确的价格紧缩或劳动力改善来解释。但是在每种情况下，附加的变量都不能消除剩余经济增长。一个逐渐形成的共识是，剩余经济增长确实是技术变革带来的。1981 年，索洛也因此获得了诺贝尔奖，这一剩余经济增长被称为索洛剩余。[4]

图 1.2　1980—2018 年世界人均国内生产总值（以 2019 年实际美元计）

资料来源："1960—2021 年世界人均国内生产总值"，宏观趋势，https://www.macrotrends.net/countries/
WLD/world/gdp-per-capita.

虽然 GDP 作为衡量生活水平的指标有其不足之处，但它确实与消费者能够购买的商品数量有非常直接的关系。因此，就商品改善生活质量的程度而言，我们可以归功于技术创新的一些有益影响。

有时候技术创新会导致负的外部效应（externality）。生产技术可能会产生对周围社区有害的污染；农业和渔业技术会导致自然栖息地被侵蚀、消失和海洋资源枯竭；医疗技术可能导致意想不到的后果，如产生耐抗生素的细菌或陷入基因改造的道德困境。然而技术就其本质而言是知识，是我们用来解决问题和追求目标的。[5] 因此，技术创新就是创造应用于实际问题的新知识。有时，这些知识被仓促地应用到问题上，而没有充分考虑后果和替代方案。但总的来说，拥有更多的知识可能比拥有更少的知识对我们更好。

1.3　产业创新：战略的重要性

正如第 2 章所示，对技术创新的大部分努力与资金投入主要源于工业企业。

然而，在狂热的创新竞赛中，许多公司在没有明确的战略或完善的项目选择和管理流程的情况下，轻率地进行新产品开发。这样的公司经常发起的项目比它们能够有效支持的项目要多，并且选择的项目与公司的资源和目标不匹配，结果导致长的开发周期和高的项目失败率（参见最近的新产品开发周期长度的研究简报）。虽然创新通常被描述为一个不受规则和计划约束的自由过程，但一项又一项研究表明，成功的创新者都有明确的创新战略和管理过程。[6]

研究花絮

新产品开发需要花多长时间？

2012年，在一项由产品开发与管理协会（PDMA）进行的大规模调查中，研究人员调查了企业开发一种新产品从最初的概念到推向市场所需的时间长度。该项研究根据创新程度将新产品开发项目分为三类："突破性"项目、"更创新"项目和"渐进性"项目。平均而言，"渐进性"项目从概念到引入市场只需要33周。"更创新"项目花费的时间明显更长，达到57周。"突破性"项目耗时最长，平均为82周。该研究还发现，平均而言，对于更具创新性和突破性的项目，公司报告的周期比之前PDMA在1995年和2004年进行的调查报告的周期要短得多。

资料来源：此段内容改编自 Stephen K. Markham 和 Hyunjung Lee，"Product Development and Management Association's 2012 Comparative Performance Assessment Study," *Journal of Product Innovation Management* 30，no.3（2013）:408–29.

1.3.1 创新漏斗

大多数创新想法并不能成功地转化为新产品。许多研究表明，几千个想法中只有一个能成功地转化为新产品：许多项目并不能产生技术上可行的产品，即使产生了，也有许多未能获得商业回报。根据2012年产品开发与管理协会的一项研究表明，在启动的项目中，只有大约1/9是成功的，而在那些成功投入市场的项目中，只有大约一半获得了利润。[7]此外，在一个项目正式启动之前，许多想法会被筛选和放弃。一项研究结合了之前关于创新成功率的研究，使用专利数据、风险投资基金数据与调查数据，发现大约需要3000个原始想法才能产生一种全新的、成功的商业产品。[8] 制药行业证明了这一点：每 5000 种化合物中只有一种能进入药剂师的货架，而其中只有 1/3 能成功收回研发成本。[9] 此外，大多数研究表明，将一种经过食品和药品管理局（FDA）批准的新药推向市场至少需要花费 14 亿美元和 10 年的研究时间！[10] 因此，创新过程通常被认为是一个漏斗，刚开始有许多潜在的有关新产品的想法进入，但很少能通过开发过程（见图 1.3）。

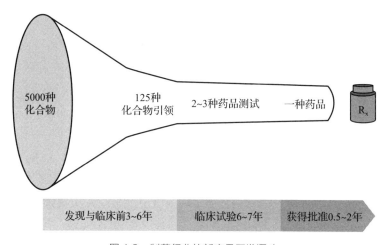

图 1.3　制药行业的新产品开发漏斗

1.3.2　技术创新的战略管理

提高一家公司的创新成功率需要一个精心设计的战略。一个公司的创新项目应与企业资源和目标相匹配，发挥企业核心竞争力，帮助企业实现战略目标。一个公司的组织结构和控制系统应该鼓励产生创新的想法，同时也确保有效的执行。一个公司的新产品开发过程应该使项目在技术上和商业上成功的可能性最大化。为了实现这些目标，企业需要深入了解创新的动力、精心设计创新战略，以及为实施创新战略而精心设计流程。我们将依次介绍它们（见图 1.4）。

在第 1 部分中，我们将介绍技术创新的基础，深入了解创新如何在一个行业中发生、为什么会在一个行业中发生，以及为什么一些创新会崛起并主导其他创新。首先，我们将在第 2 章中探讨创新的来源。我们将解决这些问题：伟大的想法从何而来？企业如何利用个人创造力？用户、政府组织、大学和联盟

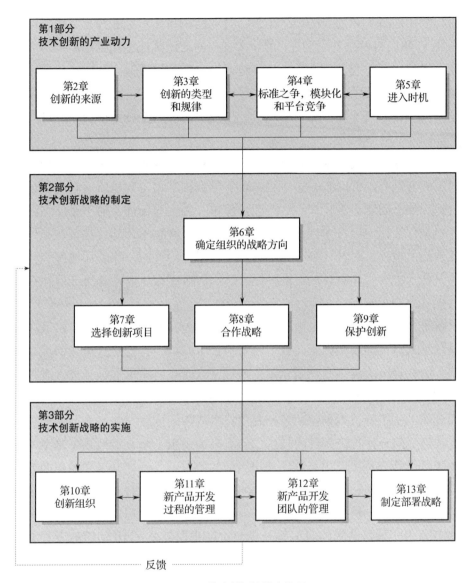

图 1.4　技术创新的战略管理

网络在创新中扮演什么角色？在第 2 章中，我们将首先探讨创造力在产生新颖和有用的想法中的作用。然后，我们探讨创新的各种来源，包括个人发明家、公司、公共赞助的研究机构和合作网络的作用。

在第 3 章中，我们将介绍创新的类型（如突破性创新与渐进性创新、架构创新与模块创新）和创新的规律（包括技术性能和技术扩散的 S 曲线，以及技术周期）。我们将解决如下问题：为什么有些创新比其他创新更难产生和实施？为什么即使创新看起来具有很大的优势，但它们的扩散速度却往往很慢？什么因素会影响一项技术随时间发展的速度？熟悉这些创新类型和规律将帮助我们区分一个项目如何不同于另一个项目，以及塑造项目在技术或商业上可能成功的潜在因素。

在第 4 章中，我们将转向以网络外部性和其他收益增加来源为特征的行业中出现的特别有趣的动态，这些动态可能导致标准之争和赢家通吃的市场。我们将解决如下问题：为什么一些产业选择单一的主导标准，而不是使多种标准共存？是什么让一项技术创新崛起并主导其他所有技术创新，甚至在其他看似优越的技术被提供时？一家公司如何避免被拒之门外？一家公司能做些什么来影响其技术成为主导设计的可能性吗？什么时候平台生态系统可能取代行业中的其他竞争形式？

在第 5 章中，我们将讨论进入时机，包括先发者优势和劣势，以及决定公司最佳进入时机的影响因素。我们将解决如下问题：首先进入市场的优点和缺点是什么？什么决定了一项新创新的最佳进入时机？本章揭示了进入时机如何影响创新成功的一系列模式，并概述了哪些因素将影响企业的最佳进入时机，从而开始了从了解技术创新动态到制定技术战略的过渡。

在第 2 部分，我们将转向技术创新战略的制定。第 6 章回顾了基本的战略分析工具，管理者可以用来评估公司当前的地位，并确定其未来的战略方向。我们将解决如下问题：公司可持续竞争优势的来源是什么？在企业的价值链中，它的优势和劣势在哪里？公司的核心竞争力是什么？公司应该如何利用和建立这些竞争力？公司的战略意图是什么，也就是说，公司 10 年后的发展方向是什么？企业只有在彻底评估了目前的状况后，才能制定出一个连贯的未来技术创新战略。

在第 7 章中，我们将研究选择创新项目的各种方法。这些方法包括定量分析方法（如折现现金流法和实物期权法）、定性分析方法（如问题扫描法和研发组合），以及定性分析和定量分析的结合方法（如结合分析法和数据包络分析法）。这些方法各有其优缺点，导致许多企业使用多种方法来选择创新项目。本章还包括一些创新创业公司可能用于资助其项目的资金来源。

在第 8 章中，我们将研究创新的合作战略。本章解决的问题有：公司应该在某个项目上合作还是单干？公司如何决定哪些活动是在内部进行的，哪些活动是通过合作进行的？如果公司选择与合伙人合作，该如何构建合作伙伴关系？公司如何选择和监督合作伙伴？我们将从一家公司选择单干而不是与合伙人合作的原因开始介绍。然后，我们将研究各种合作方式的优缺点，包括合资、联盟、许可、外包和参与合作研究组织。本章还介绍了影响合作伙伴选择和监督的因素。

在第 9 章中，我们将讨论公司如何将收益分配给创新。我们将研究专利、版权、商标和商业秘密的机制。我们还将解决如下问题：在某些情况下，不积极保护自己的技术创新会对企业有利吗？一个公司如何在保护其创新的完全专有、完全开放或部分开放战略之间做出决定？什么时候开放战略会比完全专有战略更有优势？本章介绍了公司可选择的保护方案的范围，以及公司在其保护战略中必须考虑的一系列复杂的权衡。

第 3 部分是技术创新战略的实施。在第 10 章中，我们将讨论组织的规模和结构如何影响其总体创新率。本章将讨论如下问题：大公司在创新方面优于小公司吗？形式化、标准化和集权化如何影响产生创新想法的可能性及组织快速有效地实施这些想法的能力？有可能在提高效率和可靠性的同时实现创造性和灵活性吗？企业文化如何影响其创新？跨国公司如何决定在哪里开展研发活动？当活动发生在多个国家时，跨国公司如何协调它们的研发活动以实现共同目标？本章探讨了组织如何平衡灵活性、规模经济、标准化、集权化和挖掘当地市场知识之间的利益。

在第 11 章中，我们将回顾一系列在管理新产品开发过程中确定的"最佳实践"。本章将讨论如下问题：新产品开发过程应该顺序执行还是并行执行？利用项目支持者的优点和缺点是什么？让用户和 / 或供应商参与开发过程的好处和风险是什么？公司可以使用什么工具来提高新产品开发过程的有效性和效率？公司如何评估其新产品开发过程是否成功？本章对改进新产品开发项目管理和衡量绩效的方法进行了回顾。

第 12 章建立在前一章的基础上，阐明了团队组成和结构将如何影响项目结果。本章讨论的问题包括：团队应该建设成多大规模？选择高度多样化的团队成员的优点和缺点是什么？团队需要集中在一起吗？什么时候团队应该是全

职和 / 或永久的？团队应该选择什么样的团队领导者和如何管理实践？本章为构建与正在进行的新产品开发项目类型相匹配的新产品开发团队提供了详细的指导方针。

最后，在第 13 章中，我们将讨论有关制定部署战略的内容。本章将讨论以下问题：我们如何加快技术创新的应用？我们如何决定是否使用授权或 OEM 协议？使用渗透定价还是市场撇脂定价更有意义？什么时候我们应该直接销售而不是利用中介？企业可以使用什么策略来鼓励分销商和互补品供应商支持创新？主要营销方法的优缺点是什么？本章对传统的营销、分销和定价的相关知识进行了补充，着眼于如何制定部署战略，特别是针对新技术创新的需求。

1.4　本章小结

1. 如今，技术创新往往是许多行业中最重要的竞争驱动力。许多公司超过 1/3 的销售额和利润来自于过去 5 年内开发的产品。

2. 创新的重要性越来越大，很大程度上是由于市场全球化和先进技术的出现导致的，这些技术使产品设计更快，使小规模生产很经济。

3. 技术创新对社会有许多重要影响，包括促进 GDP 增长、促进交流和流动性、改善医疗水平。

4. 技术创新也可能造成负的外部效应，包括污染、资源枯竭以及由技术变革所带来的意想不到的后果。

5. 虽然政府在创新方面发挥着重要作用，但产业界提供了大部分研发资金，最终用于技术创新。

6. 成功的创新需要深入理解创新的动力、精心设计的创新战略，以及完善的实施创新战略的流程。

第 1 部分

技术创新的产业动力

在本部分中，我们将探讨技术创新的产业动力，包括：

- 创新的来源，包括个人、组织、政府机构和网络的作用。
- 创新的类型和规律。
- 决定产业选择主导设计的压力因素，以及驱动成为主导技术的原因。
- 进入时机的影响，以及公司如何识别（和管理）进入策略。

本部分将为第 2 部分"技术创新战略的制定"奠定基础。

技术创新的产业动力

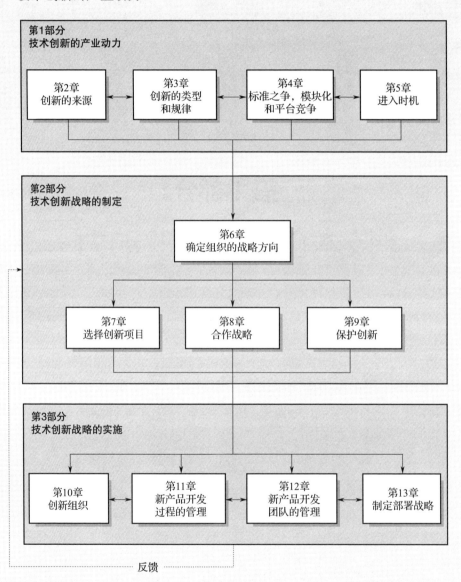

第1部分
技术创新的产业动力

| 第2章
创新的来源 | 第3章
创新的类型
和规律 | 第4章
标准之争，模块化
和平台竞争 | 第5章
进入时机 |

第2部分
技术创新战略的制定

第6章
确定组织的战略方向

| 第7章
选择创新项目 | 第8章
合作战略 | 第9章
保护创新 |

第3部分
技术创新战略的实施

| 第10章
创新组织 | 第11章
新产品开发
过程的管理 | 第12章
新产品开发
团队的管理 | 第13章
制定部署战略 |

反馈

02

创新的来源

人造肉的兴起[○]

2017 年底,微软创始人比尔·盖茨(Bill Gates)和亚马逊的杰夫·贝索斯(Jeff Bezos)、阿里巴巴的马云、维珍的理查德·布兰森(Richard Branson)等有实力的投资者组建了 Breakthrough Energy Ventures(突破性能源公司),他们宣布打算投资一家名为 Memphis Meats 的旧金山初创公司,该公司的商业计划非同寻常:使用干细胞培育"清洁"肉类,无须饲养或屠宰动物。该公司已经用细胞培育、生产出了牛肉、鸡肉和鸭肉。[○]

不屠宰动物生产肉类有许多潜在的优势。首先,由于人口增长和发展,人们对肉类的需求急剧增长。当发展中国家变得更富有时,它们会增加对肉类的消费。虽然全球人口自 1960 年以来翻了一番,但肉类产品的消费增长了 5 倍,而且仍在增长。许多科学家和经济学家已经开始就即将到来的"肉类危机"发出警告。尽管大豆和豌豆等植物蛋白作为替代品已经获得了热烈的追捧,但动物蛋白的消费量仍在继续上升。这表明,除非从根本上开发出更有效的生产方法,否则肉类短缺是不可避免的。

大规模饲养动物也对环境产生了巨大的负面影响。例如,世界范围内牛的生产所产生的温室气体排放量比世界范围内汽车的总体排放量还要多。动物生产也非常消耗水资源。例如,每生产一只超市出售的鸡需要消耗超过 1000 加

○ 改编自保罗·夏皮罗(Paul Shapiro)和梅利莎·A. 席林(Melissa A.Schilling)的纽约大学教学案例。
○ Zack Friedman, "Why Bill Gates and Richard Branson Invested in 'Clean' Meat," *Forbes*, August 2017.

仑（1 加仑 ≈3.79 升）的水，每生产一个鸡蛋需要 50 加仑的水。每生产一加仑牛奶需要 900 加仑的水。牛津大学的一项研究表明，用细胞培育的肉类将减少高达 96% 的温室气体排放，并且节省 45% 的能源、99% 的土地和 96% 的水资源。[⊖]

科学家们也一致认为，生产食用肉是效率低下的。据估计，生产 1 卡路里（1 卡路里 ≈4.19 焦耳）的牛肉大约需要 23 卡路里的投入。人造肉有望将这一比例降低至投入 3 卡路里生产 1 卡路里的牛肉，效率是原来的 7 倍以上。人造肉也不含抗生素、类固醇和一些细菌（如大肠杆菌），确实"更清洁"。而且，如此转化有利于提高人类健康和降低肉类易腐性。

清洁肉的发展

2004 年，刚从约翰·霍普金斯大学公共卫生专业毕业的 29 岁学生杰森·马西尼（Jason Matheny）决定尝试解决动物食品生产中的问题。虽然马西尼自己是素食主义者，但他意识到，说服足够多的人采用素食饮食来减缓肉类危机是不可能的。正如他所指出的："你可以花时间让人们更频繁地关灯，或者你可以发明一种更高效的灯泡，即使你开着灯，也能消耗更少的能源。我们需要的是一种高效得多的获取肉类的方法。"[⊖]

马西尼成立了一个名为 New Harvest（"新收获"）的非营利组织，致力于促进不使用动物生产真正肉类的研究。他很快发现荷兰科学家威廉·范·伊伦（Willem van Eelen）正在探索如何用动物细胞培养肉类。伊伦在 1999 年获得了人造肉生产方法的首个专利。然而，这位异乎寻常的科学家在为他的项目吸引资金和扩大生产方面没有多少运气。马西尼认为，只要稍加刺激，就可以说服荷兰政府在肉类培养方法的发展上进行投资。他设法与荷兰农业部长会面，在那里他阐述了自己的观点。马西尼的努力得到了回报：荷兰政府同意投资 200 万欧元，在 3 所不同的大学探索培育人造肉的方法。

到 2005 年，人造肉开始受到关注。《组织工程》（*Tissue Engineering*）

⊖ Hanna L. Tuomisto and M. Joost Teixeira de Mattos, "Environmental Impacts of Cultured Meat Production," *Environmental Science and Technology* 14(2011): 6117–2123.

⊖ Paul Shapiro, *Clean Meat: How Growing Meat without Animals Will Revolutionize Dinner and the World* (New York: Gallery Books, 2018), 35.

杂志发表了一篇题为《体外培养肉的生产》（*In Vitro-Cultured Meat Production*）的文章。同年，《纽约时报》（*New York Times*）在其"年度想法"中介绍了人造肉。然而，尽管政府和大学愿意投资人造肉生产方法的基础研究，但它们不具备将其商业化所需的能力和资产。马西尼知道，要让人造肉成为主流，他需要提起大型农业企业的兴趣。

马西尼与农业企业的最初沟通并不顺利。尽管肉类生产商在概念上对这一想法持开放态度，但他们担心消费者会抵制人造肉，认为它不是自然产生的。马西尼觉得这种批评令人沮丧，毕竟乘坐飞机、使用空调或者吃充满类固醇的肉来加速生长也是不自然的。

项目进展得缓慢。马西尼在美国情报高级研究计划局（IARPA）找到了一份工作，同时继续运营 New Harvest。幸运的是，其他人也开始意识到开发人造肉生产方法的紧迫性。

谷歌的谢尔盖·布林登场了

2009 年，谷歌的联合创始人谢尔盖·布林（Sergey Brin）的基金会联系了马西尼，希望了解更多关于人造肉技术的知识。马西尼把布林的基金会介绍给了马斯特里赫特大学的马克·波斯特（Mark Post）博士，他是荷兰政府资助人造肉项目的顶尖科学家之一。波斯特成功地在体外培育了老鼠的肌肉，他确信此过程可以在牛、家禽等动物的肌肉上复制。正如他所说："我很清楚，我们可以做到这一点。科学就在那里。我们所需要的只是资金以证明它，而现在我们有机会得到我们需要的东西。"⊖ 制定细节花了一年多的时间，但在2011 年，布林基金会向波斯特提供了大约 75 万美元，让他制作两个人造牛肉汉堡来证明他的工艺，波斯特的团队开始迎接挑战。

2013 年初，关键时刻到来：波斯特和他的团队用人造牛肉做了一个味觉测试。他们用人造牛肉做了一个小汉堡，并分成三份品尝。人造牛肉尝起来像肉。他们的汉堡用的是骨骼肌，但他们知道为了商业生产，需要添加脂肪和结缔组织以让人造牛肉更接近牛肉的质地，但这些问题在实现这个里程碑之后是

⊖ Paul Shapiro, *Clean Meat: How Growing Meat without Animals Will Revolutionize Dinner and the World* (New York: Gallery Books, 2018), 60.

很容易解决的。媒体对此反应热烈，《华盛顿邮报》（*Washington Post*）发表了一篇题为《试管汉堡能拯救地球吗？》（*Could a Test-Tube Burger Save the Planet？*）的文章。[一]

商业化

2015 年，梅奥诊所（Mayo Clinic）的心脏病专家乌玛·瓦莱蒂（Uma Valeti）在明尼苏达大学建立了自己的人造肉研究实验室。"我读到过吃肉比吃素效率低的文章，但比浪费更让我困扰的是动物遭受的巨大痛苦。"[二] 作为一名心脏科医生，瓦莱蒂还认为，让人们少吃肉可以改善人类健康："我知道我的病人吃的不良食物、不健康的脂肪和精制碳水化合物正在杀死他们，但很多人似乎完全不愿意少吃肉或不吃肉。有些人甚至告诉我，他们宁愿活得更短也不愿停止吃他们爱吃的肉类。"瓦莱蒂开始想象一种两全齐美的选择——生产一种更健康、更友好的肉。正如他所指出的："我认为我想要的这种肉的主要区别是，它必须比超市的肉更瘦，含有更多的蛋白质，因为超市的肉中含有大量的饱和脂肪……为什么我们不吃一些被证明对健康和长寿更有益的脂肪呢，比如 ω-3 脂肪酸？我们想要的不仅仅是传统肉类，而是比传统肉类更健康的肉类。"[三]

瓦莱蒂对离开使他成功的心脏病专家职位感到紧张，毕竟他有妻子和两个孩子要养活。然而，当他坐下来和他的妻子（一名儿科眼科医生）讨论这件事时，她说："你看，乌玛，我们一直都想这么做。我不希望当我们回头看时，为什么我们没有勇气为一个想法而努力，这个想法可以让这个世界对我们的孩子和他们这一代更友好。"[四] 因此，瓦莱蒂的公司诞生了，它后来被命名为孟菲斯肉制品公司（Memphis Meats）。

基于波斯特博士的成就，瓦莱蒂的团队开始试验各种方法以让人造肉的口感和味道都更好。经过反复试验，以及申请越来越多的专利，他们在 2015 年

[一] "Could a Test-Tube Burger Save the Planet?" *Washington Post,* August 5, 2013.

[二] Paul Shapiro, *Clean Meat: How Growing Meat without Animals Will Revolutionize Dinner and the World* (New York: Gallery Books, 2018), 113.

[三] Paul Shapiro, *Clean Meat: How Growing Meat without Animals Will Revolutionize Dinner and the World* (New York: Gallery Books, 2018), 115.

[四] Paul Shapiro, *Clean Meat: How Growing Meat without Animals Will Revolutionize Dinner and the World* (New York: Gallery Books, 2018), 118.

12 月举办了第一次品尝活动。菜单上有一个肉丸子。这一次，大型农业企业注意到了这一点。

2016 年底，世界著名的肉类生产商泰森食品公司（Tyson Foods）宣布将向一个风险投资基金投资 1.5 亿美元，该基金将开发替代蛋白质，包括从自我复制的细胞中生长出肉类。2017 年 8 月，农业企业巨头嘉吉公司（Cargill）宣布投资孟菲斯肉制品公司。几个月后的 2018 年初，泰森食品公司也承诺投资。

第一个肉丸子花了 1200 美元；要使人造肉商业化，就需要大幅降低成本。但分析人士很快指出，第一代 iPhone 的研发成本高达 26 亿美元，远远超过了第一代人造肉。规模和学习曲线效率将降低成本。瓦莱蒂相信，该公司的产品不仅很快就会与传统肉类竞争，而且会更便宜。毕竟人造肉比传统肉类具有内在的效率优势。

2020 年 12 月，Eat Just 公司生产的人造鸡肉获得了新加坡食品署的批准，成为世界上第一个获准商业销售的人造肉产品。Eat Just 通过销售 Just Eggs（由绿豆制成）获得了早期的成功。该公司的创始人乔希·蒂特里克（Josh Tetrick）也在与美国和欧洲的食品监管机构进行沟通，他指出："我可以想象，美国、西欧和其他国家将看到新加坡所能做到的，以及他们制定的框架的严谨性。我可以想象，他们会试图把它作为模板，把自己的框架整合起来。"⊖

一些怀疑者认为，人造肉更大的问题不是生产经济性或监管机构的批准，而是消费者的接受度：人们愿意吃非动物肉吗？谢尔盖·布林、比尔·盖茨、杰夫·贝索斯、马云和理查德·布兰森都愿意打赌消费者愿意。布兰森在 2017 年表示："我相信在 30 年左右的时间里，我们将不需要再杀死任何动物，所有的肉都将是清洁的或植物性的，口感与传统肉相同，而且对每个人来说都更健康。"⊜ 非营利组织 The Good Food Institute（好食品研究所）的执行董事布鲁斯·弗里德里希（Bruce Friedrich）对此表示赞同。他指出："随着各国竞相将肉类生产从工业化畜牧业中分离出来，那些推迟对这一未来食品投资的国家将可能被甩在后面。"⊗

⊖ Ryan W. Miller, "Lab-Grown 'Chicken Bites'? Cultured Meat Product Gets World's First Regulatory Approval," *USA Today*, December 2, 2020.
⊜ Zack Friedman, "Why Bill Gates and Richard Branson Invested in 'Clean' Meat," *Forbes*, August 2017.
⊗ Ryan W. Miller, "Lab-Grown 'Chicken Bites'? Cultured Meat Product Gets World's First Regulatory Approval," *USA Today*, December 2, 2020.

2.1 概述

创新（innovation）有许多不同的来源。创新可以来自于个人，就像我们熟悉的孤独的发明者或为自己的需求制定解决方案的用户。创新也可以来自于大学、政府实验室和孵化器或私人非营利组织。创新的一个主要引擎是企业。企业非常适合进行创新活动，因为它们通常比个人拥有更多的资源，并有一个管理系统将这些资源集中到一个目标上。企业还有开发差异化新产品和新服务的强烈需求，这可能使它们比非营利性组织或政府资助的组织更有优势。

然而，一个更重要的创新来源是上述这些来源之间的相互联系。利用来自多个来源的知识和其他资源的创新者网络是技术进步最有力的推动者之一。[1]因此，我们可以把创新的来源看作一个复杂的组成系统，其中任何一个创新可能主要来自于系统的一个或多个组件，或者它们之间的联系（见图 2.1）。

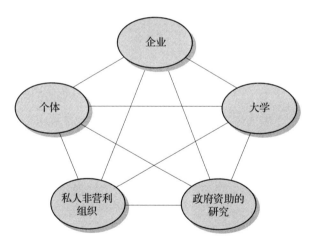

图 2.1　作为一个系统的创新来源

在接下来的介绍中，我们将首先考虑创造力在产生新颖和有用想法的潜在过程中所扮演的角色。然后，我们将考虑如何通过创新系统的独立组成部分（如个人、企业等），以及通过不同组成部分之间的联系（如企业与用户的关系、从大学到企业的技术转移等），将创造力转化为创新成果。

2.2 创造力

创新从新创意（idea）的产生开始。产生新颖而实用的创意的能力被称为创造力（creativity）。新颖的创意必须区别于以往任何已经被提出的创意，因为它不只是一系列已知解决方案的下一个逻辑步骤。[2]一个产品的新颖程度取决于两个因素：一个是新产品同以往产品的差异程度（是小的改进还是大的跳跃）；另一个是新产品超出人们以往经验的程度。[3]一个产品对于它的制造者来说是新颖的，但是对于其他大多数受众来说却是已知的，我们将这种情况称为再发明。最具创造力的创意应该无论在其提出者的个体层面、当地受众层面还是更广泛的社会层面都是新颖的。[4]

2.2.1 个人创造力

个人创造力受其智力能力、知识、个性、动机及其所处环境的影响。

创造性思维最重要的智力能力包括：智力，记忆力，以非常规的方式看待问题的能力，分析哪些想法值得追求、哪些不值得追求的能力，以及向他人阐明创新想法并说服他人创新想法值得追求的能力。创造力的一个重要智力能力是让自己的大脑参与一种被称为初级过程思维（primary process thinking）[5]的视觉心理活动的能力。由于其非结构化的性质，初级过程思维可能连接通常不相关的想法，即所谓的远程联想或发散思维。西格蒙德·弗洛伊德（Sigmund Freud）指出，初级过程思维最有可能发生在睡觉前、瞌睡或做白日梦的时候；其他人观察到，当个体被体育锻炼、音乐或其他活动分散注意力时，这种情况也很常见。有创造力的人可能会对联想更加开放，然后在心里对这些联想进行分类，并选择最好的做进一步分析。拥有出色的记忆力在这方面也很有用——这类人更有可能或更有能力在头脑中的关联网络中寻找更长的路径，使他们能够在别人看来意想不到或奇怪的想法或事实之间找到联系。[6]一个看似随机的联系可能根本就不是随机的，只是其他人很难看到这种关联，因为他们没有想到那么长的关联链。

与此相一致的是，马赛厄斯·贝内德克（Mathias Benedek）和奥尤查·纽鲍尔（Aljoscha Neubauer）教授经研究发现，具有高度创造力的人通常与缺乏创造力的人遵循相同的关联路径，但他们的速度更快，比其他人更早地建立起了不同寻常的联系。[7]他们认为，具有高度创造力的人的联想速度之所以快，是因为他们有出色的工作记忆和执行控制能力。换句话说，能够同时记住许多事情并轻松地操纵它们，使人们能够快速探索许多可能的关联。[8]

知识对创造力的影响是一把双刃剑。如果一个人对某个领域了解得太少，他就不太可能对其理解得足够好，无法做出有意义的贡献。另一方面，如果一个人对某个领域太过了解，他可能会陷入已有的逻辑和范式中，从而阻止他提出另一种解决方案。因此，对某一领域只有中等程度了解的人可能比对该领域有广泛了解的人提出更多创造性解决方案，而突破性创新往往是由该领域的局外人提出的。[9]

以埃隆·马斯克（Elon Musk）为例。埃隆·马斯克在大学期间开发了一个名为 Zip2 的城市搜索门户网站，然后成立了一家互联网金融支付公司（与竞争对手合并），后开发了 PayPal 金融支付系统。然后，在卖掉 PayPal 之后，马斯克决定成立 SpaceX 公司以开发可回收火箭。同时，他也成了特斯拉电动汽车公司创始团队的一员。特斯拉随后收购了 SolarCity（埃隆·马斯克帮助他的表兄弟创建的一家太阳能电池板公司），并多元化进入能源存储等领域。马斯克跨越边界，因为他喜欢解决新的难题。他能够在广泛的行业取得成功，部分原因是他挑战了这些行业的传统模式。[10]例如，SpaceX 能够通过内部制造火箭组件使火箭的价格大幅降低；SolarCity 通过提供租赁的商业模式显著提高了太阳能电池板的采用率，用户可以选择不付定金，用他们节省的部分能源来购买太阳能电池板。

另一个很好的例子是以色列军方的导弹设计师加夫瑞尔·艾丹（Gavriel Iddan）发明了一种革命性的方法，让医生可以看到病人的胃肠系统内部。获取肠道内图像的传统方法是在一根长柔性杆的末端安装一个摄像头，然后将其插入人的肠道内。这种方法让患者很不舒服，并且摄像头不能到达小肠的大部分，但它几十年来一直是行业标准。大多数胃肠病学家都投入了大量的培训来使用内窥镜工具，许多人还为他们的诊所购买了内窥镜设备。毫不奇怪，这一领域的大多数创新都集中在杆、相机和成像软件的增量改进上。然而，艾丹以导弹设计师而非胃肠病学家的方式处理了观察肠道内部的问题。他没有提出相同的假设，即需要用杆控制相机，也不需要用电线传输图像。相反，他发明了一种视频胶囊（称为 PillCam），带有电源、光源和患者可以吞咽的两个微型摄像机。在患者吞咽视频胶囊后，视频胶囊会将图像传送到患者佩戴的视频包中。大约 8 小时后，患者回到医生办公室，让软件算法读取图像，该算法可以识别任何出血位置（视频胶囊自然退出）。事实证明，PillCam 比传统的内窥镜检查更安全、更便宜（PillCam 的成本不到 500 美元），而且更加舒适。对患者来说，吞咽视频胶囊是轻而易举的事。由于现有的投资和对内窥镜的熟悉，医生采用视频胶囊的速度较慢。PillCam 现在在 60 多个国家销售，有几家公司提供竞争产品。视频胶囊是解决难题的首选解决方案。我们很容易看出为什么它来自局外人，而不是内窥镜生产商。[11]

局外人经常面临阻力和怀疑。人们倾向于不看好通才，并对从事与其身份不一致的活动的人持怀疑态度。然而，像马斯克这样的局外人却具有内部人士和行业资深人士经常缺乏的优势。局外人没有被行业资深人士长期僵化的范式和假设所困，也没有对工具、专业知识或供应商和用户关系的现有投资——这些投资使变革变得困难和缺乏吸引力。

最常与创造力相关的个性是"乐于体验"。[12]乐于体验反映了个人对积极想象力的实践、审美敏感性（例如，对艺术和文学的欣赏）、对情感的关注、对多样性的偏好和求知欲。评估方法是要求个人对诸如"我有生动的想象力""我喜欢听到新的想法""我有丰富的词汇""我会在事物中寻找更深层次的意义""我喜欢去艺术博物馆""我喜欢哲学讨论""我喜欢疯狂地幻想飞行"等方面进行评估。在开放体验维度上得分高的人往往具有很强的求知欲，对不寻常的想法感兴趣，并愿意尝试新事物。

内在动机也被证明对创造力非常重要。[13]也就是说，如果个人从事他们真正感兴趣和喜欢的事情，他们更有可能发挥创造力。事实上，多项研究表明，提供金钱或奖励等外在动机会削弱创造力。[14]这引发了人们对创意收集系统在为创意提供金钱奖励的组织中所扮演的角色的严重怀疑。一方面，这种外在奖励可能会破坏内在动机。另一方面，如果金钱奖励很小，这些系统可能主要是为了邀请人们提供想法，这是关于公司文化的一个有价值的信号。在这个领域需要更多的研究来确切地发现什么样的创意征集（如果有的话）是最有效的。

最后，要充分释放个人的创造潜力，通常需要一个支持性环境——让个人有时间独立探索自己的想法，允许非正统的想法，结构不过分僵化或等级化，决策规范不需要达成共识。[15]

2.2.2　组织创造力

组织创造力是组织内个人的创造力以及塑造这些人互动和行为方式的各种社会进程和背景因素的函数。[16]因此，组织的整体创造力水平不是个人创造力的简单加总。组织的结构、惯例和激励措施可能会阻碍或放大个人创造力。

公司挖掘员工创造力最常见的做法就是设立意见箱。1895 年，NCR（National Cash Register）的创始人约翰·帕特森（John Patterson）设立了第一个"意见箱"项目以挖掘计时工人的创意。[17]在那个时代，这个项目被认为是具有革命意义的。被采纳建议的最初提出者可以获得 1 美元的奖励。到 1904 年，员工共提出了 7000 多条创意，其中有 1/3 都被采纳了。其他企业设计了更加精细的系统，不仅可以用来获取员工的创意，还包含了挑选和实施创意的机制。例如，谷歌公司使用了一个创意管理系统。凭借这个系统，员工可以把自己的创意通过电子邮件发到公司的数据库，每个员工都可以看到这些创意，对它们提出意见并且打分。美国本田公司设置了一个员工创意系统（EDIS），只要员工提出自己的创意并被采纳，他就将负责把创意执行到底，可以监测创意由概念到实施的整个进展过程。根据美国本田公司的报道，公司超过 75%的创意都得到了实施。[18]美国最大的控股银行——Bank One 实行了被称为"伟大创意"的员工创意项目。员工可以通过公司的内部网（intranet）进入公司的创意库，并且提交自己的创意，积极地对其他员工的创意进行讨论或予以配合。[19]通过积极的意见交换，员工可以评估并提炼自己的创意，使其与公司利益相关者各种各样的需求更加匹配。

纽约梅隆银行更进一步，举办了企业范围内的创新竞赛，员工组建自己的团队并以竞争的方式提出创新想法。这些想法首先由区域和业务线级别的评委进行筛选。然后，通过筛选的团队在全球网络直播的"鲨鱼坦克"（Shark Tank）式竞赛中向高级管理层提出最佳创意。如果一位高级管理人员看到自己喜欢的创意，就会站出来表示会资助并实施这个创意。比赛既有助于公司提出好创意，又向员工发出了关于创新重要性的强烈信号。[20]

创意收集系统（如意见箱等）执行起来相对比较容易，成本也较低，但是这只是释放员工创造力的第一步。今天，像英特尔、摩托罗拉、3M和惠普这样的公司在开发员工潜在创造力方面走得更远，包括投资一些创造力的培训项目。这些项目鼓励管理层通过口头或非口头的信号向员工传递这样的信息：你们的想法和自主性会得到公司的重视。这些信号塑造了企业文化，经常比金钱上的奖励更加有效。事实上，金钱上的奖励有时会破坏员工的创造力，这是因为金钱上的奖励会刺激员工关注外部的兴趣而不是自己内在的兴趣。[21]这些项目也经常结合一些练习，使员工有意识地使用一些激发创造力的机制，如提出替代方案、使用类比方法把一个问题同另外一个具有相似特征或结构的问题作比较，或者以一种新的方式来重新阐述一个问题等。产品设计公司IDE甚至鼓励员工用硬纸板或泡沫塑料等便宜材料为潜在的产品制作模型，并假装正在使用这个产品，从而以一种切实而有趣的方式开发该产品潜在的设计特点。

理论实践

谷歌令人振奋的创新成果

谷歌一直致力于研发各种令人惊喜的科技成果，从异想天开的无人驾驶汽车和太阳能装置到更具普适性的邮件和云服务[a]。谷歌在公司的不同层级中通过一系列正式或非正式的机制激励员工进行创新，从而保持公司持续创新。[b]

20%的时间：谷歌鼓励其所有工程师将20%的时间用在工作之外自己感兴趣的项目上。这激发了很多谷歌杰出项目的诞生，如谷歌邮箱、谷歌新闻。

杰出贡献奖：经理们有权为手下的员工颁发"杰出贡献奖"以奖励他们的创新想法。

谷歌创始人奖：做出卓越贡献的团队将被奖励公司股票，很多员工因此成了百万富翁。

广告联盟创意大赛：每个季度，广告联盟的在线销售和运营团队会在来自世界各地的员工呈交的100~200个创意中进行筛选，优胜者将在最终的季度大赛中展示他们的创意。

> 年度创新大会：谷歌每年都会举办年度大会，让经理们将自己部门的创意直接展示给创始人拉里·佩奇（Larry Page）、谢尔盖·布林（Sergey Brin）和时任 CEO 埃里克·施密特（Eric Schmidt）。[c]
>
> a D. Bradbury, "Google's rise and rise," *Backbone,* (October 2011): 24–7.
> b Boris Groysberg, David A. Thomas, and Alison Berkley Wagonfeld, Keeping Google "Googley." *Harvard Business School Case* 9 (2011): 409–39.
> c J. Kirby, "How Google really does it," *Canadian Business* 82, no. 18 (2009): 54–8.

2.3 把创造力转化成创新

创新不仅要提出有创造性的创意，而且要实施这些创意，把它们变成新的装置或工艺。创新需要把创意与各种资源和专业技术结合起来，赋予创意一种有用的形式。我们将首先考虑个体作为创新主体在创新过程中的作用，包括专门从事新产品或新工艺创造的发明家完成的创新和终端用户完成的创新。接下来，我们将讨论由企业、大学和政府机构组织的创新活动。

理论实践

突破性创新者的共同点

《奇才：连续突破性创新者的创意启示录》（*Quirky: The Remarkable Story of the Traits, Foibles, and Genius of Breakthrough Innovators Who Changed the World*）[a] 一书介绍了一项针对连续突破性创新者的 6 年研究结果，这些创新者是以多项突破性创新而著称的人。事实证明，连续突破性创新者之间存在一些强大的共同点，其中一些是相当令人惊讶的。以下是这本书提到的一些关键共性：

1. 他们有一种"分离感"，倾向于挑战规则。几乎所有被研究的创新者都表现出一种社会超然，或者一种不属于社会世界的感觉。这具有令人惊讶的益处，使他们能够挑战假设并走非常规的道路。正如阿尔伯特·爱因斯坦（Albert Einstein）在《我眼中的世界》（*The World as I See*）中所说：

"我从未失去过一种执着的超然感……这样的人无疑会失去一些亲切和轻松的东西。另一方面,他在很大程度上不受同伴的意见、习惯和判断的影响,避免了在这种不可靠的基础上表明自己立场的诱惑。"他拒绝规范和无视公认智慧的能力正是他能够彻底改变物理学的原因。格蕾丝·霍珀(Grace Hopper)是一位发明了早期计算机编程语言之一的女性。她指出,在她的一生中,女性并不真正应该从事商业或科学工作。然而,因为她获得了海军上将的军衔,IBM 和惠普等公司愿意打破传统来寻求她的专业知识——成为一名海军上将本质上使她跳出了性别限制。

2. **他们对自己实现目标的能力充满信心。**所有的创新者都有一种被心理学家称为"自我效能"的极端力量———一种特定于克服障碍和实现目标的信心。埃隆·马斯克(Elon Musk)将人类带到火星的探索、尼古拉·特斯拉(Nikola Tesla)在自由能源方面的工作和迪恩·卡门(Dean Kamen)创造负担得起的净水器的努力,都说明了自我效能的极端力量。当人们认为卡门的水净化想法是不可能的时候,他说:"不要告诉我这是不可能的。告诉我你做不到。"别人认为不可能的事情,对于相信自己可以克服任何障碍的人来说,似乎并非不可能。这种信念增加了他们应对重大挑战并坚持下去的可能性,即使面对失败或批评。

3. **他们非常理想主义。**另一个促使创新者以顽强的毅力去解决巨大难题的动力是他们相信自己在追求某种本质上崇高和重要的东西。这驱使他们工作时间极长,常常忽视家人、朋友和健康。即使失败的可能性很高,他们也将金钱、时间和精力投入到项目中。例如,在 2014 年,埃隆·马斯克在一次采访中指出,当他创办特斯拉汽车公司时,他曾认为自己可能会失败。采访者问他:"但你说你没想到公司会成功?那为什么要试试?"马斯克回答说:"如果某件事足够重要,你应该尝试,即使你认为结果可能是失败。"

4. **他们以谦虚的方式开始,为成功而努力工作。**被研究的创新者中没有一个人是在其职业生涯开始时就拥有大量财务资源。例如,尼古拉·特斯拉带着 4 美分和一首诗登陆美国,本杰明·富兰克林(Benjamin Franklin)带着足够买两卷面包的钱抵达纽约。迪恩·卡门(Dean Kamen)、托马斯·爱迪生(Thomas Edison)和史蒂夫·乔布斯十几岁时在工人阶级家庭开始了他们的创新生涯。埃隆·马斯克则在 17 岁时违背父亲的意愿移居加拿大，开始了他的职业生涯，并以铲谷物和清理木材厂的锅炉房等零工来养活自己。所有的创新者在努力工作时也是最快乐的。居里夫人工作非常努力，她经常在实验室的工作台上昏倒，忘记了吃饭或休息；托马斯·爱迪生和尼古拉·特斯拉经常通宵工作。但正如爱迪生所说："工作使地球成为我的天堂。我从不打算退休。"

5. 他们通常是自学成才的。 许多创新者所受的正规教育明显低于他们所工作领域的预期教育程度，并为他们所受培训领域之外的领域做出了重大贡献。他们是狂热的自学者，被描述为贪婪的阅读者，其中一些人在没有获得证书的情况下掌握了丰富的学科知识。例如，迪恩·卡门（Dean Kamen）发明了世界上第一台便携式药物输液泵、世界上第一台便携式肾透析机，以及许多其他极其重要的医疗发明（例如，Segway Personal Transporter），但从未获得过大学学位。本杰明·富兰克林是一个更极端的例子。他只上过几年文法学校就发现了许多电的基本原理，发明了一种改进的导尿管，并且是第一个绘制墨西哥湾流图的人。

这些特性可以模仿吗？

许多突破性创新者都有一些难以模仿的个人特征，比如非凡的智力和记忆力，或者有轻微的躁狂倾向。然而，了解这些因素如何帮助他们成为突破性创新者也有助于其他人培养自己和他人的突破性创新潜力。例如，人们都可以找到一种宏大的抱负以帮助自己想得更远且保持动力。人们可以通过多种方式提升自己和他人的自我效能感，还可以修改学校、工作和家庭中的文化规范以帮助人们更轻松地挑战假设并独立掌握新学科。

a Melissa A. Quirky: The Remarkable Story of the Traits, Foibles, and Genius of Breakthrough Innovators Who Changed the World (New York: Public Affairs, 2018).

2.3.1 发明家

提到发明家，首先映入我们脑海的是一群行为古怪而又特别顽固和执着的人的形象。对发明家个性特征的分析表明，他们对理论的和抽象的思考更加感兴趣，而且对解决难题具有非同寻常的热情。一项历时 10 年的关于发明家的研究表明，大部分成功的发明家都具有如下特征：

- 他们掌握了所从事领域所需的一些基本工具的操作方法，但是他们并不局限于该领域；相反，他们会同时关注两三个领域，以便借鉴不同领域的观点。
- 他们好奇或更加感兴趣的往往不是问题的解决方案而是问题本身。
- 他们会对该领域以往工作的假设提出疑问。
- 他们通常会感觉各个领域的知识都是相通的，追求的往往是全面的解决方案，而不是局部的。他们往往是天生的通才。[22]

这些特征在阿尔伯特·爱因斯坦（他推翻了物理学的几个范式）、玛丽·居里（Marie Curie，她用测量放射性的技术证明开尔文勋爵对地球年龄的计算是错误的）和埃隆·马斯克（他拒绝听那些对制造可重复使用火箭持否定态度的人的话）等人身上得到了充分的证明。以下是诺贝尔奖得主的名言。诺贝尔奖得主、免疫学家麦克法兰·伯内特（Mac Farlane Burnet）爵士指出："我认为，对一个研究人员来说，他在将要研究的领域将自己训练得太好是有危险的。"[23] 诺贝尔奖得主、化学家彼得·德拜（Peter Debye）指出："第二次世界大战开始时，贝尔实验室的 R. R. 威廉姆斯（R. R. Williams）来到康奈尔大学，试图让我对聚合物领域产生兴趣。我对他说：'我对聚合物一无所知。我从来没有想过它们。'他的回答是：'这就是我们需要你的原因。'"[24] 托马斯·爱迪生恰如其分地说明了寻求全球解决方案的过程。他的初衷不仅仅是发明一个灯泡："当时我着手解决的问题是……各种各样的仪器、方法和装置的生产，每一种都能相互适应，所有这些都形成了一个全面的系统。"[25]

这些人可能会花一生的时间开发大量具有创造性的新设备或新工艺，尽管它们可能只有少数获得专利或被商业化。使人具有创造力的品质不一定使人具有企业家精神，许多发明家对专利或商业化的态度并不积极。然而，许多著名的发明家［如亚历山大·格雷厄姆·贝尔（Alexander Graham Bell）、托马斯·爱迪生、阿尔伯特·爱因斯坦和本杰明·富兰克林］都兼具发明家和企业家的特质。[26]

2.3.2 用户创新

创新还经常来自那些为了满足自己的需求而寻求解决方法的个人。用户往往同时拥有对于自己未得到满足的需求的深入了解，以及寻找方法来满足这些需求的动力。[27]制造商进行产品创新的目的是从创新产品的销售中获利，而用户进行创新最初是为了使用，不是出售产品和获得收益。[28]用户会自己修改现有产品的特征，或者是通过向制造商提供产品设计建议的方式影响现有的制造商，或者自己开发新产品。例如，现在得到普遍使用的 Laser 小型帆船，就是在没有任何正式的市场开发或概念测试介入的前提下开发出来的。它来自三位前奥运选手伊恩·布鲁斯（Ian Bruce）、布鲁斯·柯比（Bruce Kirby）和汉斯·沃格特（Hans Vogt）的创作灵感。他们按照自己的偏好设计了帆船：简单、性能最佳、可运输、耐用和成本低。他们设计出来的这款产品取得了巨大的成功。在 20 世纪七八十年代，每天都有 24 艘 Laser 帆船被生产出来。[29]

另一个戏剧性的例子是在强力胶基础上研发的组织黏合剂。强力胶是一种强力快速黏合剂，能迅速有效地发挥作用。尽管这是一个巨大的优势，但是这种特点导致了一个关键问题——它可能会使皮肤粘连。强力胶的生产商乐泰公司（Loctite）的管理层想到，能否利用这个特点研制出缝合线的一种替代品用于外科手术。20 世纪 70 年代，乐泰公司开始进行实验，想要研发一种可以进行包装和消毒的黏合剂，很不幸项目失败了，实验资金也随之取消。1980 年，一家制药公司想与乐泰公司合作研发一种促使伤口闭合的产品，于是项目重新启动。两家公司用了 3 年时间，试图研制一种特殊的可迅速在体内降解的强力胶，但最终项目又一次搁浅。这时候，公司的绝大多数管理人员已经不想再研发缝合线的替代品了，他们认为风险太高。然而，1988 年，世界权威的术后恢复专家艾伦·罗伯特（Alan Robert）教授联系了乐泰公司的伯尼·博尔格（Bernie Bolger）。罗伯特接下来给乐泰公司的经理们做了一次令人印象深刻的展示——1983 年布莱德福德足球场火灾的救治。罗伯特和其他许多医生被召集到体育场周围的临时帐篷里进行外科手术和皮肤移植。由于缝合速度非常慢且皮肤损伤严重，缝合线完全没有用。医生转而使用标准管装强力胶来修复皮肤和连接移植的皮肤。罗伯特展示了身穿绿色制服的医生围在粘在围裙上的强力胶管旁边的照片，以及一些大面积皮肤烧伤的病人若干年后皮肤几乎完全恢复的照片。罗伯特请求乐泰公司的管理人员将他们研发用于组织黏合的强力胶的工作继续下去。罗伯特的展示非常有说服力，于是公司又一次启动了项目。这一次他们得到了 CEO 的支持并且获得了稳定的经费。2002 年，产品获得了美国食品与药品管理局的许可。到 2003 年，产品已经畅销 40 多个国家。[30]

2.3.3 企业的研究和开发

在所有国家 / 地区，企业创新最明显的来源是企业自身的研发努力。在大多数国家，企业研发数量占研发总量的大部分（见图 2.2 ）。

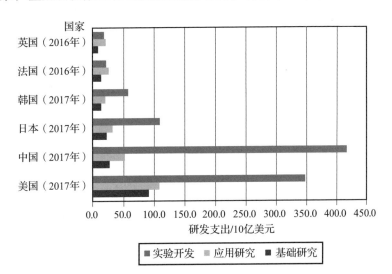

图 2.2 2016 年和 2017 年选定国家的研发类型和研发支出

资料来源：本图来自美国国家科学与工程统计中心（NCSES）、美国国家科学基金会（NSF）、美国国家研发资源模式（年度系列）；经济合作与发展组织，*Main Science and Technology Indicators*（2019/1），联合国教育、科学和文化数据统计中心研究所。

尽管"研究"（research）和"开发"（development）这两个词语经常被联系到一起，但实际上它们代表了不同类型的创新活动。研究可以指基础研究，也可以指应用研究。基础研究（basic research）是指为了增加对某个主题或领域的理解而不是刻意追求特定的商业应用进行的研究。这种研究会推动科学知识的增加。它们最终可能会有长期的商业应用价值，也可能会没有。应用研究

（applied research）是指为了满足特定的需求以增加对某个主题的理解而进行的研究。在企业界，这种研究通常有着明确的商业目标。开发（development）是指为了将知识应用于生产有用的装置、材料或工艺而进行的活动。因此，研发（R&D）一词是指一系列创新活动，它的范围从早期对某个领域的探索延伸到具体的商业运作。公司的研发强度（研发支出占收入的百分比）与其销售增长率、新产品销售和盈利能力呈很强的正相关。[31]

图 2.2 显示了 2016 年和 2017 年选定的国家在基础研究、应用研究和实验开发方面的支出。如图所示，大多数国家在应用研究和实验开发上的支出高于基础研究。

20 世纪五六十年代，创新方面的学者强调用科技推动论来理解研发。[32] 这种方法假定创新是一个从科学发现到发明、设计、制造，再到最后的市场运作的线性发展过程。根据这种理论，基本的创新来源是基础科学领域的新发现，它们最后会被各种企业转化成商业应用。然而不久以后人们就发现，这个线性过程很难被应用于对现实生产的指导。到 20 世纪 60 年代中期，另外一个关于创新的模型——研发的需求拉动模型——开始盛行。这个模型认为创新是由潜在顾客可感知的需求拉动的。研发人员之所以努力开发新产品，是对用户的需求和建议的反应。然而，这种观点因为过于简单而广受批评。例如，罗斯维尔（Rothwell）就指出，创新在不同阶段可能具有不同的特点，会受到不同层次的科学推动和需求拉动的作用。[33]

现有的大多数研究表明，作为成功创新者的企业往往能够利用多种渠道的信息和创意方面的资源，包括：

- 内部的研发，包括基础研究。
- 与顾客及其他潜在的创新用户的联系。
- 与外部的企业网的联系，包括竞争对手、互补者和供应商等。
- 与其他外部科学和技术信息源的联系，包括大学和政府实验室等。[34]

2.3.4　企业与用户、供应商、竞争对手及互补者的联系

企业常常会与用户、供应商、互补者甚至是竞争对手结成联盟，共同参与某个创新项目的合作，或者彼此交换信息或其他资源以完成某项创新。合作可

以采取如下方式：结成联盟、加入某个研究团体、许可协议、合同研发、成立合资企业或其他方式。这些合作形式的优缺点将在第 8 章详细讨论。合作可以集中知识和资本等资源，还可以分散新产品开发项目的风险。

经常发生的合作是在企业与供应商、用户和当地大学之间进行的（见表 2.1）。[35] 几项研究表明，企业认为用户是新产品创意最有价值的来源，与用户进行合作在北美、欧洲和日本都得到了应用，尽管在一定程度上日本企业与用户之间的合作更加广泛（见表 2.1）。

表 2.1   与用户、供应商和大学进行外部合作的公司的百分比

合作对象	北美（%）	欧洲（%）	日本（%）
用户	44	38	52
供应商	45	45	41
大学	34	32	34

资料来源：E. Roberts，"Benchmarking Global Strategic Management of Technology，" *Research Technology Management*，March–April 2001: 25–36.

企业也可能和竞争对手及互补者进行合作。互补者（complementor）是指那些提供互补产品的组织（或个人）。例如，灯泡生产商对于灯具生产商，充电器生产商对于电动汽车生产商，应用软件开发商对于智能手机生产商。在一些产业，企业提供一系列产品，竞争对手和互补者之间的界限变得很模糊。

在某些情况下，企业可能是特定产品类别的激烈竞争者，但仍参与该产品类别或互补产品类别的合作开发。例如，微软在许多视频游戏类别中与 Rockstar Games 竞争，但也授权许多 Rockstar Games 的游戏安装在其 Xbox 机上。因此，Rockstar Games 既是微软的竞争对手，又是微软的互补者。这会使企业之间的关系变得非常复杂——企业可能必须在竞争者与互补者的角色之间取得微妙的平衡。例如，当谷歌在 2011 年收购摩托罗拉移动公司时，三星和 HTC 等使用谷歌安卓（Android）操作系统的手机制造商正在密切关注谷歌是否会给予摩托罗拉手机优先使用谷歌软件的权限。许多分析师推测，三星和 HTC 将开始开发更多基于微软移动操作系统的手机。为了避免其互补者的愤怒和背叛，谷歌宣布摩托罗拉将作为一个独立的实体运营，与其他使用安卓操作系统的手机制造商相比，它不会获得任何优势。安卓操作系统将继续成为一个机会均等的平台，任何手机制造商都有机会制造一款出色的基于安卓操作系

统的手机。[36]

内部创新源和外部创新源

批评家经常指责企业利用外部的技术创新而不是自己投资初始的研究。但是，经验表明外部的信息源更多的只能是一种补充而不能替代企业内部的研发。英国工业联合会的研究表明，开展内部研发的企业同时也是外部合作网络最频繁的使用者。据推测，内部研发可以帮助企业增强吸收能力，使企业能够更好地消化和利用从外部得到的信息。[37]吸收能力（absorptive capacity）是指组织识别、接受和利用新知识的能力（我们将在第 4 章做更加详细的讨论）。

2.3.5 大学和政府资助的研究

另外一个重要的创新源来自公共研究机构，如大学、政府实验室和孵化器等。相当数量的公司指出，公共部门和非营利机构的研究让它们能够从事本来难以从事的创新活动。[38]

大学

2017 年，美国大学开展了价值 714 亿美元的研发，使其成为仅次于企业的美国第二大研发机构（见图 2.3）。其中，超过 400 亿美元用于基础研究（相对于应用研究），使大学成为美国基础研究的第一名。另一方面，大学在研发中所占份额最高的国家是法国，其大学支出为 168 亿美元，占该国研发总绩效的 20.7%。许多大学鼓励它们的教师从事可能带来有用创新的研究。通常，一所大学的知识产权政策包括可专利化创新和不可专利化创新，并且大学对将创新商业化的权利保留唯一的酌处权。如果一项发明成功商业化，大学通常会与个人发明者分享收入。[39]为了提高大学研究引导商业创新的程度，许多大学都设立了技术转移办公室（technology transfer office）。

在美国，1980 年通过了《拜杜法案》（Bayh-Dole Act）以后，大学的技术转移办公室的数量开始迅速增加。该法案允许大学集中使用纳税人资助的发明的知识产权，而在此之前，联邦政府拥有所有联邦政府资助项目的处置权。[40]随后，欧洲和亚洲的几个国家效仿美国，制定了类似于《拜杜法案》的法律，包括丹麦、奥地利、芬兰、挪威、德国、法国、英国、日本、中国和印度。

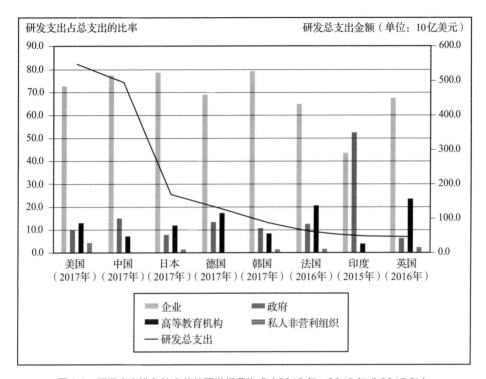

图 2.3　研发支出排名前 8 位的研发经费构成（2015 年、2016 年或 2017 年）

资料来源：美国国家科学与工程统计中心（NCSES）、美国国家科学基金会（NSF）、美国国家研发资源模式（年度系列）；经济合作与发展组织，*Main Science and Technology Indicators* (2019/1)；联合国教育、科学和文化数据统计中心研究所。

此外，瑞典和意大利仍然有"教授特权"的政策，大学教师对其发明保留唯一所有权。虽然与大学研究预算相比，大学技术转移活动的收入仍然很小，但它们的重要性正在加强。最初，许多人预计企业将蜂拥而至，对大学创造的知识产权进行许可，从而导致许可收入的大量流入。这种"如果你建造它，他们就会来"的心态被证明是错误的，许可收入远低于预期。现在，大学在帮助创建基于其知识产权的初创企业以及积极与商业部门建立关系方面发挥了更加积极的作用。[41] 大学还通过将研究成果纳入其他组织和个人的发展努力，为创新做出重大贡献。

政府资助的研究

许多国家的政府通过建立自己的实验室、成立科学园（science park）和孵化器（incubator），以及批准成立其他公共或私人研究实体的方式，积极投入对科学研究的投资。例如，美国小企业管理局管理两个项目，使创新的小企业能够从联邦机构（如国防部、能源部、卫生与公共服务部等）获得资金。第一个是小型企业创新研究（SBIR）计划。根据 SBIR 计划，联邦机构向小型企业提供高达 1,730,000 美元的赠款，从而帮助它们开发和商业化一项新的创新。第二个是小企业技术转让（STTR）计划。该计划给予高达 1,730,000 美元的赠款以促进小企业与非营利研究机构之间的合作。该计划的目标是通过以下方式更充分地利用研究实验室中产生的创新将研究科学家与企业家联系起来。

具有孵化器的科学园的著名例子包括：

- 斯坦福研究园，1951 年在斯坦福大学附近建立。
- 三角研究园，1959 年在北卡罗来纳州成立。
- 索菲亚科技园，1969 年在法国南部建立。
- 剑桥科学园，1972 年在英国剑桥建立。

这些园区为新的初创企业创造了肥沃的温床，并成为已成立企业合作活动的焦点。它们靠近大学实验室和其他研究中心，确保随时获得科学知识。此类中心还帮助大学研究人员在商业应用中实施他们的科学发现。[42] 此类园区通常会产生具有长期和自我强化优势的技术集群。

2.3.6 私人非营利组织

私人非营利组织，如私人研究机构、非营利医院、私人基金、专业或技术协会、学术和行业协会、贸易协会等，都会以不同的方式对创新活动做出贡献。许多非营利组织会自己从事研发活动，有些非营利组织则会资助其他组织的创新活动而不是自己去做，还有一些非营利组织既组织自己的内部研发，还资助其他人的研究。

2.4 合作网络中的创新

如前所述，合作研发网络对于创新成功的重要性得到越来越多的重视。[43]

这些合作包括（但不限于）合资企业、许可和第二供应源协议、联合研究、政府资助的合作研究项目、科学技术互换的增值网络和信息网等。[44] 合作研究在高科技领域尤其重要，这是因为在高科技领域，个人或组织不可能拥有做出重大创新所必需的全部资源和能力。[45]

随着企业之间建立起合作关系，它们在相互之间编织了一张路径网，这张网就是获得信息和其他资源的渠道。企业间的网络可以使企业比单独存在时获得更多的东西，因为它可以向成员企业提供获得更广泛的信息（和其他资源）的途径。[46] 因此，企业间的网络是创新的重要引擎。此外，网络的结构很可能会影响信息和其他资源在网络中的流动。例如，在一张密集的网络中，任何两个企业之间都有许多潜在的信息传递途径，信息的扩散将会非常迅速和广泛。[47]

图 2.4 提供了 1995 年和 2000 年世界技术联盟网络的图片。[48] 20 世纪 90 年代中期，由于企业努力应对信息技术变革，联盟活动达到了创纪录的高峰。这导致了庞大而密集的企业联系网的产生。图 2.4 中所示的网络连接了 3856

1995年

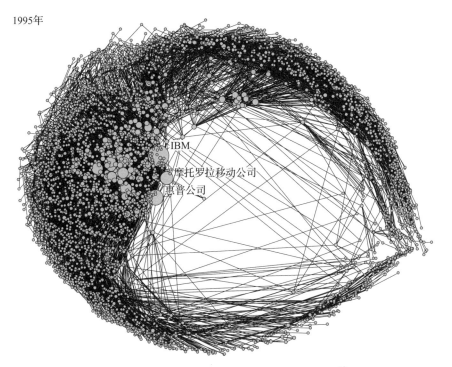

图 2.4　世界技术联盟网络（1995 年和 2000 年）[49]

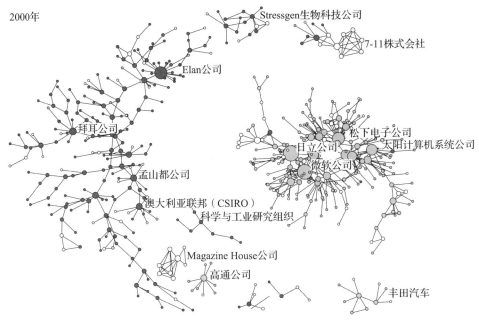

图 2.4　世界技术联盟网络（1995 年和 2000 年）[49]（续）

个组织，主要来自北美、日本和欧洲。然而，到 20 世纪 90 年代末，联盟活动开始显著减少，这使网络规模缩小，并且分裂成两个大的部分和若干个小的部分。在图 2.4 的 2000 年世界技术联盟网络中，左边的大的部分主要由化学和医学产业的组织组成，而右边的主要由基于电子设备的工业组织组成。如果合作网络的规模和密度影响了通过网络连接的组织可获得的信息量，那么图中所示的 1995 年和 2000 年网络的变化可能引起了企业间信息传播量的显著变化。

2.4.1　技术集群

有时候，地理位置上的近邻性在合作网络的形成和创新活动中发挥着重要作用。一些著名的区域集群，如美国硅谷的半导体企业群、曼哈顿地区的多媒体产业群和意大利摩德纳地区的针织品产业群都很好地说明了这一点。这也激发了人们很大的兴趣，想知道究竟是什么因素导致了产业集群的出现。比如，为了促进当地的就业、增加税收收入和其他经济利益，市政府和州政府想知道如何在自己的区域培育一个技术集群。而对于企业，理解技术集群的驱动因素和利益所在，将有助于企业制定正确的战略，这可以帮助企业正确地定位，并从中获利。

技术集群（technology cluster）跨越的区域可以小到仅局限于一个城市之内，也可以大到在相邻的几个国家之间。[50] 技术集群通常会包括一系列产业，这些产业通过供应、购买或生产互补品等方式相互联系起来。区域集群出现的一个基本原因是，空间上的近邻性会给知识互换带来好处。尽管信息技术的进步已经使远距离的信息交换变得更加容易、迅速、便宜，但是，几项研究都表明，知识并不总是通过这样的方式（现有的信息技术）进行传递。

近邻性和交互活动都会直接影响企业互换知识的意愿和能力。首先，复杂知识（complex knowledge）或隐性知识（tacit knowledge）只有通过频繁、亲密的交互活动才能形成有意义的交换。[51] 企业在传递知识以前，必须通过频繁的交互活动找到理解和阐述知识的通用的方式。[52] 其次，密切而频繁的交互活动能够影响企业交换知识的意愿。在进行频繁的交互活动时，企业间可以建立起信任以及互换的一些准则。随着时间的推移，互动的企业彼此更了解，而且这种不断重复的交互活动可以帮助它们了解关于对方投机行为可能性的信息。对于交易规则的一些共同理解也会随之出现，此时，每个成员都能很好地了解自己关于应该交换多少知识、知识如何使用以及各个企业期望如何互换等方面的职责。[53]

邻近的企业在共享信息方面有优势，而这可以提高创新产出。反过来，这又可以导致自我增强的地理优势。一个高创新产出的企业集群，在它的邻近地区可以产生更多的新兴企业，而且可以吸引其他企业加入这个区域。[54] 随着企业的成长，一些部门可以分离出去成为新的企业，企业家型的员工可以出去创立自己的企业，同时供应和分销市场也开始出现以服务这个集群。成功的企业可以吸引更多的人才加入，同时可以通过使员工获得为创新型企业工作的经验来提升现有人才库的价值。区域内就业和财政收入的增加，会促进基础设施（如道路和公用设施等）、学校及其他服务于人口的市场（如商业中心、百货店、医疗设施等）的提升。不同的企业由于选址在彼此地理位置相近的区域而获得收益的现象被称为集聚经济（agglomeration economy）。[55]

地理集群也存在一些不足。首先，许多为当地市场提供服务的竞争者之间

的相似性会导致竞争，从而降低它们相对于购买者和供应者的议价权。其次，
企业间较强的相似性提升了企业的竞争对手获得该企业专有知识的可能性（这
是技术溢出的机制之一，将在下一小节讨论）。最后，集群导致了交通拥堵、
过高的房价和更加集中的人口分布。[56]

知识呈区域性分布的一个很大的原因是，知识在很大程度上是由人持有的，
而人通常都不大愿意流动。在一个广为人知的实验中，安娜尼·萨克斯里安
（Annalee Saxenian）发现与忠诚于特定的公司相比，硅谷的工程师们更忠诚
于他们自己的职业，但是即使他们换了工作，他们仍然非常有可能还是停留在
原来的区域。[57]这种现象的出现，部分原因是他们的技能更适合当地的劳动市
场，另一部分原因是他们原有的生活方式将会因为他们离开现有区域而被打破。
因此，如果一项创新活动因为某些原因在某个地理区域开始了，那么积累起来
的知识和专业技能不大可能会转移到其他地理区域，从而形成了一个区域性的
技术集群。[58]

研究表明，很多创新活动都显示出包含地理方面的因素，而创新活动在地
理上的聚集程度由如下因素决定：

- 技术特性，如它潜在的知识基础、可以被专利或版权保护的程度，以及
  交流的密切程度和频繁程度等。
- 产业特征，如市场的集中度、产业生命周期的阶段、运输成本，以及供
  应商和分销渠道的可获取性等。
- 技术的文化环境，如劳动力和用户密集度、基础设施建设情况，以及不
  同国家资助或保护技术发展的不同方式等。

例如，有一项研究是关于不同的技术种类在不同国家的空间分布情况的。
该研究发现，药物开发在英国和法国是高度集中的，而在意大利和德国却存在
空间上的相对分散性。[59]然而，这个研究还发现，服装制造业在意大利呈现了
高度集中性，而在法国、德国和英国的情况却不相同。药物开发集群的出现也
许是受到了国家资助研究系统以及药物开发需要分享复杂专业技术知识的影
响，而针织品业集群的形成却更多是受文化因素的影响，这些文化因素曾在历
史上对工业区的出现产生过影响。

重大创新奖有用吗?

专利制度以及由此出现的发明人从对其发明的暂时垄断中获利的机会,通常被认为是创新的最重要的激励因素。然而,有时政府、基金会或公司会为特定的创新成果提供巨额现金奖励——通常称为"重大创新奖"。我们如何知道重大创新奖何时可能会对创新起到更好的激励作用?

研究表明,在传统货币化方法可能较弱(例如,专利可能不是特别有效)、缓慢(例如,当创新的开发可能需要很长时间以使其经济化时)或者创新的好处可能广泛到导致对公共产品的投资不足的领域,奖励往往很有用。[a]例如,2021 年初,Xprize 基金会管理了一系列大奖竞赛,其中包括两个不同的奖项竞赛。其一,NRG COSIA Carbon Xprize 将根据参赛者从大气中去除二氧化碳并将其用于合成燃料或碳纤维等有价值产品的能力授予。比赛启动时共有 48 支队伍参加,其中 9 支队伍进入了最后一轮,争夺两个价值 1000 万美元的奖项。其二,由埃隆·马斯克赞助的比赛为参赛者提供了总额为 1 亿美元的奖金。参赛者可以展示建立一个规模达到数十亿吨的系统以永久封存二氧化碳的能力。两项竞赛都试图通过帮助减缓或阻止气候变化来提供公共产品。[b]

奖品可以吸引广泛的参与者参与并产生各种不同的解决方案。奖项促使参与者将精力、努力和投资集中在要解决的问题上,即使他们的团队没有获奖,其中许多努力也可能取得进步。此外,奖品可以具有巨大的影响力——参与者为了争夺奖品所花费的集体投资可能会大大超过奖品本身。例如,第一个众所周知的创新奖是奥泰格奖,这是 1919 年由法国酒店经营者雷蒙德·奥泰格(Raymond Orteig)为纽约和巴黎之间的第一次直飞航班提供的 25,000 美元奖金。1927 年,查尔斯·林德·伯格(Charles Lindbergh,被认为是比赛中的弱者)驾驶一架名为"圣路易斯精神"的改进型单引擎瑞安飞机获奖。总共有 9 个团队花费了 400,000 美元来获得奥泰格奖。1996 年,企业家彼得·迪亚曼迪斯(Peter Diamandis)向第一支能够可以在两周内两次将三人载人飞行器送入 100 公里外的太空的团队提供 1000 万美元的奖金。该竞赛后来被命名为 Ansari XPRIZE for Suborbital

Spaceflight，吸引了来自 7 个国家的 26 支团队投资超过 1 亿美元来争夺 1000 万美元的奖励。2004 年 10 月 4 日，莫哈维航空航天投资公司（Mojave Aerospace Ventures）的航天器"太空船一号"（SpaceShipOne）完成了飞行，赢得了 Ansari XPRIZE。

除了奖金，参赛者赢得竞赛还可获得荣誉、名声和合法性。所有这些都对参赛者未来要开展的商业化工作很有用。此外，对于许多有奖竞赛，参赛者在奖金之外还保留了自己的知识产权（例如，所有 Xprize 基金会竞赛都是如此）。因此，从本质上讲，奖励有时是对需要激励的经济企业的补贴。

a Alberto Galasso, Matthew Mitchell, and Gábor Virag, "A Theory of Grand Innovation Prizes," *Research Policy* 47 (2018): 343–63; Fiona Murray et al., "Grand Innovation Prizes: A Theoretical, Normative and Empirical Evaluation," *Research Policy* 41 (2012): 1779–92; Alexander Tabarrok, "Grand Innovation Prizes to Address Pandemics: A Primer," *Special Edition Policy Brief,* April 8, 2020; and Michael J. Burstein and Fiona E. Murray, "Innovation Prizes in Practice and Theory," *Harvard Journal of Law & Technology* 29 (2016): 402–51.

b XPRIZE, accessed March 3, 2021, https://www.xprize.org.

2.4.2 技术溢出

当讨论技术集群的一些著作还在试图强调知识的"黏性"的时候，相关联的一些研究开始在阐述跨越组织和区域界限的知识传播。我们将这种研究称为技术溢出（technological spillover）。当一个企业（或国家或其他实体）的研究活动带来的效益溢出到其他企业（或国家或其他实体）时，我们就认为技术溢出发生了。因此，技术溢出是研发活动的正向外部效应。证据显示，技术溢出对于创新活动有十分重要的意义。例如，在 20 世纪八九十年代进行的一系列研究中，亚当·杰弗（Adam Jaffe）和他的合作者发现，无论是一个企业的专利数还是利润，都受到它所在区域其他企业或大学的研发经费的影响。[60]

研发带来的效益是否会溢出，部分地受到保护机制强度的影响，如专利、版权和商业秘密等（有关保护创新的方法将在第 9 章详细讨论）。既然保护机制的强度会因行业和国家的不同而有很大的区别，那么技术溢出的可能性当然也会很不相同。[61] 技术溢出的可能性同时也会受到潜在的知识基础的特性的影响（比如，如前面所述，隐性知识比较不容易跨越企业的界限）和劳动力流动性的影响。[62]

2.5 本章小结

1. 创造力是创新的基础过程。创造力使人或组织能够产生新的、实用的创意。创造力会受到智力能力、知识、个性、动机和环境的影响。

2. 创新有时来自个人发明者。最富有创造力的发明者具有如下特征：在多个领域受过训练、有很强的好奇心、质疑以前的假设、认为所有的知识都是相通的。一些著名的发明家往往兼具发明家和企业家的特质。

3. 创新也可以来源于那些为了满足自己的需要而寻求解决办法的用户。

4. 企业的研发被认为是创新的一个基本推动力。在大多数国家，企业在研发上的投入比政府机构在研发上的投入要多得多，而且企业将内部研发视为最重要的创新来源。

5. 企业在创新活动中通常会与许多外部的组织（或个人）进行合作。尽管企业也会与竞争对手、互补者、政府实验室、非营利组织及其他研究机构进行合作，但是企业更有可能与用户、供应商和大学进行合作。

6. 许多大学都有研究任务，而且近年来，大学开始越来越积极地投身到技术转移活动中，以便直接将大学教师的发明进行商业化应用。大学同时也通过发表研究结论对创新活动做出贡献。

7. 政府通过直接从事研发（在政府实验室里）、资助其他组织研发和建立特殊的机构以培育创新网络或创业企业（如科学园和孵化器等）的方式积极投入创新活动。在一些国家，政府投入的研发费用甚至超过了行业投入的研发经费。

8. 私人非营利组织（如研究机构、非营利医院等）是另外一个重要的创新来源。这些组织会自己从事研发，同时也资助他人的研发。

9. 最重要的创新来源可能并不是来自单个的组织或个人，而是可以把多个组织或个人的资源和能力整合起来的创新网络。创新网络在高技术领域尤其重要。

10. 合作通常会因为地理位置上的邻近而变得更加容易，这也会导致区域性技术集群的出现。

11. 技术溢出是研发活动带来的正向外部效应。例如，某企业通过研发获得的知识传播到其他企业。

创新的类型和规律

在印度进行创新：chotuKool 项目

Godrej & Boyce 公司于 1897 年在印度成立，向印度市场销售一系列产品，包括家用电器、办公家具和工业设备。近年来，三星等国际竞争对手在冰箱、洗衣机和空调等家用电器领域深入蚕食着市场份额，Godrej & Boyce 公司的管理层知道要保护公司就需要创新。

他们的一个解决方案是开展 chotuKool 项目，即生产一种小型便携式冰箱。尽管在世界范围内制冷被认为是一项成熟的技术，但在印度农村，多达 90% 的家庭买不起家用电器，没有可靠的电力供应，也没有制冷设备。这极大地限制了他们可以食用的食物的种类，以及准备食物时可选用的方式。找到一种为这部分人群提供制冷的方法，既可以带来巨大的市场，也可以对人们的生活质量产生有意义的影响。正如 Godrej & Boyce 公司的特殊项目主管纳乌鲁兹·戈德瑞（Navroze Godrej）所说："我们想象自己会制造一款缩小版的冰箱。把它变小，让它更便宜。我们对如何通过大型促销活动和花哨的广告活动来建立一个与这些用户产生共鸣的品牌有先入为主的想法。"

这些假设将被证明是错误的。首先，当该公司的团队研究如何降低基于传统压缩机的冰箱的成本时，他们很快意识到他们无法将成本降低到足以产生有意义的差异的程度。⊖ 其次，他们发现将冰箱轻量化比他们之前想象的更重要，

⊖ Rory McDonald, Derek van Bever, and Efosa Ojomo, "chotuKool: 'Little Cool,' Big Opportunity," *Harvard Business School Case 616–020* (June 2016), revised September 2016.

因为许多印度农村人为了工作而经常搬家。再次，由于无法将食物冷藏起来，大多数人的习惯是只做够一天食用的饭菜，因此对冷藏容量的需求相对较低。最后，在为数不多的拥有冰箱的印度农村人中，许多人在一天中的大部分时间里都没有插上冰箱电源，因为担心冰箱会被电涌损坏。正如戈德瑞所说："我们对很多事情感到惊讶，我们对很多事情感到震惊……我们意识到自己最初的假设是完全错误的。"⊖

基于这些见解，该公司设计了一种基于温差电制冷技术（而不是压缩机技术）的小型便携式冰箱。温差电制冷是笔记本电脑使用的冷却方法；它涉及在两个半导体之间运行电流。它的单位冷却成本要高得多，但它的功率要求要低得多，并且可以在比压缩机冷却小得多的规模上使用。这使 Godrej & Boyce 公司能够以相对较低的价格（比传统冰箱便宜 35%~40%）制造出非常小巧轻便的冰箱。它还降低了运行冰箱的电力成本，并使冰箱能够使用 12 伏电池运行数小时，使其更适应电力不稳定的情况。

在 Godrej & Boyce 公司对 chotuKool 项目的最初规划中，冰箱将是樱桃红色的，看起来像冷却器。然而，很快，chotuKool 项目的经理们意识到，如果该款冰箱只是被视为传统冰箱的廉价替代品，那么它们可能会成为消费者的耻辱，消费者反过来也不会与他们的朋友谈论它们。这是一个严重的问题，因为该公司依靠口耳相传将有关冰箱的信息传入社区。为了让人们谈论该产品，它们需要很酷。

Godrej & Boyce 公司决定改进冰箱的设计，赋予它更精致的外观并使其可定制（购买者可以从该产品的 100 多种装饰性肤色中选择）。⊖ 除了农村，该公司还决定将冰箱推向富裕城市，因为富裕城市的销售将消除与购买该产品相关的任何污名。为了吸引这个市场，他们将冰箱定位为野餐、聚会、办公室、宿舍、汽车等活动和场所的完美选择。

要将该产品送到农村用户手中，Godrej & Boyce 公司需要一个与传统上使用的截然不同的分销系统。然而，在印度农村建立分销系统会大大提高 chotuKool 项目的成本，从而可能使产品无法生存。开发团队最初被难住了。有一天，该公司的副总裁兼 chotuKool 项目的负责人 G. 桑德兰（G.Sunderraman）碰巧向一

⊖　Nathan Furr and Jeff Dyer, "How Godrej Became an Innovation Star," *Forbes*, May 13, 2015.

⊜　www.chotukool.com, accessed June 26, 2018.

位大学官员询问如何为他的小儿子获取大学申请表。该官员指出，桑德兰可以在任何一家邮局获取表格。在那一刻，桑德兰意识到，在印度每个农村地区都有办事处的邮局可以成为该产品的理想分销渠道。[一]这是一个非常新颖的提议，印度邮政也同意了合作。很快该产品在印度中部地区的所有邮局都可以见到。[二]正如桑德兰所指出的："印度的邮政网络在印度非常广泛，大约是最好的物流供应商的三倍到四倍。"[三]

Godrej & Boyce 公司的这款冰箱在第一年赢得了多个设计奖项。在第二年该产品售出 100,000 台后，商业杂志《快公司》（*Fast Company*）授予 Godrej & Boyce 公司"最具创新性公司"奖。戈德瑞和桑德兰失望地发现农村贫困家庭并没有像他们希望的那样迅速使用它。对于印度大多数贫困的农村家庭来说，大约 50 美元的价格仍然太贵了。然而，事实证明，该产品在酒店、食品摊、花店和其他小商店中比预期更受欢迎，因为它使这些用户能够提供更高价值的产品（如冷饮）或保证产品新鲜更长的时间，从而增加他们的利润。该产品也成为城市富裕人群中流行的生活用品，他们开始在汽车中广泛使用它。

Godrej & Boyce 公司开发和推出 chotuKool 项目的故事提供了很多经验：要从根本上降低产品成本可能需要重新考虑技术，有时甚至要选择最初看起来更昂贵的方式；已经适应了缺乏某种技术（如制冷技术）的生活方式的用户可能不会采用该技术，即使它的成本明显降低；不要低估使产品适用于多个细分市场的价值，包括那些最初作为用户可能并不明显的细分市场。尽管有些人认为 chotuKool 项目是失败的，因为它没有实现其被农村贫困人群广泛使用的最初目标，但戈德瑞（和许多其他人）认为它是成功的：该产品扩大了 Godrej & Boyce 公司的市场份额，打入了 Godrej & Boyce 公司以前没有进入的新细分市场，并向世界展示了 Godrej & Boyce 公司的创新能力。

3.1　概述

前面的章节已经指出，技术创新有许多来源和多种形式。不同类型的技术

[一] Nathan Furr and Jeff Dyer, "How Godrej Became an Innovation Star," *Forbes*, May 13, 2015.

[二] "chotuKool Offer in Post Offices," *The Hindu*, June 9, 2013.

[三] "chotuKool: Keeping Things Cool with Frugal Innovation," *WIPO Magazine*, December 2013.

创新给企业和社会公众提供了各种机会，同时也对制造商、用户和管制部门提出了不同的要求。对于技术创新，由于还没有一个获得一致认可的分类方法，我们将在本章讨论几个常常用来对技术创新进行分类的维度。这些维度有助于我们理解各种技术创新之间的一些关键差异。

一项技术随着时间的推移所遵循的路径称为技术轨迹（technology trajectory）。技术轨迹最常用于表示技术的性能改进速度或其在市场中的扩散速度。尽管许多因素会影响这些技术轨迹，但在许多行业背景和许多时期的技术轨迹中，一些模式已被确定。了解这些技术创新模式为我们后面关于制定技术战略的内容建立了一个有用的基础。

本章首先讨论用来区分不同创新类型的几个维度。然后，描述在技术进步速度和技术在市场中扩散速度变化过程中经常观察到的 S 曲线。本章的最后一部分将介绍技术创新遵循的由一些截然不同的且确实存在的阶段所组成的周期性模式。

3.2　创新的类型

技术创新经常被分为不同的类型，如突破性创新和渐进性创新。不同类型的创新需要不同类型的潜在知识，并且对产业的竞争者和消费者具有不同的影响。以下列出了最常用的对创新分类的四个维度：产品创新与工艺创新；突破性创新与渐进性创新；能力提高型创新与能力破坏型创新；组件创新与架构创新。

3.2.1　产品创新与工艺创新

产品创新体现在一个组织的产出中——它的商品或服务。例如，Snapchat 的过滤器使用户能够增强照片的特殊效果，这就是产品创新。工艺创新是组织开展业务方式的创新，如生产或营销商品或服务的技术。例如，埃隆·马斯克在 Model 3 的大部分生产过程中使用巨型机器人以实现自动化是一项工艺创新。工艺创新通常旨在通过降低缺陷率或增加在给定时间内可能生产的产品的数量来提高生产的有效性或效率。例如，生物技术公司可能需要开发一种遗传算法，该算法可以快速搜索一组与疾病相关的基因以确定治疗干预的目标。在这种情况下，工艺创新（遗传算法）可以提升生物技术公司开发新产品（一种新的治疗药物）的能力。

产品创新和工艺创新往往同时发生。首先，新工艺可以生产新产品。正如本章后面所讨论的，新冶金技术的发展促进了自行车链条的发展，进而促进了多齿轮自行车的发展。其次，新产品可能会促进新工艺的开发。例如，先进工作站的开发使公司能够实施计算机辅助制造流程，从而提高生产速度和效率。最后，一个公司的产品创新可能同时是另一个公司的工艺创新。例如，当联合包裹服务公司（UPS）帮助用户开发更高效的配送系统时，新的配送系统同时是 UPS 的产品创新和用户的工艺创新。

尽管产品创新比工艺创新更显而易见，但是它们对提升企业的竞争力都极为重要。在本书的余下部分，"创新"一词将包括产品创新和工艺创新。

3.2.2 突破性创新与渐进性创新

创新在突破性创新到渐进性创新之间连续分布，这是一个区分不同类型创新的主要维度。突破性创新（radical innovation）和渐进性创新（incremental innovation）有许多定义，但是大都取决于创新与原有技术基础的背离程度。[1]因此，突破性可以被认为是新颖性和差异性的结合。一种技术可能对于整个世界、一个产业或者一个企业来说是新的，也可能仅仅对于某一个采用它的业务单元来说是新的。一种新技术可能在产品和制造工艺上与原有技术有很大程度的不同，也可能仅仅存在细微的差异。突破性创新是指世界上首创的、与现有产品及工艺完全不同的创新。无线通信产品的推出是较好的例证——它包含了很新的技术并需要新的制造工艺和服务模式。渐进性创新位于这个维度的另一端。渐进性创新可能并不是指很新的技术，或者创新与原有技术的背离程度并不大；它可能在被应用之前就为企业或产业知晓，并且仅仅包含对现有技术的较小的变化（或者调整）。例如，改变手机屏幕使其更抗裂或提供具有更好国际短信费率的新服务计划都属于渐进性创新。

创新的突破性有时也用风险来定义。由于突破性创新通常包含新知识，生产者和用户对创新的经验和熟悉程度，以及对其实用性或可靠性的判断会有所不同。[2] 第三代移动通信技术（3G）的发展就是例证。3G 利用宽带频道。带宽的增加使移动电话具有更大的数据传输能力，可以进行视频会议和访问最先进的互联网站点等。对于开发和提供 3G 服务的公司来说，它们需要对新的网络设备和能够承载更大带宽信号的基础设施进行大量投资。它们还需要开发具有更强的显示能力和内存能力的手机，或者增加手机的电池电量，或者提高手机的电源利用率。这些技术中的任何一种都可能构成严重的障碍。用户最终会在多大程度上重视无线设备的宽带功能也不得而知。因此，向 3G 的转移需要管理人员同时评估几种不同的风险，包括技术可行性、可靠性、成本和需求。

创新的突破性是相对的，并且可能随时间的推移或因观察者的不同而改变。当创新中的知识基础变得更公共化时，曾经被认为的突破性创新可能最终被认为是渐进性创新。例如，第一台蒸汽机曾是一项不朽的创新，但今天蒸汽机的结构看起来就相对简单了。此外，对一个公司来说是突破性创新，对另一个公司则可能是渐进性创新。尽管柯达和索尼都在一年内相继向消费品市场推出了数码相机（柯达的 DC40 于 1995 年推出，索尼的 Cyber-Shot 数码相机于 1996 年面世），但这两家企业的创新路径却有很大差别。柯达的历史和声誉是建立在其化学感光的专业技术上的，因此向数字摄像和录像的转型就要求企业做出重大的方向转变。而索尼从一开始就是一家电子企业，在生产数码相机之前就已经在数字录音和图形技术方面有了坚实的技术基础。因此，对于索尼来说，数码相机是对其现有技术能力的简单扩展。

3.2.3　能力提高型创新与能力破坏型创新

创新还可以分为能力提高型创新（competence-enhancing innovation）和能力破坏型创新（competence-destroying innovation）。从特定企业的角度来看，如果创新建立在企业现有的知识和技术基础上，就会被认为是能力提高型创新。例如，每一代 iPhone（如 iPhone 12、iPhone SE 和 iPhone X）都建立在上一代的基础技术上。因此，虽然每一代 iPhone 都体现了创新，但这些创新都利用了英特尔现有的能力，使其更有价值。

对于一个特定的企业来说，如果技术不是建立在企业现有知识和技术基础上的或者使现有知识和技术过时，那么，这样的创新就被称为能力破坏型创新。

举例来说，从17世纪到20世纪70年代初，任何一位严谨的数学家或者工程师都会随身携带计算尺。计算尺是比较轻的工具，通常由木头制成，上面有对数刻度用来解复杂的数学函数。从一座桥梁的结构性能测算到飞机的航程和油耗计算，计算尺都被应用其中。定制的商业计算尺上还有做借贷计算用的刻度或者做最佳采购量计算的刻度。20世纪五六十年代，柯菲-埃塞尔公司（Keuffel & Esser）是美国卓越的计算尺制造商，每月生产5 000把计算尺。但是，在20世纪70年代初，一项新的创新使计算尺成为收藏家和博物馆的展览品，这项创新就是价格并不昂贵的掌上计算器。柯菲-埃塞尔公司没有制造电子计算器所必需的电子元件的技术背景，不能很快应用新技术。1976年，柯菲-埃塞尔公司退出了市场。[3] 尽管这种不昂贵的掌上计算器建立在一些企业的现有技术基础上（因此对它们来说这是能力提高型创新），如惠普公司和得州仪器公司，但是对于柯菲-埃塞尔公司来说，这种计算器就是一种能力破坏型创新。

数字化和人工智能的发展提供了另一个例证。在过去的20年里，Zillow（在线房地产购物平台）、E*Trade（在线股票经纪公司）和Expedia（在线旅游预订平台）等数字平台开始提供曾经由人（房地产经纪人、股票经纪人和旅游顾问）提供的服务。这些平台使用户能够获得更多的信息，进行更快速和详细的搜索。许多平台还使用户能够通过算法匹配到符合他们偏好的产品。在许多情况下，数字平台提供的服务比人工中介提供的更好。在过去，人依靠他们的经验和关系在这些领域中脱颖而出。例如，一个房地产经纪人可能会花大量时间参加某个社区的房屋开放日，看房子，并与其他经纪人建立联系，从而了解某个特定社区的房屋供应情况。一个旅游顾问可能会建立一个关于酒店和游轮公司的个人信息库——这些酒店和游轮公司过去在他们的用户中很受欢迎——使他们能够向有类似偏好的新用户推荐这些选择。然而，数字技术能够存储更多的数据，更快速地过滤搜索，并提供更详细的信息匹配，这已被证明是这些行业中许多从业者的能力破坏创新。人类无法像计算机那样处理或存储那么多数据，随着计算机能够更好地进行产品与用户之间的匹配，这些从业者的个人信息库的价值被降低了。能够在这些行业取得成功的从业者，将是那些专注于提供数字平台（目前）无法提供的增值服务的人。

3.2.4 组件创新与架构创新

大部分产品和工艺都是分级嵌套的系统，也就是说，在任何分析单元中，该实体都是一个由组件构成的系统，并且每一级组件都依次是一个由次一级组件组成的系统，直到某一级上的组件是不可再分的基本组件为止。[4] 举例来说，一辆自行车是一个由框架、车轮、轮胎、座凳和刹车闸等组件组成的系统。这些组件里的每一个也都是一个组件系统：座凳可以看作是由金属、塑料框架、填料和尼龙套等组件组成的系统。

一项创新可能导致个别组件的变化，也可能导致组件运转所处的整个结构的变化，或者两者都发生变化。如果创新导致一个或多个组件发生变化，但是并不严重影响整个系统的结构，这样的创新就称为组件创新（或者模块创新）［component（or modular）innovation］。[5] 在前述例子中，一项自行车座凳技术的创新（如添加灌有凝胶的材料从而增强减震效果）并不需要对自行车的其余结构做任何改变。

反之，如果创新导致整个系统结构或者组件之间的作用方式发生变化，就称为架构创新（architectural innovation）。一项严格意义上的体系结构创新可能改变了系统中组件互联的方式，却并不改变这些组件本身。[6] 但是，大部分架构创新不仅仅改变组件的互联方式，还改变了组件本身，从整个设计上改变了系统。架构创新常常对产业内竞争者和技术用户产生深远而复杂的影响。

例如，当 SpaceX 着手大幅降低太空旅行的成本时，他们开发了许多组件并进行了很多架构创新。他们开发的 PICA-X 是一种隔热材料，可以使火箭承受从轨道重新进入大气层时的高温，是组件创新的一个例子。它取代了火箭外部的现有材料。能够重复使用火箭是节省成本的巨大来源。SpaceX 还通过将火箭设计为仅使用 SpaceX 设计的 Merlin 发动机来降低火箭的成本，这是一项架构创新。例如，Atlas V 使用了多达三种发动机，每种发动机都是为特定的飞行阶段量身定制的。例如，它在第一阶段使用燃烧煤油的 RD-180 发动机，在升空时使用固体燃料捆绑式助推器，以及在飞行最后阶段使用液氢发动机。使用三种发动机有助于优化 Atlas V 的性能，但显著增加了成本。相比之下，让 SpaceX 火箭上的所有发动机都相同减少了所需的工具数量和流程数量，从而实现了马斯克所说的"巨大的成本节约"。[7]这种变化是一种架构变化，既替换成了一个新组件（Merlin 发动机），并通过使其更加模块化改变了整体设计（我们将在第 4 章更详细地讨论模块化）。

要发起或者采用一项组件创新，就要求一个企业具备该组件的专业知识。然而，发起或者采用一项架构创新一般要求企业掌握组件间如何连接并整合起来组成整个系统的结构知识。企业必须了解各种组件的特性如何相互作用，以及一些系统特性的改变会触发整个系统或者个别组件的许多其他结构特性的变化。第 4 章更详细地讨论了模块化及其在创建平台生态系统中的作用。

3.2.5　使用维度

尽管上述维度有助于我们探究各种类型的创新之间产生的差异，但是这些维度都不是独立的，也不能直接给出对创新进行分类的精确而一致的方法。上述维度中，每一个都和其他维度是相关联的。例如，相对组件创新而言，架构创新就被认为更具突破性与能力破坏性。此外，如何在一个维度上描述一项创新往往取决于谁在进行描述以及与什么进行比较。例如，对于内燃机制造商来说，纯电动汽车可能看起来像是一种具有突破性和能力破坏性的创新，但对于只需要改变汽车燃料／充电方式的用户来说，这似乎是一种具有渐进性和能力提高性的创新。因此，尽管前面提到的这些维度对于理解创新是很有价值的，但是要把它们看成是相对维度，也就是说取决于它们的使用背景。

下面我们将探究技术创新的模式。无数关于创新的研究已经揭示了新技术从产生、发展、扩散到被其他技术取代这样一种循环重复的模式。我们从考察技术的 S 曲线开始。

3.3　技术的 S 曲线

一项技术的性能进步率和它的市场接受率都呈 S 形曲线形状。尽管技术进步的 S 曲线和技术扩散的 S 曲线是相关的（技术性能的进步加速了市场对技术的认可，反过来市场的广泛认可激发了对技术进步的投资），但是它们在根本上是不同的过程。我们首先描述技术进步的 S 曲线，然后介绍技术扩散的 S 曲线。本节还将说明，尽管人们在预测技术生命周期什么时候会进入新的阶段时很容易想到运用 S 曲线，但这样做是会令人误解的。

3.3.1 技术进步的 S 曲线

许多技术在其生命周期中的性能提升过程表现为一条 S 形曲线。[8] 在图 3.1 中，如果用技术性能以及在技术进步上投入的资金和付出的努力作为两条坐标轴，可以看到这样一条典型的曲线：开始技术性能的变化随着投入的增加是缓慢的，接着加速，然后又减慢。在技术产生初期，技术性能进步缓慢是因为人们还不能深入了解技术的基本原理。巨大的投入用于探求不同的技术进步途径或者寻找不同的技术进步的促进因素。如果这项技术与之前的技术完全不同，就没有什么评估程序可以让研究者评估它的发展和潜力。更重要的是，在一项技术还没有在一定程度上确立合法性之前，很难吸引其他研究人员参与。[9] 然而，当研究人员深入了解技术之后，技术性能的进步开始加快。这项技术逐渐确立合法性，成为值得投入的尝试，开始吸引其他研发人员。之后，评估技术的方法得到改进，这使研究人员致力于从单位投入中获取最大的技术提升，使技术性能迅速进步。但是，到了某种程度，投入的回报又开始减少。这是因为技术开始到达其固有的极限，技术性能进步的边际成本开始增加，S 曲线变得平缓。

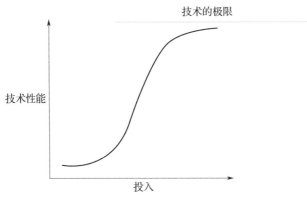

图 3.1　技术进步的 S 曲线

通常一种技术的 S 曲线是由性能维度（如速度、产量和功率等）和时间维度组成直角坐标系。但这里需要注意的是，如果随着时间变化，单位时间的投入并不是常数的话，得到的 S 曲线并不能清楚地表现实际的关系。当单位时间的投入是常数时，用时间作为坐标轴和用投入作为坐标轴所得到的特征曲线是一样的。但是，如果在技术上的投入量随着时间的推移而减少或增加，得到的 S 曲线将以快得多的速度变平缓，或者根本不会变平缓。举例来说，广为人知的技术曲线之一就是被视为公理的摩尔定律。1965 年，英特尔的创始人之一戈登·摩尔（Gordon Moore）发现，自集成电路发明后，集成电路上的晶体管密度每年翻一番。图 3.2 显示了英特尔从 1970 年到 2020 年的微处理器晶体管密度，并且显示出了一条急剧增长的性能曲线。

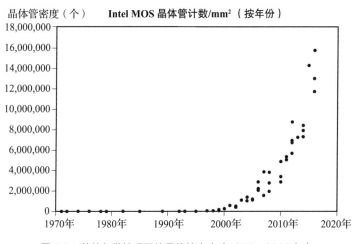

图 3.2　英特尔微处理器的晶体管密度（1970—2020 年）

然而，英特尔的投入率（每年的研究和开发费用）也开始迅速增加。英特尔的研发费用并不都直接用来提高微处理器的速度，但可以合理地假设英特尔在微处理器上的投入会显示类似的增长模式。由图 3.3 可以看到，获得晶体管的高密度集成是以大量的成本投入为代价的。尽管该曲线与传统的 S 曲线不同，但它的增长率并不像根据年份绘制的曲线那样急剧。

技术并不一定都有机会达到极限；新的不连续技术（discontinuous technology）可能导致原有技术的过时。当一种创新实现了类似的市场需求，但是以一种全新的技术为基础时，我们称之为不连续的技术创新。[10] 例如，从螺旋桨式飞机到喷气式飞机的转变，从利用卤化银（化学的）感光材料的摄影到数码摄影的转变，从复写纸到复印机的转变，以及从光盘音频到 MP3 的转

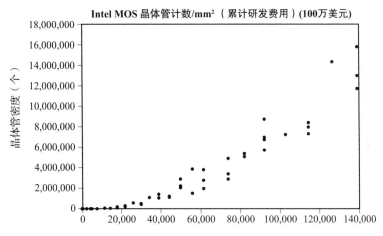

图 3.3　1970—2020 年晶体管密度与累计研发费用增长对比

变都是不连续的技术创新。

　　在初始的时候，这种不连续技术可能在性能上不如原来应用的技术。例如，由于比马车慢得多且难以操作，1771 年尼古拉斯·约瑟夫·库诺（Nicolas Joseph Cugnot）发明的汽车从未投入商业生产。这种车有三个轮子，由蒸汽机驱动，只能达到每小时 2.3 英里（1 英里 =1.609 千米）的速度。19 世纪，人们发明了许多类型的蒸汽机和汽油机，但直到 20 世纪初汽车才开始批量生产。

　　在早期阶段，从投入的回报率来看，新技术可能不如现有的旧技术，所以企业通常没有转变的动力。但是，如果这种颠覆性技术拥有一条更陡峭的 S 曲线（见图 3.4a）或者其 S 曲线能够达到更高的技术极限（见图 3.4b），那么到

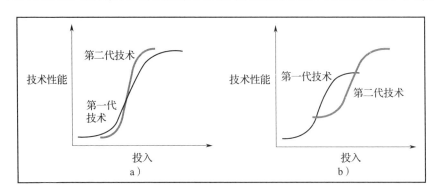

图 3.4　技术 S 曲线——不连续技术的引入

a）拥有更陡峭 S 曲线的新技术　b）拥有达到更高技术极限的 S 曲线的新技术

了某个阶段后，新技术的投入回报率可能要比旧技术高得多。产业的新进入企业更倾向于选择这种颠覆性的技术，而老企业面临两难的选择：是努力延长现有技术的生命周期，还是投入并转换到新技术上？假如在一定的投入下，颠覆性的技术有大得多的性能潜力，那么从长远来看，它很可能取代现有技术，但是取代的速度各异，甚至差别非常大。

3.3.2　技术扩散的 S 曲线

S 曲线也常常用来描述技术的扩散。与技术性能的 S 曲线不同，技术扩散（technology diffusion）的 S 曲线图的坐标轴由技术采用者的累积数量和时间组成。这将得到一条 S 形曲线，因为在初始阶段，当市场推出不为人所熟悉的新技术时，技术采用者的数量缓慢增长；当技术逐渐为人所熟悉并且拥有大量市场的时候，技术采用者的数量迅速增加；最后市场达到饱和状态，新采用者数量的增长速度又减慢了。例如，当市场上刚出现电子计算器的时候，首先使用的是一小部分科学家和工程师。这些人在此之前使用计算尺。然后，计算器开始渗透到更大的会计市场和商业用户市场中，接着包括学生和普通公众也使用了计算器，市场进一步扩大。在这些市场都达到饱和之后，新进入的企业已经没有多少开拓市场的机会了。[11]

一般来说，技术扩散比信息扩散要花费多得多的时间，这是技术扩散更特别的一个特征。[12]例如，曼斯菲尔德（Mansfield）发现，尽管很多人都意识到工业机器人在工作效率上的巨大优势，但是经过了 12 年，在潜在的市场用户中只有一半使用了工业机器人。[13]假如一项新技术比其现有的解决方案有很大的进步，为什么一些企业向新技术的转变要比别的企业慢得多？问题的答案可能隐藏在新技术包含的知识的复杂性以及使新技术发挥效用的配套资源的开发中。尽管应用新技术的一些必需的知识可以通过手册或者其他文件来传播，但是要完全了解和发挥新技术的潜力，所需的其他一些知识只能通过经验来积累。还有一些关于新技术的知识是不可言传的，需要通过人与人之间广泛的接触才能实现技术扩散。对于一项新技术的潜在可能采用者来说，尽管他们意识到技术及其潜在的优势，但只有在能够获取这些知识的时候才会采用新技术。[14]

此外，对许多技术而言，只有在一系列互补资源得到开发之后，这些技术对广大的潜在用户来说才是有价值的。例如，英国化学家汉弗莱·戴维（Humphrey Davy）于1809年发明了第一盏电灯的时候，这种电灯并不实用，直到将灯的电弧包住的灯泡［1835年詹姆士·鲍曼·林德赛（James Bowman Lindsay）首先制成］出现，以及能将灯泡抽成真空的真空泵［水银真空泵由赫尔曼·斯普瑞格尔（Herman Sprengel）于1875年发明］出现之后，电灯才具有实用性。这种早期的灯泡只能使用几个小时，直到1880年，托马斯·爱迪生在早期发明家的工作的基础上发明了使灯泡寿命延长到1200小时的灯丝。在第4章、第5章和第13章，我们将进一步讨论互补资源的作用及影响技术创新扩散的其他因素。

最后，我们应该清楚技术扩散的S曲线是技术进步的S曲线功能的一个部分：技术如果被更好地开发，对消费者就更加有用，从而促使消费者采用这项技术。此外，由于学习曲线和规模优势可以促进技术进步，成品的价格通常会降低，进一步加速了用户对新技术的采用。比如，图3.5和图3.6显示，盒式磁带录像机、CD播放器、手机的平均销售价格的降低与它们渗透到家庭的增长相一致。

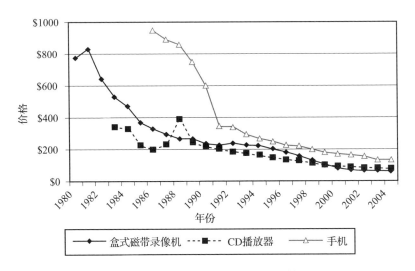

图 3.5　消费性电子产品的平均销售价格

资料来源：消费电子产品协会。

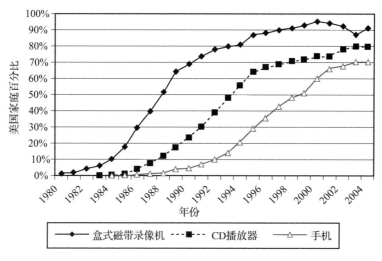

图 3.6 消费性电子产品的渗透

资料来源：消费电子产品协会。

3.3.3 S 曲线作为描述性工具

一些学者认为，管理者可以运用 S 曲线模型作为一种工具来预测技术在什么时候达到其极限，也可以用 S 曲线作为一种指南来说明企业是否以及何时应该转向一种新的突破性技术。[15]企业可以运用其在自有技术上的投入和回报的数据来绘制 S 曲线，或者使用整个产业在一项技术上的投入及众多制造商的平均回报数据来绘制 S 曲线。然后，管理者可以运用这些曲线来评估一项技术是否将要达到其极限，或者识别新技术正在成形的 S 曲线上将要出现的与企业的 S 曲线的交叉点。但是，作为一种描述性工具，S 曲线模型有几个严重的局限。

3.3.4 S 曲线作为描述性工具的局限性

首先，事先预知技术的确切极限是非常罕见的，并且关于什么是一项技术的极限会在企业内部形成相当多的不同意见。其次，技术的 S 曲线的形状并不是固定不变的。不可预测的市场变化、组件技术或者互补技术都可能缩短或者延长技术的生命周期。此外，企业能够通过自身的研发来影响 S 曲线的形状。例如，企业通过实行新的开发方法或者改进技术的架构设计来延长 S 曲线。[16]

克里斯滕森（Christensen）从磁盘驱动器产业中找到了一个这样的实例。一个磁盘驱动器的容量是由其尺寸乘以记录密度决定的，因此，密度成为衡量磁盘驱动器性能的最普遍的尺度。在 1979 年，IBM 就已经达到了它认为的以铁氧体氧化物为基础的磁盘驱动器的记录密度的极限。因此 IBM 放弃了这项技术，转向研发薄膜技术。该项技术具有提高记录密度的更大潜力。日立（Hitachi）和富士通（Fujitsu）仍然坚持铁氧体氧化物技术，沿着原来的 S 曲线前进，最终成功实现记录密度超过 IBM 曾经认为的极限密度的 8 倍。

最后，转向一种新技术是否能使企业获利取决于很多因素，包括：①新技术所具备的优势；②新技术与企业当前的能力是否相适应（例如，转而采用新技术需要付出的努力，以及发展与新技术相匹配的能力所需要花费的时间）；③新技术与企业所掌握的互补资源情况是否一致（例如，企业可能缺少关键性的互补资源，或者企业的收入可能主要来源于销售与现有技术兼容的产品）；④预期的新技术的扩散率。因此，过于依赖 S 曲线模型的企业可能过早或者过晚地转向新技术。

3.4 技术周期

前面所述的 S 曲线模型表明技术的变化是周期性的：每一条新的 S 曲线从初始的一个紊乱的阶段开始，接着进入快速进步期，然后回到衰减阶段，并最终被不连续新技术取代。[17] 新技术不连续地出现能够颠覆现有产业的竞争结构，产生新的赢家和输家。熊彼特（Schumpeter）把这个过程称为创造性破坏，并认为这是资本主义社会进步的关键推动力量。[18]

若干研究试图识别和描述技术周期中的各个阶段，以便更好地理解技术创新成功或失败的原因，以及在开发或者采用新技术的时候，可以判断现有企业与新进入企业谁更可能取得成功。[19] 厄特巴克（Utterback）和阿伯内西（Abernathy）提出了一个著名的技术演化模型。他们观察到技术经过几个不同的阶段。在第一个阶段（他们称之为易变阶段），技术和市场都充满了大量的不确定性。在此技术基础上的产品或者服务可能是不成熟的、不可靠的或者昂贵的，但可能适合某些利基市场的需求。在这个阶段，企业对产品的各种特

创新的扩散和采用者类别

技术扩散的 S 曲线被解释为在不同的时间阶段，不同类型的用户采用新技术的过程。一种主流的技术创新用户的分类方法是由埃弗雷特·M. 罗杰斯（Everett M. Rogers）提出的。[a][①]图 3.7 给出了罗杰斯在技术扩散 S

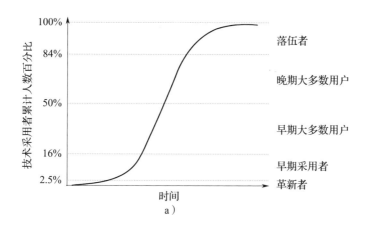

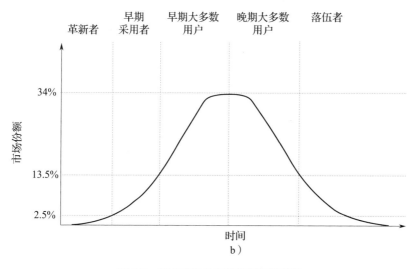

图 3.7 技术扩散 S 曲线的采用者类型

a）S 曲线对应的技术采用者类型　b）标准（钟形）市场份额曲线

曲线上对每一种创新用户进行的分类。该图还表明，如果纵轴不表示累积采用者百分数，横轴表示时间，将得到一条典型的钟形曲线（尽管实际中曲线可能向左或者向右倾斜）。

革新者

革新者是指第一批采用创新技术的用户。他们的购买行为非常具有冒险性。他们偏好于高度的复杂性和不确定性。一般来说，革新者拥有大量资金（并因此能够承受新技术失败所导致的损失）。尽管革新者并不总是很好地融入特定的社会体系，但他们在创新的传播中发挥着极其重要的作用，因为他们是将新思想带入社会体系的个体。罗杰斯估计，对于某一项技术创新，所有技术采用者的前 2.5% 属于革新者这一类。

早期采用者

技术采用者的第二类称为早期采用者。早期采用者很好地融入了他们的社会体系，具有最大的意见领导潜力。早期采用者在所处的环境中是受他人尊敬的，并且他们知道，为了保持这种尊敬，他们必须做出采用创新的决定。潜在的其他技术采用者期望得到早期采用者的信息和建议，因此早期采用者成为新产品或新工艺的"传教士"。罗杰斯估计，在革新者之后采用新技术的 13.5% 的技术采用者属于早期采用者。

早期大多数用户

罗杰斯认为，在这样一个特定的社会系统中，接下来采用新技术的34% 的技术采用者可以归入早期大多数用户这一类。早期大多数用户接受创新的时间略早于社会体系的一般成员。这些技术采用者比前两类人更厌恶风险，在采用技术之前必须确信产品是受欢迎的和安全的。他们通常不是意见领袖，但他们经常与同龄人互动。

晚期大多数用户

按照罗杰斯的分类方法，接下来的 34% 的技术采用者称为晚期大多数用户。和早期大多数用户一样，晚期大多数用户占了所有创新用户的1/3。晚期大多数用户对采用创新持怀疑态度，直到从周围的人中感受到了压力之后才成为技术采用者。晚期大多数用户可能缺乏资源，因此他们不愿意对此投资，直到大多数关于创新的不确定性已经解决。

落伍者

技术采用者的最后 16% 称为落伍者。在做决策的时候，他们主要根据过去的经验，而不是从社会网络中受到的影响，并且他们几乎没有新潮的观念。他们对创新和革新者高度怀疑。在采用一项新创新之前，他们必须确信它不会失败。

a E. M. Rogers Diffusion of Innovations 5rd ed，（New York：Free Press，2003）.

研究花絮

"零利润区"——微软面临的严峻挑战

1980—2012 年，微软在个人操作系统领域占据霸主地位，并且在极大程度上影响着计算机硬件和软件领域的方方面面。尽管操作系统行业的竞争一直存在（例如：Unix，Geoworks，NeXTSTEP，Linux，Mac OS，等等），但绝大多数时间微软还是能稳定占据约 85% 的市场份额。然而，2013 年，微软在操作系统领域的霸主地位却遭到前所未有的挑战。下一代操作系统霸主地位的争抢正在激烈展开，而在这一轮战役中，微软甚至很难被算作第一梯队。

"零利润区"

英特尔的前任 CEO 安迪·格罗夫（Andy Grove）1998 年曾说到，在许多产业（包括微处理器、软件、摩托车和电车）中，技术进步曲线的斜率要比用户需求曲线的斜率大。企业常常以超出用户接受能力的速度给产品增加特性（速度、功率等）。为什么企业要向用户提供超出其需要的性能呢？答案在于市场细分和技术供应商的定价目标。产业中的竞争致使价格和利润都下降，企业常常努力将销售转向日益增长的高端市场。在高端市场上，高性能和多功能的产品能够获得更高的利润。尽管随着时间的推移，用户也会追求更高性能的产品，但是为了完全利用新功能，用户需要学习怎样使用新功能并随之调整自己的工作和生活习惯，这使得用户应用新功能的速度减慢了。因此，虽然技术进步轨迹和用户需求轨迹都是向上倾斜的，但是技术进步轨迹更为陡峭（为简便起见，在图 3.8 中技术轨迹画成了直线，并且横轴表示时间，这是为了与用户需求曲线相比较）。

在图 3.8 中，技术进步轨迹的起点处的技术性能和大众市场的需求是接近的，但随着时间的推移，由于企业将目标定在高端市场，技术性能的提高要快于大众市场的预期。随着技术价格的上升，大众市场可能会认为对这些没有价值的技术特性支付的过多。在图 3.9 中，低端市场是不能吸引企业为之提供服务的，它不是要求用户为其不需要的技术支付的过多，就是技术根本不能满足用户的需求。这样的市场就是英特尔的前任 CEO 安迪·格罗夫所说的零利润区。

对于英特尔来说，零利润区是指低端的个人计算机市场（价格低于1000 美元）。虽然在利润方面零利润区可能是没有吸引力的，但如果忽略，它就会成为培育低端技术企业的土壤。正如格罗夫所说："不引人注意的、水平低下的并且看起来没有利润空间的低端市场却能够作为肥沃的土壤，培育大量竞争。"[a]

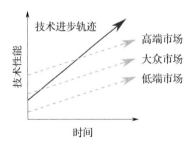

图 3.8　技术进步轨迹与用户需求

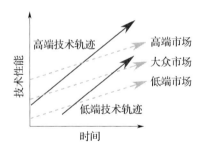

图 3.9　低端技术轨迹与大众市场相交

当企业沿着技术轨迹用类似的技术服务于低端市场时（这样的技术轨迹的斜率仍然大于用户需求轨迹的斜率），它们最终能够达到某种符合大众市场需求的性能水平，同时价格要比高端技术低得多（见图 3.9）。在这一点上，那些提供高端技术的企业可能突然发现自己损失了大部分销售收入，而赢得这些销售额的是之前的低端市场竞争者。例如，1998 年，不断提高的微处理器运算速度和不断下降的价格使 1000 美元以下的个人计算机占据了 20% 的市场份额。

微软面临的挑战

那么微软面临的零利润区具体在哪呢？每个人想想自己正在使用的产品就一目了然了。2021 年，苹果的 iPhone 操作系统（iOS）和谷歌的 Android 共同控制了全球移动操作系统市场的 99%，移动日益成为占主导地位的信息处理技术形式（见图 3.10）[b]。iOS 和 Android 的界面提供了漂亮的美学和显著的易用性双重优势。用于手机的应用程序商业模式对开发者和用户都极具吸引力，并迅速产生了大量的手机应用——从常规应用到新奇应用可谓应有尽有。

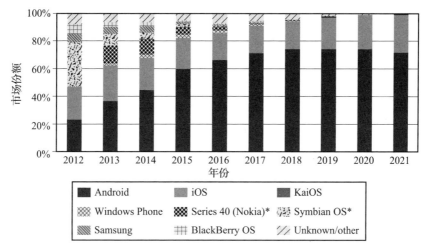

图 3.10 2012—2021 年手机操作系统市场份额

* 代表该系统目前已不存在。

当时站在传统经济的视角，因为微软认为人们不会有那么高的应用使用频率，并且运营商拥有强大的议价权等诸多原因，手机操作系统市场对微软并没有那么大的吸引力。然而，这些智能手机操作系统很快就变成了平板电脑操作系统，平板电脑也迅速变成了功能齐全的电脑。陡然间，苹果和谷歌占据的智能手机操作系统的市场份额渐渐转化为计算机操作系统的份额。虽然称霸计算机领域长达数年，但微软的霸主地位依旧岌岌可危。

a Andrew S. Grove，"Managing Segment Zero，" Leader to Leader，1999，11.
b Statista，2021.

性和结构参数进行试验来评估市场的反应。最终，制造商和用户对于期望的产品性质在某种程度上达成一致，此时就形成了主导设计（dominant design）。[20]主导设计建立了一种稳定的技术结构，从而使企业能够将投入的重点放在流程创新上，因而使主导设计的制造更有效；或者企业将重点放在增量创新上，在主导设计的结构下提高组件的性能。厄特巴克和阿伯内西把这个阶段称为确定阶段，这是因为此时在产品、材料和制造工艺上的创新都是明确围绕主导设计的。例如，在美国绝大部分的能源工业都是以使用矿物燃料（如石油和煤）为基础的，并且在这些燃料的基础上，能源生产的方法已经建立好了。此外，以可再生资源（如日光、风和氢）为基础的能源技术仍然处在易变阶段。例如，荷兰皇家壳牌集团、美国通用电气和加拿大 Ballard Power 等企业正在试验各种形式的太阳能电池、风力涡轮技术和氢燃料电池，努力寻找可再生资源的使用方法以满足为广大公众服务的需求和成本要求。

在厄特巴克和阿伯内西的模型的基础上，安德森（Anderson）和图什曼（Tushman）研究了美国微型计算机、水泥和玻璃产业经过几个技术生命周期变化的历史。像厄特巴克和阿伯内西一样，安德森和图什曼研究发现每一次技术不连续地出现都开启了一个动荡和不确定的阶段（他们称之为混乱时期）（见图 3.11）。新技术可能提供技术性能的突破，但关于技术的主要子系统是什么样的以及它们应该怎样整合在一起，则很难达成一致。此外，正如后来的研究人员所指出的，在混乱时期，不同的利益相关者可能对技术的目的或者如何围绕它建立一个商业模式有不同的概念。[21]因此，虽然新技术取代了旧技术

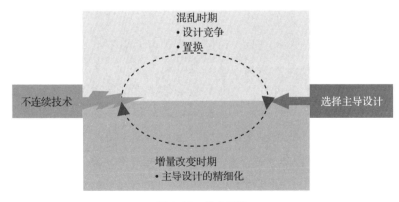

图 3.11　技术周期

（安德森和图什曼把这个过程称为置换），但随着企业尝试各种形式的技术，设计竞争也相当激烈。安德森和图什曼发现，正像在厄特巴克和阿伯内西的模型中那样，除非下一个不连续技术来得太快而中断了原来的技术生命周期，或者几个制造商对自己拥有的技术进行专利保护，拒绝授权给其他制造商，否则主导设计总是占据了大部分的市场份额。安德森和图什曼还发现，主导设计和最初的不连续技术在形式上从来都不一样，并且主导设计也从来不是最先进的技术。主导设计倾向于将能最好地实现市场的主体需求的技术特征整合成一个统一体，而不是在技术的任何一个单一维度上追求性能的最优化。

用安德森和图什曼的话来说，主导设计的出现是技术从混乱时期过渡到增量改变时期的信号。[22] 在这个时期，企业把焦点放在提高效率和市场渗透上。企业试图通过提供差异化的式样和价格来赢得更大的市场份额。企业还可能努力简化产品结构或者改进生产工艺来降低生产成本。这个阶段产业的技术进步大部分都是由这样的小的改进积累而成的，并且这样的状态一直持续到下一个不连续技术出现。

理解企业在不同阶段的研发内容有助于洞察为什么成功的企业往往拒绝过渡到一项新的技术，即使新技术具有极大的优势。在增量改变时期，许多企业停止投资于研发替代性的设计结构，转而投资于完善与主导设计相关的企业竞争力。大部分竞争围绕组件的改进进行，而不是改变设计的结构；因此，企业将投入聚焦在开发组件技术以及主导设计的互补技术上。随着企业的运作规范和能力与主导设计的结合越来越紧密，企业越来越难以识别和响应重大结构创新。例如，在主导设计的结构下，企业可能已经按照各主要组件建立了各个部门，并且在组件之间相互作用方式的基础上组织各部门之间的沟通。企业在努力吸收和处理其所能获取的大量信息的过程中，很可能建立了某种过滤机制，以便自身能够识别对其掌握现有技术结构来说更至关重要的信息。[23] 当企业的专业技术、组织结构、沟通渠道和信息过滤机制都围绕现行主导设计下竞争力最大化而构建的时候，这些就成为企业识别并对新的技术结构做出反应的障碍。

虽然许多产业都与这个模型一致，存在主导设计，但仍有例外。在某些产业，产品及其制造工艺的差异化是价值的主要决定因素，因此不需要主导设计。[24] 例如，艺术和烹饪就是这种产业中的典型，它们更需要不同的做事方式，而不是遵从某一种标准。

3.5 本章小结

1. 对创新进行分类可以使用不同的维度。最为广泛使用的分类维度包括产品创新与工艺创新、突破性创新与渐进性创新、能力提高型创新与能力破坏型创新、架构创新与组件创新。

2. 以技术性能和累计投入作为坐标轴构建直角坐标系时，经常能得到一条 S 形的技术曲线。这表明，对一项新技术来说，在初始阶段，技术的基本原理还在设计中，技术性能的提升是困难的且成本很高；当技术被更好地掌握之后，性能开始加速提升；最后，当技术达到其内在极限的时候，性能的提升速度又减慢了。

3. 技术被市场采用的速度随时间变化的曲线也是一条典型的 S 曲线。在最初阶段，技术看起来是不确定的，并且对用户来说采用新技术成本很高、风险很大。随着技术的不确定性逐渐被消除（并且技术的成本也下降了），技术被逐渐采用。最终，随着市场达到饱和或者被更新的技术所取代，技术的扩散速度又开始放慢。

4. 技术进步曲线的斜率往往大于用户需求曲线的斜率。这表明，开始符合大众市场需求的技术可能最终超出了市场的需求。此外，初始阶段仅仅服务于低端市场（零利润区）的技术可能最终符合大众市场的需求并夺取初始阶段高端技术占据的市场份额。

5. 技术的变化通常遵循一种周期模式。首先，一项不连续技术导致出现一个混乱和不确定的时期，制造商和用户都在探索新技术带来的各种可能性。随着制造商和用户在期望的技术结构上达成某种程度的一致，主导设计就产生了。主导设计提供了一个稳定的产业标准，从而使制造商们将注意力转移到提高生产效率和产品的渐进性创新上。当下一个不连续技术产生时，一个新的这样的周期又开始了。

6. 在不连续技术产生的初始阶段的第一种技术设计几乎不可能成为主导设计。在一种技术设计成为主导设计之前，通常存在这样一个阶段，即各个企业设计许多不同的技术架构并相互竞争。

7. 当主导设计形成时，它很少具备当时最先进的技术特性。主导设计是一系列最好地满足了大部分制造商和用户需求的技术特性的有机整合。

04

标准之争，模块化和平台竞争

Netflix 和流媒体服务之战

到 2021 年初，宽带互联网的广泛普及使全球许多消费者订阅了视频流媒体服务。事实上，在美国，超过一半的消费者已经放弃了传统的有线电视订阅（通常也放弃了他们的固定电话），转而采用纯互联网提供的视频娱乐服务。这些服务大多提供了第三方电影和电视内容的组合，可以按需播放，其中一些服务还拥有大量的原创内容库。

截至 2020 年，如果人们还在犹豫是否接受视频流媒体服务，新冠疫情的暴发消除了他们的不确定性：电影院被迫关闭，主要的流媒体平台成为观看最新电影的唯一场所。全球票房收入从 2019 年的 423 亿美元暴跌至 2020 年微不足道的 120 亿美元，而流媒体订阅用户增长 26%，达到 11 亿个。在美国，赛科斯（Sykes）的一项调查显示，71.7% 的美国人开始了新的流媒体订阅；德勤的一项调查结果显示，美国家庭平均支付了 5 次流媒体订阅，高于 2019 年的 3 次。[一]

在全球范围内，压倒性的领导者是 Netflix（见图 4.1）。2021 年，Netflix 在 190 多个国家拥有超 2 亿个用户。2020 年，它的收入达到 250 亿美元，订阅用户的快速增长激发了投资者的强烈热情，使其市值达到 2390 亿美元，成为市场上增长迅速的股票之一。[二]

当 Netflix 在 1997 年成立时，它的商业模式是通过邮件的方式租赁和销售

[一] Phil Hall, "The State of Streaming in 2021: A Fight for Content and Eyeballs," Benzinga, March 19, 2021.

[二] Shalini Ramachandran and Imani Moise, "Netflix Subscriber Growth Tops Expectations," *The Wall Street Journal,* April 16, 2018.

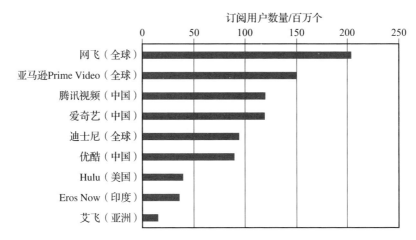

图 4.1　全球最受欢迎的视频流媒体

来源：数据来自多个来源，包括 Statista、www.nationalthailand.com、www.cordcutternews.com 和公司报告。

DVD 电影。顾客可以在网上浏览和选择电影，这些电影的 DVD 会被邮寄给顾客，顾客看完电影后再把 DVD 寄回。虽然它一开始像其最大的实体竞争对手 Blockbuster 一样收取每部电影的租赁费，但很快就转向收取订阅费。用户可以根据他们想同时租多少部电影来选择不同价格的计划，而且他们可以想租多久就租多久，并且不用支付滞纳金。订阅计划大受欢迎。到 2005 年，公司每天发出的 DVD 超过 100 万张。[⊖]

　　Netflix 网站最引人注目的功能之一是它的推荐系统。当人们租电影时，Netflix 促使他们评论已经看过的电影。因此，它稳步积累了一个关于电影偏好的庞大数据库，可以用来向用户提出电影建议。例如，如果一个用户给《地心游记》打了五星评价，系统就会提示他可能也喜欢《木乃伊》《夺宝奇兵：水晶头骨王国》《墨水心》。

　　这项服务非常受欢迎，很快就为实体音像店敲响了丧钟。通过集中库存和发货，Netflix 可以提供比实体店更广泛的选择，而且它的规模意味着它既可以协商更好的内容价格，也可以投资于为用户提供增值服务，如前面提到的评论和推荐系统、在线电影预告片等。重要的是，Netflix 还是小型独立电影人的电影接触观众的关键渠道。这使该公司能够建立稳定的关系，随着时间的推移，这种关系被证明越来越有价值。

<hr />

⊖　"Movies to Go," *The Economist,* July 7, 2005.

2007 年，Netflix 开始提供电影流媒体服务，这迅速成为电影租赁消费的首选模式。2011 年，该公司开始收购原创内容，以便在 Netflix 上独家发行，首先是《纸牌屋》（*House of Cards*）和《莉莉海默》（*Lily hammer*）系列。到 2013 年，它已经开始与漫威电视（Marvel Television）和梦工厂（Dreamworks）等制作公司合作制作原创内容。然后在 2017 年，它开设了 Netflix Studios，并开始招募一些成功的电视剧编剧和制片人，开始在公司内部制作原创内容。[⊖]

对于一个电影租赁服务公司来说，垂直整合并开发自己的内容似乎是一个奇怪的举动。制作电影和电视节目所需的技术、设备、人员和专业知识与发行电影和电视节目完全不同。一个媒体传播专家对媒体制作又了解多少呢？事实证明，有很多。

Netflix 快速增长的数据集意味着它知道：哪些用户喜欢哪些电影，哪些类型的电影发展迅速，哪些新明星正在获得粉丝，哪些新制作公司正在获得关注，等等。与独立电影制作人和崭露头角的演员建立关系，帮助公司源源不断地获得新创意人才，并帮助建立了人们对公司的好感。流行文化网站 The Ringer 的作家肖恩·芬尼西（Sean Fennessey）解释说，对于那些无法筹集到足够资金来推出一部大型电影的电影制作人来说，Netflix 是多么重要。"对于那些被好莱坞忽略的创作者来说，Netflix 就像是伤口上的药膏。"[⊜]

Netflix 还利用其庞大的发行渠道推广其原创内容，为其系列剧集吸引观众，打造其作为一流制片公司的声誉。正如 Netflix 首席内容官泰德·萨兰多斯（Ted Sarandos）所言："我们确保这些节目安全的方法包括在人才方面拥有良好的声誉、拥有人们想要与之联系在一起的品牌，以及良好的交付记录。"

此外，虽然大多数电影公司需要直接从电影中获利，但 Netflix 从其内容中获利的方式有很多：拥有受欢迎的独家节目有助于吸引和留住订阅用户，而拥有大量观众和强大的原创内容库，使其在与其他人就制作的内容谈判许可费时拥有更大的议价能力。总的来说，这是一个强大的优势。

Netflix 计划在 2021 年在原创独家内容上投入约 190 亿美元，使其成为世界上最大的电影制作公司。其他流媒体服务也纷纷效仿，亚马逊 Prime Video、Hulu 和 HBO 分别斥资 60 亿美元、30 亿美元和 15 亿美元为其流媒体

⊖ Lucas Shaw, "Netflix Aims to Make the Next Great Hollywood Studio," *Chicago Tribune,* September 15, 2017.

⊜ Sean Fennessey, "Netflix and Shill," *The Ringer,* April 20, 2018.

服务制作原创内容。传统上在内容领域竞争的公司，如迪士尼、环球、派拉蒙等，正在通过提供自己的流媒体服务进行反击。其中一些公司正在结成有趣的联盟。例如，迪士尼＋和 Hulu 宣布了一个包括 ESPN 在内的折扣套餐，而华纳兄弟宣布将在 HBO Max 上播放其所有电影（此举引起了 AMC 连锁影院[⊖] 的愤怒，一些电影人觉得他们的电影会因为这个决定而被卖空）。[⊜] 流媒体市场迅速变得拥挤和复杂。

当公司将内容专属于自己的频道时，他们是在打赌，订阅量的增加将比内容的更广泛分布更有价值——这种权衡往往很难计算和预测。消费者愿意为多少订阅付费？一家服务公司要提供多少独家热门节目才能说服某一特定细分市场订阅？内容制作者是否可以通过将他们的内容提供给所有平台而获得更多收益？这些问题以及更多的问题将决定视频流媒体服务的未来。

4.1 概述

前一章中描述了在技术创新过程中会反复出现的模式，以及其中一个模式——主导设计的出现。正如安德森和图什曼所指出的，技术发展周期总是会有一个阶段，在这个阶段产业会出现主导设计（dominant design）。主导设计一旦出现，无论是生产者还是客户都会将主要精力放在产品的制造、交付、市场化及使用的效率上，而不是继续开发和考虑采用其他技术。本章将研究产业为什么会迫于压力选择某一技术作为主导设计，以及价值的多重维度将决定哪些技术设计成为主导设计。然后，我们将研究模块化和平台竞争为何以及如何在一些行业中出现。

4.2 为什么要选择主导设计

许多市场为什么总是围绕一个主导设计而不是选择多种技术呢？一

⊖ Julia Alexander, "AMC Warns It' ll Run Out of Cash in January; Calls Out Warner Bros.' Shift to HBO Max," *The Verge,* December 11, 2020.

⊜ Angela Watercutter, "The Streaming Wars Could Finally End in 2021," *Wired,* December 14, 2020; and Denis Villeneuve, "'Dune' Director Denis Villeneuve blasts HBO Max Deal," *Variety,* December 10, 2020.

个主要原因就在于许多产业具有采用收益递增效应（increasing returns to adoption），即一个技术被采用得越多，它的价值就会越大。[1]复杂技术所体现的收益递增效应通常表现为它被采用得越多，技术提高得也越多。采用一项技术通常会产生收益，这些收益可以用来进一步开发研究，并对原有技术进行升级。另外，随着技术的应用，人们对技术的了解增加，从而使技术本身和技术应用都得到提高。最后，当一项技术被广泛采用之后，一些互补产品将被开发出来，这些互补产品是专门针对这一技术的。这些影响可能会导致一种自我强化机制，增强一项技术的主导地位，而不管它对竞争技术的优势或劣势。收益增长的两个主要来源：①学习效应；②网络外部性。

4.2.1 学习效应

充分的证据表明，一项技术被采用得越多，就会发展得越快，应用效果越好，效率越高。[2]一旦一项技术被采用，就会有销售收入，这些收入可以用来投资，进一步研发，进一步改进原有技术。而且，随着对该技术积累的经验增多，人们可以寻找更为有效的方法使用该技术，包括组建一个可以提升技术应用效果的组织体系。因此，技术被采用得越多，就会变得越好。

学习效应一个很好的体现就是累积产量对成本和生产力的影响，也就是众所周知的学习曲线。每当生产者重复一个生产过程时，他们将会使它更有效率，通常他们会提出新的技术方案以减少生产成本或降低废品率。组织的学习型学者通常用累积产出函数来模拟学习曲线，表现为随着产量的增加，性能提升或成本降低。但无论是性能提升率还是成本降低率，它们都随产量的增加而减少（见图4.2）。比如，在研究航天器和比萨两个不同行业时，研究人员发现随着产量的增加，单位产品（如航天器和比萨）的成本都下降了。

学习曲线的标准格式为$y=ax^{-b}$，y表示生产第x个产品需要的直接劳动时间，a表示生产第一个产品需要的直接劳动时间，x表示产品的累计产量，b表示学习效率。经研究发现，这个模型在相当大的产品和服务范围内都非常有效，包括汽车、轮船、半导体、制药甚至心外科手术。[3]学习曲线也被用在多种业绩考核上，如生产率、单位总成本、故障率和单位消耗量。[4]

虽然学习曲线在组织学习中的应用范围非常广泛，但不同的组织在学习效

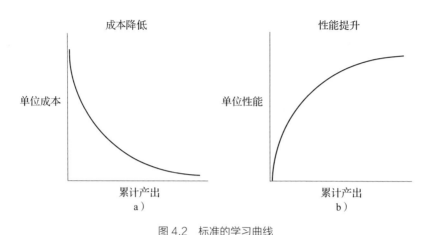

图 4.2　标准的学习曲线

a）累计产出与成本的关系　b）累计产出与性能的关系

率上有着本质的不同。[5]管理人员和学者们对于同一过程中不同组织取得不同进步的原因非常感兴趣。对于这个问题，研究人员分析了很多，包括观察公司的学习效率是如何受到过程改进项目、人为性创新、与客户和供应商的接洽的影响的。[6]最后，他们发现学习效率会受诸如任务性质、组织战略和组织经验的影响。

前期学习和吸收能力

公司在前期学习上的投资可以通过建立公司的吸收能力（absorptive capacity）来提高未来的学习效率。[7]吸收能力可理解为企业在积累知识的同时也提高了未来吸收信息的能力。公司的前期相关培训加强了其识别未来信息价值的能力，并能有效地利用这些信息。例如，在开发一项新技术的时候，公司通常在方案正常运行之前采用一些不成功的技术或配置。这些试验在公司内部会形成一些基本的经验，包括各个关键组件的性能、哪一个方案更容易成功、公司在什么类型的项目上更容易获得成功等。这些经验能够促使公司更快地对新材料、新技术、新方法做出评价。吸收能力的影响在于领先于其他开发出新技术的公司可以获得的先发优势。那些不愿意在技术开发方面进行投资的公司会发现采用技术后期开发策略更困难，成本也更高。这就部分解释了为什么企业一旦在技术开发上落后，就很难赶上。

总的来说，就某一技术而言，采用它的公司越多，对它改进得越多，与这个技术相关的吸收能力的累积就会越多，与之相关的技术开发也会越有效率、越有效果。而且，随着公司开发互补技术来提高核心技术的生产率和适用性，这个技术就会对其他公司有更强的吸引力。总之，学习效应表明，早期的技术提供者由于有足够的时间来改进新技术，与后来的技术提供者相比，往往具有先发优势（然而，正如我们将在第 5 章中讨论的那样，早期的技术相对市场而言可能早了些）。

4.2.2　网络外部性

许多市场都具有网络外部性（network externality）的特点，或者说是正消费外部性。[8] 在具有网络外部性特点的市场里，一个产品的用户的收益会随着相同产品其他用户的数量的增加而增加。具有网络外部性的市场最典型的例子就是实体网络，比如铁路和通信。铁路会随着铁路网的扩大（更多的可到达目的地）变得更有价值。同样，如果仅有很少一部分人拥有电话——拥有电话的人数与电话通信网的大小直接相关，那么电话的用处就不会太大。

网络外部性在那些没有实体网络的市场中也会出现。比如，产品的兼容性比较重要时，一个产品的用户的收益将会随着使用相同产品的用户数的增加而增加。某一特定技术的用户数称为该技术的用户保有量（installed base）。一个用户可能会基于该平台下其他用户的数量而不是平台的技术性能来确定是否选择该平台，因为这样能够方便不同用户之间的文件交换。比如，许多人选择了基于 Windows 操作系统和英特尔微处理器平台的计算机，是因为"Wintel"（Windows 和 Intel）平台拥有大量的用户保有量，从而用户的文件就可以在最大的用户保有量之间相互兼容。另外，用户在某一个特定平台上培训的价值也会随着该平台用户保有量的增加而增加。如果一个人必须在某一个平台上接受培训，那么他一定会选择他认为能够使自己的培训技能得到广泛运用的那个平台。

当互补品（complementary goods）比较重要的时候，市场的网络外部性表现将非常明显。许多产品仅仅是功能性的或者并非必不可少的，就需要有一套可行的互补品来实现功能（比如为录像机配套的录像带、为放映机配套的影片等）。一些公司既生产主要产品，也生产它的互补品（比如，柯达公司既生产照相机也生产胶片），也有一些公司需要其他公司为自己的产品生产互补品或提供服务（比如，计算机制造商经常需要其他生产厂家为自己的客户提供软件和服务）。具有较大用户保有量的产品能够吸引大量的生产厂家为其生产互补品，在本章的开头已经证明了这一点：因为 Windows 操作系统具有较大的用户保有量，大多数软件生产商都努力使自己的产品能在 Windows 平台上稳定运行。既然互补品的可行性影响用户对操作系统的选择，那么互补品的可行性也影响用户保有量的规模，从而形成了技术的自我强化循环（见图 4.3）。

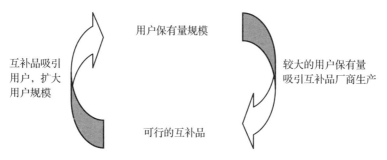

图 4.3　用户保有量和可行的互补品的自我强化循环

自我强化循环可以通过微软公司在操作系统市场上以及后来在图形用户界面市场上的主导地位生动地予以证明，我们将在下面的"理论应用"专栏中进行讨论。微软公司在用户保有量上的先发优势带来了在互补品上的先发优势。这些网络外部性优势促使微软公司将 Geoworks 和 NeXT（也有人认为还有苹果公司）等几家可能成为竞争对手的公司赶出市场。

公司也可以试图通过围绕首选技术建立联盟来影响主导设计的选择。[9]这在开篇案例中得到了恰当的说明。前面的内容主要分析了在市场竞争中主导设计的出现，但有时候主导设计的出现是通过政府监管来实现的。

理论应用

微软的崛起

从 20 世纪 80 年代初到 2010 年的头十年，微软公司的 Windows 视窗产品在个人计算机操作系统市场上占据了大部分份额。操作系统是计算机的核心程序，在此基础之上运行其他程序。操作系统负责识别从键盘上输入的内容，以及将要输出的内容显示在显示器上，并且管理磁盘上的文件、目录和控制外部设备。由于操作系统决定了其他应用软件的设计模式，所以微软公司在操作系统市场上的主导地位（优势）使它在整个软件产业中具有强大的影响力。但是，微软作为一个软件产业的霸主，它的诞生在很大程度上是由于当时一系列特定的环境因素。如果当时的环境是另外一种情况，微软公司可能就不会有现在的辉煌。

1980 年，个人电脑的主要操作系统是 CP/M。CP/M 由加里·基尔代尔（Gary Kildall）发明，并由基尔代尔的公司 Digital Research 销售。基尔代尔在 1972 年接受英特尔公司的聘请，为英特尔 4004 微型处理器编写程序。这个 4004 处理器是第一个真正意义上的微型处理器，可以进行日常运算。同年晚些时候，英特尔公司开始销售 8008 处理器，它可以作为一台计算机使用，基尔代尔受聘为该芯片编制程序语言，这个程序语言就是 PL/M（Programming Language/Microcomputers）。[a]

当 Memorex 和 Shugart 向市场提供软盘（IBM 公司研发）代替原来的穿孔卡（机读卡）时，基尔代尔发现没有一个接口程序能够使该软驱与英特尔的微处理器进行数据交换，因此他开发了一个磁盘操作系统来解决这个问题。他给这个磁盘操作系统起名为 Control Program/Microprocessor（CP/M）。[b] CP/M 能够用于基于英特尔微处理器的任何计算机。

1980 年之前，世界上最大的计算机生产商 IBM 对生产个人计算机并没有浓厚的兴趣，IBM 管理层认为个人计算机市场仅仅是由一小撮计算机业余爱好者组成的。然而，当商业上开始采用苹果计算机进行一些基本运算和文档处理的时候，IBM 开始紧张起来。IBM 突然意识到个人计算机市场的巨大潜力，如果想在这个市场上有所作为，必须加快进入市场的步伐。IBM 管理层认为自己已经没有足够的时间再去开发自己的处理器和操作系统，因此打算采用英特尔的微处理器和基尔代尔的 CP/M 操作系统。有关 IBM 和基尔代尔没有最终达成协议的说法有很多，其中之一就是当 IBM 的代表去找基尔代尔的时候，他刚好在外面驾驶飞机，虽然 IBM 代表给基尔代尔的妻子多萝西·麦克尤恩（Dorothy Mcewen）留下了联系方式，但并没有说明白该事情的重要商业价值，一段时间之后 IBM 没有收到基尔代尔的回音；另一种说法是基尔代尔不情愿通过任何协议长期受制于 IBM，想保持一定的独立性；还有一种说法是基尔代尔只对开发新的技术感兴趣，而对最终产品的战略管理没有兴趣。无论出于哪一种原因，基尔代尔最终都没有和 IBM 签订协议。

迫于时间压力，IBM 求助于为该系统提供其他软件的比尔·盖茨（Bill Gates），问他是否能够提供一个操作系统。虽然当时比尔·盖茨并没有自己的操作系统，但他说能够提供。比尔·盖茨从西雅图计算机公司买了一个 16-bit 的操作系统（基本上是 CP/M 的复制品），然后对它进行重新研究开发以匹配 IBM 个人计算机。这个重新研究成功的产品被命名为 Microsoft DOS。随着 DOS 和 IBM 个人计算机（第一年销售达到 25 万台）一起捆绑销售，这个产品很快就具有了巨大的用户保有量。另外，那些依靠复制品来填补 IBM 个人计算机市场空白的其他个人计算机生产商也采用 Microsoft DOS 系统来确保其产品与 IBM 个人计算机能够兼容。由于 Microsoft DOS 是 CP/M 的复制产品，它可以兼容那些原来专门为 CP/M 操作系统开发的软件。特别是当它和 IBM 个人计算机捆绑销售之后，基于该操作系统更多的软件（互补品）开发出来，并且得到广泛应用。Microsoft DOS 应用不久之后就被确立为行业标准，微软公司也成为世界上成长最快的软件公司。

"我们能够在第一时间将技术市场化并建立标准，我们在促进软件厂家在该平台上进行开发并巩固标准方面非常成功。"时任微软产品经理的 B. J. 惠伦（B.J. Whalen）认为，"一旦你获得进展，就会产生雪球效应。在这个平台上的用户越多，越多的人就会更倾向于利用这个平台，在这个平台上进行软件开发的厂商也会越多。"

后来，微软开发了一种名为 Windows 的图形界面，它几乎复制了苹果计算机的用户友好功能。微软公司通过将 Windows 与 DOS 绑定，将 DOS 的用户保有量顺利转变为 Windows 操作系统的用户保有量。微软公司也努力确保能为 Windows 与 DOS 开发一些兼容性应用程序，包括自己亲自进行一些应用程序开发和鼓励第三方软件开发商支持该平台。微软公司借助其在操作系统方面的垄断地位也为其许多其他产品（如 word processing, spreadsheet programs, presentation programs）扩大了市场份额，同时也影响了计算机软件、硬件产业的许多方面。然而，如果当初基尔代尔与 IBM 签订了合作协议，或者康柏（Compaq）和其他计算机公司没有仿制 IBM

的个人计算机，今天计算机行业将会是另外一种情况。

a Paul Korzeniowski, "DOS: Still Thriving after All These Years," Software Magazine 10, no. 6
  （1990）：83–112.

b S. Veit, "What Ever Happened to ... Gary Kildall?" Computer Shopper 14, no. 11 （1994）：
  608–14.

4.2.3　政府监管

在一些行业，技术的兼容性带来的消费者福利会促使政府强制介入，从而在法律的框架下诱导人们对主导设计的遵守。在公用事业、电信和电视等行业中常常是这种情况。[10] 例如，1953 年，美国联邦通信协会通过了国家电视系统协会有关电视广播的色彩标准，从而确保有黑白电视机的个人能通过网络接收彩色电视节目（尽管他们看到的是黑白图像）。这个标准在 2003 年仍然适用。同样，1998 年，当美国进行无线技术格式之争时，欧盟采用了单一的无线电话标准（用于移动通信的通用标准，即 GSM）。通过选择统一的标准，欧盟避免了内部标准的混乱，确保了欧盟内部不同国家之间或一个国家内部通信的畅通。当政府强制性地在一个行业中选择某一技术作为技术标准的时候，基于这个标准的技术必然会主导对有可能进入市场的其他技术的选择。有关主导设计对消费者福利的影响将在本章末尾的"理论应用"专栏进一步探讨。

4.2.4　结果：赢家通吃的市场

所有这些因素都促使市场向自然垄断发展，仅有一些可选择性的技术依靠占有一小部分市场生存下来，而大部分市场被一个（或几个）技术所主导。一个能将自己的技术发展成为市场主导设计的公司通常可以获得巨大盈利，甚至可以在几代产品上占据主导地位。当一个公司的技术被选择作为主导设计的时候，不仅意味着公司有能力在短期内赢得近乎垄断的利益，还意味着公司处于能够影响行业发展趋势的有利位置，极大地影响将来几代产品的走向。但是，如果公司支持的技术没有被作为主导设计，那么它可能被迫采用主导技术，严重丧失在自己原创技术上的投资成本、学习成本和品牌，更糟的是可能被市场拒之门外。因此，标准之争是高风险的游戏——最终导致完全的赢家和彻底的失败者。[11]

不断增加的回报也意味着技术轨迹具有路径依赖（path dependency）的特征，这意味着相对较小的历史事件可能对最终结果有很大的影响。尽管技术的质量和优势毫无疑问地影响它的最终命运，但另外一些与技术本身优劣无关的因素也起着很重要的作用。[12] 例如，时间很关键。早期的技术一旦被确立，后来的技术即使被认为更优，也很难在市场上立足。技术被谁发起以及怎样发起对技术的应用也有很大的影响。比如，如果一个非常有影响力的公司发起一项新技术（可能对供应商和分销商施加压力来获得他们的支持），那么这项技术有可能获得市场的主要份额，并将其他技术挡在市场之外。

主导设计能够使技术的生命周期延长。一旦主导设计被采用，它将影响生产者和消费者就该技术积累起来的知识、经验，同时也将促进该行业中解决问题的技术方法的发展。公司将会在已有知识的基础上开拓、发展，而不会重新开辟另一个陌生的领域。[13] 这就导致了技术发展的一个黏性现象，并且会引导该领域未来的技术走向。[14] 因此，主导设计可能会影响最终取代它的技术的不连续性的特点。

赢家通吃的市场显示了完全不同于和平竞争、竞争者共存的市场的特点。在这个市场中要想获得成功，公司必须采用不同的战略。[15] 技术上优越的产品并不总是赢家——赢家通常是那些知道如何管理影响设计选择的多个价值维度的公司。

4.3 价值的多维性

一项技术给予消费者的价值常常是一个多方面的集合体。我们首先考虑技术本身的价值，然后研究技术本身的价值如何与用户保有量规模、互补品创造的价值相结合。[16] 在以收益递增为特征的行业中，这种组合将影响技术设计的主导地位。

4.3.1 技术本身的价值

一项技术的独立价值是指它能做的事情或它的吸引力来源，而不是指它的用户保有量或可用的互补品。例如，电子游戏主机的独立价值可能取决于其速度、存储容量、易用性或经济价格等。音乐流媒体服务的独立价值可能取决于它是否易于使用，是否支持播放列表，是否拥有良好的推荐系统，是否提供专辑详细信息，是否允许用户下载歌曲进行离线播放，等等。

一项新技术为用户提供的价值可以由许多不同的东西驱动，比如它使用户能够使用的功能、它的美学品质和它的易用性。为了帮助管理者识别一项新技术为用户提供的效用的不同方面，金伟灿（W. Chan Kim）和勒妮·莫博涅（Renee Mauborgne）开发了一份"买方效用图"。[17] 他们认为，要理解一项新技术对买家的效用，必须考虑六个不同的效用杠杆，以及买家体验周期的六个阶段。

六个阶段分别为购买、交付、使用、增补、维修、处置；六个不同的效用杠杆分别为生产率、简明性、方便性、风险、乐趣和形象、环境友好。由这六个阶段和六个效用杠杆形成具有 36 个小区域的效用图（见图 4.4），每一个小区域表示提供给用户一定的价值。

一项新技术提供给用户的价值可以用一个小区域来衡量，也可以用几个小区域的组合来衡量。例如，如果零售商建立了网上预定系统，则它提供的主要价值主张是购买阶段更简便。同时，如图 4.4 所示，丰田普锐斯的推出为用户在使用、增补和维修阶段提供了更高的生产率（以节约汽油的形式）、外观优势和环境友好性，同时提供了与燃油汽车相同的简单性和便利性。

金伟灿和莫博涅的模型的设计重点是消费品，但他们的映射原则可以很容易地适应强调工业产品或买方效用的不同方面。比如，效用图的生产率可以用多个指标（如速度、效率、可伸缩性、可靠性等）来表示，而不是仅仅用用户生产率来表示。这个效用图为管理者提供了一个从技术价值的多维性和用户体验的多个阶段考虑问题的思路。此外，技术带给用户的收益必须考虑获得收益或采用技术时的成本，即收益成本率决定价值。

	购买	交付	使用	增补	维修	处置
生产率	普锐斯的价格略高于同类非混合动力车型		速度和功率与非混合动力汽车相当	为补充燃料而停驶的次数减少，节省金钱和节约时间		
简明性	购买者可能会觉得无法评估车辆的价值		操作起来像普通的内燃机汽车	和普通内燃机汽车一样补充燃料		混合动力车的电池更大，在使用寿命结束时必须回收并处理掉
方便性		通过传统经销商渠道销售	不需要插在电源插座上	在普通加油站可以买到燃料	同普通内燃机汽车一样维修	
风险			购买者可能面临更高的产品故障风险，因为产品使用了新技术	购买者可能很难找到替换部件，因为产品采用了新技术		也许难以转售，或者转售价格较低
乐趣和形象		诠释环保责任的形象				
环境友好	购买者感觉自己在支持环境友好型汽车的发展		低污染	减少化石燃料的使用		

图 4.4　丰田普锐斯的消费者效用图

资料来源：*Harvard Business Review*. Exhibit from "Knowing a Winning Business Idea When You See One，" by W. C. Kim and R. Mauborgne，September–October 2000.

4.3.2　网络外部性的价值

在具有网络外部性特点的行业，技术创新给用户带来的价值不仅是技术本身收益成本比的函数，而且是用户保有量规模和可行的互补品形成价值的函数（见图 4.5a）。[18] 因此，Windows 操作系统的用户由于采用该系统而拥有的价值包括：技术本身拥有的价值（比如，操作系统可以为用户使用计算机提供便利）；操作系统用户保有量规模（这些用户之间可以方便地进行数据交流）带来的价值；兼容软件易得性带来的价值。以这样的视角去看待技术创新的价值就会很容易理解为什么在功能上很先进的技术却不能够替代市场上已经被广泛应用而在功能上相对比较落后的技术。即使一项创新在功能上有很大的优势，但它给予消费者的总体价值未必高于现有技术，这种情况在 NeXT 的案例中得到很好的体现。1985 年，史蒂夫·乔布斯（Steve Jobs）和苹果计算机公司的 5 位高级管理成员共同成立了 NeXT 公司，并在 1988 年生产了第一台计算机。这台计算机拥有 25MHz 的 Motorola 68030 芯片组、8MB 内存，当时，这台计算机要比其他计算机先进得多，具有强大的图形处理功能，甚至能运行在当时看来是最先进的面向对象的操作系统（NextStep）。然而，这台计算机不能与当时已经成为主导标准的 IBM 个人计算机（基于英特尔处理器和微软操作系统）相兼容，因此当时市场上大部分应用软件都不能在该计算机上运行。一小部分早期采用者购买了 NeXT 个人计算机。但是由于相应的配套软件极其缺乏和人们对公司的生存能力表示怀疑，它仍然得不到市场的青睐。公司不得不在 1993 年中断了硬件生产线，在 1996 年中止了 NextStep 的研发。

这一幕同样出现在 2021 年的智能手机操作系统市场上，但这次苹果 iOS 系统和谷歌 Android 操作系统这两个竞争对手势均力敌。两个操作系统都拥有十分强大的功能和美观的界面，并且都建立了活跃的开发者社区，源源不断地提供给用户有趣且实用的手机应用。同时通过强有力的市场扩张和分销手段，两个操作系统都获取了可观的用户保有量。基于不同的数据获取时间、不同的地域范围、不同的产品种类，两者的市场份额都有着较大的浮动。但 2021 年初，在黑莓的 BlackBerry OS 和微软的 Windows 逐渐淡出市场竞争之时，苹果和谷歌开始了一对一的正面竞争（更多相关信息，请参见第 3 章）。

如图 4.5b 所示，一项新技术本身带来的价值超过市场上现有技术本身所能带来的价值还不够，新技术必须能够给消费者提供总体上更大的价值。新技术要想与市场上的现有技术竞争，必须给消费者提供足够的效用，足以抵消市场上现有技术带给消费者的总体效用，包括技术本身带来的价值、已有用户规模带来的价值和互补品带来的价值。

有时候新技术也许会与市场上现有技术的用户保有量、互补品都兼容，如图 4.5c 所示。在这些案例中，新技术本身只需在功能上给用户提供适当的效

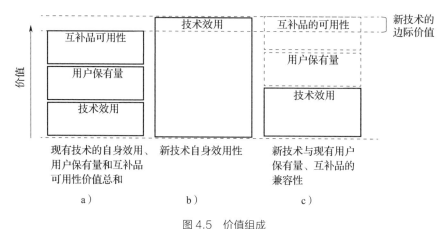

图 4.5　价值组成

a）现有技术的价值与用户保有量和互补品的价值总和　b）新技术带来的更大价值
c）新技术与现有用户保有量、互补品兼容

用，在总体效用上就会超过现有技术。索尼和飞利浦在他们的高清音频格式
Super Audio CD（SACD，超级音频 CD）中采用了这种策略，这是一种高密
度的多声道音频格式，基于一种革命性的"可扩展"比特流技术，称为直接流
数字（DSD）。索尼和飞利浦预计用户将不愿意更换他们现有的光盘播放机和
光盘音乐集合，因此使新的超级音频 CD 技术与现有的光盘技术兼容。超级音
频 CD 播放机有一个功能，可以播放标准 CD，而录制的超级音频 CD 除了高
密度层还包括一个 CD 音频层，使它们可以在标准 CD 系统上播放。因此，用
户可以在不放弃现有 CD 播放机和音乐库价值的情况下利用新技术。

　　当用户将一项新技术的价值与现有技术的价值进行比较时，他们是在综合
权衡客观信息（如实际技术效益、用户保有量或互补品的实际信息）、主观信
息（如感知技术效益、感知用户保有量或互补品）和对未来的预期（如预期技
术效益、预期用户保有量和互补品）。因此，上面描述的每个主要价值组成部
分也有相应的感知或预期价值组成部分（见图 4.6）。在图 4.6a 中，感知和预
期的价值成分与对应的实际价值成分成比例。然而，在图 4.6b 中，情况并非
如此。例如，感知的用户保有量可能大大超过实际的用户保有量，或者用户可
能预期一项技术的用户保有量最终会比竞争对手的用户保有量大得多，因此该
技术的用户保有量积累的价值预计将比目前增长得更大。

　　公司可以利用用户在评价新技术的总体价值时依赖客观信息和主观信息这

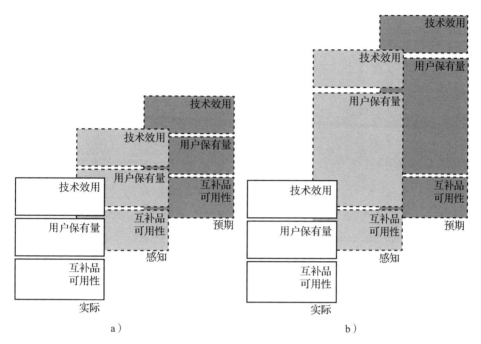

图 4.6　实际、感知和预期的价值成分

a）成比例　b）不成比例

一事实。比如，一项技术本身拥有的用户保有量的规模不大，但通过该技术支持者的广告渲染，在人们的脑海里就会形成该技术的用户保有量规模大的感知。另外，生产商也可以通过预先订货、许可协议、分销安排等方式来加强用户对未来客户群和互补品可行性的价值的期望。比如，在世嘉（Sega）和任天堂（Nintendo）为了争夺16位电视游戏机市场而激战时，它们都尽力渲染自己的用户保有量和市场份额，甚至到了欺骗的程度。1991年年末，任天堂声称自己已经在美国市场上销售了200万套任天堂娱乐系统。世嘉不同意任天堂的观点，认为它至多卖了100万套。1992年5月，任天堂声称已经占有了16位电视游戏机市场60%的份额，而世嘉则声称自己拥有63%的市场份额！[19] 既然感知和预期的用户保有量能够影响未来用户的选择，那么，感知或预期的用户保有量规模越大，实际用户保有量也会越大。

这样的策略也引起了"雾件"——还没有正式上市或根本不存在就开始做广告的产品——被许多软件销售商运用。通过在消费者中造成这个产品普遍存在的印象，一旦产品上市，就可以促进该产品被迅速使用。"雾件"可以帮助公司将产品迅速推向市场。如果其他销售商与公司竞争，而且公司担心在自己的产品上市之前用户已选定主导设计，它就可以运用"雾件"劝说消费者推迟购买直到自己的产品上市。在这方面，电视游戏行业提供了一个很好的例子。当世嘉和索尼都推出它们的 32 位电视游戏机（分别为 Saturn 和 PlayStation）的时候，任天堂距离推出自己的 32 位电视游戏机仍然需要一段时间，为了预先阻止消费者选择 32 位系统，任天堂在 1994 年大力推动 64 位系统（最初将之取名为 Project Reality，意为真实项目）的开发，但直到 1996 年该产品才正式面市。这个产品拖延了那么长时间，以至于一些观察家将其戏称为"不真实项目"（Project Unreality）。任天堂在劝说用户等待它的 64 位产品方面做得非常成功，这个项目最终也比较成功。

然而，任天堂并未确保自己在电视游戏市场上的主导地位。当任天堂的 64 位电视游戏机开始大规模生产的时候，索尼开发了自己新一代的更为先进的电视游戏机 PlayStation 2。索尼在录像机市场和激光唱片市场上的丰富经验使它在应付价值的多维性方面游刃有余：索尼的 PlayStation 2 游戏机的性能要比任天堂的 64 位电视游戏机的性能好不止两倍；PlayStation 2 向后兼容（用户以前收集的 PlayStation 游戏仍然可以继续使用）；许多人认为 PlayStation 2 的销售价格（299 美元）比制造成本都低。另外，索尼还斥巨资确保在 PlayStation 2 上市的时候用户可以在市场上买到相应的游戏，同时通过分销商和做广告让用户知道随处都可以买到它们。

4.3.3 网络外部性市场上设计主导权的竞争

前面的图表显示了不同的技术功效和随市场份额而确定的网络外部性收益是如何影响主导设计出现的。接下来的几幅图将通过价值随用户保有量规模的变化情况来研究网络外部性是否导致最终出现一个主导设计，而不是出现多个主导设计，以及用户保有量达到什么规模才可以获得大部分网络外部性收益。如前所述，当一个产业具有网络外部性时，产品对于用户的价值会随着使用相同或相似产品的用户数量的增加而提高。然而，在大多数情况下，价值的提高都不是线性的，价值的提高很可能是如图 4.7a 中所显示的 S 形。刚开始的时候，收益增长比较缓慢。例如，一部手机能覆盖 1% 的人口还是 5% 的人口是相当无关紧要的——在手机产生很大价值之前，电话服务的覆盖范围必须变得更广。然而，超过某个阈值水平后，网络外部性收益开始迅速增加，直到在某一时刻，大部分收益已经获得，回报率下降。考虑本章前面的操作系统的例子：如果一个操作系统拥有的用户保有量规模太小，就几乎不会有软件开发商为它编写应用软件，它对于用户的价值就会很低。从 1% 的市场份额增加到 2% 的市场份额并没有什么不同——开发者仍然不太可能被这个平台所吸引。只有操作系统的使用超过了某个临界水平，才值得为它开发应用软件，而操作系统的价值也会迅速增加。一旦操作系统占据了足够大的市场份额，用户很可能获得了绝大部分的网络外部性价值。操作系统可能有大量的高质量软件可用，可用软件的增量增加对用户所获得的价值的边际影响较小。

下面我们考虑技术的独立功能。在图 4.7b 中，技术功效的基础水平被添加到图中，这使得整个图向上移动。例如，一个操作系统具有非常易于使用的界面，这使该技术在任何安装级别上都更有价值。当两项技术有不同的自身功效时，它们具有相关性。

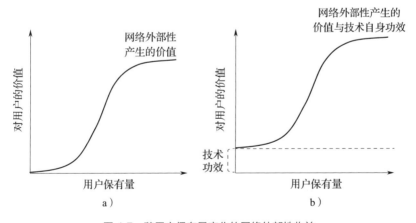

图 4.7　随用户保有量变化的网络外部性收益

a）大多数情况下的网络外部性收益变化　b）添加了技术功效的网络外部性收益变化

如果有两项技术在市场上为争夺主导设计而相互竞争，正如本章前面所讲的那样，用户将会考虑各个技术的总体产出（期望）价值。在图 4.8 中，两项技术 A 和 B 都为用户提供相似的技术功效，并且有相似的网络外部收益曲线。

为了说明两种技术争夺市场份额的竞争效应，图 4.8 以市场份额为横坐标而不是用户保有量。此外，B 的曲线是颠倒市场份额维度绘制的，以便我们可以比较两种不同技术在不同市场份额分割时所提供的价值，即当 A 拥有 20% 的市场份额时，B 拥有 80% 的市场份额，以此类推。图 4.8 显示，在 A 的市场份额低于 50%（因此 B 的市场份额大于 50%）的每一点上，B 将产生更大的总体价值，使 B 对用户更具吸引力。另一方面，当 A 的市场份额大于 50%（而 B 的市场份额小于 50%）时，A 的总体价值更高。当每种技术都拥有 50% 的市场份额时，它们产生的总体价值是相同的，用户对它们之间的关系也会漠不关心。然而，如果两种技术都获得了类似的网络外部性回报——市场份额，但一种技术提供了更大的独立效用，那么无差异点将会向有利于它的方向转变。在图 4.8 的右边的图中，技术 B 提供了更高水平的独立技术功效，使其总体价值曲线向上移动。在这个图中，技术 A 必须拥有超过 60% 的市场份额（而 B 必须拥有小于 40% 的市场份额）才能提供比 B 更多的总体价值。

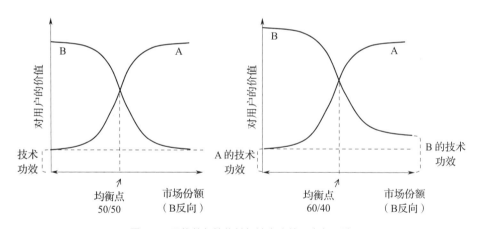

图 4.8　网络外部性收益与技术功效：竞争设计

当市场份额很小时用户就达到了自己要求的网络外部性收益水平，则会出现另外一个有趣的现象，如图 4.9 所示。在图中，曲线更快地趋向于水平，这意味着消费者在市场份额较低的时候就获得了网络外部性的最大值。

在这种情况下，消费者可能会面临一个相对较大的均衡区域。在这个区域中，两种技术都不占据主导地位。电视游戏机市场就是这样的：用户也许从某一款游戏机获得了网络外部性收益，这一款游戏机占有一定的市场（有很多配

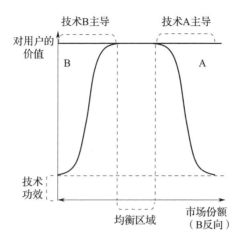

图 4.9　少量市场份额情况下的网络外部性价值

套游戏和很多用户)，但该收益可能是在该款游戏机没有获得大部分市场份额的时候取得的。比如，即使索尼、微软和任天堂瓜分了游戏市场，但市场上仍然存有大量的可以同时在这三款游戏机上运行的游戏，也仍然有很多用户。这样的市场未必会选定一个主导设计，有可能成功地共存两个或更多的平台。

实践理论

赢家通吃的市场对消费者是否有利

　　传统上，经济学强调的是竞争市场中消费者的福利。但是，收益递增效应使该问题变得更加复杂，这在针对微软公司的反垄断案(反托拉斯案)中形象地显现出来。当一些分析人士认为微软公司明显采用了反竞争的手段并损害了消费者利益的时候，另外一些人则认为微软的做法是恰当的，它在个人计算机操作系统市场中所具有的绝对优势保证了用户间的兼容，同时创造了更多的软件，因而对消费者是有利的。当一家公司在市场上具有一定的垄断地位时，规则制定机构该如何做出决断呢？考虑该问题的一种方法是比较网络外部性回报和市场份额相对应的垄断成本。网络外部性回报是指代表大部分市场的消费者在采用同一种产品时所获得的价值总和(比如，互补品可能更容易得到、用户间兼容性可能更强、更多的收入用来推动技术进步等)。垄断成本是指代表大部分市场的消费者采用同一种产品所承担的成本（例如，垄断者可能收取更高的价格、产品的种类更少、可替换技术的创新可能被扼杀等）。网络外部性随市场份额的回报常常表现为S形（如以前章节中所描述的）。但是，垄断成本随市场份额的变化常常被认为是按照指数级增长的。将它们画在同一张图上可以清楚地表明网络外部性收益与垄断成本之间的权衡。

如图4.10所示，只要技术A的市场份额小于X，技术功效和网络外部性带来的收益总和就会超过垄断成本，即使X代表非常大的市场份额。但是，当技术A的市场份额超过X时，垄断成本就会超过技术功效和网络外部性带来的收益总和。许多因素会影响这两条曲线的交叉点位置。如果技术A的功效较高，两条曲线就会在大于X的位置交汇。如果网络外部性收益曲线在较低的市场份额就开始走势平坦（如前面提到的电视游戏机市场），那么两条曲线就会在小于市场份额X的地方交汇。

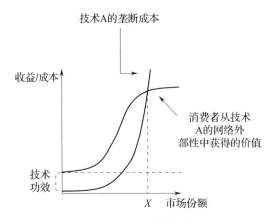

图4.10 网络外部性收益与垄断成本

垄断成本曲线的陡峭程度是公司行为的一个函数。公司可以选择不使用自己的垄断权，这样就可以使成本曲线变得平缓。行使垄断权的最典型的例子就是价格垄断，但公司可以选择不收取消费者愿意支付的最高价格。例如，许多人认为微软并没有对Windows操作系统收取市场能够承受的最高价格。但是一些公司可以采用更隐蔽的方法来行使垄断权，比如可以通过有选择地帮助一些供应商或互补品生产商来控制行业发展。很多人认为，微软公司通过这种方式充分使用了它近乎垄断的权力。

4.4 模块化和平台竞争

正如本章前面所提到的，在许多行业中，产品系统的价值与可用的补充产品的数量和质量密切相关。例如，智能手机操作系统的好坏取决于可用的应用程序，而音乐流媒体服务的价值取决于它提供的音乐数量、质量和标题。在这样的市场中，不是由一家公司同时创建平台（例如，智能手机操作系统）和生产所有互补品（例如，智能手机应用程序），行业参与者通常会使用模块化来创建一个平台生态系统，让许多不同的公司为产品系统做出贡献。[21]

模块化

要理解模块化（modularity），可以考虑像计算机这样的产品：计算机是一组组件，包括微处理器、显示器、键盘等。其中一些组件可以单独购买并由用户组装，而一些通常是预先组装的。每个组件也可以看作是一个包。例如，监视器包括电路、塑料外壳、电源等。其中大多数不会单独出售给最终用户，但它们可能由制造商混合和匹配以生产不同的最终产品。

通过扩大兼容组件的范围（增加可能的产品配置范围）和在组件中解耦集成功能（使产品在更精细的级别上模块化），产品可以变得越来越模块化（见图 4.11）。例如，智能手机制造商最初可能只提供他们生产硬件和软件的专有手机，并将它们紧密地集成到单一产品配置中（见图 4.11 中的上图）。然而，对灵活性的更大市场需求可能会诱使制造商开始提供具有几种不同产品配置的手机，每种产品都由公司自己的组件组成。如果用户更愿意将手机与其他生产商开发的外围设备或应用程序结合起来，智能手机制造商可能最终会"开放"他们的系统，创建一个标准，其他开发者可以根据这个标准创建与手机兼容的产品（见图 4.11 中的中间图）。智能手机制造商甚至可能决定将其操作系统与硬件分离，以便消费者能够在其他制造商生产的设备上使用该操作系统（见图 4.11 中的下图）。在每一个阶段，产品都变得越来越模块化。

大多数产品在某种程度上是模块化的。例如，许多音响、货架系统和自行车允许用户混合和匹配来自不同供应商的组件。还有很多产品是模块化的，用户可以选择组件，但不能自己组装最终产品。例如，当你购买一辆汽车时，你

A. 传统的集成产品包:
- 供应商试图自己满足买家的需求
- 无须定制，无须外部兼容性
例如：诺基亚E90 Communicator

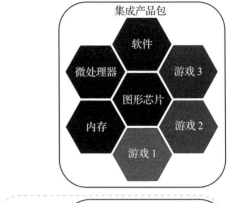

B. 带有第三方补充的产品包:
- 与第三方的兼容性为用户提供了更多的选择
例子：苹果iPhone

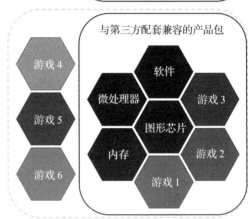

C. 带有第三方组件和补充的产品包:
- 用户有更大的配置选择范围
示例：Android设备

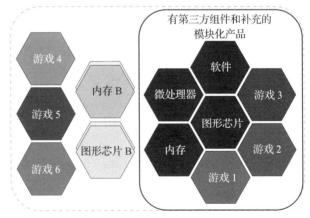

图 4.11　模块化与平台生态系统

通常可以选择发动机尺寸、内饰、自动转向或自动变速器、立体声系统、轮胎、车顶架、安全系统等，但汽车制造商会为你组装配置。甚至连飞机也以这种方式提供：尽管波音和空客制造机身，但它们不制造发动机。发动机由通用电气、普拉特·惠特尼或劳斯莱斯等公司生产。发动机通常被设计用于几种不同的飞机型号。同样，飞机也不会使用单一的发动机，尽管飞机制造商会指定"发射发动机"作为首选。飞机购买用户通常会最终决定在飞机上使用哪种发动机。

紧密集成（即非模块化）的产品系统和模块化系统具有不同的优势。一个紧密集成的产品系统可能具有定制的组件以协同工作，这可能实现更多标准化组件无法实现的性能级别。一个紧密集成系统的生产商对最终产品也有更多的控制，这可以使他们更好地监控质量和可靠性。多年来，这就是史蒂夫·乔布斯不让苹果计算机像基于 Windows 的电脑那样模块化的原因——他相信通过控制所有组件和大部分软件，苹果计算机可以实现更大的功能，并且更可靠。对于那些不愿意自己选择或组装组件的用户来说，集成产品可能更有吸引力。

此外，模块化产品通常在功能、设计、规模和其他特性方面提供更多的选择，使用户能够选择更适合他们的需求和偏好的产品系统。其次，由于组件以不同的组合进行重用，这可以实现产品的多样性，同时还可以在制造单个组件时实现规模经济。这就是所谓的替代经济。[22]

在产品系统中，当存在可重组的不同技术选项，以及不同的用户偏好时，模块化变得越来越有价值。[23] 例如，智能手机有非常广泛的应用程序，用户在他们的智能手机上想要的应用程序是非常不同的。这增加了选择智能手机上定制应用程序组合的价值。这个例子还揭示了模块化的压力如何导致平台生态系统产生，如下文所述。

平台生态系统

Ecosystem 一词来源于生物学，是 ecological system（生态系统）的缩写。这意味着当我们使用术语生态系统时，我们通常指的是具有某种程度的相互依赖的实体。在平台生态系统（platform ecosystem）中，产品的某些核心部分（如视频游戏机或音乐流媒体服务）调节了一系列其他组件或互补品（如视频游戏或音乐游戏）和潜在终端用户之间的关系。[24]

随着互联网和数字化的兴起，许多行业围绕平台进行重组，许多企业要么成为平台的赞助商，要么成为平台生态系统的互补品生产者。像 iOS 和 Android 这样的移动操作系统，像优步和 Lyft 这样的叫车服务，像 Facebook 和微信这样的社交网络服务，以及像 Spotify、Netflix 和腾讯视频这样的音乐和视频流媒体服务，这些都是平台已经成为主导商业模式的几个例子，在这些平台生态系统中成功运营的公司通常为数百万终端用户服务。[25]

一个平台的边界可以通过一组稳定的、完全致力于该平台的成员来定义，也可以是无定形的、不断变化的，成员可以自由地进入和退出，并同时参与多个平台。例如，考虑一下电视 / 电影流媒体服务 HBO on Demand 和亚马逊 Prime 之间的区别。HBO on Demand 的存在只是为了向消费者提供 HBO 的内容。现有的节目受到严格控制，节目制作人的进出也受到限制。亚马逊 Prime 的生态系统更加开放。事实上，几乎任何内容生产者——包括独立电影制作人——都可以在亚马逊 Prime 上提供他们的内容。

因为是生态系统的整体吸引力吸引终端用户使用平台，单个成员的成功至少在一定程度上取决于生态系统中其他成员的成功——甚至是那些与他们同时竞争的成员。此外，在许多平台上，转换成本使改变生态系统变得困难或昂贵。平台及其互补商通常投资于合作专门化或签署排他性协议，将它们绑定到比典型经销商安排中使用的市场合同更有黏性、更长期的关系中。例如，为微软 Xbox 制作的视频游戏不能在 PlayStation 游戏机上玩，除非它制作了新版本（游戏制作人可能已经与微软签订了合同，禁止这样做）。

因此，平台生态系统的特点是关系既不像独立的市场契约那样独立，也不像等级组织内部的关系那样相互依赖。从本质上讲，它是一种混合型的组织形式。[26]它在纯模块化系统的松散联结和传统集成产品的紧密联结之间达成了妥协。它使用户能够混合和匹配一些组件和互补品，同时仍然支持系统可用的互补品和组件的一些共同专业化和管理（见图 4.12）。

一旦我们理解了平台在纯模块化和纯集成之间的妥协，就更容易理解什么时候平台在市场上是可取的。首先，平台将比紧密集成的产品更有价值：当用户是多样化的，想要的选择比单一公司提供得更多；第三方选择是多样化的和高质量的；与第三方产品的兼容性可以在不集成的情况下无缝实现；平台赞助商足够强大，可以保持对质量和整体产品架构的控制而无须自己生产互补品。从另一个方向看，当①补充是具有不确定性的非常规购买（因此用户更喜欢

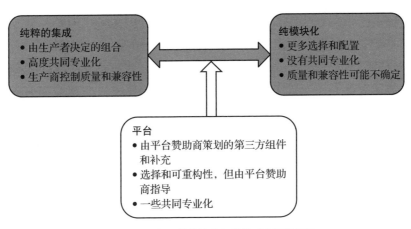

图 4.12　平台是纯模块化和纯集成之间的妥协

由平台赞助商进行一些引导），②平台及其补充之间的某些集成提供了性能优势，和 / 或③当生态系统的重要组件需要补贴时（例如，市场不太可能以足够的质量或价值提供最终用户所需的所有补品）时，平台将比纯模块化系统更有价值。

　　电子游戏系统是平台生态系统的典型例子。主机需要发行高质量的游戏。由于很难诱使游戏开发者为尚未被广泛采用的主机制作游戏，大多数游戏主机生产商必须自己制作游戏（或补贴他们的制作）以确保在主机发布时可以获得高质量的游戏。此外，终端用户想要的不仅仅是主机生产商生产的游戏，所以像微软、索尼和任天堂这样的主机生产商也授权第三方开发商为他们的主机生产游戏。他们仔细审查授权游戏的质量和兼容性，他们可能会要求游戏开发者签署排他性协议或为主机定制游戏。主机制造商还可以通过给特定游戏颁发"最佳"奖项、在购买时将特定游戏与主机捆绑或在营销中推荐特定游戏来管理终端用户对生态系统中游戏的认知和看法。这些策略使主机制造商能够积极管理其生态系统所创造的总体价值。[27]

4.5　本章小结

1. 很多技术表现出采用收益递增效应，意味着技术被采用得越多，它们就变得越有价值。

2. 收益递增的一个主要来源是学习曲线效应。技术被使用得越多，它就变得越容易理解和发展，从而导致绩效的提高和成本的降低。

3. 收益递增的另一个关键因素是网络外部性。随着用户保有量的增加，商品对某一个用户的价值在增大，网络外部性的效用也会增大。这是由许多原因造成的，例如，对兼容性的需求以及互补品的易得性。

4. 在一些行业，采用单一标准给消费者带来的好处促使政府制定强制性技术标准，例如，欧盟采用 GSM 强制手机标准。

5. 收益递增也会导致"赢家通吃"的现象出现，一家或几家公司几乎占据了全部的市场份额。

6. 技术对消费者的价值是多维的。技术自身的价值包含诸多因素（如生产率、简明性等）和技术的成本。在收益递增的行业，技术的用户保有量规模和互补品的易得性将显著影响技术的价值。

7. 消费者综合权衡主观和客观的信息。因此，消费者对某一技术的感知和期望往往与技术提供的实际价值同等重要（或者更重要）。

8. 公司可以通过广告、预先宣告、分销协议等方式影响消费者对某一技术的感知和期望。

9. 网络外部性收益下某一技术的市场份额和技术自身功效的综合效果会影响该技术的市场占有率。在某些行业，市场份额较小时，用户就可以获得完全的网络外部性收益，这些行业可能存在多个主导设计。

10. 在用户有不同偏好的市场中，有许多潜在的技术选择，企业可以通过模块化使用户能够混合和匹配组件，生产更广泛的最终产品。

11. 平台生态系统就是模块化的一个例子。一个稳定的核心平台（例如，智能手机操作系统）可以调解许多互补品生产者（例如，应用程序开发人员）和最终用户之间的关系。

05 进入时机

Uber Elevate 启动失败 [1]

2017 年 4 月，优步科技公司（Uber Technologies Inc.）首席产品官杰夫·霍尔登（Jeff Holden）宣布了一项全新的产品：uberAIR。这是一种按需空中运输服务，将成为其更广泛的"飞行汽车"项目 Uber Elevate 的一部分。

"按需航空有可能从根本上改善城市流动性，让人们在日常通勤中失去的时间得以弥补……就像摩天大楼让城市更有效地利用有限的土地一样，城市航空运输将利用三维空域来缓解地面交通拥堵。垂直起降（VTOL，发音为 vee-tol）的小型电动飞机网络将实现郊区和城市之间的快速、可靠的交通运输，最终实现城市内部的交通运输。"[○]

优步的按需拼车服务严重扰乱了传统的出租车和出租车行业，并导致许多人完全放弃拥有汽车。然而，这项服务是基于创新的商业模式和软件应用——不需要汽车或驾驶基础设施方面的技术进步。Uber Elevate 几乎完全相反：它将利用优步现有的商业模式和软件程序，但需要在航空运输技术、空中交通管制基础设施和起降平台网络方面进行重大技术开发。说得委婉点，这是一个雄心勃勃的项目。

优步的崛起

优步成立于 2009 年，最初是一家类似出租车的拼车服务公司。用户可以

○ Jeff Holden and Nikhil Goel, "Fast-Forwarding to a Future of On-Demand Urban Air Transportation." San Francisco: Uber Elevate, October 27, 2016.

使用智能手机应用程序叫车，该软件会通知请求区域的优步司机。一旦有人接受，它就会在地图上实时向用户显示汽车的行驶路线。司机会把用户送到目的地，然后使用用户存储在网上的信用卡信息自动付款。

也许这种商业模式最独特的地方在于，从技术上讲，优步司机并不为优步工作。司机是独立的承包商；他们只需要一部智能手机、驾照、一辆汽车、保险和良好的驾驶记录就有资格成为优步司机。⊖动态定价模型在需求高、司机少的时候提高了价格，而更高的价格反过来又吸引了更多的优步司机开始接受打车请求。

随着时间的推移，该公司增加了不同类别的服务（如 UberPool、Uber X、Uber XL 和 Uber Select），以及不同的服务[如送餐（UberEats）、货运服务（Uber freight）和宠物运输（Uber Pets）]。该公司还在开发自己的自动驾驶车队。

尽管优步早期曾与出租车工会发生过多次冲突，公司创始人之一特拉维斯·卡兰尼克（Travis Kalanick）也卷入了一些高度公开的丑闻，但这项服务还是取得了巨大成功。到 2015 年，优步完成了第 10 亿次出行，成为全球第二大拼车服务商，仅次于中国的滴滴出行。到 2021 年，该公司已在全球 69 个国家的 900 多个城市开展业务。其 2020 年的收入为 111.4 亿美元；2021 年 5 月，其市值超过 860 亿美元。

uberAIR 的机遇与挑战

在优步宣布他们的新航空服务时，有 70 多家公司正在开发电动垂直起降飞机（eVTOL），包括 Karem 飞机公司、巴西航空工业公司（Embraer）、极光飞行科学（Aurora Flight Sciences）公司和贝尔直升机（Bell Helicopter）公司。然而，要让优步的空中出租车成为现实，还有许多障碍需要克服。首先，eVTOL 需要消耗大量的能源，并且将严重依赖于电池开发和充电基础设施的进步。其次，还有许多法律和安全问题需要解决，涉及空中交通管制、飞行员培训和许可、与城市基础设施的兼容性、噪声、恶劣天气等。

最后但同样重要的是成本。垂直起降技术已经以直升机的形式存在，但大多数人从未乘坐过直升机，因为这是一种极其昂贵的交通方式，估计每位乘客

⊖ Ethan Pancer, Kyle Gulliver, and Morris MacLeod, "Uber Elevate: The Case for Flying Cars." Ivey Publishing, case W18135, 2018.

每英里（1 英里 =1.609 千米）至少要付 8.93 美元。uberAIR 会有什么不同？首先，电力推进被认为更省油，需要更少的维护。其次，小得多的 eVTOL 可以灵活地降落在"空中机场"，而不是直升机使用的大型直升机停机坪或机场。优步估计，最初的运营成本为每名乘客每英里 5.73 美元。通过高效的拼车，优步相信可以将运营成本降至每名乘客每英里 1.84 美元。随着人们开始大量使用 eVTOL，规模经济也将降低生产 eVTOL 本身的成本。最后一个主要的成本削减措施是取消完全自主的 eVTOL 的飞行员，节省培训成本和工资，并为乘客腾出更多空间。优步估计，随着完全自动驾驶的大规模运营，uberAIR 的长期运营成本可能低至每名乘客每英里 44 美分，比许多汽车的运营成本还低。^㊀

优步首席执行官达拉·科斯罗萨西（Dara Khosrowshahi）最初对这个项目表示怀疑。然而，经过几轮经济上的讨论，他被说服了。科斯罗萨西说："对我来说，当我开始明白优步不仅仅是关于汽车的时候，我就顿悟了。""我们最终想要的是城市流通和城市交通，并为我们经营的城市提供解决方案。"^㊁

2018 年，该公司宣布，计划在 2023 年之前实现该服务的商业部署。然而，优步的业务尚未实现盈利，投资者开始对优步的宏伟雄心失去耐心。在 2019 年和 2020 年出现巨额亏损（分别为 85 亿美元和 68 亿美元）后，该公司开始削减项目。2020 年 12 月初，该公司宣布将自动驾驶汽车部门出售给 Aurora Innovation，将空中出租车部门出售给 Joby Aviation，以在 2021 年前实现盈利。^㊂优步此前曾向 Joby Aviation 投资 5000 万美元，尽管优步将 Elevate 资产转让给 Joby Aviation 的交易条款没有披露，但据透露，优步同意向 Joby Aviation 再投资 7500 万美元。该协议还要求 Joby Aviation 和 Uber 将各自的服务集成到对方的应用程序中，以"为未来的用户在地面和空中旅行之间实现无缝集成"。^㊃

天空之战

截至 2021 年年中，还没有公司使用 eVTOL^㊄ 推出空中出租车服务，但有几家公司似乎正在接近这一目标。值得注意的是，德国公司 Lilium 宣布，

㊀ Antuan Goodwin, "Will You Be Able to Afford UberAir's Flying Car Service?" CNET, May 8, 2018, www.cnet.com.

㊁ Megan Rose Dickey, "Uber's Aerial Taxi Play," May 9, 2018, https://techcrunch.com/2018/05/09/ubers-aerial-taxi-play/.

㊂ Rupert Neate, "Uber Sells Loss-Making Flying Taxi Division to Joby Aviation," *The Guardian,* December 9, 2020.

㊃ Joseph Szczesny, "Uber Selling Its Flying Taxi Business to Joby Aviation," *The Detroit Bureau.* December 10, 2020.

㊄ There were, of course, some air taxi services using regular helicopters.

它将从 2025 年开始推出五座全电动垂直起降飞行汽车 Lilium Jet 以用于城际商业运输。另一家德国公司 Volocopter 宣称可以凭借 VoloCity 飞行器击败 Lilium。Volo City 是一种双人飞行器，看起来像一个鸡蛋，悬挂在 18 个旋翼的光环下，专为城市旅行而设计。⊖总部位于广州的亿航公司看起来也在取得长足进步，但在 2021 年初，该公司卷入了一场丑闻，当时一家投资集团指责该公司"在产品、制造、收入、合作伙伴关系和潜在的监管批准方面撒了一系列谎"，虚高了价值。⊜最后，在美国，总部位于帕洛阿尔托的 Archer 和总部位于圣克鲁斯的 Joby Aviation 都承诺在 2024 年之前启动商业运营。⊜所有这些公司都已经反复演示了他们的飞机；现在的障碍主要来自监管和基础设施。

5.1　概述

上一章指出有些产业具有采用收益递增效应，即一项技术被越多的人采用就越有价值。在这样的产业，一个较早采用某项技术的企业可以获得自我增强优势，比如可以获得更多资金对该项技术进行改善、获得拥有更多互补品的机会和获得较低的客户不确定性等。然而，这些引起采用收益递增效应的因素，同样可以使早期的技术不具有吸引力：如果这些技术的早期使用者很少或者缺乏互补品的支持，该技术就不能吸引客户。除了以上列举的因素，还有很多其他先发者优势或劣势都能对进入时机与成功可能性之间的关系造成一定影响。

某个产业的竞争企业通常可以被分为三类：先发者（first mover，也称为倡导者），即最早提供某项产品或服务的企业；早期跟随者（early follower，也称为早期领导者），即那些较早进入某个市场但不是最早进入的企业；后期进入者（late entrant），即那些在产品已经开始向大众市场渗透时才进入的企业。有关先发者、早期跟随者和后期进入者哪个最有优势的研究一直存在很大争议。一些对早期进入者（包括先发者和早期跟随者）和后期进入者进行过比较分析的研究发现，早期进入者可以获得更高的收益和存活率，这与先发者（或至少

⊖ "Volocopter VoloCity," Electric VTOL News, retrieved May 17, 2021, https://evtol.news/volocopter-volocity.

⊜ Chris Stonor, "EHang Shares Tumble after Wolfpack Analyst Report Says 'Revenues Are Largely Fabricated.'" *Urban Air Mobility News,* February 17, 2021.

⊜ "Archer announces Commitment to launching Its Urban Air Mobility Network in Miami by 2024," Archer Press Release, March 9, 2021, https://www.jobyaviation.com.

是早期行动者）有优势的观点相一致。[2]然而，另一些研究却表明，最早进入某个市场的企业往往是最早失败的企业，这也是早期跟随者比先发者取得更好业绩的原因。[3]还有一些研究认为，先发者虽然面临更大的生存风险，但是也可能取得更高的回报。[4]许多因素都影响着进入时机对企业生存及利润的影响。本章将首先分析先发者的优势和劣势，进而更深入地讨论究竟哪些因素决定了最佳进入时机，以及它们对企业进入时机选择战略的意义。

5.2 先发者的优势

成为一个先发者会取得如下优势：品牌忠诚、技术领先、优先获取稀缺资源、开拓购买者转换成本。[5]此外，在具有采用收益递增效应的产业，早期进入者会取得积累学习经验和网络外部性等优势，这些优势都有随时间自我增强的特性。[6]

5.2.1 品牌忠诚和技术领先

引进一项新技术的公司可能会在该技术领域赢得长久的声誉。这样的声誉可以帮助维持公司的形象、品牌忠诚度和市场份额，即使竞争对手已经推出了类似的产品。公司处于技术领导者的地位也使它能够塑造用户对技术的形式、特性、定价和其他特性的期望。当后来者进入市场时，用户需求可能已经很好地建立起来了。如果用户对一项技术的某些方面的期望是竞争对手难以模仿的（例如，如果这些方面受到专利或版权的保护，或者是由先发者的独特能力产生的），那么作为技术领导者的公司可以获得持续的垄断租金（monopoly rent）。即使技术特征是可模仿的，先发者也有机会在其他竞争对手进入之前建立品牌忠诚度。

5.2.2 抢占稀缺资源

早进入市场的企业可以优先获取关键地段、政府许可、分销渠道和供应商关系等稀缺资源。

例如，那些希望提供无线通信服务的企业，必须从政府那里获得使用某段特定频率无线电波进行信号传递的权利。在美国，联邦通信委员会（FCC）专门负责将不同波段的无线电波（无线电频谱）的使用权分配给提供无线电服务的企业。FCC 首先根据不同的目的（如数字电视传播、第三代无线通信等）和地理区域将无线电波分成几个不同的部分。然后，FCC 会将这些不同波段的无线电波进行拍卖，出价最高的企业将获得其使用权。这就意味着那些早进入无线电服务领域的企业能够优先获得某段无线电波的使用权，这将有效阻止其他企业提供类似服务。截至 2003 年，无线服务的激增已经使无线电波成为一种稀缺资源，而 FCC 也面临巨大压力，不得不允许那些持有无线电波使用权的企业将未使用的波段转让给其他企业。

5.2.3 开拓购买者转换成本

客户一旦接纳了一个产品，要转用其他产品时，往往会面临转换成本。例如，一个产品最初的成本本身就构成了转换成本的一部分，此外转化成本还包括为其配备的互补品的成本。对于复杂产品来说，客户必须花时间熟悉它的使用方法，此时时间也会成为一种转换成本，阻止客户转换到其他产品。如果购买者面临转换成本，即使市场上其他生产商又推出了具有更好性能的产品，那些早已抓住客户的早期进入者将继续留住客户。这也是 QWERTY 键盘能取得市场主导地位的原因。1867 年，克里斯托弗·肖尔斯（Christopher Sholes）开始试着制作一个键盘。当时，人们还是通过机械键盘往纸张上输字母，而在机械键盘上连续快速敲打两个键，往往会造成键之间的卡壳现象。19 世纪，当用键盘往纸上录字时，键击打的是纸张背面，因此人们并不能直接观察到键的卡壳，而是要等到纸张被抽出以后才能发现。因此，键的卡壳在 19 世纪是一个相当严重的问题。这也导致肖尔斯在设计键盘时，故意将那些经常同时出现的键尽量在键盘上分散开来。此外，QWERTY 键盘还有意让左手的负担过重。在 QWERTY 键盘上，人们单独用左手能输出 3000 多个英文单词，而单独用右手只能输出 300 多个英文单词。这种键盘布置方式能减缓连接字母的输入，从而降低键相互卡壳的可能性。[7]

随着时间的推移，许多能够增加录入速度或减少录入疲劳的更好的键盘开始逐渐被人们引入市场。例如，哈蒙德（Hammand）和布利肯斯德佛

（Blickensderfer）设计的"理想"键盘把最常用的字母都置于底端，以便容易够着，并且整个键盘总共只有三行。再如，Dvorak键盘将五个元音字母和三个最常用的辅音字母置于中心行，并且把经常组合出现的字母分别放置在左、右手从而减少疲劳。然而，QWERTY键盘早期取得的统治地位意味着所有打字员都是在QWERTY键盘上培训出来的。1932年，Dvorak键盘被引入市场时，有成千上万的打字员已经习惯使用QWERTY键盘了，而让他们重新学习使用新键盘造成的转换成本远远超出了他们的意愿。[8]尽管上等轮式键盘（包括后来的电子键盘）的出现完全排除了键卡壳的可能，但QWERTY键盘仍然牢牢占据着市场主导地位。据说奥古斯特·德沃夏克（August Dvorak）去世时曾非常痛苦地说道："我对为人类做出点儿有意义的事情已经感到累了，他们就是不愿意改变！"[9]

5.2.4 获取收益递增优势

如果产业趋向于采用一个主导设计，企业投资新技术开发的时机将对企业能否成功起关键作用。例如，对于一个具有采用规模收益递增效应的产业，成为早期产品提供者能够取得巨大优势；早期被采用的技术能通过自我增强的正向反馈机制取得很好的市场势力，并会在这种势力的保护下逐渐成为主导设计。英特尔公司便是一个很好的例子。

1971年英特尔公司的特德·霍夫（Ted Hoff）发明了微处理器。到1975年，比尔·盖茨和保罗·艾伦（Paul Allen）发现该微处理器可以被用来运行盖茨编写的BASIC程序。当BASIC程序开始在计算机热衷者中流行起来时，越来越多的应用软件也在它的基础上开发出来，这些应用软件同时也优化了英特尔微处理器的结构。后来，IBM也在其PC机中采用了英特尔公司的8088微处理器，从而使英特尔公司取得了市场主导地位。自此之后，英特尔公司的每一代产品都成为市场上的标准。[10]

5.3 先发者的劣势

尽管人们注意到先发者存在上述优势，但仍有人认为企业不宜过早进入一个市场。对 50 种产品的历史数据进行研究后，杰勒德·特里斯（Gerard Tellis）和彼得·戈尔德（Peter Golder）发现，先发者失败的概率更高，约达 47%，其平均市场占有率却只有 10%。[11]与此相反，早期领导者（即那些在先发者之后进入市场并在产品生命周期的早期成长阶段取得领导地位的企业）的平均市场份额却几乎是先发者的 3 倍。[12]特里斯和戈尔德指出，之所以认为先发者具有优势，是因为我们对于先发者的概念存在误解。例如，今天很少有人会对宝洁公司宣称它们创造了一次性尿布市场提出异议，[13]事实上，宝洁公司进入该市场比 Chux（强生集团下属子公司的一个品牌）要晚 30 年。20 世纪 60 年代中期，《消费者报告》（*Consumer Reports*）曾经将宝洁公司的帮宝适（Pampers）和强生的 Chux 都列为消费者最喜爱的品牌，但是随着时间的推移，帮宝适越来越成功而 Chux 却逐渐淡出市场，这才导致人们以为宝洁公司是一次性尿布市场的最早进入者。

其他一些研究发现，尽管先发者会比其他进入者取得更多的收益，但是他们也要面临更高的成本，这也是他们长期利润更低的原因。[14]先发者通常需要花费大量的资金开发新产品或新服务所需的技术，此外还经常需要为开发供应和分销渠道支付一定的费用，有时还得支付顾客的教育成本。而后进入的企业经常可以直接利用先发者在研发上的投资。当市场确定下来以后，后进入的企业还可以更好地把握消费者需求，从而避免先发者经常犯的错误，此外还可避免在位者惰性（incumbent inertia）。[15]后进入的企业也可以直接利用新的但更有效率的生产工艺，而先发者要么被早期的技术所羁绊，要么不得不为重建生产系统而花费大量的资金。[16]

5.3.1　研发支出

开发一项新的技术往往需要花费大量的研发成本，而最早开发这项技术的企业不得不为此买单。先发者为了成功开发一项技术，除了要支付该技术的研发成本，经常还需要为技术路径中其他未能成功商业化的技术承担研发成本。此外，为了开发市场上尚不存在的生产工艺和互补产品，先发者还需要为此承担额外的费用。而新产品开发的失败率却高达 95%，因此，第一家开发未经验证的新技术的企业，不仅要承担很高的成本，还要承担很高的开发风险。

相反，后进入的企业通常无须对实验室的研究进行投资。一旦某个产品被投入市场，竞争对手将能很快得知如何制造该产品；后进入的企业还可以根据市场对某些技术特征的反应来决策自己的开发方向。因此，后进入的企业不仅可以节省开发成本，还能开发出与市场偏好更贴近的产品。

5.3.2 尚未开发的供应和分销渠道

当一个企业引入世界性新技术时，市场上往往没有合适的供应商和分销商，因此企业经常要面临独自建立供应和分销渠道的艰巨任务，或者帮助现有供应商开发相关产品。例如，当 DEKA 准备开发 IBOT 自平衡轮椅时，现有市场上没有一家企业能提供其所需的球式轴承，DEKA 不得不自己开发模具来生产这种轴承。DEKA 的创始人迪恩·卡门（Dean Karmen）说："没有人愿意开发这种新型的球式轴承，但是为了使轮椅上的发动机能正常工作，我们不得不自己开发这个产品。"[17]

5.3.3 不完善的使能技术和互补品

当企业开发技术时，它们往往依赖于其他使能技术（enabling technology）的生产者。例如，优步要推出 UberAIR 运输服务，就需要开发能够垂直起降的经济型飞机、推动电池技术的进步、在保持低成本的同时增加飞机的航程、为飞机充电的基础设施、用于降落和起飞的"空中机场"网络，以及飞机的飞行员（直到它们能够完全自主飞行）。因此，优步严重依赖众多第三方来使其项目可行。

正如第 4 章所讨论的，许多产品也需要互补品才能有用或有价值。计算机需要软件，照相机需要胶卷，汽车需要服务、汽油和道路。当新技术引入市场时，重要的互补品可能还没有完全开发出来，从而阻碍了创新的应用。氢燃料电池驱动汽车的发展提供了一个很好的例子，说明缺乏互补的技术和基础设施会对先发者造成严重的障碍。

5.3.4 用户需求的不确定性

市场的先发者可能面临相当大的不确定性，即用户最终需要什么样的产品功能，以及他们愿意为这些功能支付多少钱。对于一项非常新的产品技术，市场调查可能没什么帮助。用户可能对这项技术的价值或它在他们生活中所扮演的角色知之甚少。因此，先发者会发现，随着市场开始揭示用户偏好，他们必须对早期提供的产品进行修改。

例如，当柯达在 20 世纪 80 年代末推出 8mm 摄像机时，它预计消费者会倾向更小的尺寸和更出色的记录能力。相反，消费者拒绝了该产品。8mm 摄像机更贵，消费者还没有意识到这种产品的需求，也不确定它能提供什么价值。柯达决定退出电子市场。然而，到了 20 世纪 90 年代初，消费者已经对 8mm 摄像机技术的概念更加适应，一些竞争对手（最著名的是索尼）成功地进入了这个市场。

先发者有机会通过在新兴市场建立产品设计的先例和投资于用户教育来塑造用户的偏好。然而，用户教育工作是昂贵的。如果产品迟迟不能开始为赞助公司带来收益，它可能会在研发和营销费用的重压下崩溃。表 5.1 展示了一些产品的先发者、主要追随者，以及这些产品中哪些最终更成功。

表 5.1　先发者和主要跟随者——谁是赢家

产品	先发者	主要跟随者	赢家
8mm 摄像机	柯达	索尼	跟随者
一次性尿布	Chux	帮宝适、金佰利（Kimberly Clark）	跟随者
平板玻璃	皮尔金顿（Pilkington）	康宁（Corning）	先发者
群件	Lotus	AT&T	先发者
一次性相机	宝丽来（Polaroid）	柯达	先发者
微处理器	英特尔	AMD、Cyrix	先发者
微波炉	Raytheon	三星	跟随者
PC 机	MITS（Atair）	苹果公司、IBM	跟随者
PC 机操作系统	Digital Research	微软（MS-DOS）	跟随者
智能电话	IBM（Simon）	苹果、诺基亚	跟随者
社交网站	Six Degrees.com	MySpace、Facebook	跟随者
表格处理软件	VisiCalc	微软（Excell）、Lotus	跟随者
盒式录像机	Ampex、索尼	Matsushita	跟随者
电子游戏机	米罗华（Magnavox）	Atari、Nintendo	跟随者

（续）

产品	先发者	主要跟随者	赢家
网页浏览器	NCSA Mosaic	网景、微软（IE）	跟随者
文字处理软件	MicroPro（WordStar）	微软（Word）Wordperfect	跟随者
工作站	Xerox Alto	太阳计算机系统、惠普	跟随者

资料来源：R. M. Grant, Contemporary Strategy Analysis (Malden, MЛ: Blackwell Publishers, 1998); D. Teece. The Competitive Challenge: Strategies for Industrial Innovation and Renewal (Cambridge, MA: Ballinger, 1987); and M. A. Schilling, "Technology Success and Failure in Winner-Take-All Markets: Testing a Model of Technological Lock ( )ut, " Academy of Management Journal 45 (2002), pp. 387–98.

5.4 最佳进入时机的影响因素

在市场早期阶段，技术的发展还不成熟，是否符合顾客的需求也是未知的；而在市场后期阶段，虽然技术已经得到很好的理解，竞争对手却已经占据了决定性的市场份额。企业如何在尽早开发某项技术还是等待别的企业进行开发之间做出决策？答案将取决于如下几个因素：顾客的需求状况、新技术所提供的改进空间、使能技术和互补品的状态、竞争对手进入的威胁、行业表现出递增回报的程度和企业的资源。

1. 如何确定顾客的偏好？

当第一次开发世界性新技术时，顾客很难理解技术本身及其在生活中所扮演的角色。无论是顾客还是技术开发企业，都不能很好地理解不同技术特征的重要性。当企业和顾客对技术有了足够的了解以后，那些在当初看来十分重要的技术特征却显得不再必要，而那些当初被认为不重要的因素却开始起关键作用。例如，那些经历过 20 世纪 90 年代末电子商务狂热时期的企业，在竞相提供在线服务时曾经认为，令人心动的图片和音乐是使网站具有竞争力的关键。而事实上，这些图片和音乐却被证明是那些早期网站的累赘。当时，大多数人还没有高速网络和有足够处理能力的计算机从网站上下载这些图片和音乐，因此多媒体网站并不能吸引人们的注意。

而索尼公司在推出它的 PlayStation 2 时却遇到了完全相反的情形。当索尼公司推出其多功能的 PlayStation 2 时，行业分析家们认为索尼公司过高地估计了消费者对在游戏机上配置 CD 和 DVD 播放功能的兴趣，而事实却证明索尼公司低估了消费者对这些附加功能的购买意愿。为了迅速建立用户保有量，游戏机通常以成本价或低于成本价销售，然后通过消费者对游戏的忠诚来赚取利润。然而。了解到 PlayStation 2 以较低的售价整合了游戏机和高清晰 DVD 播放功能，很多消费者在购买 PlayStation 2 时最感兴趣的是 DVD 播放功能，然后才是游戏功能。因此，有很多消费者只买了很少量的游戏，从而使索尼公司通过游戏赚回利润的策略落空了。注意到这一点之后，微软公司在推出其 Xbox 时不再直接附带 DVD 播放器，而是将 DVD 播放器作为附属产品销售，消费者如想购买需要额外付钱。

并不是所有的先发者都必须面临顾客不确定性，有一些创新是在很好地了解了顾客需求的情况下进行的。尽管不知道解决方法，但有些需求是人们长期以来就非常清楚的。例如，Tagamet（一种用来治疗慢性胃溃疡的药物）的开发就面临很低的顾客不确定性，因为胃病患者早就想找到一种价格适当而又易于使用的药物来减轻胃部不适。一旦这种药物被开发出来，并经过测试和许可，开发商便可以为其注册专利并推向市场，并且在竞争产品出现以前能确保市场份额。对于其他一些具有类似特性的产品，企业更愿意采取早进入策略。[18]

2. 与以前的技术相比，创新提高了多少？

创新相对以前技术提高的程度会影响企业早进入时成功的可能性。也就是说，当新技术相对于提供相似功能的前一代技术或不同的技术有根本性提高时，新技术将能够迅速取得费者的认可。此时，消费者对新技术价值的怀疑会减少，早期采用会更多，互补品也能提供更多的支持。结果是，企业能迅速了解消费者的期望，从而也会加速人们采用。[19]

3. 创新需要必备技术吗？这些必备技术是否足够成熟？

如前所述，许多创新都要依赖一些关键的必备技术才能实现自身的功能。如果缺乏高清晰度电视信号，高清电视将一无是处；如果没有轻便而长寿的电池，手机和便携式视频播放器也将毫无价值。企业必须确认哪些必备技术对创新有重要影响，并评估要实现预期的功能这些必备技术是否足够成熟（或将足够成熟）。必备技术越成熟，企业就能越早进入；如果必备技术还不够成熟，企业最好等待必备技术的进一步开发。

4. 互补品是否会影响创新的价值？它们在市场上已经足够普遍吗？

如果互补品的可获取性和质量对创新价值的影响非常关键，那么，互补品的状况将决定企业成功进入的可能性。并不是所有的产品都需要互补品的支持，而更多的产品可以直接利用市场上已有的互补品。例如，尽管在最近的几十年里 35mm 的照相机已经产生了很多创新，但是几乎所有的创新都能与 35mm 的胶卷兼容，因此无须担心这些创新的互补品。相反，如果创新需要开发新的互补品，先发者就必须找到方法解决其可获取性的问题。有些企业有能力和资源同时开发一个产品及其互补品，而有些企业却没有这个能力。如果市场上并没有创新所需的互补品，而企业又没有能力自己开发这个互补品，那么，企业就不可能成功地早进入市场。

5. 竞争对手进入的威胁有多大？

如果存在明显的进入障碍，或者具备资源和能力的潜在竞争对手很少，企业就可以等待顾客需求和技术的进一步提高。随着时间的推移，企业可以等待顾客需求确定下来、必备技术得到提高、相关的支持产品和服务也得到开发，从而使所开发技术的特征更加符合顾客需求。然而，技术一旦被证明是有价值的，其他企业也会被吸引到这个市场。此时，如果进入门槛较低，市场竞争有可能迅速变得激烈，而进入一个激烈的竞争市场比进入一个刚出现的市场更具挑战性。[20] 利润将迅速降低，从而要求所有参与竞争的企业更有效率，市场分销渠道也变得十分有限。如果竞争对手极具威胁性，企业应该及早进入市场，从而建立自身的品牌形象、获取市场份额并营造稳定的供应商和分销商关系。

6. 产业是否存在采用收益递增效应？

在那些存在采用收益递增效应（由学习效应和网络外部性引起）的行业，允许竞争对手早进入市场从而建立用户保有量的行为是十分危险的。如果竞争对手建立了可观的用户保有量，其不断自我增强的优势将使企业很难跟上。如果还有力量促进采用的唯一主导设计，竞争对手的技术很可能将成为这个主导设计。如果此时专利等知识产权保护制度不允许企业提供兼容技术，企业将无法进入该市场。[21]

7. 企业能否经受早期的损失?

如前所述,先发者往往需要承担巨额的创新成本并冒很大的风险。因此,先发者需要大量的资本,这些资本可能来自企业内部(如先发者是一家大企业),也可能来自企业外部(如通过债务或证券市场)。此外,先发者还得经受一段从创新产品上获得很少销售收入的时期。即使是在技术创新成功的例子中,企业从开始创新到产品被大众市场所接受,往往也要一段很长的时间。S 曲线很好地描绘了漫长的技术扩散过程(技术扩散在第 3 章和第 13 章讨论)。一开始创新被采用的速度总是很慢,这期间创新者和早期采用者不断对新技术进行尝试并彼此交流经验。在创新初始阶段,这种缓慢的发展导致许多创业企业走向死亡。例如,在 PDA 产业,尽管 GO 和 Momenta 等创业企业在技术上得到了市场的赞许,但是它们经受不住如此长的一段市场混乱期,最终导致资金短缺。IBM 和康柏等企业之所以能存活下来,是因为它们是大企业并采取多元化策略,并不依赖 PDA 带来的收入。Palm 相对较晚进入 PDA 产业,因此不用经历那段很长的产业起步阶段。即使这样,Palm 还是不得不寻求外来的资本,从美国机器人公司(U. S. Robotics)那里获得借款(后来被转让给了 3COM 公司),这笔债务直到 2000 年才还清。

此外,那些拥有丰富资源的企业也较容易赶上先进入市场的企业。[22]通过扩张性的开发和广告策略,以及利用分销商的关系,后进入企业可以迅速建立起品牌形象,并从先进入企业那里夺取市场份额。例如,尽管雀巢公司以 Taster's Choice 品牌进入冷冻干咖啡市场时已经很晚,但是雀巢凭借其充足的资源开发出了更好的产品并迅速获得了市场认可,从而很快取代了 General Food 公司旗下的 Maxim 的领导地位。[23]

8. 企业有资源加速市场对创新的接受吗？

一个拥有充足资金的企业,不仅能够经受住缓慢的市场启动,还能够通过积极投资加速市场发展。企业可以采取对市场教育、培养供应商和分销商以及开发互补品和服务进行积极投资的策略,其中每一项措施都可以加速市场对创新的接受从而赋予早进入企业更多的处置权。[24]我们将在第 13 章对这些策略

是否进入？什么时候进入？

在对医疗影像行业 30 多年的数据进行研究的过程中，威尔·米歇尔（Will Mitchell）考察了促使某分支行业中的在位企业进入一个新出现的分支行业的因素。[a] 例如，哪些因素可以决定一个 X 光设备制造商是否会进入以及何时进入核磁共振设备（MRI）行业？虽然新产品带来新的发展机会，但新产品也会吞噬现有产品的市场，而且开发新产品还需要对新技术进行投资。在位企业在进入新出现分支行业时经常会表现出行动迟缓[b]。出现这种现象的原因可能是它们有意等待行业动荡平息下来，也可能是它们无意识地被那些导致企业惰性的因素所羁绊，如难以改变已经形成的一些惯例以及对现有供应商和顾客基础的战略承诺等。

米歇尔指出，进入障碍和新产品可模仿性（例如，新产品是否能得到专利制度的有效保护）之间的相互作用创造了不同的进入动力。首先，如果只有一家企业可以提供不可模仿的新产品，那么，该企业完全可以根据自己的意愿选择是否进入及何时进入该产业。然而，如果同时有几家企业可以提供新产品（此时新产品当然也不是不可模仿的），它们会竞相夺取这个市场。在这样的情形下，成为早期产品提供者可以获得很大的优势。最后，如果新产品很容易被模仿（比如，竞争对手很容易围绕专利进行创新，从而导致新产品难以得到专利制度的保护），企业更愿意等待，而让其他企业承担开发和推广新产品的费用。此时，企业缺乏先进入市场的动力。[c]

米歇尔还发现，那些拥有更多专有资产（这些资产在企业进入新出现分支行业时将非常有用，例如已有的分销渠道在推出新医疗影像产品时就非常有用）的企业，将更有可能进入新的分支行业。如果新产品对企业现有核心产品造成很大威胁（新技术有可能取代现有技术成为市场主导），那么企业也更可能进入新的分支行业。此外，如果在位企业的核心产品受到了威胁，而且市场上有潜在的竞争对手，那么该企业可能会更早进入新出现的分支行业。

a Will Mitchell, "Whether and When? Probability of Incumbent's Entry into Emerging Technical Subfields," *Administrative Science Quarterly* 38 (1989): 208–30.

b Frederic M. Scherer, *Industrial Market Structure and Economic Performance*, 2nd ed. (Chicago: Rand McNally, 1980).

c Michael Katz and Carl Shapiro, "Technology Adoption in the Presence of Network Externalities," *Journal of Political Economy* 94 (1986): 822–41.

进行详细讨论。可见，企业的资本能够影响市场接纳曲线的形状。

9. 企业的名声是否可以减少顾客、供应商和分销商的不确定性？

除了资本，企业的名声和信誉也会影响最佳进入时机。[25] 对于新技术开发能否成功，企业名声可以发出强烈的信号。顾客、供应商和分销商会根据企业过去的表现来评估企业的技术和市场情况。顾客会把企业的名声看作是创新产品质量的象征，因此在决定是否使用创新产品时不确定性会减少。一个拥有技术领先者良好名声的企业也更容易吸引供应商和分销商。[26] 这些很好地解释了当初微软宣布要进入 PDA 市场时出现的景象：微软公司过去的经历表明它很有可能成为新市场的主导者，因此很多分销商都等待微软产品的出现。在其他条件相同的情况下，那些有良好声誉的公司更容易吸引早期采用者。

5.5 优化进入时机选择的策略

很明显，进入市场时机的选择是一件非常复杂的事情。如果新技术对于消费者具有明显的好处，早进入市场可以给企业带来路径依赖的优势，其他竞争者要想超越这种优势几乎是不可能的。然而，如果企业进入市场时所依赖的新技术并没有给消费者带来多大好处，这个技术很可能不会得到消费者的热烈欢迎。与这种风险相伴随的往往是旁观的竞争者将先发者的失败当成自己的优势，将先发者的技术进行改进并引入市场，从而提升市场对该技术的接受程度。因为后进入企业可以直接利用先进入企业在研发上的投资，因此可以更低的成本进入市场。此外，后进入企业还可以通过观察先进入企业而获得一定的市场信息。

在上面的分析中，我们一直假定，对于企业而言进入时机只是一个选择的问题。在这一假定之下隐含着这样一层含义，即企业在任何一个时间点都可以引入这项技术。为了实现这一点，企业必须拥有开发符合消费者需求的技术所必需的核心能力，或者能够对技术进行快速开发。此外，如果企业有意改进先进入者的技术并以改进的技术击败市场先进入者，那么企业必须拥有快速循环的开发过程。如果拥有很好的快速循环开发过程，企业不仅具有更好的机会成为先进入企业，而且能够利用从消费者那里反馈的信息对技术进行修改，从而更加贴近消费者的需求。实质上，拥有快速开发过程的企业不仅可以利用先发者优势，而且可以利用第二行动者优势。对新产品开发循环所用时间的研究表明，通过战略联盟、多功能新产品开发团队及并行开发过程（parallel development process）等策略可以大大缩短新产品开发所需的时间。第 11 章将专门讨论企业如何确保自己的创新能够迅速推向市场。

5.6 本章小结

1. 先发者可能会获得建立品牌忠诚和技术领先者名声、优先获取稀缺资源及开拓购买者转换成本等优势。

2. 先发者也可能从因学习效应和网络外部性引起的采用收益递增效应中获益。

3. 一些研究认为先发者面临更高的失败率。先发者不得不承担大量的研发费用并面临顾客不确定性。早期跟随者可以利用先发者在研发上及市场开拓上的投资，从而提供开发成本较低且对先发者的错误做出修改后的技术。

4. 先发者有时还不得不面临没有得到很好开发的供应商市场、分销渠道和互补品等问题，所有这些都会增加企业向市场引入新产品或服务的难度。必备技术也可能不成熟，这也会使新技术大打折扣。

5. 许多先发者面临的最大的劣势是顾客需求的不确定性。在技术创新中，顾客自己有时都不太确定自己对技术特征或形式的愿望是什么。在顾客偏好确定之前，企业不得不承受较大的损失。

6. 最佳进入时机受到如下几个因素的影响：新技术带来的改进空间、使能技术和互补品的状况、顾客的需求状况、竞争对手进入的威胁、行业表现出收益递增回报的程度和企业的资源等。

7. 拥有快速开发过程的企业在面临进入时机时有更多的选择权。拥有快速开发过程的企业不仅具有可以更早向市场引入新技术的优势，而且能够成为自己的快速跟随者，即对自己的技术进行修改后再引入市场。

第 2 部分
技术创新战略的制定

在本部分中，我们将讨论制定技术创新战略的几个关键方面：

- 评价企业的现状，界定其战略方向。
- 通过定性和定量评价方法来选择创新项目。
- 确定企业是否进行开发合作，怎样进行开发合作，采用什么样的合作方式，如何选择、监督合作伙伴。
- 通过诸如专利、商标、版权和商业秘密等形式制定保护或扩散技术创新的战略。

技术创新战略的制定

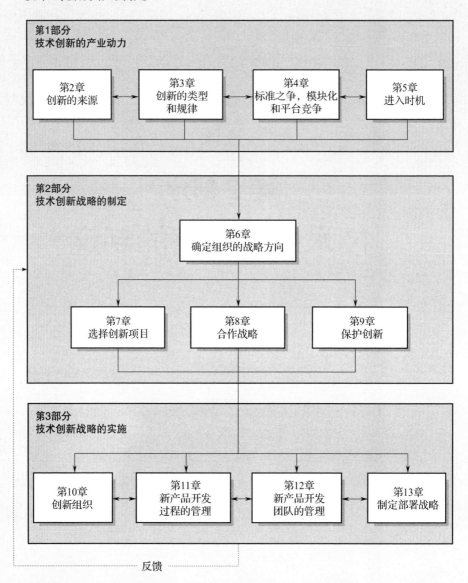

第1部分
技术创新的产业动力

第2章
创新的来源

第3章
创新的类型
和规律

第4章
标准之争，模块化
和平台竞争

第5章
进入时机

第2部分
技术创新战略的制定

第6章
确定组织的战略方向

第7章
选择创新项目

第8章
合作战略

第9章
保护创新

第3部分
技术创新战略的实施

第10章
创新组织

第11章
新产品开发
过程的管理

第12章
新产品开发
团队的管理

第13章
制定部署战略

反馈

确定组织的战略方向

2021 年的特斯拉

2021 年，特斯拉成为世界上颇有价值、备受关注的公司之一。起初，生产全电动豪华跑车是一项不太可能、风险很大的冒险。但后来，这一决定让特斯拉发展成为一家销售额达 315 亿美元、市值近 6400 亿美元的公司。该公司在 2020 年交付了近 50 万辆汽车（尽管工厂因新冠疫情而暂时关闭），并于同年实现了第一个全年盈利——7.21 亿美元。[一]

特斯拉的业务主要分为两个部分：①汽车，包括汽车制造业（Model S、Model X、Model 3 和 Model Y），以及自营经销商经营、售后服务、车辆保险；②能源的生产和储存，其中包括组装和销售太阳能电池板、太阳能屋顶和能源储存系统（Powerwall、Powerpack 和 Megapack）。特斯拉还宣布了几项未来计划，包括电动皮卡（Cybertruck）、新版本跑车（Roodster）、新型商用卡车和完全自动驾驶系统。

特斯拉的创始人埃隆·马斯克采取了大胆的举措，他在汽车行业取得成功的前景遭到了很多质疑。然而，马斯克的信心得到了回报。到 2021 年，特斯拉已经成为一个标志性的、在全球备受尊敬的品牌，而马斯克本人也成了世界上富有的人之一。也许更重要的是，特斯拉的成功改变了公众对电动汽车的看

[一] Rebecca Elliott, "Tesla Posts First Full Year of Profitability," *The Wall Street Journal*, January 27, 2021.

法——从 20 世纪 90 年代那种动力不足、书呆子气的小型汽车，变成了时尚、强大、豪华、方便、环保的汽车。在向监管机构展示电动汽车的可行性的同时，它也改变了竞争环境——政策制定者开始更积极地限制碳排放，同时为电动汽车的采用创造其他激励措施，这反过来又有助于促使整个汽车行业开始远离汽油动力汽车。

值得注意的是，特斯拉在 2020 年实现盈利的部分原因是该公司向竞争对手出售监管信用额获得了 16 亿美元的收入，这些竞争对手需要这些信用额来遵守排放法规。然而，这种情况很可能会改变。电动汽车市场的竞争正在升温，几乎所有现有的汽车制造商和许多初创公司都推出了电动汽车和电动卡车（见图 6.1）。随着其他汽车制造商大举进军电动汽车市场，特斯拉的定位将不得不从一个独特的技术颠覆者转变为一家在质量和价值等传统维度上竞争的公司。一旦整个汽车行业开始在电动汽车市场展开激烈竞争，特斯拉还能保住电动汽车领域的领先地位吗？

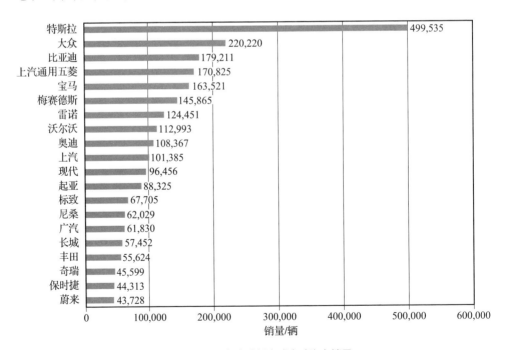

图 6.1　2020 年全球插电式电动汽车销量

资料来源：Cleantechnica，2021 年 2 月 4 日。

特斯拉的历史

2003 年，一位名叫马丁·埃伯哈德（Martin Eberhard）的工程师正在寻找他的下一个大项目。埃伯哈德又高又瘦，拥有一头灰白的头发。他是一个连续创办了许多初创企业的企业家。他曾创办了一家名为 NuvoMedia 的公司，并以 1.87 亿美元的价格把这家公司卖给了捷信达（Gemstar）。埃伯哈德也在寻找一款环保的跑车——他担心全球变暖和美国对中东石油的依赖。当他在市场上没有找到他梦想中的汽车时，他开始考虑自己造一辆——尽管他在汽车行业没有任何经验。埃伯哈德注意到，道路上有许多丰田普锐斯混合动力电动汽车（他称之为"书呆子车"），也有昂贵的跑车——这让埃伯哈德推测出高性能的环保汽车可能有市场。埃伯哈德解释说："很明显，人们不是为了节省汽油而购买普锐斯，汽油的售价接近通胀调整后的历史最低水平。他们购买普锐斯是为了环境保护。"⊖

埃伯哈德开始考虑为他的汽车选择一系列替代燃料：氢燃料电池、天然气、柴油。然而，他很快得出结论，最高的效率和性能将来自纯电动汽车。对埃伯哈德来说，幸运的是艾尔·科科尼（AC Propulsion 公司的创始人，也是通用汽车倒霉的 EV-1 的最初工程师之一）也得出了同样的结论，并生产出了一款名为 tzero 的汽车。tzero 可以在 4.1 秒内从 0 英里 / 小时（1 英里 =1.609 千米）加速到 60 英里 / 小时，但它使用的是极其笨重的铅酸电池，充电一次的续航里程限制在 60 英里左右。埃伯哈德找到了科科尼，提出了使用更轻的锂离子电池的想法，这种电池相较于铅酸电池每磅（1 磅 =0.454 千克）能提供 6 倍的能量。科科尼非常渴望尝试这个想法（事实上，他自己也一直在用锂离子电池做实验），由此产生的基于锂离子的 tzero 可在 3.6 秒内加速到 60 英里 / 小时，并且可以行驶超过 300 英里。埃伯哈德从 AC Propulsion 公司获得了电力驱动系统技术的许可，并创立了自己的公司——特斯拉汽车公司（以 19 世纪末 20 世纪初发明家尼古拉·特斯拉的名字命名，他发明了美国今天使用的交流电力系统）。⊖

与此同时，还有一位企业家——他的财力要雄厚得多——也对开发基于

⊖ Michael V. Copeland, "Tesla's Wild Ride," *Fortune* 158, no. 2 (2008): 82–94.

⊖ Ibid.

tzero 的电动汽车感兴趣，他就是埃隆·马斯克。2002 年，31 岁的埃隆·马斯克是一名居住在加利福尼亚州的南非人，他创办了一家公司，最终成了 PayPal。2002 年，他以 15 亿美元的价格将 PayPal 卖给 eBay 后创办了一家名为 SpaceX 的公司，目标是开发廉价的太空旅行（SpaceX 的龙飞船最终在 2012 年 5 月创造了历史，成为首个发射并停靠在国际空间站的商业飞行器[⊖]）。马斯克自信的风格，以及他在高科技创业方面的惊人记录，使他成为乔恩·法夫罗（Jon Favreau）的电影《钢铁侠》（*Iron Man*）中托尼·斯塔克（Tony Stark）形象的灵感来源之一。

和埃伯哈德一样，马斯克认为电动汽车是美国实现能源独立的关键，于是他找到了科科尼，希望购买 tzero。时任 AC Propulsion 公司首席执行官的汤姆·盖奇（Tom Gage）建议马斯克与埃伯哈德合作。2004 年 2 月，经过两小时的会谈，马斯克同意为埃伯哈德的计划提供 630 万美元的资金。他将担任公司董事长，埃伯哈德将担任首席执行官。

Roadster

特斯拉的第一辆原型车被命名为 Roadster，以 4.5 万美元的路特斯 Elise 为基础。这是一款快速轻便的跑车，似乎非常适合埃伯哈德和马斯克的宏伟想法（见图 6.2）。这款汽车将配备 400 伏特的电势、液冷锂离子电池和一系列硅晶体管，这些硅晶体管可以给汽车提供强大的加速度，让司机感受到极强的推背感。[⊜]它的速度将与保时捷 911 Turbo 一样快，不会产生任何排放，并且一次充电可以跑大约 220 英里，使用的插座就像你用来给洗衣机供电的那种。[⊜]

马斯克和埃伯哈德之间发生了一系列冲突，导致 Roadster 的推出推迟，埃伯哈德被赶出了公司。这款跑车错过了在路特斯工厂开始生产的最后期限，引发了埃伯哈德与路特斯签订的制造合同中的 400 万美元的罚款。然而，当这款车最终在 2008 年推出时，它收到的热烈反响令人惊讶——它自称有全明星的明人预订购买，无论跑车开到哪里，人们都会停下来盯着看。[⊗]

⊖ John Boudreau, "In a Silicon Valley Milestone, Tesla Motors Begins Delivering Model S Electric Cars," *Oakland Tribune*, June 24, 2012, Breaking News Section.

⊜ Michael V. Copeland, "Tesla's Wild Ride," *Fortune* 158, no. 2 (2008): 82–94.

⊜ Alex Williams, "Taking a Tesla for a Status Check in New York," *New York Times*, July 19, 2009, ST.7.

⊗ Ibid.

Model S

马斯克的野心并没有止步于一款小众的高端汽车。他想要建立一家大型的美国汽车公司——这是自 20 世纪 20 年代以来还没有成功完成的壮举。为了做到这一点，他知道自己需要推出一款更便宜的汽车，即使不能吸引大众市场，也能带来更高的销量。2008 年 6 月，特斯拉发布了 Model S，这是一款高性能的全电动轿车，售价在 57,400 美元到 77,400 美元之间，与宝马 5 系等车型竞争（见图 6.3）。在设计时，这款车将采用全铝车身，每次充电的续航里程达 300 英里。[⊖] 据估计，Model S 的开发成本为 5 亿美元，然而，特斯拉从美国政府获得的 4.65 亿美元贷款抵消了这一成本，这是美国政府促进技术发展的一部分，这将有助于美国实现能源独立。[⊜]

为了生产这款车，特斯拉买下了位于加利福尼亚州弗里蒙特的一家刚刚关闭的汽车厂，该厂曾属于丰田和通用汽车合资成立的新联合汽车制造公司（NUMMI）。这家每周能生产1000辆汽车的工厂远远超过了特斯拉的当下需求，并将为公司提供增长空间。此外，虽然在新联合汽车制造公司关闭之前，该工厂及其所在土地的估价约为 10 亿美元，但特斯拉能够以 4200 万美元的价格抢购闲置的工厂。[⊜] 特斯拉还利用该工厂为丰田 RAV4 生产电池组，并为戴姆勒公司（Daimler AG）的一款超小型电动汽车生产充电器。这些项目增加了特斯拉的收入，同时也帮助它在技术上建立规模和学习曲线效率。

2013 年第一季度，特斯拉首次宣布季度盈利。该公司的收入为 5.62 亿美元，利润为 1120 万美元。

随后传来了更多的好消息：Model S 获得了《消费者报告》的最高评级，第一季度销量超过了与宝马（BMW）和奔驰（Mercedes）价格相当的车型。^㉕ 2013 年 5 月，该公司通过发行新股筹集了 10 亿美元，然后宣布已经偿还了政府贷款，这让投资者感到惊讶。在偿还贷款后，特斯拉拥有约 6.79 亿美元现金。马斯克自信地宣布，他认为尽快偿还纳税人的钱是他的义务，而且公司现在有足够的资金来开发下一代汽车，而不需要贷款，也不需要进一步发行股票。^㊄

⊖　Mike Ramsey，"Tesla Sets 300-Mile Range for Second Electric Car," *Wall Street Journal (Online)*, March 7, 2011.

⊜　Steven Overly，"This Government Loan Program Helped Tesla at a Critical Time. Trump Wants to Cut It," Washington Post, March 16, 2017.

⊜　Anonymous. "Idle Fremont Plant Gears Up for Tesla," *Wall Street Journal (Online)*, October 20, 2010.

㉕　Michael Levi，"How Tesla Pulled Ahead of the Electric-Car Pack," *Wall Street Journal*, June 21, 2013, A.11.

㊄　Joseph B. White，"Corporate News: Electric Car Startup Tesla Repays U.S. Loan," *Wall Street Journal* (May 23, 2013): B.3.

Model X

2015 年推出的 Model X 是一款可容纳 7 人的高端运动型多功能车（SUV）。它有几个与众不同的特点，使它从拥挤的豪华 SUV 市场中脱颖而出（见图 6.4）。这款车是全电动的，可以在 3.2 秒内从 0 英里 / 小时加速到 60 英里 / 小时。除此之外，它还有一个全景风窗玻璃和独特的鸥翼门（向上打开而不是向外打开），这些门会在司机靠近时自动打开。"它会三角定位我的位置，"马斯克说，"它会在不接触的情况下打开前门。当你坐下时，它会把门关上。"⊖ 在设计时，Model X 的续航里程约为 250 英里（像 Model S 一样），但可以牵引 5000 磅。它的售价将从 7 万美元起，但根据所选选项的不同，可能会超过 10 万美元。

在美国，中型豪华 SUV 市场的规模大约是高端豪华轿车市场的 5 倍，Model X 迅速吸引了很多人，他们为这款车交了定金。马斯克计划快速提高产量，目标是在 2017 年生产 8.5 万 ~9 万辆 Model X 和 Model S。当时，分析师们怀疑特斯拉的产量能否如此迅速地提高。尽管有几家供应商出现零部件短缺，但特斯拉的估计结果非常接近事实：该公司在 2017 年共生产了 83,922 辆汽车。⊜

人们对这款车的评价褒贬不一。《消费者报告》认为这款车令人失望，理由是它的后门容易出现故障，载货能力有限，而且"对于一辆 11 万美元的车来说，驾驶起来太颠簸"。⊝《名车志》（*Car and Driver*）的评论也对鸥翼门表示了一些怀疑，但总体上给了这款车 5 星（满分 5 星）的评分，并表示："目前还没有其他电动 SUV。"即使与化石燃料的 SUV 相比，特斯拉的性能和效率也无法匹敌。⊛

截至 2016 年底，Model X 累计总销量 25,524 辆，在全球最畅销的插电式汽车中排名第七（值得注意的是，截至 2016 年底，特斯拉 Model S 的累计销量达到 158,159 辆，仅次于日产聆风，成为全球第二畅销的插电式汽车）。⊝ 截至 2017 年底，Model X 的累计销量约为 72,059 辆。⊗ 然而，Model S 和 Model X 的销量很快就会被马斯克的最新项目 Model 3 所超越。

⊖ Jerry Hirsch and Russ Mitchell, "Model X: Under the Hood of Tesla's SUV Strategy," *Los Angeles Times* September 29, 2015.

⊜ Tesla Q4 Production and Delivery Report (January 3, 2016).

⊝ Tesla Model X Review: Fast and Flawed. Consumer Reports (2016).

⊛ Tesla Model S. *Car and Driver* (May, 2016).

⊝ Jeff Cobb, "Tesla Model S Is World's Best-Selling Plug-in Car for Second Year in a Row," *HybridCars* (January 26, 2017).

⊗ Estimate based on Tesla quarterly production and delivery reports for quarter 1-4 in 2017. In some years Tesla only provides rounded numbers for breakdown between Model X and Model S, thus only an approximate number can be given here.

Model 3

为了实现马斯克真正减少化石燃料使用的目标，特斯拉需要一款真正面向大众市场的汽车。因此，在 2016 年秋天，马斯克宣布推出 Model 3。这是一款中型全电动四门轿车，续航里程为 220~310 英里（取决于电池选项），底价为 3.5 万美元（见图 6.5）。在一周内，特斯拉收到了 32.5 万辆的预订，使其成为当时世界上最受欢迎的汽车。《道路与轨迹》（*Road and Track*）杂志上的一篇评论称："Model 3 证明特斯拉的思维远远超出了 Model S 和 Model X 的边缘。走出 Model 3，你会意识到，就 Model S 和 Model X 而言，它们一直是中介，是用来吸引人们远离舒适的传统、进入汽车的未来的垫脚石。"[一]《大众机械》（*Popular Mechanics*）将 2018 年度最佳汽车奖授予该车，《汽车杂志》（*Automobile Magazine*）将 2018 年度最佳设计奖授予该车。

特斯拉宣布了一项雄心勃勃的产量提升计划，目标是到 2018 年底生产 50 万辆（包括所有三种车型）。这需要大规模扩大生产能力，许多专家认为这在如此短的时间内是不可能实现的。Model 3 还将采用新的硬件和软件来实现自动驾驶，这给设计和生产带来了重大挑战。到 2018 年初，Model 3 的产量显然远远落后于马斯克最初的预测，来自分析师和媒体的批评以惊人的速度到来。正如科文公司（Cowen & Co.）的一位分析师指出的那样："特斯拉需要放慢脚步，更狭隘地专注于自己的愿景，呼吸一下新鲜空气……埃隆·马斯克需要停止过度承诺和兑现承诺的行为。"[二]

马斯克试图以极快的速度提高 Model 3 的产量，这给该公司带来了巨大的压力。停车场里搭起了巨大的帐篷以容纳一条新的生产线，这引起了汽车分析师的怀疑。例如，*Autotrader* 和《凯利蓝皮书》（*Kelley Blue Book*）的执行出版人卡尔·布劳尔（Karl Brauer）告诉 The Verge："我不能肯定，但我猜这是目前唯一一个在帐篷下进行大批量汽车组装的汽车制造商。"分析师丽贝卡·林德兰（Rebecca Lindland）打趣道："显然特斯拉正在进一步为占领火星做准备。"[三]这一时期也让公司面临严重的财务压力，马斯克指出，正如图 6.6

[一] Bob Sorokanich, "Tesla Model 3: The Road & Track Review," *Road and Track*, January 12, 2018.

[二] Arjun Panchadar, "Tesla Must Stop Overpromising, Could Need More Finance: Analysts," *Reuters Business News*, November 2, 2017.

[三] Andrew J. Hawkins and Sean O'Kane, "Tesla Built a Giant Tent to Expand Production of the Model 3," *The Verge*, June 22, 2018.

（Ian Giblin）

图 6.2　特斯拉 Roadster

图 6.3　特斯拉 Model S

（Melissa Schilling）

（Melissa Schilling）

图 6.4　特斯拉 Model X

图 6.5　特斯拉 Model 3

（Melissa Schilling）

← **Tweet**

Zain @ZainRaz4 · Nov 3, 2020 　　　　　···

Replying to @elonmusk @vincent13031925 and @JonErlichman

How close was Tesla from bankruptcy when bringing the Model 3 to mass production?

💬 3　　　🔁 8　　　🤍 440　　　↥

Elon Musk ✔ @elonmusk · Nov 3, 2020 　　　　　···

Closest we got was about a month. The Model 3 ramp was extreme stress & pain for a long time — from mid 2017 to mid 2019. Production & logistics hell.

💬 111　　　🔁 166　　　🤍 2.4K　　　↥

图 6.6　埃隆·马斯克 2020 年 11 月 3 日的推文

的推文所示，公司已经处于破产的危险边缘。

虽然实现马斯克每周生产超过5000辆汽车的目标比最初希望的时间要长，但特斯拉确实在2019年4月1日达到了生产目标（见图6.7）。不可否认，这是一个令人印象深刻的指数级增长。

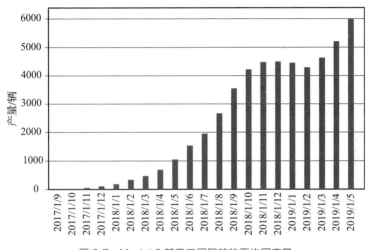

图6.7　Model 3基于三周跟踪的平均周产量

资料来源："Tesla Model 3 Tracker，"*Bloomberg*，https://www.bloomberg.com/graphics/tesla-model-3-vin-tracker.

其他项目

2012年9月，特斯拉也开始建设自己的充电网络以服务于特斯拉的用户。截至2021年2月底，特斯拉在全球运营了2564个充电站（共计23,277个超级充电站）。充电网络的建设旨在通过减少消费者的"里程焦虑"来直接提升电动汽车的销量，因此，尽管这是一个不寻常的举动，但并不令人惊讶。然而，特斯拉也开始在能源生产和存储领域采取更不寻常的举措。2016年11月，特斯拉以26亿美元收购了太阳能电池板租赁和安装公司Solar City。Solar City是由埃隆·马斯克的表兄弟彼得·里夫（Peter Rive）和林登·里夫（Lyndon Rive）于2006年创立的。马斯克曾在2011年左右勾勒出公司的概念，他帮助他的表兄弟们创办了这家公司。他还担任董事会主席。该公司拥有一种创新的商业模式，使消费者能够在没有前期成本的情况下将太阳能电池板安装在屋顶上，并且以与正常电价相当或更低的价格为电池板产生的电力付费。

就在 SolarCity 收购计划敲定的同月，埃隆·马斯克宣布该公司将开始生产完全由太阳能电池板制成的房屋屋顶。马斯克说："我认为这是实现差异化产品战略的一个基本部分，这样你就有了一个漂亮的屋顶。""这不是屋顶上的东西。这是屋顶。"⊖

2016 年，特斯拉与合作伙伴松下在美国内华达州里诺市附近开设了巨型锂离子电池工厂 Gigafactory 1。马斯克认为，垂直整合的举动最终将使电池的生产成本降低 30%。除了为特斯拉汽车生产电池，该工厂还将生产 Powerwall 和 Powerpack 储能设备。Powerwall 是一种供消费者在家储存太阳能的设备。Powerpack 使工业用户能够管理各种各样的能源需求，并提供备用电源。

到 2018 年初，特斯拉还在纽约布法罗建立了 Gigafactory2，并于 2019 年开设了"Giga 上海"，这是中国第一家由外国公司全资拥有的汽车工厂。⊜ 2020 年，特斯拉还开始在柏林建造一个新的超级工厂，并开始交付其第五款车型 Model Y。这是一款紧凑型跨界多功能车，起价为 39,990 美元。马斯克还指出，他预计特斯拉将在 2023 年底推出一款 2.5 万美元的电动汽车。⊜ 特斯拉还在开发自动驾驶出租车服务。㉕

特斯拉的未来

特斯拉的汽车迅速吸引了大批忠实粉丝，销量以惊人的速度增长。然而，设计和推出多个主要的汽车平台，同时建立一个大型电池公司、一个充电站网络，并运营 SolarCity，对于一个公司来说，在最初的 15 年里承担了很多工作。这让一些分析师摸不着头脑。特斯拉是否试图在短时间内做太多事情？

6.1 概述

制定企业技术创新战略的第一步是评价企业目前所处的位置，并确定企业

⊖ Oliver Milman, "Elon Musk Leads Tesla Effort to Build House Roofs Entirely Out of Solar Panels," *The Guardian,* August 19, 2016.

⊜ D. Hull and C. Zhang, "Elon Musk Set Up His Shanghai Gigafactory in Record Time," *Bloomberg,* October 23, 2019.

⊜ N. Chokshi, "Elon Musk Promises to Make a $25,000 Car (in 3 Years)," *The New York Times, ISSN 0362-4331.* September 22, 2020.

㉕ A. Durkee, "Elon Musk Wants His Own 'Robot Taxis' to Replace Uber and Lyft," *Vanity Fair,* April 22, 2019.

未来的战略发展方向。本章将概述一些评价企业目前所处地位的基本的战略分析方法，并帮助其确定未来的发展方向。掌握这些方法后，企业管理者可以很容易弄清如下问题：

- 在企业所面对的威胁和机遇中，哪些是最迫切的？
- 企业的主要优势和劣势是什么？
- 是否有可持续的竞争优势资源？
- 企业的核心竞争力是什么？这些核心竞争力提供给客户的价值主张是什么？管理层期望这些价值主张发生何种变化？
- 企业需要培育或取得哪些资源和能力来实现自己的长期目标？

本章中的分析工具对于第 7 章"选择创新项目"中使用的工具至关重要。一个完善的技术创新战略有助于企业提高自己的竞争能力，为企业的未来发展提供方向性指导。制定技术创新战略需要对企业目前的情况进行准确的评价，然后企业需要明确地表述出自己的战略意图——在企业目前所具有的资源和能力与达到该战略意图需要的资源和能力之间有一定的提升空间。[1]一个企业围绕一个远景目标调动自己各个方面的资源能够使该企业形成竞争优势，而其他企业很难模仿这样的竞争优势。[2]

6.2 评价企业当前地位

当评价企业在市场上的地位的时候，采用一些标准战略分析方法来分析企业的内部、外部环境是非常必要的。

6.2.1 外部环境分析

分析外部环境最常用的两个分析方法是波特的"五力模型"和相关者分析。

波特的"五力模型"

在这个模型中，行业的吸引力、企业的机会和威胁通过分析 5 个方面的因素来确定（见图 6.8）。[3]

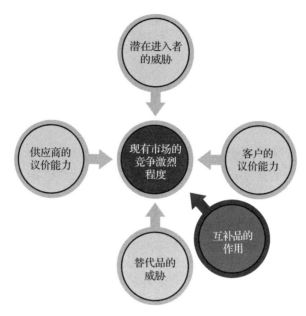

图 6.8　波特的"五力模型"+ 补充

资料来源：Source: https://www.youtube.com/watch?v=W0hySWGHKj4&t=12s.

　　虽然最初开发"五力模型"的目的是评价行业的吸引力（这是不是一个值得去竞争的行业？），但实际上这个模型经常被用于评价某个企业面临的外部环境（外部环境中的哪些因素会给企业提供发展机遇，哪些会产生威胁？）。这两者之间的区别很小但却非常重要。对于前者来说，分析的重点在于行业层面，分析时公平地看待市场上所有的竞争者，其目的是确定整个行业是不是有利可图的。而后者的分析视角则是某个特定的企业，通常需要识别企业外部环境中哪些因素影响其与竞争对手的关系，其目标是识别企业面临的威胁和机遇。[4]举例来说，对零售业进行外部环境分析时，如果只关注这个行业的吸引力，结论可能就是：考虑到激烈的价格竞争和较小的差异化经营的机会，这个行业的吸引力不大。如果对零售业中的沃尔玛进行外部环境分析，结论可能是：尽管在这个行业中很难获利，但是沃尔玛却比竞争对手有更强的盈利能力，这是因为沃尔玛凭借其庞大的用户规模、先进技术在进出货物流方面的应用和缜密的选址战略取得了与供应商和客户进行谈判的筹码。本章我们主要关注如何分析某个特定企业面临的外部环境中的威胁和机遇，因为它更适合我们的目标——

帮助企业找到战略方向。

下面分别介绍这五种力量。

1. 现有市场的竞争激烈程度

一个产业的竞争激烈程度受很多因素的影响。首先，竞争对手的数量和相对规模会影响竞争的态势。总的来说，规模差别不大的竞争对手越多，产业竞争将会越激烈。比如，在寡头垄断行业（oligopolistic industry，指一个行业中具有几个非常大的企业），如果企业选择价格竞争（如发生在个人数字助理行业中的竞争）的话，竞争将会非常惨烈。相反，如果在寡头垄断的市场中，竞争者避免发生面对面的竞争或相互之间采用一种默认价格的话，竞争程度将会缓和得多。另外，竞争的激烈程度也会受竞争者差异化的影响。比如，如果竞争者的差异化比较明显，由于他们的产品可能处于不同的细分市场，将不会出现直接竞争的情况。例如，尽管健赞（Genzyme）公司处在竞争激烈的生物技术行业，它对罕见病药品的专注意味着它一般不会正面与其他竞争者抢夺客户，这样它就能够制定较高的产品价格，获得较高的边际利润。此外，市场需求也会影响竞争的激烈程度。当市场需求增加的时候，企业将会有很多的销售收入，竞争压力较小。相反，当市场需求下降的时候，企业不得不为了日益减少的销售收入而竞争，在这种情况下，竞争会非常激烈。在日益衰落的行业当中，巨大的退出壁垒（exit barrier，指固定投资、对产业的眷恋等）使企业不会轻易地退出所在行业，从而加剧了市场竞争。

2. 潜在进入者的威胁

潜在进入者的威胁程度主要受行业对新进入者的吸引程度（行业是否盈利，是否为增长型的行业，是否有其他吸引力）和进入壁垒（entry barrier）的影响。进入壁垒包括开始的一次性高成本投入、消费者对品牌的忠诚度、获得供应商和经销商支持的难度、政府的管制、市场上现有企业的反击以及其他。行业的高速发展和盈利能力的提升可能会吸引新进入者，但进入壁垒也有可能使新进入者望而却步。比如，智能电话市场的高速发展吸引了许多潜在进入者，但面对诸如诺基亚、爱立信等已经建立很久的市场巨头的挑战，许多公司都知难而退。为了有效地与市场上的这些巨头竞争，一个新进入者必须在生产、广告、分销等方面进行大规模投入。因此，新进入者必须进行大量的初始投入才能在竞争中获得一个较为有利的位置。新进入者可以通过与其他企业的合作来降低进入门槛，比如通过与制造商合作来组织生产、与移动电话服务运营商合作进行分销，这样可以降低新进入者的初始投资。

3. 供应商的议价能力

企业对一个或几个供应商的依赖程度将影响它的议价能力。如果供应商很少，或供应商差异化很大，企业在做出购买决策时选择余地会很小，在与供应商进行有关价格和供应时间谈判时将处于劣势。相反，供应商很多，而且差异化很小，企业可以让供应商相互竞标。企业从供应商那里采购商品的数量也是一个重要的影响因素。企业购买量占供应商销售额的比例越大，供应商就会越依赖该企业，供应商的议价能力也就越低。相反，供应商的销售量占企业购买量的比例越大，企业越依赖该供应商，该供应商的议价能力会越强。比如，沃尔玛的供应商几乎没有什么讨价还价能力，因为沃尔玛的购买量占了供应商每年销售额的很大比例。当英特尔将芯片卖给 PC 生产商的时候，英特尔也一定会采用自己拥有的议价能力与客户谈判。因为当 PC 生产商考虑微处理器的潜在供应商的时候，除了与英特尔合作几乎没有其他选择，而且绝大部分 PC 软硬件都是与英特尔的处理器相兼容的，企业要想改变供应商就必须面临巨大的转换成本（switching cost），这将增加供应商的议价能力。最后，如果企业向后纵向一体化（vertical integrate），即生产供应商提供的产品，那么将削弱供应商的议价能力；反之，如果供应商向前纵向一体化，即生产下游企业生产的产品，那么将提升供应商的议价能力。

4. 客户的议价能力

影响供应商议价能力的部分因素同样影响客户的议价能力。企业对少数几个客户的依赖程度将增加客户的议价能力，反之亦然。如果企业的产品高度差异化，客户的议价能力就低；如果一个企业的产品差异化程度小，客户的议价能力就高。如果客户面对巨额的转换成本，将降低客户的议价能力。最后，如果客户威胁将向后延伸自己的产品线，那么客户的议价能力将增强；如果企业威胁将向前延伸自己的产品线，那么客户的议价能力将降低。

5. 替代品的威胁

替代品是指那些被认为不具有竞争性，但对于客户来说却具有同样的功能的产品或服务。比如，星巴克会将其他的咖啡屋作为竞争对手，而将其他的社交休闲场所（如酒吧、饭店）或饮料（如软饮料、啤酒）作为替代品。越是有潜力的替代品，在功能上与企业的产品就会越接近，企业的产品被替代的威胁也就越大。而且，被替代的威胁也会受到相对价格的影响。比如，就速度而言，乘汽车旅游与乘飞机旅游是无法相比的，但是乘汽车要便宜得多。因此，这就存在一个替代的威胁，特别是对于短途旅行而言。值得注意的是，竞争产品与替代品的区别主要依赖行业如何定义。比如，如果有人将航空作为一个分析单位，汽车将是航空的一个替代品。然而，如果将整个交通行业作为一个分析整体，那么汽车将是航空的竞争对手。

最近，波特又提出了第六个因素，即互补品。[5]如前面几章讨论的那样，互补品提高了一个产品的效用和实用性。比如，软件就是计算机的一个很重要的互补品，汽油是汽车的一个很重要的互补品。互补品的易得性、价格、质量将对产业面临的威胁和机遇产生重要影响。此外，考虑如下几点是非常重要的：①互补品在这个行业中的地位如何；②对于那些重要的竞争对手来说，其产品的互补品是不是相同的（影响竞争对手产品的吸引力）；③哪些人能获得互补品带来的价值。例如，使用打印机的用户必须不断更换墨盒，桌面打印机制造商惠普和利盟（Lexmark）利用这一点赚取了可观的利润。这些制造商在生产打印机时，没有按照统一的标准设计墨盒，而是给不同型号的打印机使用的墨盒也设计了不同的型号，这样做主要是为了避免顾客从其他公司购买惠普和利盟打印机所用的墨盒。然而，墨盒市场丰厚的利润催生了一部分第三方零售商，它们或者复制生产惠普和利盟公司的墨盒，或者是给空了的墨盒添加新的油墨。

对利益相关者的分析

利益相关者（stakeholder）模型通常用于战略研究和规范化研究。战略分析重点放在可能会影响企业经济利益的相关管理问题上。规范化研究重点放在企业关心的有关伦理道德方面的一些管理问题上。[6]一般情况下，对利益相关者的分析的第一步是确定企业行为可能影响的相关各方（这些相关者与企业之间存在一定的利益关系）。对于每一个相关者，企业应确定其与企业之间的利益关系如何，他们都为企业提供了哪些便利，他们都应该拥有什么样的权利，从企业的角度来看哪一方面是最重要的。利益相关者包括（但不局限于）股东、雇员、客户、供应商、出借人、当地社团、政府、竞争对手等（见图 6.9）。

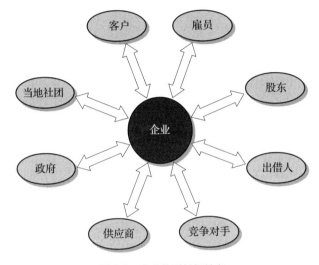

图 6.9　企业的利益相关者

6.2.2　内部环境分析

企业内部环境分析通常从分析企业的优劣势开始。有时候，这项任务是通过分析价值链（见图 6.10）上的每一个环节来组织的。[7]迈克尔·波特（Michael

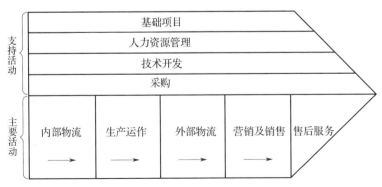

图 6.10　波特的价值链

资料来源：Michael Porter，*Competitive Advantage: Creating and Sustaining Superior Performance*.

Porter）的价值链模型将企业活动分为主要活动和支持活动。主要活动包括：内部物流（与货物的接收、储存、内部分发相关的所有活动），生产运作（从原材料进入到产品产出的各个环节），外部物流（产品的集中、储存、分发等），营销及销售（将产品信息通知客户，并采取一系列活动鼓励消费者购买），售后服务（产品销售之后为了保证产品的正常使用而提供的服务）。支持活动包括：采购（原材料的获取，但与内部物流包括的货物物理上的转移不同），人力资源管理（员工的招聘、培训、补偿等），技术开发（包括设备、软硬件、程序、知识的开发和管理），基础项目（会计、法律咨询、财务、规划、公共关系、质量保护和确保公司顺利运行的必要的管理活动）。这个模型能够很好地适用于一些特定的企业需求。但是，对于生物技术公司和软件开发公司，研发可能是企业的主要活动，而企业内部物流可能并不重要。

这样一来，人们就能从每项活动对企业价值贡献的角度以及企业在其间的优劣势来考虑。比如，表 6.1 介绍了 Take-Two 互动软件公司价值链分析的例子，该公司开发了 Grand Theft Auto 游戏。在表中，Take-Two 互动软件公司的研发被认为是一个主要活动，而支持技术开发的活动却没有被考虑。因为所有的游戏最终是由游戏机生产厂家而不是 Take-Two 互动软件公司生产的，它的主要技术活动集中在游戏的设计上，这些在公司的研发活动中已经充分考虑到了。

表 6.1　Take-Two 互动软件公司价值链分析

价值链活动	优势	劣势
内部物流 不重要；投入的必要性很小		
研发 将艺术制图、声音、创新思想有效地融合在一起形成显著区别于消费者心目中的其他产品能力	Take-Two 的游戏充分发挥了视频游戏机的多边处理潜力，使游戏更加生动；并行开发使开发周期缩短	在网络游戏开发方面缺少经验，这样一旦网络游戏需求加大，将会失去盈利机会
生产运作 公司专注于生产高品质的游戏，每年引入一个新的版本。游戏一旦设计好，就交由视频游戏机生产商（索尼）生产	对少部分游戏的关注使公司有足够的资源确保游戏获得成功	仅仅集中于少数游戏可能会有风险，如果失败了公司将没有销售收入来支持正常运营 在游戏的开发和生产上，公司完全依赖游戏机生产商

（续）

价值链活动	优势	劣势
外部物流 　产品通过游戏零售商（Gamestop）、总销售商，有时候也通过和游戏生产商绑定等形式销售，避免了自己销售的高额费用 　与索尼签订了为 PlayStation 2 配备 Grand Theft Auto 游戏的排他性协议	现有零售商具有非常强的市场渗透能力，能够迅速而广泛地进行推广 　由于索尼的 PlayStation 2 在视频游戏机市场中排名第一，与索尼签订协议等于叩响了一个巨大的市场的大门	通过零售商销售的方式使公司在店铺地点选择、产品升级、定价方面几乎没有控制力
营销 　帮助建立客户的产品意识、建立品牌形象、促进销售 　在游戏杂志、广告栏进行广告宣传，并利用网站宣传 Grand Theft Auto 游戏的目标市场转向成人	Grand Theft Auto 游戏一上市就建立了很好的形象，在2002 年度获得市场第一	一些消费者、零售商和管理机构认为 Grand Theft Auto 游戏具有暴力和色情倾向，有损公司的形象
售后服务 　建立技术支持电话热线来帮助用户解决产品使用中遇到的问题	几乎不收取费用 　确保解决问题	
基础项目 　法律部门授予的游戏买卖特权		被其他企业提起的版权诉讼增多
人力资源管理 　企业拥有一批富有创造力的技术人员对于设计优秀游戏非常重要 　2007 年，公司拥有全职员工 2002 名	公司没有工会 　职工优先认股权计划提高了员工忠诚度和职业道德	
采购 　通过采用具有版权保护的标志和音乐取得知识产权	在通过采用具有版权保护的材料获得知识产权方面做得非常成功	

资料来源：S.Balasubramanian, A.Kim，L.Lei, and S.Singh,"Beyond the Mayhem: Take -Two Interactive Software," New York University teaching case, 2003 ; www. Take2games. com.

　　企业的主要优劣势一经确定，就可以确定哪些优势能够成为企业获得持续竞争优势的主要源泉，这样有助于企业认识到应借助哪些有利资源来实现其未来的战略意图。

　　具有潜在可持续竞争优势的资源必然是稀缺的、高价值的、持久的和难以模仿的。[8] 即使有些资源是稀缺的、高价值的，而且是有竞争优势的，但是如果企业不能持续拥有该资源优势，或者其他企业能够轻易模仿，则该竞争优势

使用大数据以引导创新

在过去的十年里，数字化和社交媒体的巨大进步，加上移动设备的普及，导致巨大数据集——俗称"大数据"——的产生。[a] 先进的软件可以用来发现相关性，并确定市场研究永远不会揭示的潜在的因果关系。一般来说，人们认为这些大型数据集应该提供关于如何创造更好的产品和提高盈利能力的宝贵见解。对用户搜索和反馈的近乎实时的访问可以揭示隐藏的模式，[b] 并提供关于如何改进现有产品和挖掘新的潜在市场的信息。[c] 因此，人们预计大数据将统一改善产品开发，使供应商提供的商品和用户寻求的商品之间的匹配更加紧密，全球各地的经理们争相在他们的公司创建大数据分析程序。事实上，Dresner Advisory Services 的一份分析报告发现，到 2020 年，53% 的企业都在采用大数据分析。

然而，将大数据应用于新产品开发的结果却喜忧参半。[d] 虽然研究表明，亚马逊、eBay、塔吉特（Target）和福特（Ford）等公司已经成功地利用大数据来改善对用户需求的预测，并设计出更好的产品，[e] 但其他研究也强调了大数据的成本和风险，包括维护和保护数据的高昂成本、数据被滥用带来的声誉风险，以及在收集数据时可能出现的偏见。[f] 缺乏充分处理数据并验证其准确性和代表性的能力的企业可能会发现，大数据充其量只是一种干扰，最坏的情况是严重误导企业的决策。[g]

大数据分析领域的著名研究员福斯特·普罗沃斯特（Foster Provost）教授指出，管理者经常犯一个关键错误："我应该如何挖掘我拥有的数据？"[h] 相反，他认为，经理们应该从思考企业面临的最重要的问题或机会是什么开始，并投资于收集有助于解决这些问题和机会的数据。他在《商业数据科学》（*Data Science for Business*）一书中[i] 提供了一些建议以让数据科学在组织中有价值：

（1）将数据视为资产。这使你不仅可以考虑挖掘你拥有的数据，还可以考虑如何投资数据，以及如何从数据资产中获得回报。在大多数情况下，原始数据并不能帮助组织。它们必须是有条理的、干净的；必须从原始数据中设计新数据。

（2）管理人员必须非常认真地对待数据科学团队的建设和组成。基于数据科学团队的专业知识和经验，企业将实现的目标会有很大的不同。这里的一个关键挑战是有足够的专业知识来评估一个人是否是一个伟大的数据科学家。如果企业没有顶级的数据科学专业知识，它可能在吸引和评估顶级人才方面遇到困难。

（3）区分企业面临的商业机会和挑战，以及你提出的数据分析问题（即，它们是不一样的）。你能解释一下为什么使用特定的数据分析问题是为了解决一些重要的业务挑战吗？

（4）评估数据的代表性、准确性和可靠性。管理人员必须确保理解生成数据的过程，并将其考虑在内。一般来说，你应该假设数据是有偏见的；几乎可以肯定的是，这些数据并不是来自该企业打算调查的人群的大量随机样本。这些数据是如何以及为什么产生的？误差和偏差的潜在来源是什么？这些误差和偏差对应该进行的分析有什么影响？

a Michael Cox and David Ellsworth *"Application-controlled demand paging for out-of-core visualization. IEEE Access 97CB36155(1997):* 235–44; Daniel Trabucchi, Tommaso Buganza, and Elena Pellizzoni, "Give Away Your Digital Services," *Research-Technology Management* 60, no. 2 (2017): 43–52; Daniel Trabucchi, Tommaso Buganza, Claudio Dell'Era, and Elena Pellizzoni, "Exploring the Inbound and Outbound Strategies Enabled by User Generated Big Data: Evidence from Leading Smartphone Applications," *Creativity and Innovation Management* 27, no. 1 (2018): 42–55.

b Jovan Milenkovic, 2019. "30 Eye-Opening Big Data Statistics for 2020: The Patterns Are Everywhere." Kommando Tech, 2019, https://kommandotech.com/statistics/big-data-statistics.

c Gianvito Lanzolla, et al., "Digital Transformation: What Is New if Anything? Emerging Patterns and Management Research," *Academy of Management Discoveries:* 341–50.

d Francesco Cappa et al., "Big Data for Creating and Capturing Value in the Digitalized Environment: Unpacking the Effects of Volume, Variety, and Veracity on Firm Performance," *Journal of Product Innovation Management* 38, no. 1 (2020): 49–67.

e Hsinchun Chen et al., "Business Intelligence and Analytics: From Big Data to Big Impact," *MIS Quarterly* 36, no. 4 (2012): 1165–88; Amir Gandomi and Murtaza Haider, "Beyond the Hype: Big Data Concepts, Methods, and Analytics," *International Journal of Information Management* 35, no. 2 (2015): 137–44; Samuel A. Wamba et al., "Big Data Analytics and Firm Performance: Effects of Dynamic Capabilities," *Journal of Business Research* 70(2017): 356–65; Sunil Erevelles, Nobuyuki Fukawa, and Linda Swayne, "Big Data Consumer Analytics and the Transformation of Marketing," *Journal of Business Research* 69, no. 2 (2016): 897–904.

f Francesco Cappa et al., "Big Data for Creating and Capturing Value in the Digitalized Environment: Unpacking the Effects of Volume, Variety, and Veracity on Firm Performance,"

Journal of Product Innovation Management 38, no. 1 (2020): 49–67; Daniel Trabucchi, Tommaso Buganza, and Elena Pellizzoni, "Give Away Your Digital Services," *Research-Technology Management* 60, no. 2: 43–52; Tim Harford, "Big Data: Are We Making a Big Mistake?" *Financial Times,* 2014, https://www.ft.com/content/21a6e7d8-b479-11e3-a09a-00144feabdc0.

g Daan Van Knippenberg et al., "From the Editors Information, Attention, and Decision Making," *Academy of Management Journal* 58, no. 3 (2015): 649–57; Kimberly A. Whitler, "Why Too Much Data Is a Problem and How to Prevent It," *Forbes,* 2018, https://www.forbes.com/sites/kimberlywhitler/2018/03/17/why-too-much-data-is-a-problem-and-how-to-prevent-it/#348d5d77755f.

h Foster Provost and Jim Euchner, "What Managers Need to Know about Big Data," *Research-Technology Management,* (May–June 2017): 11–7.

i Foster Provost and Tom Fawcett, *Data Science for Business: What You Need to Know about Data Mining and Data-Analytic Thinking* (O'Reilly Media, 2013).

也不会持久。比如，一个良好的品牌形象就是一个稀缺的、有价值的资源，但是它需要企业持续地投入资金来维持，如果企业缺少足够的资金来投入该品牌，该品牌将会退化。而且，许多高价值的资源都容易被其他企业模仿。技术进步往往是逆向工程。另外，一些技巧型的市场营销计划、人力资源创新培训也都会被其他企业模仿。也有一些资源是不会轻易被人模仿的。比如，一些具有隐含性（tacit，指不容易通过书面形式复制）、路径依赖性（依赖一系列历史事件的发生）、社会复杂性（socially complex，指由于人们之间的社会交往而产生）、因果模糊性（causal ambiguity，指难以确定该资源如何创造价值）的资源就不容易被模仿。[9]比如，智力普遍被认为具有隐含性和因果模糊性，它具有遗传特性而不是后天训练而成的；另外，关于如何获得智力，人们所知甚少。先发者优势就是一个路径依赖优势，很难被人模仿——一旦在一个产业中获得了先发者优势，其他企业就不可能有机会获得该优势。企业有了基本内部分析之后，就可以辨识自己的核心竞争力，并制定战略规划。

6.3 识别核心竞争力和动态能力

6.3.1 核心竞争力

一个公司的核心竞争力被普遍认为是那些在战略上构成差异性的东西。核心竞争力绝不仅仅是核心技术。核心竞争力是一个企业在几个主要领域的专业知识能力的汇集。竞争力通常包括不同方面的能力，比如市场层面的管理能力（广告宣传管理和分销管理）、基础设施的建立和管理能力（信息系统、物流管理）和技术能力（应用科学、设计）。[10] 这个多种能力的汇集使核心竞争力很难被模仿。例如，索尼公司在微型发展方向的核心竞争力。[11] 这个竞争力就是多种技术（液晶技术、半导体技术）的综合，并被应用到多个市场（电视机、收音机、个人数字助理等）上。一个企业的核心竞争力还取决于不同功能、不同业务部门之间的密切联系。

普拉哈拉德（Prahalad）和哈默尔（Hamel）将核心竞争力比作根，从中会长出许多核心产品，如主要零部件。在核心产品的基础上，业务部门产生了，并且最终产生企业的各种最终产品（见图 6.11）。

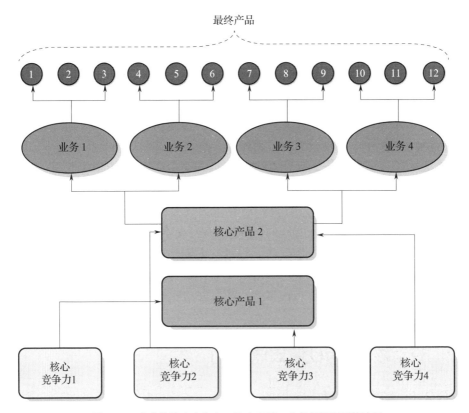

图 6.11　企业的核心竞争力、核心产品、业务部门和最终产品

资料来源：C. K. Prahalad and G. Hamel，"The Core Competence of the Corporation，" *Harvard Business Review*，May–June 1990.

几个核心竞争力可能会支撑同一个业务部门，几个部门也可能源于同一个核心竞争力。这表明组织机构和激励措施必须鼓励跨战略业务部门资源的合作和联系。如果管理者仅仅专注于自己的业务部门或者管理者仅将资源用于自己的业务部门，那么在核心竞争力的开发和挖掘方面就可能投资不足。[12]普拉哈拉德和哈默尔进一步研究认为，战略业务部门应该通过竞标的方式在企业内部招募那些具有专业技能、对项目有突出贡献的专业人员，而不应该将这些人员仅仅看作战略业务部门的雇员。这些人员应当被看作企业的资产，在不同组织间重新调配。

普拉哈拉德和哈默尔为辨识企业核心竞争力提供了下面的测试方法。

- 它是竞争差异化的主要源泉吗？能为企业提供独特的一面吗？能给用户带来最终价值吗？比如，索尼的微型化发展方便了用户携带，对用户的使用产生了很大影响。
- 它超越了单一的业务吗？它是否涵盖了很多业务（包括当前业务和新业务）？比如，本田公司在发动机方面的核心竞争力使其在汽车、摩托车、割草机和发电机等多个业务方面获得成功。
- 竞争对手难以模仿吗？总之，核心竞争力由多个技术汇集而成，并且难以模仿。核心技术的形成可能是几年，甚至是几十年的结果。这些资源和嵌入技能的汇集使其他企业难以掌握和仿效。

按照普拉哈拉德和哈默尔的说法，少于五六个核心竞争力，一个企业将很难在市场上成为领导者。即使一个企业拥有 20~30 个特殊能力，也难以分辨出哪些能力是真正的核心竞争力。通过将业务视为核心竞争力的组合，管理者能够更好地专注于价值创造和有意义的新业务开发，而不是削减成本或机会主义的扩张。[13]

6.3.2 核心僵化的风险

有时候，企业擅长的事情往往又成为约束企业发展的瓶颈，使企业僵化且过分专注于不合时宜的技能和资源。[14]激励制度使那些有助于加强核心竞争力的活动得到发展。组织文化使那些与核心竞争力紧密联系的人员得到升迁或获得其他资源的资格。这些制度和规则为企业已有核心竞争力的巩固和发展提供了有力保障，同时也阻碍了新的核心竞争力的发展。比如，一个企业对形成核心竞争力的科学规律的重视将会使该企业对从事其他科学规律研究的人员缺乏吸引力；对于从事核心竞争力活动的人员的奖励将会使从事其他探索性研究的人员感到沮丧。最后，如第 4 章所述，知识积累具有非常强的路径依赖性，那些知识积累得很好的企业建有一条特殊的轨迹，常常发现很难吸收、利用那些不在自己轨迹上的知识，这潜在地限制了企业的灵活性。[15]

6.3.3　动态能力

在快速多变的市场中，对于企业来说，能够形成一个核心竞争力来适应市场变化是非常有用的。而在普拉哈拉德和哈默尔的模型中，核心竞争力与多个专门的核心产品相对应，也有可能企业的核心竞争力不是针对具体某些产品和技术，而是包含了能够让企业迅速根据市场机会调整组织结构和制度的能力。这样的竞争力被称为动态能力（dynamic capacity）。[16]动态能力能够使企业快速适应新出现的市场和主要的技术断裂。比如，康宁公司将自己的可进化性作为公司重要的核心竞争力之一。它对许多领域的研究进行投资，并取得了重大的科学突破（如乳白玻璃及其溶剂）。它在新建立的试验基地对新产品和生产工艺进行试验。[17]它与合作伙伴的合作不是针对某一具体项目，而是形成一个灵活的能力集合，拓展了公司的边界。[18]

研究花絮

蓝海战略

在一系列文章和一本著作[a]中，勒妮·莫博涅（Renée Mauborgne）和 W. 钱·金（W. Chan Kim）描述了那些精心制定了他们所谓的"蓝海"战略的企业，他们通过创新的方式进入了尚未开发的市场空间。在大多数行业中，游戏规则都被很好地理解和接受，企业之间的竞争是通过试图在公认的竞争维度上超越对方来进行的。每家企业都希望在现有需求中获得更大的份额。随着行业变得拥挤，企业盈利或增长的可能性就会降低。残酷的竞争使"海洋"变得血腥（也被称为"红海"）。"蓝海"指的是企业通过重新定义竞争维度而创造的尚未开发的市场空间（见表 6.2）。它们是未知的，没有（或有很少的）竞争对手。因此，蓝海战略从根本上讲就是通过创新实现差异化。

表6.2 红海战略与蓝海战略

红海战略	蓝海战略
在现有的市场空间中竞争、打败竞争对手、利用现有的需求、价值-成本权衡、使企业的整个活动系统与其差异化或低成本的战略选择相一致	创造无竞争的市场空间、使竞争变得无关紧要、创造并捕获新的需求、打破价值-成本权衡、使企业的整个活动系统保持一致，从而追求差异化和低成本

莫博涅和钱·金建议，企业可以通过首先使用可视化工具"战略画布"来确定蓝海战略，从而了解不同的参与者如何在一个行业中竞争，以及他们可能如何选择不同的竞争方式。在"战略画布"中，横轴列出了行业竞争/投资的因素，纵轴表示"高"或"低"。然后，经理们可以为不同的产品绘制"价值曲线"。例如，你可以绘制如图6.12所示的图形。

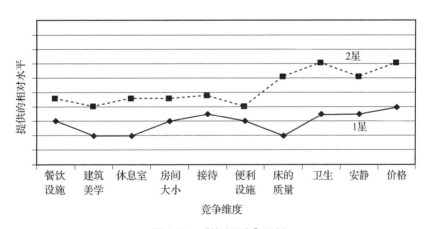

图6.12 "战略画布"示例

管理者可以通过提出以下4个问题来挑战行业的战略逻辑：

1. 哪些行业认为理所当然的因素应该被消除？
2. 哪些因素应该降低到低于行业标准的水平？
3. 哪些因素应该提高到远远高于行业标准的水平？

4. 应该创造哪些行业从未提供过的因素？

例如，以酒店为例。示例 1 通过拒绝所有酒店顾客都需要餐饮设施、休息室和大房间的想法，找到了一个成功的市场空间。相反，一些顾客更喜欢在这些方面节省开支，并且以适中的价格提供非常安静、干净的房间和高质量的床的酒店（见图 6.13）。

莫博涅和钱·金认为任天堂 Wii、太阳马戏团和西南航空的商业模式都是成功的"蓝海战略"的例子。

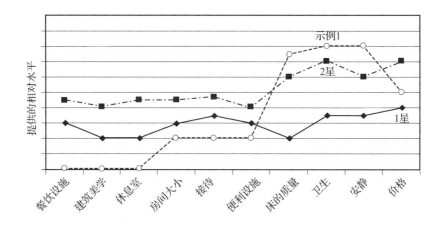

图 6.13 酒店的"战略画布"示例

a Adapted from W. Chan Kim and Renee Mauborgne, *Blue Ocean Strategy* (Boston:Harvard Business School Press, 2005).

理论应用

平衡计分卡

罗伯特·卡普兰（Robert Kaplan）和戴维·诺顿（David Norton）指出，一个企业的业绩评价方法将会非常显著地影响一个企业是否以及怎样去追求自己的战略目标。他们认为有效的业绩评价方法应该不仅仅体现在财务指标上，而应该是管理过程的一个综合指标。他们提出了一种方法，即"平衡计分卡"。他们认为这种方法在产品提升、过程优化、用户服务、市场拓展等方面都能起到激励作用。[a] 平衡计分卡（见图 6.14）强调了在制定关于关键成功因素目标和确定测评指标方面都要考虑的 4 个方面。

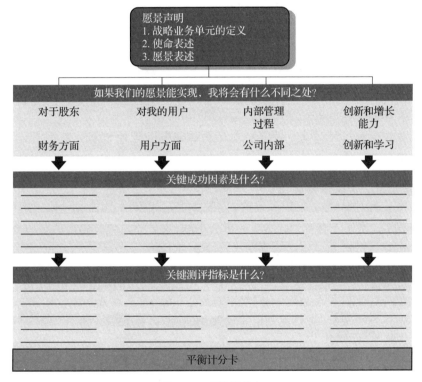

图 6.14　平衡计分卡

资料来源：Robert Kaplan and David Norto, "Putting the Balanced Scorecard to Work," *Harvard Business Review*, September–October 1993.

1. 财务方面

目标可能包括"满足股东的期望""在 7 年内使公司的价值翻一番"等。测评指标应当包括投资回报、净现金流、利润增长等。

2. 用户方面

目标可能包括"提高用户的忠诚度""提供一流的用户服务""改善

用户满意度"。测评指标可以包括市场份额、重复购买率、用户满意调查等。

3. 企业内部

目标可能包括"减少内部事故率""建立一流的专业团队""提高存货管理水平"。测评指标包括每月安全事故次数、专门质量评价、脱销率和存货成本等。

4. 创新和学习方面

目标可能包括"加速和提升新产品开发"或"提升员工技能"。测评指标包括过去 5 年开发的新产品销售比例、新产品开发平均周期长度、员工培训目标等。

卡普兰和诺顿承认，为了适应不同市场和业务的需要，不得不对平衡计分卡模型进行调整。但是在许多行业（如电子、石化、卫生保健）中，许多企业（包括 IBM、飞利浦、苹果和 Advanced Micro Electronics 公司等）都认为平衡计分卡是非常有效的。[b] 实际上，2002 年贝恩公司的一份调查数据显示，美国《财富》杂志所评出的 1000 家大公司中，50% 的美国公司、40% 的欧洲公司都采用了不同版本的平衡计分卡。[c]

[a] Robert Kaplan and David Norton, "Putting the Balanced Scorecard to Work," *Harvard Business Review* (September–October 1993): 134–47; and Robert Kaplan and David Norton, "The Balanced Scorecard—Measures That Drive Performance," *Harvard Business Review* (January–February 1992): 71–80.

[b] Kaplan and Norton, "Putting the Balanced Scorecard to Work."

[c] Andra Gumbus and Bridget Lyons, "The Balanced Scorecard at Philips Electronics," *Strategic Finance* 84, no. 5 (2002): 45–9.

6.4 战略意图

企业的最终目的是创造价值。这就意味着企业不仅仅要提高运作水平和降低成本，还要整合企业的资源满足用户的更多需求、为员工提供更多的福利、为股东提供更多的利润回报。这就需要企业不断开展新业务、开辟新市场，并且充分利用自己的资源，而所有这些都需要有企业的战略意图做引导。[19]

一个企业的战略意图是企业的长期奋斗目标，是从企业各级部门提炼出来的、雄心勃勃的目标。它建立在企业现有核心竞争力的基础上，同时又对现有核心竞争力有所提升和扩展。普拉哈拉德和哈默尔列举的例子包括：佳能对赶超施乐复印机的痴迷，苹果对确保每个人都拥有自己的个人计算机的市场的使命感，雅虎成为世界顶级网上购物广场的目标。一般情况下，战略意图考虑的是 10 年或 20 年之后的事情，而且会为员工建立清晰的目标指向。[20] 这个前瞻性的定位是非常重要的，如果没有它，企业会紧盯着过去的市场，最终会导致产品和服务只能适应目前的市场需求，而不是未来市场的需要。成功的且富有创造力的企业往往对当前市场上的价格假设提出疑问，它们通过开发超过目前市场需要的产品并将其介绍给用户，达到引导用户消费、引导未来市场需求的目的。[21]

一旦明确了战略意图，企业应该能够确定所需的资源和能力，从而缩小战略意图和当前位置之间的差距（见图 6.15）。这包括识别任何技术差距。明确企业的战略意图使企业能够集中其发展力量，并选择必要的投资来开发战略技术，并将其融入企业的新产品。[22] 许多企业现在正将其战略意图的表达与多维绩效衡量系统（如平衡计分卡）相结合。

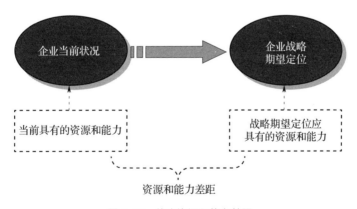

图 6.15 找出资源和能力差距

6.5　本章小结

1. 企业建立战略目标的第一步是评价企业外部环境。两个最常用的模型是波特的"五力模型"和利益相关者分析模型。

2. 波特的"五力模型"包括：市场的竞争激烈程度、潜在进入者的威胁、供应商的议价能力、客户的议价能力、替代品的威胁。最近波特又提出了一个因素，即互补品的作用。

3. 利益相关者分析包括找出存在利益关系的相关实体，搞清楚他们想从企业得到什么、在企业内他们拥有什么权利。

4. 分析内部环境时，企业一般都从分析价值链上每一个环节的优劣势开始。企业需要搞清楚哪些优势具有获得持续竞争力源泉的潜力。

5. 接下来企业要确定自己的核心竞争力。核心竞争力是企业在市场中能够使自己区别于其他企业的综合能力。一个业务可能有几个核心竞争力来支撑，一个核心竞争力也可能会支撑几个业务部门。

6. 有时候，核心竞争力可能会给企业带来核心僵化的风险，限制企业随环境变化而变化。

7. 动态能力是能够使企业根据市场环境和机会的变化迅速调整组织结构和制度的能力。

8. 企业的战略目标应该是长期的（10 年或 20 年）、有雄心的计划。企业的战略目标应该建立在现有核心竞争力的基础上并对其有所拓展。

9. 企业的战略目标一旦清晰，管理者就应该明确企业为达到战略目标需要开发或获取的资源和能力。

10. 平衡计分卡是鼓励企业从多个角度（财务、用户、企业内部、创新与学习等）考虑其战略目标，并建立相应的测评指标的业绩考核系统。

07

选择创新项目

一个练习⊖：我们应该把创新的重点放在哪里?

技术变革会让世界变得非常不确定——我们怎么知道未来用户会想要什么，以及竞争对手会做什么? 然而，一项技术的未来并不像它看起来那样不可知。如果你能对一项技术正在改进的各个方面有一个大致了解，以及这项技术在哪些方面还没有获得巨大的回报，那么你就可以洞察到下一个重大突破可能在哪里或应该在哪里。这可以帮助管理者了解研发工作的重点，并预测竞争对手的动向。

索尼 SACD（超级音频光盘系统）的故事就是一个很好的例子。在 20 世纪 90 年代中期，光盘市场接近饱和，消费电子产品和唱片行业都渴望推出下一代音频格式，从而迎来一个新的增长时代。1996 年，日立、JVC（日本胜利公司）、三菱、东芝、环球音乐集团、时代华纳和其他公司组成了一个联盟，支持一种新的标准——DVD 音频，该标准提供了卓越的保真度和环绕立体声。这个计划有两个方面：一是促使消费者升级他们的播放器和播放库; 二是绕过拥有光盘标准的索尼和飞利浦——它们从售出的每张 CD 和播放器中抽取授权费。

然而，索尼和飞利浦不会不战而退。他们用 SACD 进行反击，这是对旧格式的扩展，可以让他们控制新光盘和播放器的版税。整个行业集体发出了呻吟

⊖ Adapted from Melissa A. Schilling, "What's Your Best Innovation Bet?" *Harvard Business Review* （July-August 2017）:86-93.

声；如果在错误的模式上下赌注，制造商、分销商和消费者都会损失惨重。尽管如此，索尼还是在 1999 年底推出了第一款超级音频播放器。DVD 音频播放器在 2000 年中期开始冲击市场，两者的价格迅速下降并趋于一致。一场代价高昂的格式之战似乎不可避免。

此时，您可能会挠头，纳闷为什么从未听说过这种格式之争。发生了什么事？MP3 出现了。当消费电子巨头们在追求音频保真度的新高度时，一种以轻微降低保真度换取减少音频文件大小的算法开始流行起来。文件共享平台纳普斯特（Napster）于 1999 年推出后不久，数以百万计的消费者开始下载免费音乐文件，类似纳普斯特的服务也开始普及，像杂草一样生长。

人们很容易认为索尼、飞利浦和 DVD 音频联盟只是运气不好而已。毕竟，谁能预料到 MP3 的到来会带来颠覆性的影响呢？消费类电子产品巨头怎么会知道保真度不断提高的技术会被保真度较低的技术所超越呢？实际上，他们都应该看到，下一个重大突破的成功更有可能是关于便携性和选择性，而不是保真度。

这里有一个练习，可以帮助你了解一个领域技术发展的"全貌"，并优先考虑创新投资。

第一步：确定维度

技术通常同时在几个维度上发展。例如，计算机的运行速度更快，体积更小。速度是一个维度，大小是另一个维度。任何方面的发展都会带来特定的成本和收益，并对用户具有可衡量的和不断变化的效用。确定技术发展的关键维度是预测其未来的第一步。

确定这些维度的最佳方法是跟踪技术到目前为止的发展路径，对于技术形式的每个主要变化，确定受到影响的维度。你可以追溯得越早，越能回溯到满足技术需求的最原始方式，就越容易看到技术变化的高级维度。

例如，在留声机发明之前，人们只能到现场观看和听音乐演奏或演讲。19世纪，第一批留声机使表演的时间和地点不同步，这样人们就可以在任何时间、任何地方听到音乐。这是一个巨大的成就。然而，那些留声机很笨重。音质很"细"，音乐选择也非常有限。当埃米尔·柏林尔（Emile Berliner）推出扁平圆盘状的唱片时，它极大地提高了音质的保真度，同时极大地降低了成本，这反过来又大大增加了可供选择的音乐。后来，在 20 世纪 60 年代，八轨盒式磁带为录制的音乐带来了便携性。卡式磁带在 20 世纪 70 年代开始占据主导地位，进一步提高了便携性，但也首次提供了自定义功能——可以录制自己的音乐、演讲等。在 1982 年，索尼和飞利浦推出了比卡式磁带保真度更高的光盘——迅速成为主导格式。追溯这段历史，我们可以发现驱动音频格式技术发展的 6 个关键方面：去同步化、成本、保真度、选择、便携性和可定制性。

现在，在你感兴趣的领域重复这个过程：从很久以前开始，沿着技术发展的路径寻找每个主要的拐点，试着确定技术发展的 3~5 个重要的高级维度。达到一个维度的高水平很重要，因为它可以帮助你看到大局，而不是被细节所困。

第二步：我们在每个维度的效用曲线上的位置在哪里？

对于每个维度，我们现在想要确定效用曲线的形状——根据给定维度上的性能，用户从技术中获得的价值的图形——以及我们目前在曲线上的位置。这将有助于揭示改进的最大机会在哪里。

例如，音频格式的历史表明，可用音乐的选择有一个抛物线效用曲线：效用随着音乐选择数量的增加而增加，但以递减的速度增加，并不是无限增加的（见图 7.1）。当可供选择的音乐很少时，即使选择的小幅增加也会显著提高效用。例如，当第一批留声机出现时，它们几乎没有可供播放的音乐。随着越来越多的唱片可供选择，消费者急切地购买它们，拥有一台播放器的吸引力急剧上升。在接下来的几十年里，选择呈指数增长，效用曲线最终开始变平；人们仍然重视新发行的唱片，但每一张新唱片增加的额外价值都在减少。如今，iTunes、亚马逊 Prime Music 和 Spotify 等数字音乐服务平台提供了数千万首歌曲。有了这种几乎无限的选择，大多数消费者的胃口都得到了满足——我们可能正在接近曲线的顶端。

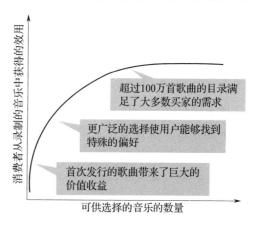

图 7.1 可用音乐选择的抛物线效用曲线

现在让我们考虑保真度维度，这是 SACD 和 DVD 音频的主要焦点。保真度也可能有一个抛物线效用曲线。最初的留声机的保真度很差，音乐听起来又薄又细，不过能听到录制好的音乐仍然是一个显著的好处。

早期唱片的保真度的提高对人们享受音乐产生了很大的影响。然后，可以提供更高保真度的光盘出现了，尽管许多人觉得黑胶唱片"足够好"，有些人甚至更喜欢它们的"温暖"。当索尼、飞利浦和 DVD 音频联盟在 21 世纪初推出他们的新格式时，保真度曲线已经趋于平稳。SACD 和 DVD 音频提供了比光盘更高的保真度。例如，CD 的频率范围高达每秒 2 万次循环（kHz），而新格式提供的频率范围达到了 100kHz。这是一个令人印象深刻的高端体验，但由于人类的听觉峰值约为 20kHz，只有家里的狗可能会欣赏它。2007 年，音频工程学会发布了一项为期一年的试验结果，评估受试者（包括专业录音工程师）对 SACD 和普通 CD 的识别能力。实验对象正确识别 SACD 格式的概率只有一半，并不比单纯的猜测要好！

如果这些公司分析了效用曲线的保真度，他们就会发现在这个维度上投资几乎没有回报。与此同时，即使粗略地看一下便携性、选择性和成本曲线，这些公司也会发现 MP3 在这三个方面都有很大的回报。

第三步：我们应该把钱和精力投到哪里？

使用表 7.1 中的矩阵可以帮助我们评估哪些技术开发投资可能产生最大的收益。首先，列出你认为对用户最重要的性能维度。然后，从 3 个方面给每个维度从 1 分到 5 分打分：对用户的重要性（1 分表示"不重要"，5 分表示"非常重要"）；提升空间（即我们距离效用曲线变平的距离有多远，其中 1 分表示"改进的机会很小"，5 分表示"改进的机会很大"）；改进的容易程度（1 分表示"非常困难"，5 分表示"非常容易"）。

例如，表 7.1 显示了一家生产血糖监测设备的公司创建的性能维度分值表。对用户来说最重要的特征是可靠性——可靠的测量可能意味着患者的生死。然而，现有的设备已经非常可靠了，因此在"改进的容易程度"指标上得分很低。它们也相当容易使用，成本也相当低。然而，用户在使用时感到不舒服。舒适度是用户评分很高的一个维度（虽然没有可靠性那么高），但它离最佳还很远。舒适度和易用性都很难提高（在这个例子中得分为 3 分），但由于舒适度比易用性更重要，而且距离最佳值更远，因此舒适度最终会得到明显更高的总分。为这个例子提供分数的团队最终建议该公司开发一种贴片，可以佩戴在皮肤上，根据汗液检测葡萄糖水平，并通过蓝牙发送到用户的智能手机。

值得注意的是，我们可以调整分值范围来反映组织的目标（例如，一个现金短缺的企业可能会更重视"改进的容易程度"，因此我们可以把分值范围改为 1~10 分）；我们可以对不同的细分市场重复这个分析，这些细分市场对一个维度的重要性或提升空间有不同的评级。例如，我们可以将血糖监测设备市场分为儿童设备市场和成人设备市场。对于儿童血糖监测仪来说，舒适度和易用性尤为重要。因此，我们可以在儿童设备市场的"对用户的重要性"中给舒适度和易用性打 5 分。这表明在这个市场中，这些维度通常比成本更重要。

表 7.1　对重点方面进行排名

排名	维度	对客户的重要性（1~5分）	提升空间（1~5分）	改进的容易程度（1~5分）	总分
	成本	4	2	2	8
	舒适度	4	4	3	11
	可靠性	5	1	1	7
	易用性	3	2	3	8

改变本组织的焦点

这个练习可以帮助管理者拓宽他们对行业的看法，并将他们的关注点从"这是我们做的"转移到"这是我们的市场目前（或应该）的走向"。它还可以帮助管理者克服偏见和惰性，而这些偏见和惰性往往会将他们的注意力锁定在对客户来说不那么重要的技术维度上。要真正创新，管理者仅仅改进他们正在做的事情是不够的；他们需要能够展望未来，并确定在这个行业中可以做什么事情以比现在的行业做得更好。

7.1　概述

开发创新产品和服务需要消耗大量的资金和时间，同时要冒很大风险。多数研究表明，绝大部分的创新都以失败告终。企业不得不做出艰难的选择：哪些项目是值得投资的？然后，企业还必须确保以严格而谨慎的方式执行这些项目。本章我们将讨论用于评估和选择创新项目的各种方法，从非正式的方法到高度结构化的方法，从完全的定性分析到严格的定量分析。我们将从研发投资决策中资本分配（capital rationing）的作用谈起，然后介绍用来评估项目的各种方法，包括严格的定量分析方法、定性分析方法，以及结合定性分析和定量分析的方法。

7.2 开发预算

虽然许多项目评价方法假定所有有价值的项目都应该被投资，但是企业却面临资本和其他资源的制约，使得它们不得不在多个有价值的项目中做出选择（或者是从外面获得资金支持，这将在后面的"理论应用"专栏中讨论）。许多企业都在运用资本分配模型来制订新产品开发计划。根据这一模型，企业设定一个固定的研发预算（通常是前一年销售额的一个固定百分比），然后对可能的项目进行排序，并确定将投资于哪些项目。企业通常根据行业标准或以往业绩情况来制定自己的研发预算。为了给大家一个关于不同行业不同的研发投入的大致印象，表 7.2 显示了美国上市公司中 2020 年研发强度（R&D intensity）排名前 10 的行业（按研发支出占销售额的百分比排序）。平均而言，一些行业（尤其是制药、软件、电子和特殊工业机械）在研发上的投入要比其他行业高得多。

表 7.2 2020 年研发强度排名前 10 的行业

排名	行业描述	美国上市公司数量	行业研发支出（100万美元）	行业收入（100万美元）	行业研发强度（研发/销售）
1	制药	429	166,990	662,138	25%
2	软件和计算机服务	404	153,091	1,101,614	14%
3	电子	119	56,809	448,089	13%
4	特殊工业机械	23	7037	56,523	12%
5	通信设备	47	31,756	363,354	9%
6	医疗设备	128	16,954	200,426	8%

（续）

排名	行业描述	美国上市公司数量	行业研发支出（100万美元）	行业收入（100万美元）	行业研发强度（研发/销售）
7	测量和控制仪器	62	10,526	146,474	7%
8	计算机设备	46	27,807	410,345	7%
9	汽车制造	45	53,141	1,172,034	5%
10	通用工业机械	26	1830	71,502	3%

注：本表基于 Compustat 数据；只有拥有 20 家或更多企业的行业被包括在内。在计算研发强度之前，将销售和研发汇总到行业水平以最大限度地减少大型企业水平异常值的影响。

在每个行业中，单个企业的研发支出金额也有相当大的差异。例如，表 7.3 显示，强生公司的研发强度（46%）明显高于药品生产商的平均水平（25%），而微软的研发强度（10%）略低于行业平均水平（14%）。表 7.3 还揭示了企业规模对研发预算的影响。例如，三星的研发支出的绝对金额远远超过大多数同类企业的研发支出，但由于三星的销售基数非常大，其研发强度就相对较低。

表 7.3　2020 年全球研发支出前 10 名

公司	销售额（10 亿美元）	研发支出（10 亿美元）	研发强度（研发/销售）
三星	197.7	14.9	8%
Alphabet	182.5	14.8	8%
大众	254.6	14.5	6%
微软	143	14.6	10%
华为	136.2	12.5	9%
英特尔	77.9	12.1	16%
苹果	274.5	10.7	4%
罗氏	64.7	9.8	15%
强生	21.1	9.7	46%
戴姆勒	190	9.6	5%

资料来源：年度报告数据。

用于资金分配的项目排序可以通过许多方法得到，包括定量分析方法（如折现现金流法和期权分析法等）、定性分析方法（如问题扫描法和组合图形法等）以及结合定量分析和定性分析的方法。熟悉每一种方法的要求和优缺点将有助于管理者在选择创新项目时做出合理的决策。

投资新技术企业

大公司可以通过内部融资对创新进行投资，而新技术创业企业却只能求助于外部的融资渠道。下面的话听起来有点让人沮丧：对于新技术创业企业来说，它们的技术和商业概念都还没有得到市场认可（有时是它们的管理团队没有得到认可），这导致与大型竞争对手相比，它们面临更高的融资成本，而且融资渠道也十分有限。在企业的创业和成长阶段，企业家们往往不得不向朋友或家人求助，或者申请个人贷款。创业企业也有可能从相关的政府机构那里得到最初的资助。如果它们的创意和管理团队足够吸引人的话，它们还有可能从个人投资者或风险投资商那里得到资金上的支持和经营上的指导。

家庭、朋友和信用卡

当一个企业刚刚起步时，它的技术和管理团队都还没有经过市场的验证，这就导致对企业的投资有很大的风险。在这个阶段，企业家必须经常从那些愿意对企业进行投资的朋友或家人那里筹集最初的资金——或者以借款的方式或以出让公司股权的方式。此外，企业家还会努力向当地的银行争取贷款。实际上，有大量的初创企业都是通过信用卡筹集资金的，当然它们也得为此支付高额的利息！

政府拨款和贷款

一些初创企业可能会从政府那里得到启动资金。在美国，有一个通过管理拨款、贷款和风险资金为创业者和创新项目提供支持的部门——小企业管理委员会（SBA），其资金主要来源于一些联邦政府机构，包括商务部、农业部、能源部、NASA 等。同样，在英国，企业投资部管理着一系列向中小型技术企业提供资金支持的项目；德国有超过 800 个国家级和州政府级项目为创业企业提供资金支持。[a]

天使投资者

天使投资者是私人投资者，他们不使用风险投资有限合伙结构来资助项目。他们通常是在商业上非常成功的富人，享受投资（有时是指导）创业企业所带来的替代创业的刺激。天使投资者通常为 100 万美元或更少的项目提供资金。虽然天使投资者的投资在很大程度上是亏损的，但那些有回报的投资可以让其获得很高的回报。这类投资者通常不出现在公共目录中，而是通过专业网络（例如，通过某人以前的同事、教授或律师）被识别的。大量创业企业在"种子阶段"（在真正的产品或公司成立之前）就获得了来自天使投资者的融资。虽然很难获得天使投资的数据，因为大多数交易都没有公开报道，但据风险研究中心（Center for Venture Research）估计，2016 年天使投资者为 64,380 家创业企业提供了资金，总额为 213 亿美元（平均每笔交易达 33 万美元）。

风险投资

对于那些资金需求超 100 万美元的项目，创业者通常会求助于风险投资——可能是独立的风险投资也可能是企业风险投资。

独立的风险投资公司管理着一个资金池，投资于它们认为具有快速增长潜力的项目。许多风险投资公司专注于特定行业，以便能够更好地评估该行业的创业企业的潜力。这类风险投资商也更喜欢与开车距离内的企业做生意，这样他们便可以经常面对面地接触。[b]

风险投资基金很可能以复杂的债务—股权混合合同形式提供。如果企业表现良好，这种合同本质上更像是股权；如果企业表现不佳，这种合同更像是债务。[c] 一旦投资取得成功，风险投资商会通过 IPO 或向其他企业出售的方式退出投资，从而获取一定的现金。风险投资商一向非常谨慎，通常会拒绝大部分可供选择的项目。然而，对于那些决定要投资的项目，风险投资商则会提供全力支持，包括提供自己在其他投资者那里的信誉（企业因此更容易获得投资）及经营上的指导。虽然有些风险投资商专门投资处于"种子阶段"的项目，但是更多的风险投资商会对处于早期阶段的项目提供资金支持。所谓早期阶段，是指这样一个特殊的阶段：产品的早期设计已经取得成功且企业已经组建起来，但是企业还不能通过自身的销售收入来支持企业的继续发展。根据 Crunchbase 的估计，2017 年，风险投资公司在全球 2.27 万笔交易上投资了约 2136 亿美元。最多产的风险投资公司红杉资本（Sequoia capital）在 2017 年领投了 70 轮风险投资。

战略投资者

战略投资，如企业风险投资，是指由同一行业或相关行业的企业进行的投资，该企业对技术开发具有战略利益，并可能作为合作者、供应商或用户贡献知识或其他资产。例如，一家企业的风险投资部门可能希望收购另一家企业的少数股权，从而获得它可能希望进一步开发的尖端技术——这些技术在商业上是有前景的。这类企业可能会建立一个与企业自身开发业务密切相关的内部风险投资小组，也可能会创建一个独立于企业自身业务的专门的外部风险基金。[d] 前一种结构的好处是企业应该能够更好地利用自己的专业知识和资源来帮助新企业取得成功。然而，在这种结构下，创业者可能会担心大企业剥夺自己的专有技术。在后一种结构下，外部风险基金的独立性在一定程度上保证了技术不会被窃取，但也限制了创业者利用大公司非金融资源的能力。[e] 根据 CB Insights 的数据，2017 年全球共有 1791 笔企业风险投资交易，总额达 312 亿美元（平均每笔交易超过 1700 万美元）。根据 CB Insights 的数据，2017 年最活跃的企业风险投资项目是 GV（Google Ventures，谷歌风投）、英特尔投资、Salesforce 风投、高通风投、GE 风投、联想投资、微软风投、K Cube 风投、复星锐正资本和三星风投。

a Bronwyn H. Hall, "The Financing of Research and Development," *Oxford Review of Economic Policy* 18 (2002): 35–51.

b Paul Gompers and Josh Lerner, *The Venture Capital Cycle* (Boston: MIT Press, 2004); Emily Cox Pahnke, Riitta Katila, and Kathleen M. Eisenhardt, "Who Takes You to the Dance? How Partners' Institutional Logics Influence Innovation in Young Firms," *Administrative Science Quarterly* 60 (2015): 596–633.

c Hall, "The Financing of Research and Development."

d Paul A. Gompers, "Corporations and the Financing of Innovation: The Corporate Venturing Experience," *Economic Review—Federal Reserve Bank of Atlanta* 87, no. 4 (2002): 1–18.

e Gary Dushnitsky, "Limitations to External Knowledge Acquisition: The Paradox of Corporate Venture Capital," doctoral dissertation, New York University, 2003.

7.3 选择创新项目的定量分析方法

项目选择的定量分析方法通常会把对项目的评价转化为对该项目未来现金

回报的预测。尽管定量分析的质量最终取决于初始预测的好坏，却能帮助管理者用严格的数学和统计学方法对项目进行比较。这些预测的准确性是值得推敲的，尤其是在具有高度不确定性和快速变化的环境中。最常用的定量分析方法有折现现金流法和实物期权法。

7.3.1 折现现金流法

许多企业都在使用各种形式的折现现金流法对项目进行评估。折现现金流法是在给定的风险下，预测未来的经济收益是否足以弥补费用的一种定量分析方法。折现现金流法考虑了项目的投资回收期、风险和资金的时间价值等因素。用来评估投资决策的两种常用的折现现金流法是净现值（net present value，NPV）法和内部收益率（internal rate of return，IRR）法。两种方法都依赖对现金流的预测，但是它们看待问题的角度不同。净现值法计算的是"在给定项目的支出、现金流入和折现率的前提下，该项目在今天能值多少钱"，而内部收益率法强调的是"在给定项目支出、现金流入的前提下，该项目的投资回报率是多少"。无论使用哪一种方法，决策制定者都必须预测项目支出和收入的额度及时间。两种方法都要求决策制定者应用一些基本的风险预测方法。例如，风险较大的项目可以通过在净现值法中使用较高的折现因子进行检查。决策制定者在计算现金流的折现值时，通常会预测较好和较差两种状态下的现金流。

净现值（NPV）

为了计算某个项目的净现值，决策制定者首先必须预测项目的成本和项目会产生的现金流入（通常是在一系列"如果……"的假定下得到的）。考虑到项目的风险和资金的时间价值，未来发生的成本和现金流入必须折现到当前年份。净现值（NPV）为项目现金流入的现值和现金流出的现值的差值，即

$$NPV = 现金流入的现值 - 现金流出的现值$$

如果 NPV>0，则在给定的支出和现金流入的基础上，项目获得了正收益。

为了计算现金流入和流出的现值，我们必须以一定的折现率把每个时期发生的现金流都折现到当前时期（见图 7.2）。如果项目的支出只是在期初（第

0 年）发生，最初的支出可以直接与预测现金流入的现值相比较。再如图 7.2，未来现金流入的现值是 3465.11 美元（折现率为 6%）。因此，如果项目的最初投资小于 3465.11 美元，那么，这个项目的净现值就为正值。如果项目的支出在最初投资以后的期间发生（这是普遍情况），我们也必须把这些支出折现到当前时期。

如果在项目的寿命期内，每期的预期现金流是相同的（见图 7.2），我们就可以使用年金现值公式来计算现值，而不用计算每一期现金流入的现值。这个公式对计算每期具有相同现金流入的项目的现值十分有用。对于 t 个时期，在贴现率为 r 的情况下，每期 C 美元的现值的计算公式为

$$年金现值 = C \times \frac{1 - \left[\, 1/(1+r)^t \,\right]}{r}$$

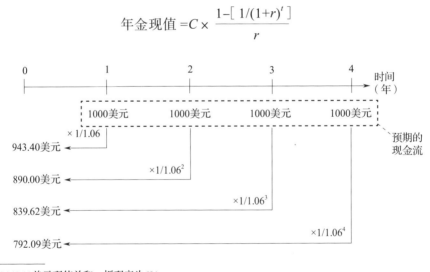

3465.11美元现值总和，折现率为6%

图 7.2　未来现金流现值计算举例

计算得出的值可以与最初的投资相比较。如果预期现金流入是永续年金，则上述公式可以简化为

$$永续年金现值 = C \times 1/r$$

项目支出和未来现金流入的现值也可以用来计算折现回收期（discounted payback period），即用折现现金流法计算项目达到盈亏平衡所需的时间。如上面的例子所假设的，最初的投资为 2000 美元，用折现现金流法，每年累计的折现现金流入见表 7.4。

表 7.4　每年累计的折现现金流入

年份	累计现金流入 / 美元
1	934.40
2	1,833.40
3	2,673.02
4	3,465.11

因此，期初的投资将会在第 2 年到第 3 年之间的某个时间全部回收。从表 7.4 可知，第 2 年年末的累计现金流入为 1833.40 美元，因此我们还需要在第 3 年回收 166.60 美元才可达到盈亏平衡。而第 3 年的净现金流入为 839.62 美元，我们用 166.60 除以 839.62 得到 0.2，此值就是在第 3 年收回投资所需的时间。从以上分析中，我们可以计算出整个项目的投资回收期为 2 年零 2 个月。

内部收益率（IRR）

一个项目的内部收益率是使该项目的净现值为 0 时的折现率。决策制定者可以把这个值同他们期望的投资回报率进行比较，从而决定是否对项目进行投资。计算内部收益率通常需要借助试错法，将逐步贴近的收益率代入净现值公式，直到净现值等于零为止。尽管计算器或计算机能够帮助实现这个试错过程，我们依然必须谨慎行事。因为当每期的现金流有较大差异时，往往会同时存在几个投资回报率，而典型的计算器或计算机程序只会提供第一个适合的值。

净现值法和内部收益率法都提供了具体的财务预测的方法，这有助于战略制定和投资决策。这两种方法都考虑了资金的时间价值、项目风险及投资和现金流入的时间，它们让项目的回报不再模糊，决策制定者可以安心地做出决策。然而，把模糊性降到最低具有一定的欺骗性，因为要准确预测项目的现金流就如同要准确预测技术可能带来的收益一样，而预测技术可能带来的收益在很多情况下都是一件极其困难的事情。此外，这些方法都排斥那些时间跨度长或风险高的项目，而且它们还难以抓住投资决策在战略上的重要性。技术开发项目对于提升企业的竞争力具有十分重要的作用，并且可以给企业提供未来可供选择的机会。对核心技术的投资也就是对企业竞争力和学习能力的投资，给企业创造了未来的发展机会，而如果不进行投资，这些机会就不会存在。[1] 因此，典型的折现现金流法倾向于严重低估一个开发项目对企业的作用。例如，如果用净现值法来评估英特尔对 DRAM（动态随机存取内存）技术的投资，将会得出这个项目将带来很大损失的结论（当来自日本的竞争对手将 DRAM 的价格降到英特尔难以承受的程度时，英特尔放弃了 DRAM 业务）。然而，对 DRAM 技术的投资使英特尔具有了开发微处理器的能力，而微处理器业务给英特尔带来大部分利润。为了更好地把战略意义融入对新产品开发项目的投资决策中，最近一些经理人和学者开始推崇用实物期权法来评估新产品开发项目。

7.3.2　实物期权法

一个企业在开发新的核心技术的同时也在对企业学习能力和新能力进行投资。因此，开发项目会给企业带来未来的发展机会。如果企业不进行投资，这种机会就不会存在。[2] 即使开发项目有时看起来并没有取得成功（如英特尔的 DRAM 项目），但是如果我们从项目为企业创造了未来的角度来看待这个问题，则会认为这些投资有很大价值。一些经理人和学者认为，我们应该从实物期权（real option）的角度来评估新产品开发项目。

为了更好地理解实物期权，我们首先了解一下实物期权的金融学基础——股票期权。股票看涨期权赋予投资者在未来某段时间内以一定价格（执行价格）购买该股票的权利。如果在规定的时间内，股票的价格高于执行价格，投资者会行使该期权，即以执行价格购买该股票。如果投资者在行使该期权时，股票的价格高于执行价格加上投资者为获得该期权而支付的价格，则投资者从这笔交易中获得了经济收益。如果在未来某段时间内，股票的价格低于期权规定的执行价格，则投资者会放弃行使期权。在这种情况下，投资者会损失当初为购买期权所支付的价格。如果投资者在行使股票期权时，股票的价格高于执行价格但是低于执行价格加上期权价格，投资者仍然会行使股票期权。在这种情况下，虽然投资者在这笔交易中受到了损失（损失为期权价格的一部分），但是投资者如果不执行该期权将会受到更大损失（损失为整个期权价格）。

在实物期权中，期权所标的的资产是非金融性资源。[3] 实物期权法认为，投资者对基础研究或突破性技术的最初投资相当于购买了一个看涨期权，希望对新技术的投资在未来会被证明是有价值的：

- 研发项目的支出可以被看作看涨期权的价格。

- 在未来对投资项目进行追加投资所需要付出的成本（如将新技术商业化所需支付的成本）可以被认为是执行价格。
- 研发项目带来的回报则类似于通过看涨期权买来的股票的价值。[4]

如图 7.3 所示，只要股票价格低于执行价格，股票看涨期权的价值就为零。然而，如果股票价值高于执行价格，看涨期权的价值就会随着股票价值的上涨而上涨，股票价格上涨 1 美元则期权价值上涨 1 美元（这也是图 7.3 中的直线呈 45° 的原因）。[5]

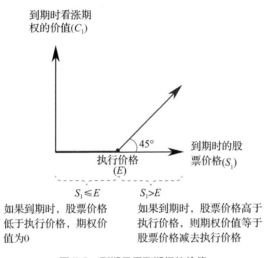

图 7.3 到期日看涨期权的价值

期权之所以有价值，是因为未来存在不确定性，而技术的发展同样也具有很大的不确定性，因此用实物期权法来评估新技术投资项目是合理的。尽管这个领域还没有很多实证研究，但是几位学者已经在用实物期权法评估新技术开发项目方面提出了方法论及其应用。[6] 同时，一些证据表明在新技术投资项目决策中，使用实物期权法会比使用折现现金流法取得更好的效果。[7]

然而，另外一些学者却警告不要滥用实物期权法。他们指出，实物期权法所依赖的一些金融市场的基本假设并不适用于新技术投资。[8] 例如，期权价格隐含的假定是投资者可以一个较低的价格获取或保留期权，再根据市场信号决定是否需要执行该期权。[9] 如果企业是对其他企业的技术创新进行风险投资，这个假定是成立的；但是如果企业是对自己内部的创新活动进行投资，那么这个假定不再成立。当企业单独从事新产品的开发时，它不太可能以较低的成本就获得这个看涨期权，在能够判断项目能否获得成功之前，企业必须全力以赴地对这个项目进行投资。[10] 此外，股票的价格与股票持有者的行为是无关的，也就是说，期权所有者能够做的事情就是观察股票的价格跌涨。而研发投资的价值却与投资者的行为息息相关，企业对项目的投资程度、企业的开发能力、配套资产和战略等都对研发项目的回报有重大影响。[11] 因此，在研发投资活动中，投资者不再是简单地观望投资的升值或贬值，而是成为投资价值的决定者。

7.4 定量分析方法的缺点

分析潜在的创新项目的定量方法可以提供具体的财务预测信息，促进战略规划和权衡决策。它们可以明确地考虑投资和现金流的时机，以及金钱和风险的时间价值。它们可以使项目的回报看起来不再模糊，决策制定者可能会发现它们非常令人放心。然而，这种将模糊最小化的做法可能具有欺骗性；折现现金流法估计的准确度仅与技术利润的原始估计相同，在许多情况下，预测技术的回报是极其困难的。正如《管理的真相》（*Business Exposed*）一书的作者弗里克·韦穆伦（Freek Vermeulen）教授所指出的，管理者在创新战略中最常犯的错误就是坚持"看到数字"——对于真正的创新产品，不可能找到任何可靠的数字。计算一个还不存在的市场的规模是非常困难的。[12] 此外，这些方法严重歧视长期或有风险的项目，而且这些方法可能无法捕捉到投资决策的战略重要性。技术开发项目在建设和利用企业能力，以及为未来创造选择方面发挥着关键作用。对新的核心技术的投资是对组织能力和学习能力的投资，它们为企业创造了其他可能无法获得的机会。

7.5 选择创新项目的定性分析方法

在选择创新项目时，有很多因素是难以被量化的，或者说量化会引起错误的结果。因此，大多数新产品开发项目都需要对大量的定性信息进行评估。几乎所有的企业都在使用一些定性评估的方法对潜在的项目进行评估。这些评估方法中既有集体讨论这种非正式的形式，也有高度结构化的方法。

7.5.1 问题扫描法

作为项目决策的起点，管理团队通常会对该项目潜在的成本和收益进行讨论，他们通常会把潜在的问题列一个清单以使讨论更加有效。这些问题通常会被划分成几类，如顾客层次、企业能力层次及项目的时间和成本等。[13] 下面提供了一些例子。

顾客层次

市场

- 谁最可能成为新产品的顾客？
- 市场有多大？产品会有其他的市场吗？
- 需要采取什么样的营销策略引起顾客的注意？

使用

- 顾客如何使用产品？
- 产品能给顾客提供哪些新的便利？
- 顾客最有可能用哪些产品来替代该产品？

兼容性和易用性

- 产品能与顾客手中现有的互补品兼容吗？
- 产品是否需要部分顾客学习很多新东西？
- 顾客如何看待产品的易用性？
- 产品需要顾客付出其他成本吗？

分销和定价

- 顾客上哪里去买这个产品？
- 产品需要安装或组装吗？
- 顾客愿意为这个产品支付多少钱？

企业能力层次

现有的能力

- 新项目能增强企业的核心能力吗？能成为企业持续竞争优势的来源吗？
- 新项目会抛弃企业现有的部分能力吗？是放弃现有的产品还是吞噬现有产品的部分市场？如果是，企业是否有策略来应付可能出现的现金流短缺？
- 企业拥有必要的制造能力吗？如果没有，这些能力是自己能够建立起来，还是需要从外部获取（如外包等）？
- 企业需要雇用具有新技能的员工吗？

竞争对手的能力

- 是有一个还是多个竞争对手有更好的能力开发这个项目？
- 如果企业不开发这项技术，竞争对手有可能开发吗？
- 企业能通过专利、版权、商标或商业秘密等方式来保护自己的知识产权吗？
- 企业应该设法与潜在的竞争对手合作吗？

未来的能力

- 项目能帮助企业建立实现企业战略意图的新能力吗？
- 新能力能帮助企业开发什么样的产品或市场？
- 该项目平台能导致新的系列产品吗？

项目的时间和成本

时间

- 完成项目需要多长时间？
- 企业可能是第一个把产品引入市场的吗？技术上的领先是值得追求的战略吗？
- 市场准备好接受产品了吗？例如，互补技术是否已经得到很好的开发？顾客能否意识到技术的价值？
- 企业如果错过产品的预期推出日期，会对项目的潜在价值造成什么样的影响？
- 市场上是否已经存在合适的供应商和分销渠道？

成本

- 项目的成本是多少？这个成本可能发生什么样的变化？

- 制造成本是多少？随着生产经验的积累，这个成本会以什么样的速率下降？
- 为使顾客适应新产品，企业需要支付其他成本（如互补品的生产费用、安装费用、技术支持费用等）吗？

列出了一系列问题之后，决策制定者就可以有条理地讨论项目的有关问题。决策制定者也可以制定一套打分机制（例如，从"项目与现有能力很好地匹配"到"项目与现有能力不能匹配"，划分多个等级，每个等级对应一定的分数），给每个问题打分，并根据问题的重要性赋予每个问题一定的权重，以便在后续的分析中使用。

虽然如上面所述的这种问题扫描法并不能为企业提供是否需要对一个项目进行投资的具体答案，但是它能帮助企业更广泛地考虑那些在研发投资决策中起重要作用的问题。想想波音公司开发音速"巡洋舰"的项目。尽管定量分析方法表明该项目并不会盈利，但是如果我们考虑到这个项目对波音公司开发能力的作用，就会认为这个项目是必需的。正如波音公司的研发项目经理沃尔特·吉勒特（Walt Gillette）所说："如果一个企业在12~15年内不开发新的飞机，那么企业的技能和经验将会过时。大多数开发上一代飞机的员工或退休或跳槽到其他企业，如果我们不开发新的飞机，他们的技术和经验也就无法传递到波音公司的下一代员工。"[14] 因此，即使这个项目的唯一回报只是提高了波音公司的技术开发能力，我们也认为开发音速"巡洋舰"对于波音公司有很大的价值。这种价值是难以用定量分析方法来衡量的，但是通过定性分析方法我们可以清楚地意识到。

7.5.2　研发组合

许多企业发现根据风险水平、资源投入和现金流的时间安排等绘制研发组合图非常有帮助。管理者可以利用研发组合图来比较期望的项目余额与实际的项目余额。[15] 管理者还可以使用这种组合图来识别其能力限制，从而更好地进行资源配置。[16] 企业会同时使用如图7.4所示的项目图对新产品开发项目进行辅助管理。该图共有四类开发项目，分别是前沿型、突破型、平台型和衍生型。从长期来考虑，任何一项特定的技术都会通过这四种项目类型进行演化。前沿

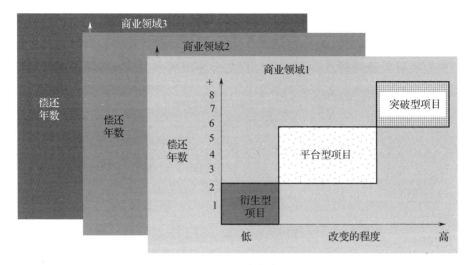

图 7.4　研发组合

资料来源：改编自 "Project Map" in Steven C. Wheelwright and Kim B. Clark from *Revolutionizing Product Development: Quantum Leaps in Speed*，*Efficiency*，*and Quality.*

型项目是商业化研发项目的前奏，也是开发战略性尖端技术的必要准备。突破型项目是指结合革命性的新产品和新工艺技术开发新产品的项目。例如，本田公司的氢燃料电池项目可以被认为是前沿型项目，因为这一技术离商业化应用还有很长一段距离；而本田公司的混合动力汽车——Insight 的开发却可以被认为是突破型项目。Insight 结合了很多革命性的技术，并实现了商业化应用。

　　平台型项目开发的技术通常会使新一代产品与以往产品相比，在成本、质量和性能方面有很大改善。衍生型项目通常会涉及产品或工艺技术的增量改进或两者同时发生。平台型项目是服务于核心顾客群的。而衍生型项目通常是为了迎合某个特定细分市场的特定口味，对某一产品的基础平台设计做出修改。例如，亨特公司的"无忧"（Care Free）牌加湿器就是一个产品平台，这个平台衍生出了几种不同型号的加湿器以适应不同顾客的需要。不同型号的产品之间，有的是蓄水箱的尺寸不同（如 2 加仑、2.5 加仑和 3 加仑等，1 加仑 =3.79 升），有的是配置不同（如有的型号带有数字化的恒湿器，有的型号甚至带有夜视灯）。然而，所有这些型号的产品都是基于 Permawick 过滤器和风扇系统开发出来的。同样，丰田的凯美瑞也是一个由不同型号的汽车组成的产品平台，包括凯美瑞 LE、凯美瑞 SE 和凯美瑞 XLE 等。尽管所有这些型号都有相同的基础设计,但是为了迎合不同细分市场的需要,每个型号都提供了不同的特征组合。这些不同的凯美瑞型号都是衍生产品。

使用研发组合图的企业根据它们所需要的资源(例如,工程师、时间、资本等)及它们对公司产品线的贡献,对所有现有项目和正在考虑的项目进行分类。然后,企业可以绘制项目类型图,并识别开发战略中的差距。[17]企业可能还希望为不同业务领域创建单独的映射,如图 7.4 所示。管理人员还可以使用项目类型图来确定他们想要的项目组合,并相应地分配资源。在这样的图上表示的项目组合应该与公司的资源、战略位置和战略意图一致(如第 6 章所分析的)。例如,一个正处于适度增长的企业可能会将其研究开发预算的 10%分配给突破型项目、30%分配给平台型项目、60%分配给衍生型项目。一个追求更快增长的企业可能会将更大比例的预算分配给突破型项目和平台型项目,而一个需要产生更多短期利润的企业可能会将更高比例的预算分配给衍生型项目。[18]由产品开发与管理协会组织的一项调查显示,那些被调查的项目中差不多有 8%是突破型或更高级的研究开发项目,17%是平台型项目,剩余的75%是衍生型项目。

绘制出研发组合图后,企业在编制预算和制订计划时,可以同时兼顾短期的现金流需求和长期发展战略的需要。例如,如果一个企业把大部分投资都集中在衍生型项目上,虽然企业可以低风险地迅速商业化很多研发项目,并从中获取很好的项目投资回报,但是一旦市场上的技术发生转移,企业将很难适应新技术条件下的竞争环境。相反,如果一个企业在前沿型和突破型项目上分配过多资源,虽然它可以领导尖端技术的发展,但是会因为没有从平台型项目或衍生型项目上获取足够多的收入而造成现金短缺问题。正如通用电气前任总裁杰克·韦尔奇(Jack Welch)曾经说的:"如果你不能在近期获利,你就难以在长期中取得发展。有人适合管理近期的事务,有人善于管理长期的发展。而管理所做的事情就是把这两样东西整合起来。"[19]

这一点在制药行业中得到了深刻的体现。在制药行业中,项目的高失败率、产品的长开发周期和对专利保护的依赖可能会导致企业突然发现其产品管道存在毁灭性的缺口。研究表明,开发一种新药平均需要 12 年,到产品通过临床试验时,可能花费高达 2 亿美元。2017 年,许多全球最大的制药企业都面临着"专利悬崖",因为它们的许多畅销药物的专利即将到期,这使这些企业面临来自仿制药的更激烈的竞争。此外，传统制药企业开始面临来自生物技术企业开发的"生物制剂"的更多竞争。这种情况造成了制药企业的收入剧烈波动，给企业带来了巨大的压力（包括管理人员、制造能力、管理研发资金等）。因此，许多制药企业已经开始将重点转移到产量较低的特殊药物上，这些药物可能更有利可图，因为它们需要的营销投资更少，面临的竞争也更少。

7.5.3　Q 分类法

Q 分类法是一种从多个不同维度对实体或创意进行分类的简单方法。Q 分类法被用于从识别人类多种多样的个性到建立顾客偏好量表的多个场景。Q 分类法的具体操作方式是给团体中的每个人都分配一叠卡片，每张卡片上都写着一个对象或创意（在新产品开发项目中将是潜在的项目）。组织者给出选择项目的一系列标准（如技术可行性、市场影响、与战略意图的匹配性等），每个人根据这些标准对项目进行排序（如根据与战略意图的匹配性）或分类（如根据技术的可行性和不可行性）。然后，每个人把自己的排序或分类与其他人做比较，并对项目分类进行讨论。经过几轮分类和讨论后，大家会就最佳的项目组合达成一致意见，至此也就完成了 Q 分类法的一次应用。[20]

7.6　定量分析和定性分析结合的方法

如上所述，无论是定量分析方法还是定性分析方法，在帮助管理者选择创新项目的时候都各有优点。因此，很多企业结合使用这两种方法进行投资决策。[21] 例如，企业在使用定量分析方法的时候会辅助使用问题扫描法等定性分析方法。同样，企业在研发组合图上平衡项目组合时，可能会使用定量分析方法来预测该项目组合未来的现金流状况。现在也有一些评价方法试图把定性分析的技巧引入定量分析中，如结合分析法和数据包络分析法等。我们接下来就讨论这两种方法。

7.6.1　结合分析法

结合分析法（conjoint analysis）是一系列技术的组合，包括分散选择、选择模型、等级选择、平衡矩阵和两两比较等。结合分析法通常被用来评估单个因素对某项选择所做出的贡献，比如产品特征的相对价值、一个开发项目中不同产出的相对重要性。人们发现要为某项决策中的每个影响因素赋予权重是一件很困难的事情，而结合分析法可以通过统计分析做到这一点。结合分析法能够把对一个复杂决策的主观评价分解成定量的数据，而这些数据则评估了不同标准的相对重要性。

结合分析法最普通的应用是评价不同产品属性对于顾客的相对重要性，而得到的评价可以被用于开发和定价决策。例如，我们可以召集一批相机的潜在顾客，给他们每人发一叠卡片，卡片上列出有着相同特征和价格的各种型号的相机。然后，要求每个人根据自己的购买意愿给每个型号的相机打分（如从 1 分到 10 分），或者给出他们最愿意购买的相机的型号。我们再用多元回归的方法分析不同属性对所有等级相机的影响程度，最后我们会得到每种属性的权重，这些权重比较客观地给出了这些人在评价产品时考虑因素的定量信息。根据这些权重，企业可以在一系列"假设"的问题的引导下，考虑不同产品结构的市场反应。例如，万豪（Marriott）用结合分析法找出了顾客对中等价位的宾馆最看重什么。这种分析帮助万豪成功地开拓了庭院式旅馆的业务（见"理论应用"专栏）。

7.6.2 数据包络分析法

数据包络分析法（data envelopment analysis，DEA）是利用多种标准对项目（或其他决策）进行评价的一种方法，而不同标准之间的度量方式不尽相同。[22] 例如，对于一个特定的潜在项目群，企业可能会根据如下标准来评价该项目群：现金流状况、项目与现有能力的匹配度排名、项目建立所需未来能力的潜力排名、技术可行性得分和客户满意度得分。每一种标准都代表了项目的不同维度，而且项目在不同维度上的数据都有着不尽相同的度量单位。例如，第一个维度是以美元衡量的，属于连续型数据；接下来的两个维度都是定序尺度的数据，对于这种类型的数据，不同值之间的差异能表达的信息很少；最后两个维度是基于排序系统或等级系统得到的数据（如从 1 至 7 的李克特量表）。

数据包络分析法利用线性规划法综合不同维度的数据，从而得到一个假设的有效边界（efficiency frontier），该边界代表了各个维度的最优状态。数据

理论应用

万豪的庭院式旅馆

20 世纪 80 年代中期，万豪面临提供全面服务的高档宾馆市场趋于饱和的局面。万豪的经理们清楚，要想保持企业每年 20% 的销售收入增长，必须开拓新的市场。万豪的管理层发现，价格为 35~60 美元 / 天的中档宾馆有很好的市场机会。而顾客对这类宾馆当时的主流供应商（如假日旅店、霍华德·约翰逊等）的满意度都不是很高，因此万豪的经理们相信，如果他们能够更加令人满意地提供此类服务设施，一定会受到顾客的热烈欢迎。然而，他们也意识到万豪最具价值的资源就是其良好的品牌形象，并不愿意让低档次的旅馆随便挂上万豪的牌子。

万豪谨慎地制订了一份详细计划，从而评估一个中等价位的旅馆应该有什么样的设计。万豪成立了一个专门的评估小组，确定有哪些类型的细分市场和影响顾客决策的主要因素。这个小组最后得到的旅馆的影响因素包括外部环境、房间、饮食、休息厅、服务、休闲设施和安全性等。每一个影响因素都包含几个特定的属性，每个属性又可以根据不同的产品或服务质量划分成多个等级。例如，"服务"这个影响因素的属性之一就是"房间预订服务"，因此万豪为房间预订服务设定了"直接给宾馆打电话"和"800 免费预订电话"两个级别。万豪挑选了一群顾客组成一个研究样本，给每位顾客都发了7 张卡片，分别对应上述 7 个影响因素，卡片上列出了影响因素下包含的属性、属性对应的等级及每个等级相应的价格。现假定给每位顾客 35 美元，并要求他们依次对每张卡片进行评估，即根据自己的意愿选择服务内容。如果最后总价格超出了 35 美元，则要求他们去掉一些服务内容或选择较便宜的服务。这项研究可以帮助经理们了解顾客的偏好和不同细分市场的差别。在了解顾客偏好的基础上，经理们设计了各种组合了不同服务的旅馆模型，然后要求每位参与者给不同的模型评分。这样一来，经理们就可以用回归的方法确定某个特定属性下不同等级的服务是如何影响顾客对整个旅馆模型评分的。见表 7.5，当顾客给旅馆模型评分后，该旅馆模型对应的服务等级和顾客们的评分会被记录到一张空白表格中。然后在属性等级上对评分进行回归，从而得到一个评估不同属性相对重要性的模型。

表 7.5　用结合分析法评价旅馆模型

旅馆模型 1	旅馆模型 2	旅馆模型 3
预订服务 1—800 电话（1） **房间服务** 所有项目，全天 24 小时（5） **报纸投递** 无（0） **（其他）**	**预订服务** 拨打旅馆电话（0） **房间服务** 有限项目，6:00—24:00（3） **报纸投递** 每天（1）	**预订服务** 1—800 电话（1） **房间服务** 无（1） **报纸投递** 无（0）

属性	预订服务	房间服务	报纸投递	（其他）	总评价（1~10）
参加者 1					
旅馆模式 1	1	5	0		8
旅馆模式 2	0	3	0		7
旅馆模式 3	1	1	0		5
参加者 2					
旅馆模式 1	1	5	0		7
旅馆模式 2	0	3	1		9
旅馆模式 3	1	1	0		4

资料来源：From R. J. Thomas, New Product Success Stories（New York：John Wiley & Sons, 1995）.

在以上这个利用结合分析法得到的模型的基础上，万豪的经理们提出了庭院式旅馆的概念：相对较小的酒店（约 150 间客房），设施有限、小餐厅、小会议室、封闭的庭院、高度安全的功能、景观良好的外观和明显低于传统万豪酒店的房价。万豪提供的庭院式旅馆被证明是相当成功的。截至 2017 年底，庭院式旅馆共有 1145 家（其中 508 家在美国），平均入住率超过 70%，远高于行业平均水平。

包络分析法还可以区分哪些变量是输入量（如成本），哪些变量是输出量（如预期利润），进而人们可以计算出每一个项目到该边界的距离，而该距离便是项目的效率值。我们可以根据这些效率值对项目进行排序，或者找出那些明显胜出的项目。[23] 表 7.6 给出了一个使用数据包络分析法的例子，这是贝尔实验室的尖端技术组在评估项目时所使用的数据。尖端技术组选择了三个维度对项目进行评估，分别是项目投资意愿、投资额和现金流状况，其中现金流状况预测了好、坏和最可能三种情形，而投资意愿则分别从知识产权收益和市场收益两个角度来衡量。对于后两项指标，根据该企业的知识产权和产品市场效益模型，项目的得分分别为 1 分、1.5 分和 2.25 分。这些分数反映了这一特定群体的评分系统——使用缩放测量（例如，1= 非常强的知识产权利益，7= 没有知识产权利益）或企业使用的其他类型的测量也是合适的。数据包络分析法使贝尔实验室能够对不同的项目进行排序，尽管它们提供了不同种类的收益和风险。

表 7.6　贝尔实验室的先进技术用数据包络分析法评价出的项目排序

顺序	知识产权	产品市场	投资/美元	现金流（最有可能）/美元	现金流（好）/美元	现金流（坏）/美元
1	2.25	1.5	4,322	1,296,700	1,353,924	1,184,192
2	1.5	1.5	850	525,844	551,538	493,912
3	1.5	1.5	1	4	4	3
4	2.25	2.25	478	545,594	822,164	411,082
5	1.5	1.5	1	15	15	11
6	1.5	2.25	65	89,144	178,298	0
7	1.5	1.5	1,068	685,116	1,027,386	342,558
8	1.5	1.5	4	3,766	4,707	2,824
9	1.5	1.5	20	4,800	4,800	−96
10	1.5	2.25	2	23	27	18
50	1.5	2.25	9	116	139	93
100	1.5	1.5	15	60	72	48
150	2.25	2.25	40	5,531	13,829	2,766
200	2.25	1.5	38	90	135	45

资料来源：改编自 J. D. Linton, S. T. Walsch, and J. Morabito, "Analysis" Ranking and Selection of R&D Projects in a Portfolio," R & D *Management* 32, no. 2（2002）：139-148.

数据包络分析法的最大优势在于，它能使企业从多种角度对项目进行评价。然而，与前面介绍的其他方法一样，数据包络分析法得到的结果的好坏要依赖于所用数据的好坏。经理们不得不确定哪些维度是重要的从而被引用到分析中，并且要确认所用的数据是准确的。

7.7 本章小结

1. 企业经常会混合使用一些定量分析方法和定性分析方法以决策应该对哪些项目进行投资。尽管有些方法会认为所有的项目都应该投资，但是资源往往是有限的，企业不得不慎重选择项目，从而合理分配资源。

2. 用于评估项目的常用的定量分析方法是同属于折现现金流法的净现值（NPV）法和内部收益率（IRR）法。尽管这两种方法都可以帮助企业预测出在考虑了资金时间价值情况下的项目的具体回报，但是预测结果的好坏要依赖于所用数据的准确与否。而且，这两种方法都会排斥那些长期的或高风险的项目，还会低估那些对企业战略有重要影响却不能通过现金流体现出来的项目。

3. 一些企业开始使用实物期权法来评估项目。实物期权法尤其适合评估那些对企业长期业绩有重大影响的项目。不幸的是，新产品开发的投资决策与期权方法所隐含的假设并不一致。

4. 问题扫描法是一种用于评估新产品开发项目的常用的定性分析方法，它从多个角度提出问题，并以此来评估创新项目。这些问题有时只是为了在讨论创新项目时更加有条理，而有时却可以被用来评定项目的级别，从而在定量分析和定性分析结合的方法中使用。

5. 企业的项目组合通常会包括各种类型的项目（如前沿型、突破型、平台型和衍生型），而不同类型的项目对于资源和回报率都有不同的要求。企业可以利用研发组合图来确定项目平衡组合是什么（或者应该是什么），并依此来分配资源。

6. Q 分类法是一种用来评估项目的定性分析方法，这种方法要求参与项目评估的每个人根据不同的标准对项目进行排序。Q 分类法更大的作用是提供了一种讨论问题的方式。

7. 结合分析法是一种把对不同选择的定性评价转化成该选择定量的权重的方法。这种方法经常被用于评估不同产品属性在顾客眼中的价值。

8. 数据包络分析法（DEA）是另外一种结合了定量分析和定性分析的项目评价方法。通过与假设的有效边界进行比较，数据包络分析法有助于人们对那些有着多个维度的项目进行排序，而且这些维度的度量单位也都不尽相同。

合作战略

Zeta Energy 和电池技术的"圣杯"

引言

2014 年，对科技有着浓厚兴趣的律师兼投资者查尔斯·马斯林（Charles Maslin）决定在电池技术创新上押下重金。与其他许多人一样，马斯林认为减少环境污染和改善气候变化的关键是使用更好的电池。低成本、高容量、可持续制造的电池可以使更多的人在家中使用太阳能，并可以使电动汽车（有可能由可再生能源提供动力）与使用化石燃料的汽车相比具有竞争力。马斯林也知道，更好的电池技术可能具有巨大的商业潜力。因此，马斯林开始资助并授权对莱斯大学开发的一种先进电极材料进行研究。马斯林看到了这种电极被用作锂金属电池阳极的潜力，并开始支持由世界著名化学家和纳米技术学家詹姆斯·图尔博士（Dr.James Tour）领导的研究小组。不久之后，马斯林聘请了阿卜杜勒 - 拉赫曼·拉吉博士（Dr.Abdul-Rahman Raji）和罗德里戈·萨尔瓦蒂拉博士（Dr.Rodrigo Salvatierra），并成立了 Zeta Energy（泽塔能源）有限责任公司，旨在生产和销售极其先进的锂金属电池。

技术

到 2020 年，主导电动汽车、笔记本电脑、智能手机等可充电应用的锂离子可充电电池技术显然已经成熟。[一]人们普遍认为，电池技术的突破性创新是

[一] Kip Keen, "As Battery Costs Plummet, Lithium-Ion Innovation Hits Limits, Experts Say," S&P Global, May 14, 2020, https://www.spglobal.com/marketintelligence/en/news-insights/latest-news-headlines/as-battery-costs-plummet-lithium-ion-innovation-hits-limits-experts-say-58613238.

显著推进这些市场和其他市场应用的必要条件。在这个时候，人们也已经很好地理解了锂金属电池——那些含有金属形式的锂，而不仅仅是电解质中的锂离子——在给定体积或重量下电池能储存多少能量方面提供了巨大的潜在优势。[一]然而，由于锂金属电池存在一些亟待解决的严重问题，该类电池并没有被广泛商业化。[二]其中最重要的是锂枝晶。在锂金属电池中，锂枝晶（锂颗粒的尖尖的突出物）倾向于在阳极上形成，类似于洞穴底部的石笋形成。这些锂枝晶最终会穿透阳极和阴极之间的隔膜，导致电池短路。锂枝晶既限制了锂金属电池的充电能力，也造成了安全隐患。例如，电池短路可能导致火灾或爆炸。[三]

为了克服这个问题，**Zeta Energy** 团队创造了具有石墨烯-碳纳米管结构的阳极。这些纳米管看起来就像一层蓬松的由小管组成的地毯，可以容纳大量的锂，同时防止锂枝晶形成。[四]这将使锂金属电池同时实现极高的能量密度和低降解率。

然而，为了充分发挥阳极的潜力，研究小组意识到电池还需要一个更好的阴极。硫阴极一直是科学界相当感兴趣的电池材料，因为硫便宜且储量丰富，并且与传统的锂离子电池材料相比，它提供了将电池能量容量提高 500% 的理论潜力。[五]然而，实现这一潜力的若干挑战限制了它的使用。也就是说，硫阴极有多硫化物穿梭效应，导致活性物质"泄漏"，使电池退化。[六]硫在吸收锂离子时也会膨胀，导致电池结构不稳定。由于这两个影响，锂硫电池的"可循环性"很差，这意味着该类电池不能多次充电，在大多数应用中不具有商业可

[一] "BU-212: Future Batteries," Batter University, https://batteryuniversity.com/learn/article/experimental_rechargeable_batteries.

[二] "An Ultrafast Rechargeable Lithium Metal Battery," *Journal of Materials Chemistry A*, 6 (2018), https://pubs.rsc.org/en/content/articlelanding/2018/ta/c8ta05354e#!divAbstract.

[三] Kerri Jansen, "Video: Battery Scientists Tackle the Dendrite Problem," C&EN, December 13, 2019, https://cen.acs.org/energy/energy-storage-/Video-Battery-scientists-tackle-dendrite/97/i48; Weiyang Li and Yi Cui, "Less Fire, More Power: The Secret to Safer Lithium-Ion Batteries," IEEE Spectrum, August 23, 2018, https://spectrum.ieee.org/energy/renewables/less-fire-more-power-the-secret-to-safer-lithiumion-batteries; and K. Clemens, "Three Ways That Lithium Dendrites Grow," DesignNews, November 5, 2018, https://www.designnews.com/electronics-test/three-ways-lithium-dendrites-grow.

[四] Yu Zhu et al., "A Seamless Three-Dimensional Carbon Nanotube Graphene Hybrid Material," *Nature Communications*, November 27, 2012, https://www.nature.com/articles/ncomms2234; and Abdul-Rahman O. Raji et al., "Lithium Batteries with Nearly Maximum Metal Storage," *ACS Nano*, May 16, 2017, https://pubs.acs.org/doi/abs/10.1021/acsnano.7b02731.

[五] "Lithium–sulfur battery," Wikipedia, https://en.wikipedia.org/wiki/Lithium%E2%80%93sulfur_battery; and "Lithium–Sulfur Batteries," Science Direct, https://www.sciencedirect.com/topics/engineering/lithium-sulfur-batteries.

[六] Liam Critchey, "Why Lithium-Sulphur Batteries are Taking So Long to Be Used Commercially," Electropages, January 14, 2020, https://www.electropages.com/blog/2020/01/why-lithium-sulphur-batteries-are-taking-so-long-be-used-commercially.

行性。[一]然而，Zeta Energy 团队已经发现一种聚合硫的方法以解决这些问题。[二]该公司在石墨烯—碳纳米管阳极和聚合硫阴极上拥有大量专利（还有更多正在申请）。

高密度的无锂枝晶阳极和具有优异"可循环性"的硫阴极的结合，实现了《福布斯》（Forbes）所说的电池技术的"圣杯"。[三]另外，Zeta Energy 的电池没有使用钴。从电池生产中消除钴是非常可取的，因为钴主要是在刚果民主共和国开采的，而这个国家因在钴矿使用童工而臭名昭著。[四]

发展

Zeta Energy 公司获得了来自马斯林本人的早期资金，以及来自其朋友、家人和天使投资者的投资。然而，要在商业规模上展示 Zeta Energy 电池的潜力，需要大量资金——大约 1 亿美元——来建造所需的工厂和设备。尽管早期测试显示 Zeta Energy 的电池技术非常有前途，但市场上也出现了其他有潜力的电池技术，包括锂硅电池、固态电池和其他锂硫电池。这使 Zeta Energy 公司获得大量投资成为一项挑战——对许多潜在投资者来说，电池技术的未来似乎非常不确定。更复杂的是，马斯林不愿意接触风险投资公司，因为他知道风险投资公司会坚持控制公司的大部分股权。

截至 2020 年，马斯林仔细考虑了一些能让 Zeta Energy 公司继续进步的选择。每一个都是艰难的选择。首先，另一家初创公司找到 Zeta Energy，希望与之合作。这家初创公司也在开发锂硫电池，但还没有解决多硫化物穿梭效应的问题，急于获得 Zeta Energy 的技术。该公司从一家生产电解质（以及其他产品）的化学公司获得了一些早期的大笔投资。其次，Zeta Energy 的电池有几家潜在客户，包括一家欧洲汽车公司、一家英国消费电子公司和美国陆军，但在所有这些情况下，Zeta Energy 必须找到一种方法，首先为自己的实验室

[一] Kunlei Zhu et al., "How Far Away Are Lithium-Sulfur Batteries from Commercialization?" *Frontiers in Energy Research*, November 15, 2019, https://www.frontiersin.org/articles/10.3389/fenrg.2019.00123/full.

[二] Lei Li et al., "Enhanced Cycling Stability of Lithium Sulfur Batteries Using Sulfur–Polyaniline–Graphene Nanoribbon Composite Cathodes," *ACS Applied Materials & Interfaces*, August 20, 2014, https://pubs.acs.org/doi/abs/10.1021/am5030116.

[三] Robert Rapier, "The Holy Grail of Lithium Batteries," *Forbes*, May 16, 2019, https://www.forbes.com/sites/rrapier/2019/05/16/the-holy-grail-of-lithium-batteries/#55f989243d63.

[四] "Congo, Child Labour and Your Electric Car," *Financial Times*, July 6, 2019, https://www.ft.com/content/c6909812-9ce4-11e9-9c06-a4640c9feebb.

规模的工厂提供资金以生产足够多的演示电池供这些公司测试。再次，马斯林可以改变他对风投的决定，放弃对公司的更多控制权，从而换取风投提供的资金和管理支持。最后，马斯林也知道有可能与现有的大型锂离子电池公司、新的但资金充足的先进电池公司或汽车制造商建立合资企业，尽管他担心与重量级公司在合资企业的密切和频繁联系中合作可能会使 Zeta Energy 的专有技术处于危险之中。具体来说，他担心技术熟练的大型合作伙伴可能会改进 Zeta Energy 的制造工艺，从而迫使 Zeta Energy 的设计专利与大型合作伙伴新开发的工艺专利交叉授权，最终导致 Zeta Energy 失去其技术优势。

一个要做的决定

2021 年初，Zeta Energy 的团队（当时已经有十几个人了）感到了一种紧迫感。该公司正在迅速耗尽其早期资金，并向几个潜在客户承诺生产示范设备。Zeta Energy 知道，将产品推向市场的时间拖得越长，其他电池初创公司占领市场的可能性就越大，从而使自己更难吸引投资者和客户。马斯林绝对相信 Zeta Energy 拥有电池技术"圣杯"的解决方案，但帮助公司实现这一潜力的最佳途径是什么？

8.1 概述

企业经常要面对一些困难的抉择，比如如何界定企业经营活动的边界，也就是说如何决定是由企业独立进行经营活动，还是与一个或者多个合作伙伴合作完成。正如第 2 章谈到的，技术创新中有相当一部分是通过多人或者多个组织之间的努力合作实现的，而不是由个人独立完成或者在单个企业内部实现的。与独立经营相比较，合作经常能够使企业以较少的成本、较低的风险和较快的速度实现更多的技术创新。但是，合作往往使企业不得不在某种程度上放弃对开发过程的控制权，也使技术创新能给自身企业带来的预期回报由于与合作伙伴分享而降低，而且合作会使企业面临其合作伙伴在研发过程中渎职的风险。本章我们将首先讨论企业选择合作开发或者独立开发的可能原因，然后考察一些常见的合作类型及其优劣势。

8.2 独立开发的原因

一个企业选择独立进行项目开发可能有许多原因。首先，企业可能认为不需要与其他企业或组织合作——企业可能掌握了独立开发该项目的所有必需的能力和资源。其次，尽管企业希望从合作伙伴那里获取互补的技术或资源，但是没有合适的拥有所需资源的企业或组织，或者这样的企业和组织并不愿意合作。企业选择独立进行项目开发的原因还包括企业的私有技术会因为合作而面临泄密的风险，或者企业想完全控制项目开发的过程和独占开发完成后的回报。此外，企业独立进行技术创新的开发还可能是因为这样能够为企业建立和更新自身的能力带来更多的机会。

1. 能力的获取

对于某个项目的开发，企业是否选择合作，在很大程度上取决于企业对独立开发所需要的能力的掌握程度，以及一个或者多个可能的合作伙伴对这些能力的掌握程度。如果已经掌握了该项目所需要的全部能力，那么企业可能就不需要与外部合作，因而会倾向于独立开发。此外，假如企业发现自身缺乏某些必需的能力，但是却找不到掌握这些能力的有合作可能的伙伴，那么企业也将不得不独立发展这些能力，并独立进行项目开发。

例如，20 世纪 70 年代末，孟山都公司打算研发一种种子，通过基因手段让它能够不受除草剂的干扰存活下来。1974 年，孟山都牌除草剂推向市场并获得成功；然而，除了杂草，其他的植物也在除草剂的作用下奄奄一息，因此在使用时不得不小心谨慎。如果作物能够通过基因改良对除草剂产生抵抗力，那么除草剂就能更便捷地大规模使用。那时生命科学技术还处于发展初期，并没有合适的合作伙伴能够提供这种技术，于是孟山都公司决定抓住这一机会，在内部成立一个独立事业部并宣布将生命科学领域作为新的战略发展目标。[1]1983 年，孟山都公司成功地生产出首例转基因作物，但直到 1995 年才成功制造出首例转基因作物种子并进行商业化。[2]尽管很多环保组织对孟山都公司的除草剂和转基因种子都提出抗议，但这两者的结合不可否认是一次重大成功。截至

2002 年，超过 1.3 亿英亩（1 英亩 =4046.86 平方米）地使用了孟山都的转基因种子。[3]

2. 私有技术的保护

企业有时候之所以避免合作是由于害怕因技术泄密而丧失对私有技术的控制。与合作伙伴一起工作可能使企业当前的私有技术暴露在未来竞争者的技术间谍的眼皮底下。此外，对于任何一项开发项目中产生的新技术，企业都可能希望对其拥有完全的、独一无二的控制权。回顾一下 Zeta Energy 公司关于合作开发锂硫电池的决定。虽然合作可以给予 Zeta Energy 所需的资金、测试能力、制造能力和营销能力，但这也意味着 Zeta Energy 必须分享利润和控制权，这可能会使其专有技术面临风险。

3. 技术开发和使用的控制

某些企业选择不合作是因为希望完全控制研发过程，以及完全控制研发成功的新技术的使用权。这种期望可能是出于务实的原因（例如，它们认为新技术能带来高额利润，因而不想与合作伙伴分享利润）或者企业文化的原因（例如，一个企业的文化可能强调独立和自力更生）。这些原因都可以以本田公司为例。尽管其他汽车制造商积极地建立联盟（alliance），共同进行汽车设计并开发提高汽车制造效率的新工艺，本田公司却对建立合作关系非常谨慎。本田公司决定，不加入汽车制造商联盟（该产业贸易组织领导了反对更严格的燃油及其排放标准的运动），其中有务实的原因也有企业文化的原因。从务实的角度出发，本田公司担心参加该组织会限制其环保型汽车的开发方向，而本田公司打算做该领域的市场领先者。本田公司的企业文化更是坚定了本田公司不结盟的信念。本田文化强调对企业的技术开发及其方向保持绝对的控制。本田公司前董事长吉野浩行（Hiroyuki Yoshino）对此做出了阐释："自己的人生与其被别人决定，不如自己决定。"[4]

4. 形成和更新企业能力

即便合作能节省时间和金钱，企业也可能选择独立开发，因为它们相信开发过程中投入的努力是形成和更新企业能力的关键。独立进行技术创新要求企业发展自身的技能、开发新的资源和增进对市场的认识。正如第 7 章所述，创造和提升企业能力可能比技术创新本身更有价值。在此引用波音公司的沃尔特·吉勒特关于音速飞机的发展的一段话做恰当的说明："如果一个企业在12~15 年内不开发新的飞机，那么企业的技术和经验就会过时。大多数开发上一代飞机的员工或退休或跳槽到其他企业，如果我们不开发新的飞机，他们的技术和经验也就无法传递到波音公司的下一代员工。"[5]

尽管有种种理由使企业选择独立进行开发活动，但也有许多理由使企业愿意进行合作开发，并且现在看来，合作的趋势在不断上升。接下来，我们将讨论合作的优势，以及各种合作形式的优劣势。

8.3 合作的优势

在开发项目上合作可以为企业提供许多优势，包括更快的上市速度、更大的灵活性、从其他公司学习的能力，以及围绕一个标准建立一个联盟。

1. 快速获得能力与资源

对于一家公司来说，缺乏将技术转化为商业产品所需的一些补充资产是很正常的。在给定的时间内，企业可以在内部开发这种互补资产。然而，这样做会使周期延长。[6] 相反，企业可以通过战略联盟或许可协定迅速获得重要的互补资产。[7] 例如，苹果公司开发高端激光打印机 LaserWriter 的时候，它并不具备制造打印机的机械装置的专业技术，而且独立开发这种技术需要花费相当长的时间。苹果公司说服了打印机市场的技术领先者佳能公司，两家合作开发这个项目。[8] 在佳能公司的帮助下，苹果公司很快推出了高质量的激光打印机。

2. 增强灵活性

从合作伙伴那里获得一些必要的能力或资源，而不是在内部建立它们，可以帮助企业减少资产承诺，提高灵活性。这在以技术迅速更新为特征的市场中显得尤为重要。迅速发展的技术导致产品市场的迅速变化。产品的生命周期缩短了，同时技术创新成为竞争的首要动力。当技术进步速度很快的时候，企业往往力求避免被过多的固定资产所束缚，因为它们很快就会过时。这时企业往往希望变得更专业，并通过与其他专业化企业合作来获取自身不具备的资源。

3. 学习合作者

与合作伙伴的合作是企业学习的重要来源。与其他企业的密切联系既可以促进企业之间的知识转移，也可以促进单个企业无法单独创造的新知识的创造。[9] 通过集中技术资源和能力，企业能够扩大其知识库，并且比没有合作的情况下更快地扩大知识库。

4. 分担资源与风险

企业在开发项目上合作的一个主要原因是分担项目的成本和风险。当一个项目非常昂贵或其结果高度不确定时，这一点尤其重要。[10]

5. 围绕共享标准建立联盟

企业可以在一个开发项目上合作，因为这样的合作将有助于创建一个共享的标准。例如，截至 2018 年初，市场上有 4 种主要的电动汽车充电标准在竞争：CHAdeMO（大部分日本电动汽车制造商使用）、SAE（美国汽车工程师协会）的 Combined Charging System（CCS，联合充电系统。欧洲大部分主要电动汽车制造商及美国通用汽车和福特汽车使用）、中华人民共和国国家标准（GB/T，比亚迪、上汽、东风等中国电动汽车制造商使用）和 Tesla Supercharger（特斯拉使用）。2018 年全球约有 7000 座 CCS 充电站、16639 座 CHAdeMO 充电站（主要在日本和欧洲）、8496 座特斯拉超级充电站（主要在美国）和 127434 座 GB/T 充电站（全部在中国）。2017 年底，戴姆勒、宝马、福特和大众集团宣布，他们将成立"充电接口倡议"（CharIN）组织，合作建设 CCS 充电站，希望为该标准建立势头。与此同时，特斯拉为了对冲风险，公布了其超级增压器标准的专利，以便其他公司可以采用，并加入了 CharIN 和 CHAdeMO 联盟。此外，特斯拉还为其车辆创建了 CHAdeMO 和 GB/T 标准的适配器。[11]

8.4　合作的类型

合作中的伙伴是多种多样的，包括供应商、客户、竞争对手、互补品制造商，还包括在不同市场上提供类似产品的企业、在类似的市场上提供不同产品的企业、非营利组织、政府、大学等。合作的目的也有很多种，包括生产、服务、营销或以技术为基础等。在北美，有23%的联盟是以研发为目的的，同类的联盟在西欧和亚洲的比例分别为14%和12%。[12]

合作也可以采取多种形式，从非正式的联盟到高度结构化的合资企业（joint ventures）或技术交换协议（许可，licensing）。技术创新中最常见的合作形式包括战略联盟、合资企业、许可、外包和集体研究组织。

8.4.1 战略联盟

战略联盟是一种可以采取多种形式的临时关系。它可以是正式的合作，也可以是非正式的合作。它可以是短期合作或长期合作，也可以包括合伙人对彼此的股权投资（称为股权联盟，本章稍后讨论）。大多数战略联盟（建立新的法律子公司的合资企业除外）被认为是临时合作，因此为企业灵活地组合它们的能力和资源提供了一种很好的方式。企业可以利用战略联盟来获得内部不具备的关键能力，或者通过在其他企业的开发工作中利用这些企业来更充分地开发自己的能力。为开发新技术或打入新市场而具有不同能力的企业可能会结成联盟来集中资源，这样它们就可以共同更快或更便宜地开发产品或市场。即使具有相似能力的企业也可能在其开发活动中进行合作，从而相互分担风险或加快市场开发和渗透。大企业可能会与小企业结成联盟，以便在小企业的发展中获得有限的股份；而小企业可能会与大企业结成联盟，从而利用大企业的资源、分销和营销能力或信誉。[13]例如，为了共同的利益，已经有许多大的制药企业和小的生物技术企业建立了联盟：制药企业获得生物技术企业的药物开发成果，生物技术企业获得制药企业的资本、制造能力和分销能力。

通过战略联盟，企业可以在合资企业中建立有限的股份，同时保持灵活性——要么在以后增加承诺，要么将这些资源转移到其他机会上。[14]企业可以利用战略联盟尽早获得其可能想要在未来更充分地投入的新机会。战略联盟还使企业能够迅速调整自身可以获得的能力的类型和规模，这在快速变化的市场中非常有价值。[15]

战略联盟还有助于合作伙伴相互学习并发展新的能力。联盟伙伴可能希望在企业之间转移知识，或者将他们的技术和资源结合起来，共同创造新的技术。然而，联盟关系往往缺乏促进知识转移的共同语言、惯例和协调性，尤其是最有可能带来可持续竞争优势的复杂、隐性知识。[16] 利用战略联盟来学习需要大量的资源投入，比如有一群愿意在母公司和合作公司之间流动的有献身精神的人、试验设施，以及将所学知识内化的有效程序。[17] 因此，组建战略联盟也可能代价高昂。它需要被监测和协调。还有一种风险是，合伙人会为了自己的利益而利用企业的知识产权。[18]

伊夫·多兹（Yves Doz）和加里·哈默尔（Gary Hamel）认为，可以把企业的联盟战略按照两个维度进行分类。[19] 第一个维度是联盟企业间能力互补（capability complementation）或者能力转移（capability transfer）的程度。第二个维度是战略联盟的结构，即联盟是两两结盟，还是多个企业共同组成一个联盟网络（见图 8.1）。

	两两联盟	联盟网络
能力互补	A 通用电气—斯奈克玛 （SNECMA）联盟	B 康宁玻璃 联盟
能力转移	C Thomson-JVC 联盟	D Aspla

图 8.1　技术联盟战略

资料来源：Y.Doz and G. Hamel, 1997, "The Use of Alliances in Implementing Technology Strategies." In M. L. Tushman and P. Anderson, *Managing Strategic Innovation and Change*, 1997.

在 A 象限，两个企业组成联盟，相互提供项目所需的互补技术或者技能。例如，20 世纪 70 年代中期，通用电气和法国喷气发动机制造商斯奈克玛组建了一家名为 CFM 国际的合资企业来开发一种新的喷气发动机。这家合资企业将通用电气的 F101 涡轮喷气发动机技术和斯奈克玛的低压风扇技术结合起来，开发了一种大功率、节油的喷气发动机。因为 F101 涉及美国空军使用的一项敏感的军用技术，所以这家合资企业成立时很慎重，力图避免私有技术在企业间的转移。通用电气将其负责的 F101 部分制成一个密封的"黑匣子"，然后运到一个单独的装配车间进行装配。CFM 国际最终开发成功的 CFM56 发动机成为航空史上最成功的喷气发动机。[20]

在 B 象限，多个企业组成一个联盟网络，将它们的互补技术和资源结合起来。例如，一直作为玻璃产品制造商的康宁公司通过建立一个联盟网络，利用合作伙伴的互补技术，已经将其玻璃技术扩展到其他领域，包括医疗领域、计算机领域和纤维光学领域。康宁公司并不打算吸收合作伙伴的技术，而是把其与合作伙伴的关系看作一个广义上的企业，这个企业由一些独立的业务组成一个灵活的、平等的网络。[21]

在 C 象限，两个企业间建立联盟，进行技术转移。多兹和哈默尔举出了 JVC 和 Thomson 的联盟作为例子。尽管两个企业都生产录像机，但是 Thomson 公司想要从 JVC 得到录像机产品的数据采集技术和制造技术，而 JVC 需要向 Thomson 学习如何打入欧洲市场。通过能力交换，两个企业都能公平地各取所需。

在 D 象限，企业利用联盟网络互相交换能力，并且共同发展新的能力。在本章后面将会讨论的集体研究组织（包括制造技术领域的 Aspla 和美国制造科学中心）就是联盟网络的实例。在这种网络中，有一个规范的主体来控制整个网络。设计这样的组织结构是为了使其中的成员能够集体创造、共享和使用技术和资源。在确立自己的联盟组合前，企业的管理者应该仔细考虑可能带来的竞争效应、互补效应、网络效应。首先，如果不同的联盟都服务于同一战略目的，那么可能会有投资冗余的风险或不同合作者之间可能存在竞争冲突。当合作伙伴成为竞争对手时，联盟决策的代价和收益都需要被谨慎掂量。其次，如果谨慎经营，互补型联盟有非常大的附加价值。例如，一家制药公司可能同一个合作伙伴共同进行新药的研发，而同另一家公司合作以拓展该药的销售渠道以促使新药更快地上市。[22] 在这样的情形下，不同联盟之间相互促进强化，收益加倍。最后，管理者需要考虑企业在联盟中处于什么位置，是如何同合作伙伴及合作伙伴的合作伙伴联系起来的。[23] 这样的网络在信息传播及其他资源整合方面起着非常关键的作用，并且联盟网络中的有利位置能够帮助企业获取巨大的优势（参见本章的研究花絮"联盟网络的战略地位"）。

通过战略联盟获得机会和灵活性是需要付出代价的。由于共同责任是有限的，战略联盟中的每一个成员都存在潜在的机会主义和利己主义。[24] 一些研究表明，所有失败的战略联盟中有超过一半是因为两个独立企业的活动很难协调，而当企业追求各自的利益而不是战略联盟的整体利益时就会对双方产生损害。[25]

企业必须始终保持警惕以确保战略联盟不会一不小心向一个潜在的竞争者泄露太多。按照多兹和哈默尔的观点，尽管合作伙伴间的分权原则有利于建立相互信任和交流，但是权力的过分分散也可能是一个危险的信号，这会使企业内部对信息保密放松警惕。[26] 企业应该定期告知内部各个级别的雇员哪些信息和资源是对合作伙伴完全开放的，并且企业应当密切关注合作伙伴需要什么信息和获取了什么信息。[27]

8.4.2　合资企业

合资企业是一种特殊的战略联盟形式，有着明确的结构和责任。虽然战略联盟可以是两个或多个企业之间的任何一种正式或非正式的关系，但一个合资企业要求战略联盟的任何一方都有相当数量的股权投资，并最终形成一个独立的实体企业。联盟各方都事先以契约的形式对合资企业所投入的资本和其他资源以及从合资企业得到的分红做了详细的说明。

例如，2018 年 4 月，腾讯控股（一家专注于社交媒体、音乐流媒体、手机游戏等互联网相关服务的中国跨国企业集团）宣布，将与中国国有的长安汽车公司组建合资企业，开发利用人工智能的联网自动驾驶技术。腾讯将投资 1.02 亿元（约合 1620 万美元），获得合资公司 51% 的股份；长安汽车公司将投资 9800 万元，获得剩余的 49% 的股份。长安汽车公司已经完成了从重庆到北京约 2000 公里的道路测试，并表示已获准开始在美国加利福尼亚州的公共道路上测试自动驾驶汽车。[28]

8.4.3　许可

许可是一种契约式形式，组织或个人（许可证持有者）可以借此获得使用其他组织或个人（许可证颁发者）的私有技术（或者商标、版权等）的权利。许可使企业能够迅速获取自己没有的技术（或者是其他的资源和能力）。例如，当微软公司意识到自己在时间上已经落后于网景（Netscape）公司，需要尽快获得一种网络浏览器技术打入市场时，它从 Spyglass 公司获得了生产 IE（Internet Explorer）所需软件的许可。微软还收购了几家公司（包括 Vermeer 技术公司，Colusa 软件公司和 eShop 公司等），并借助收购向市场推出其他的网络应用软件。

对于许可证颁发者来说，许可能使企业的技术渗透到更大范围的市场，而这单凭自己是做不到的。例如，汽车制造业的供应商之一德尔菲汽车（Delphi Automotive）公司开发了一种软件，能够对包括车削、研磨和钻孔在内的机械加工的各个方面进行模拟。这种软件使制造商可以通过大量的加工模拟，找到改进加工工艺的办法。德尔菲汽车公司开发该软件的初衷是自己使用，但是它后来意识到通过向其他企业颁发许可证可以赢得更多的利润。[29]

对许可证持有者而言，从其他企业获得一项技术的许可证的成本一般比自己独立开发该技术低得多。如前所述，新产品开发是高投入、高风险的；通过许可，企业可以获得一项在技术或者商业应用上已经成熟的技术。然而，技术许可证往往会颁发给许多用户，所以通过许可证获取的技术不太可能成为企业持续竞争优势的来源（因为很多潜在的许可证持有者都可以购买该技术），但宝洁可能是一个非常值得借鉴的反例。通过"联结与开发"计划，宝洁从外部吸收创意和技术并运用于研发。通过许可获得的技术仅仅只被当作新产品的基础，然后宝洁会利用自己的专家团队和丰富的资源进一步尽心打造产品，这一过程很难被模仿。[30]这一举措如今被很多公司借鉴参考，可以视作"开放式创新"的标志。[31]

许可证协议通常会对许可证持有者强加许多严格的限制，以便许可证颁发者能够对技术的使用保持控制权。但是，随着时间的推移，许可证持有者能够从授权技术的使用过程中获取有价值的知识，随后利用这些知识开发出自己的私有技术。最后，许可证颁发者对技术的控制可能逐渐减弱。

有时企业在竞争对手开发出其他的竞争性技术之前，就对外颁发其私有技术的许可证。如果竞争对手可能模仿该技术的主要特性，或者该产业很可能最终形成一种主导设计（详见第4章），这就非常重要。通过向外部潜在的竞争对手颁发技术许可证，许可证颁发者放弃了独占该技术带来的垄断利润，但是这样做可以阻止其他企业开发自己的私有技术，也就是说阻止了竞争对手的产生。因此，颁发许可证意味着企业选择了稳定的许可证使用费收入，而不是将赌注压在争夺成为市场的主导设计的竞争中——要么赢得很多，要么输得很惨。

8.4.4　外包

在进行技术创新开发的过程中，要想有效且高效率地完成创新的整个价值链上的各个部分，企业的能力、设备或规模都要达到一定要求，单个企业可能不具备相关所有资源。这时候企业可能会将某些部分外包给其他企业来完成。

一种常见的外包形式是利用合同制造商。合同制造（contract manufacturing）使企业不需要进行长期投资或增加劳动力就能达到市场需求的生产规模，因此给企业提供了更大的灵活性。[32] 合同制造可使企业能够以其竞争优势为中心进行专业化经营活动，至于那些自身不具备的资源，则让其他企业提供所需的支持。合同制造还能使企业进一步扩大规模经济效益，并且利用专业制造商更高的生产效率，因此能够降低成本，并提高企业对环境变化的反应速度。[33] 例如，苹果公司在产品发布前的几周才完成 iPhone 屏幕的重新设计，它让中国代工厂的负责人带领工人加班完成任务。这些工人熟练地将玻璃屏幕安装到倾斜的架子上。96 小时内，一条流水线一天能够装配完成 1 万台 iPhone。"这样的速度让人诧异，"苹果公司的一位高管说，"美国没有任何一条流水线比得上。"尽管苹果公司在美国的雇员只有 4.3 万人，在其他国家的雇员只有 2 万人，但另外有 70 万人为苹果工作着，他们属于苹果的合作方，生产、装配、销售着苹果的产品。美国总统奥巴马曾问道："怎么样才能在美国生产 iPhone？"乔布斯回答道："那些工作岗位再也回不来了。"苹果的高管认为，海外大规模的代工厂以及工人的勤奋和熟练的技巧让美国的工厂没有丝毫竞争力。但在面对海外代工对美国的就业造成影响的批评声时，苹果公司解释说："我们将 iPhone 售往 100 多个国家，我们唯一的使命就是尽可能地做出最好的产品。"[34]

其他的经营活动，如产品设计、过程设计、营销、企业信息技术或产品分销也都可以外包给外部的其他供应商。例如，Flextronics（伟创力国际有限公司）和 Solectron（旭电公司）等一些大型合同制造商现在不仅仅替企业进行生产，还常常帮助企业完成产品设计。IBM 和西门子能够给企业提供一套完整的信息技术解决方案，而联合包裹服务公司（UPS）则会考虑企业在后勤和分销上的需要。但是，外包也有许多弊端。对外包的依赖可能会导致企业丧失重要的学习机会，从长远来看可能会使企业处于不利地位。[35] 因为缺乏对发展自身能力的投资，企业有可能无法开发与产品相关的许多技术和资源，而这可能影响企业未来的产品平台的开发。过分依赖外包使企业面临变得外强中干的风险。[36]事实上，普拉哈拉德（Prahalad）和哈默尔（Hamel）认为，高士达（Goldstar）、三星和大宇等韩国企业积极地为潜在的竞争对手充当合同制造商，使这些企业的投资外溢。这就使三星这样的企业可以利用潜在竞争对手的资金来加速自身能力的发展，同时使对手的能力渐渐减弱。[37]

外包还有可能导致企业不得不增加大量的交易成本。[38]例如，合同制造需要一份清晰明确的合同：对产品设计、成本和数量的要求需要企业间有详细的沟通并在投入生产前确定。发出订单的企业还可能不得不竭尽全力以避免其私有技术被合同制造商窃取。另外，合同制造商为了获得订单，往往不得不接受较低的价格，因而承受了很大的成本压力，所以它们会非常小心地确认合同，以免在按照合同投资进行生产之后，受到订单发出企业的控制。[39]

8.4.5 集体研究组织

在某些行业中，许多企业共同建立了集体研究组织，如美国半导体研究公司（Semiconductor Research Corporation）和美国钢铁协会（American Iron and Steel Institute）。[40]集体研究组织有许多可能的形式，包括贸易协会、以大学为基础的研究中心或私营的研究公司。

许多这类组织都是通过政府或产业协会发起设立的。例如，美国制造科学中心（NCMS）就是于1986年由美国国防部、制造技术协会、制造研究会、通用汽车公司及其他20家制造企业共同组建的，其成立目的是促进产业界、政府和研究机构之间的合作。截至2012年，该中心拥有175个法人成员，分别来自美国、加拿大和墨西哥。一般来说，美国制造科学中心的项目涉及15~20个组织，项目期为2~4年。[41]

其他一些集体研究组织是由私营企业自己发起设立的。例如，2002年，6家日本电子产品制造商（富士通、日立、松下电器、三菱电器、NEC和东芝）成立了一个名为Aspla的集体研究组织，进行先进计算机芯片的设计开发。全球化的竞争使芯片的利润不断下降，导致日本的许多电子企业损失惨重。此外，先进芯片结构的研究需要投入大量的资金。集体研究组织使这些企业能够分担开发费用，并且帮助日本的半导体产业保持竞争优势。Aspla 成立之初，每个成员企业对其投资 1.5 亿日元（折合 130 万美元）。根据计划，每个成员企业每年还需对合作研究投入大约 8500 万美元。[42] 日本政府也承诺对 Aspla 投资 2.68 亿美元。

8.5 合作方式的选择

表 8.1 概括了企业内部独立开发和各种合作开发方式的优缺点。平均而言，企业独立进行内部的技术开发，是相对来说较慢也较昂贵的方式。此时企业承担了所有的成本和风险，并且要花费可观的时间来学习新技术、改进其设计，还需要开发生产和维修工艺以应用新技术。但是，独立进行技术开发的企业拥有对技术开发和使用方式的完全控制权。内部独立开发也能使企业充分发挥现有能力，并为发展新能力提供了很大的潜力，但是几乎不能获取其他企业的能力。因此，假若企业在新技术所要求的能力方面具有优势、资金雄厚且时间充裕的话，适合进行内部独立开发。

由于战略联盟可以采取多种形式，所以以导致技术开发的速度、成本和对技术的控制权都可能有很大差异。某些战略联盟方式能够使企业以较低的成本、相对较快的速度获取其他企业的技术，但对技术的控制程度较低。某些战略联盟形式的目的在于将企业私有技术应用于更广的市场，这种方式速度快、成本低，并且企业能够保持对技术足够的控制。大部分的战略联盟方式都有利于企业在现有能力基础上发展新的能力。战略联盟能否帮助企业学习到其他企业的能力，取决于联盟的目的和结构。

表 8.1　各种开发方式的优缺点

开发方式	速度	成本	控制权	发挥现有能力的可能性	发展新能力的可能性	获取其他企业能力的可能性
内部独立开发	低	高	高	有	有	无
战略联盟	不一定	不一定	低	有	有	有时候有
合资企业	低	分担	分享	有	有	有
接受许可证	高	中等	低	有时候有	有时候有	有时候有

（续）

开发方式	速度	成本	控制权	发挥现有能力的可能性	发展新能力的可能性	获取其他企业能力的可能性
颁发许可证	高	低	中等	有	无	有时候有
外包	中等/高	中等	中等	有时候有	无	有
集体研究组织	低	不一定	不一定	有	有	有

比较起来，合资企业在结构化上做得更好。虽然一般来说，合资企业进行技术研发所花费的时间和企业独立进行技术开发差不多，但是如果能充分结合多个企业的能力，开发速度可能会快一些。合资企业使合资各方能分担技术开发的成本，但是也分享了对技术的控制权。因为合资企业通常意味着在两个或多个企业之间建立长期的关系，这导致在新产业或新业务的开发过程中，企业很有可能利用自身现有能力发展新的能力并学习合作企业的能力。如果企业把学习其他企业的能力作为重点的话，建立合资企业的方式可能比建立其他战略联盟或独立开发都更合适。

技术许可证提供了一种迅速获取新技术的方法，而且比起企业自行开发新技术在成本上要低很多。但是，企业对于新技术的决定权是有限的，因此对于技术的控制程度是较低的。采用技术许可证也可能使企业能够利用自身现有能力发展新的能力，这取决于企业的融合能力和许可证的内容。例如，许多新药和医疗方法都是先在大学的研究中心或医学院校里开发出来的。制药企业和生物技术企业获得许可证之后，利用企业自己的药物开发、测试和生产能力进一步探索这些新发现能否商业化应用。通过获得药用化合物和医疗方法的许可证，制药企业和生物技术企业可以迅速获取它们需要的药物，从而使其生产线不会闲置，而且企业能将其研发投入集中于那些在研究机构中已经证明有应用潜力的药物。

当企业要获得其产品和服务所需的技术时，获得许可证也是取得技术授权的很好方式。但有些企业认为这些技术不是决定企业竞争优势的技术。例如，当数码相机制造商需要耐用、轻便且契合其相机设计的一体化电池时，大部分这类企业都不会意识到电池的电力对于企业的竞争优势是重要的，并因此依赖外部的技术供给来满足需要。此外，缺乏技术专长的企业可以借助许可证尽早进入市场，积累经验，以便企业在将来利用这些经验发展自身的能力。

颁发许可证是企业迅速扩展其技术应用范围的有效手段，而且这几乎不需要成本，还能获得一批忠诚用户。此时虽然企业放弃了技术的部分控制权，但通过许可证协议中的限制条款，仍然可以对技术保持适度的控制。颁发许可证对于企业的现有能力起到了杠杆作用，从而使技术能应用于范围更广的产品和市场，而这是企业无法独立完成的。但是，这种方式对于企业发展新的能力几乎不能提供任何帮助。有时候，通过扩展应用范围，将技术应用到企业不了解的产品和市场中，颁发许可证也可能是企业获取其他企业能力的一种方式。

当企业把产品设计、生产或分销外包时，就意味着它有意识地放弃对技术或产品的控制，目的是利用其他企业的技术专长或获得更低的成本结构。尽管外包是要付费的，但是一般来说要比自己发展相应的能力便宜得多且快得多。尽管外包几乎不能帮助企业发展新的能力，但它使企业将投入集中在那些能获得最大回报的经营活动上，从而发挥企业现有能力的杠杆作用。例如，耐克公司的战略是几乎将其所有的运动鞋的生产都外包给亚洲的合同制造商，这使耐克能够集中精力发挥其在设计和营销方面的竞争优势，同时利用合同制造商低廉的劳动力价格和资本成本。因此，企业在以下情况下选择外包可能是正确的选择：①对于企业的竞争优势来说不重要的经营活动；②那些如果放在企业内进行会严重降低企业灵活性的经营活动；③企业在成本或质量上处于劣势的经营活动。

加入一个集体研究组织意味着一个长期的承诺，而不仅仅是迅速地获取能力或技术。与战略联盟一样，企业参加集体研究组织也有多种形式，因此成本和控制权是非常重要的。对于企业来说，集体研究组织不仅提供了向其他企业学习的很好的机会，而且使企业能更好地利用现有能力发挥杠杆作用，或者在其基础上发展新能力。尽管集体研究组织可能不能马上获得新产品或新服务的回报，但是对于那些技术复杂、需要对基础科学进行大量投资的产业来说，加入集体研究组织是非常有帮助的。通过知识共享和共同努力，集体研究组织中的企业可以分担基础研究的成本和风险，同时加快基础研究向应用技术转化的速度。

8.6 合作伙伴的选择和管理

通过合作获得其他企业的技术或资源并不是没有风险的。[43] 合作伙伴所提供的资源可能很难确定是否适用于本企业，尤其是当这些资源难以评估的时候，如知识和经验。合作伙伴还有可能利用合作关系，不公平地窃取对方企业的技术。此外，由于管理者只能监控和有效管理有限数量的合作，所以随着合作伙伴的增加，对合作进行管理的效率是随之下降的。这不仅可能导致合作各方所得的回报减少，甚至当合作数量太大时，还会出现亏损。[44] 要使这类风险最小化，企业需要限制合作的数量、仔细地选择合作伙伴并建立正确的管理机制来限制投机行为。[45]

8.6.1 合作伙伴的选择

合作的成功很大程度上依赖于对合作伙伴的选择。有许多影响因素决定了合作各方之间的匹配好坏程度，包括它们的相对规模和市场力量、所拥有资源的配套程度、目标的一致与否，以及价值观和文化是否相近。[46] 这些影响因素可以简化为两个维度：资源匹配和战略匹配。[47]

资源匹配是指合作各方的资源在多大程度上能够有效地整合到一个统一的战略中去创造价值。[48] 资源可以是配套型资源，也可以是增补型资源。大部分合作的动机是企业需要获取自身不具备的资源，这样的合作是建立在合作各方的资源配套的基础上的。本章所举的大部分例子都是建立在资源配套的基础上的。例如，苹果公司的计算机技术与佳能公司的打印机技术的配套，或者将Sangamo 的基因编辑技术与大型生物技术和制药公司的临床测试和制造专业知识相结合。在其他的合作中，企业会寻求所拥有资源与其自身资源类似的企业作为合作伙伴，这样的资源称为增补型资源。增补型资源的联合使合作各方能够获得市场力量或规模经济。例如，英国石油公司与美孚石油公司将它们在欧洲的许多工厂合并以获得规模经济并降低成本。[49]

战略匹配是指合作各方在目标和风格上的兼容程度。合作各方的目标并不需要是相同的，只要一方目标的实现不以伤害盟友或合作伙伴为代价即可。不理解合作伙伴的真正目标或目标与本企业不兼容的企业勉强结盟，都会导致冲突、资源浪费和机会的丧失。达斯（Das）和滕（Teng）以通用汽车公司与韩国大宇公司之间的勉强结盟为例来说明这个问题。通用汽车希望通过联盟降低其现有汽车模型的成本，而韩国大宇的目标是开发新技术、设计新的汽车模型。由于通用汽车的成本导向与韩国大宇的研发导向之间不兼容，这个联盟最终失败了。[50]

企业还可以使用许多用于评估企业自身地位和战略方向的工具来评估潜在的合作伙伴（关于这些工具的回顾，请参阅第 6 章）。这包括：评估与合伙人的合作如何可能影响企业在外部环境中的机会和威胁；内部优势、弱点或可持续竞争优势的潜力；企业实现其战略意图的能力。

对企业在外部环境中的机会和威胁的影响

评估合作对企业的机会和威胁的影响包括下列问题：

- 合作将如何改变消费者和供应商的讨价还价能力？
- 合作会影响进入威胁吗？例如，合作伙伴可能成为新的竞争对手吗？合作关系会对产业的其他潜在进入者造成进入壁垒吗？
- 合作会对企业与其竞争对手的相对地位产生影响吗？
- 合作会对互补品的可得性或替代品形成的威胁产生影响吗？

对企业内部优劣势的影响

评估合作对企业内部优劣势的影响包括下列问题：

- 合作如何扩大或提升企业的优势？合作会给企业的优势带来风险吗？
- 合作怎样帮助企业克服其劣势？
- 合作会产生使竞争对手难以模仿的竞争优势吗？这样的竞争优势能否用合作以外的方式获得？
- 合作能够扩大或提升企业的核心能力吗？
- 合作是否会影响企业的财务优势或劣势？

对战略方向的影响

评估合作与企业战略方向的匹配与否包括下列问题：

- 合作如何与企业的战略意图的表述相一致？
- 企业要实现其未来的战略目标，在资源或技术上需要弥补某些缺陷，合作对此有帮助吗?

- 合作的目标会随时间而改变吗? 如果发生改变, 这些改变是否与企业的战略方向兼容?

8.6.2 合作伙伴的监督与治理

成功的合作协议一般会有清晰且灵活的监督和治理 (governance) 机制。[51] 参与合作的风险资源越多 (例如, 前期的投资额越大或用来合作的知识产权的价值越大), 合作各方在合作关系中加入的治理结构可能就越多。[52] 用来管理其合作关系的治理机制主要有三种: 联盟合同、股权和关系治理。[53] 联盟合同 (alliance contract) 利用法律约束条款来确保合作伙伴清楚地知道自己在合作中的权利和义务; 当合作伙伴违反联盟合同时, 有适用的法律措施对此予以补救。典型的联盟合同包括如下内容:

- 合作各方在合作过程中应尽到怎样的义务, 包括资金、服务、设备和知识产权等。

- 合作各方对于合作的控制权如何。例如, 联盟合同可能会规定合作中的成员是否有权允许新的合作伙伴加入或改变其中条款。联盟合同还可能规定合作各方对于在合作过程中开发出来的私有产品或工艺拥有哪些权利。

- 对合作什么时候开始以及怎样进行也应作规定。例如, 联盟合同可能规定所需要投入的现金、知识产权或其他资产以及规定资产投入的时间安排。

联盟合同还常常包括对于合作各方遵守合同状况的监管机制, 例如要求合作各方接受定期检查并定期汇报。[54] 有些联盟合同要求进行定期的审计, 审计可以由合作伙伴或第三方执行。还有很多联盟合同包含了合作终止条款, 即当已经不再需要合作(例如, 当合作的使命已经完成或合作的某一方改变了目标), 或者合作各方无法就分歧达成一致时可以停止合作。[55] 市场和企业战略都会随时间而变化, 因此有效的联盟合同应该具有足够的灵活性以适应这种变化, 并且为不打算继续合作的成员提供良好的退出机制。

许多联盟涉及共享股权 (equity ownership), 即每个合作伙伴都投入资本并拥有联盟中的一部分股权。股权所有权有助于协调合作伙伴的激励(因为他们的股权回报是联盟成功的一个函数), 并提供对项目的所有权和承诺感, 这

联盟网络的战略定位 [a]

越来越多的研究表明，一个企业在协作网络中的地位影响着它对信息和其他资源的获取，以及对预期结果的影响。例如，在网络中处于中心位置的企业通常被期望能够访问更多的信息，并且能够比处于更外围的企业更快地访问这些信息。在网络中占据关键中介角色的企业（例如，在两个原本不相连的集团之间充当桥梁的企业）被认为可以通过接触不同的信息（假设两个企业拥有相当不同的信息资源）和占据控制两个企业之间信息流的关键守门人位置而受益。一个企业在网络中的位置也可以作为一个有价值的信号，向其他潜在合作伙伴展示其资源的价值。例如，如果一个企业是年轻的或小的，但与重要的和创新的企业有联盟，当企业的质量难以评估时，这些联盟可以作为声誉背书。[b] 这样的认可可能会增加企业获得融资或吸引其他重要联盟的可能性。

图 8.2 列示了 1998 年全球技术联盟网络（由 SDC 联盟数据库提供的基于研究和开发的联盟、跨技术转移协定，以及 1996—1998 年形成的交叉许可协议等）的一些重要组成部分（一些最大的联盟组织）。[c] 图中上方的大的联盟组织中的企业大部分来自以电子技术（计算机硬件和软件、通信设备和服务、运输设备等）为基础的行业，图中下方的联盟网络主要是一些以化工和医药（制药、化工、医疗卫生服务、医疗器械等）为基础的企业。此外，这些联盟组织中还包括很多教育机构（主要是一些大学）。正如图 8.2 所示，一些企业（如 IBM、东芝等）加入的联盟明显比其他企业多。一个组织在联盟网络中拥有的联系数量被称为组织的"中心度"。一般来说，一个组织的中心度与其规模和优异程度有关。组织的规模和优异程度有助于确定该组织对于潜在合作者的吸引力，通常来说只有大型组织才具有掌控多个联盟的必要资源。然而，并不是说只有组织的规模大或足够优异，组织才能占据一个关键的中介地位。中介地位是指一个组织在网络中传递信息或其他资源时的重要程度，通常用"中介中心度"来衡量，它是用一个组织处在其他几组组织最短的传递线路上的次数来计算的。图 8.2 中的中介中心度得分最高的三个组织是 IBM、Eli Lilly（礼来公司）和 PPD

（Pharmaceutical Product Development Inc.，一家合同研究公司）。1996—
1998 年，PPD 只有 3 个联盟，但是图 8.2 反映了这些联盟对于整个网络的
联系有多么重要。IBM 与 PPD 连接，PPD 再与 Eli Lilly 连接，这样就在电
子技术联盟中心与化工/医药技术联盟中心之间搭建了一座桥梁。这个连
接是图 8.2 所示的两个联盟之间仅有的三个连接桥梁中的一个，并且是三
者中最中间的一个。

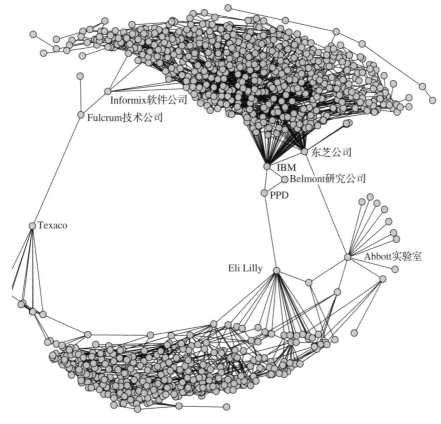

图 8.2　1998 年全球技术联盟网络（主要组成）[d]

　　人们对处于中心地位能够获得更大的好处，还是处于中介地位能获得
更大的好处，仍存在不小的争论。尽管很多学者辩论说处于中心地位的企
业可以最大限度地获取信息，并且能够最大限度地影响信息的传递，但也

有一些学者辩驳说这些处于中心地位的企业要受到它们与其他企业之间联系的限制，并建议最好还是占据一个中介位置。人们对于中介位置的好坏也有类似的争论。尽管中介可以接触到不同的信息，并充当互不相连的群组之间信息传递的"守门人"角色，但是中介从这种地位中所获得利益的大小是不确定的。有人认为中介很难充分吸收和利用这些五花八门的信息，并且建议它们最好选择全部处于一个组织而不是充当众多组织之间的联系桥梁。换句话说，与一个中介进行联系可能比做一个中介更好。然而我们一致认为，没有哪个组织想要被孤立（即不与这个网络进行联系），或者是处于"摇摆不定"的位置（即只有一个联系，因此就像一个钟摆那样挂在网络的外面）。

a 改编自 Melissa A. Schilling, "The Global Technology Collaboration Network: Structure, Trends, and Implications," New York University working paper, 2009.

b Toby E. Stuart, "Interorganizational Alliances and the Performance of Firms: A Study of Growth and Innovation Rates," *Strategic Management Journal* 21 (2000): 791–811.

c 改编自 Schilling, "The Global Technology Collaboration Network: Structure, Trends, and Implications."

d Ibid.

可以促进对联盟的监督和监控。

最后，许多联盟还依赖于关系治理（relational governance）。关系治理是基于合作伙伴的善意、信任和声誉的自我强制治理，这些善意、信任和声誉是通过在一起反复工作的共享经验逐步建立起来的。研究表明，关系治理可以帮助减少联盟的治理和监控成本，并促进联盟伙伴之间更广泛的合作、共享和学习。[56]

8.7 本章小结

1. 在技术创新的过程中，对于企业是否选择合作方式有许多影响因素。其中有一些最为重要的因素，包括：企业（或可能的合作伙伴）是否需要某些能力或资源；合作导致私有技术被潜在的竞争者窃取的可能性；对开发过程或创新成果的控制权对企业的重要程度；开发项目在企业建立自身能力或获取其他企业能力的过程中扮演什么样的角色；等等。

2. 如果企业自身已经掌握了所需的能力和其他资源，就可能选择规避合作。这样的企业希望保护私有技术不受侵犯、控制开发的进程，或者更倾向于自己进行能力的建设而不是从合作伙伴那里获取能力。

3. 合作的优势包括分担项目开发的成本和风险、资源和技术匹配、利用相互的知识转移并共同进行知识创新，以及促进共同标准的形成。

4. 战略联盟指的是一类广泛的合作活动，覆盖范围从高度结构化的合作（如合资企业）到非正式的合作。战略联盟能方便地实现合作各方间的资源匹配或能力相互转移以完成特定项目。这种能力转移通常需要各方之间广泛的协调和合作。

5. 合资企业是企业间的一种合作方式，需要大量的股本投入，并且常常以形成一个独立的企业实体的方式出现。合资企业的设立通常是为了使合作各方分担项目的成本和风险，并且合作各方很可能实现能力的共享和转移。

6. 许可涉及某项技术（或资源）使用权的买卖。不管是要获得技术（对许可证购买者来说）还是要发展自身技术（对许可证颁发者来说），许可证都是一种迅速且有效的方式，但是对企业发展新的能力难以提供帮助。

7. 外包使企业能够迅速获得其他企业的知识、规模或其他优势。企业可能将某些经营活动外包以节省企业自身完成这些经营活动所需的固定资产。外包还能提高企业的灵活性，并使企业将精力集中在其核心能力上。但是，过分依赖外包有可能使企业外强中干。

8. 可以由多方共同成立集体研究组织，共同进行高风险、大规模的先进项目的研究。

9. 不管采取哪种合作方式，都是在一系列变量之间进行取舍和权衡，这些变量包括速度、成本、控制权、发挥现有能力杠杆作用的可能性、发展新能力的可能性，或者获取其他企业能力的可能性。企业在实施合作战略之前，需要对这些做评估和权衡。

10. 成功的合作要求合作伙伴的选择满足资源匹配和战略匹配的条件。

11. 成功的合作还要求联盟建立明确并且灵活的监管机制以确保合作各方了解其权利和义务，并对合作各方权利的运用和义务的履行情况提供评估办法及必要时强制履行义务的方法。

Strategic Management of
Technological Innovation

保护创新

CRISPR-Cas9 基因编辑的专利之战

2020 年 10 月 7 日，瑞典皇家科学院将诺贝尔化学奖授予埃马纽埃尔·沙尔庞捷（Emmanuelle Charpentier）教授和珍妮弗·杜德纳（Jennifer Doudna）教授，以表彰她们对 CRISPR-Cas9 基因组编辑方法的发展做出的贡献。诺贝尔奖委员会将这种方法称为"基因剪刀"，并指出："这项技术对生命科学产生了革命性的影响，正在为新的癌症疗法做出贡献，并可能使治愈遗传性疾病的梦想成为现实。"

沙尔庞捷一直在研究化脓性链球菌（一种导致猩红热、肺炎和许多其他危及生命的感染的细菌），当时她发现了一种以前未知的分子，它是细菌古老免疫系统的一部分，被称为 CRISPR/Cas。细菌可以利用这种免疫系统通过分裂病毒的 DNA 来解除病毒的武装。2011 年，沙尔庞捷在瑞典于默奥大学（Umeå University）工作时发表了她的发现。同年，她与加州大学伯克利分校经验丰富的生物化学家珍妮弗·杜德纳发起了一项合作。[一]她们一起重建了细菌的基因剪刀，并证明了它们可以重新编程，在选定的位置切割任何 DNA 分子——它们可以重写细胞的遗传密码！

CRISPR-Cas9 提供了一种相对简单的基因修饰活细胞的方法，为治疗疾病带来了巨大的希望。最明显的机会是单基因疾病，如囊性纤维化、亨廷顿病和

[一] 新闻稿：The Nobel Prize in Chemistry 2020. The Royal Swedish Academy of Sciences, Oct. 7, 2020.

镰状细胞贫血。然而，基因编辑也可以用于解决非遗传疾病。例如，一小部分人的 CCR5 基因（一种在细胞表面制造蛋白质的基因）发生了突变，这使得艾滋病毒难以进入他们的细胞。这些人对艾滋病毒有一定的天然防护。科学家们推测，像 CRISPR-Cas9 这样的基因编辑系统可以用来给人们提供这种突变以预防艾滋病毒侵入，甚至帮助已经患有这种疾病的人消除艾滋病毒。事实上，一家名为 Sangamo 的公司已经在临床试验中使用了一种不同的基因编辑系统来尝试这一壮举。[⊖]

正如上面的例子所示，CRISPR-Cas9 并不是第一个被发现的基因编辑方法。然而，它的机制——利用细菌的固有特性——比其他正在开发的方法要简单得多。事实上，它是如此简单，以至于世界各地的研究人员和学生开始迅速地在他们的研究项目中采用 CRISPR-Cas9，并将其应用于治疗疾病、增强作物等领域。到 2020 年，CRISPR-Cas9 已经被用于对蚊子进行基因改造，使它们不能携带疟疾，并恢复肺癌一线化疗的疗效。[⊖]这是一项突破。

但是谁拥有 CRISPR-Cas9 的知识产权呢？这是一个复杂的问题。杜德纳和沙尔宠捷于 2012 年 5 月在美国专利商标局（USPTO）提交了她们的第一份 CRISPR-Cas9 专利申请，随后在美国专利商标局以及欧洲和加拿大的专利局提交了更多申请，声称 2012 年 5 月是最初的优先日。几个月后的 2012 年 12 月，由张锋领导的布罗德研究所（隶属于麻省理工学院和哈佛大学）的另一个团队也向美国专利商标局提交了 CRISPR-Cas9 的第一份（众多）专利申请，随后又向其他专利局提交了申请，声称 2012 年 12 月为优先日。由于专利申请在提交后的前 18 个月是保密的，最初两个团队都没有意识到他们在提交相互竞争的专利申请。

接下来发生的事情成了近代史上最有趣的专利战。2011 年，美国通过了《莱希 - 史密斯美国发明法案》（AIA），将专利制度从"先发明"改为"先申请"优先制度。尽管"先发明"与专利制度的根本意图更接近，但"先申请"更容

⊖ Melissa A. Schilling, "Ending HIV? Sangamo Therapeutics and Gene Editing," in *Strategic Management of Technological Innovation*, 6th ed., 167–74. (New York: McGraw Hill, 2020).

⊖ "CRISPR-Cas9: Timeline of Key Events" (2020), online: *What is biotechnology?* https://www.whatisbiotechnology.org/index.php/timeline/science/CRISPR-Cas9 [Biotechnology]; and Vincent de Grandpre and Felicia Lozon, "Making Sense of the Battle for the CRISPR-Cas9 Patent Rights," Osler, March 15, 2021, https://www.osler.com/en/resources/critical-situations/2021/making-sense-of-the-battle-for-the-crispr-cas9-patent-rights.

易验证（也更便宜），并已成为世界各地的主导制度。⊖杜德纳和沙尔庞捷在 2012 年率先提交了专利申请，因此可以理解的是，她们的专利将比张锋的专利获得优先级。然而，该法律直到 2013 年 3 月 16 日才生效，张锋要求根据"先发明"制度进行申请，声称他的发明可以追溯到法律修改之前。⊖张锋还要求加快审查，这导致他的专利申请在杜德纳和沙尔庞捷的专利申请之前被批准。更复杂的是，杜德纳和沙尔庞捷的第一篇论文只证明了 CRISPR-Cas9 在单细胞生物中的使用，而张锋团队的第一篇论文——尽管是在 7 个月后——是第一次表明 CRISPR-Cas9 可以用于真核生物（多细胞生物）。基因编辑最有价值的应用可能是应用于多细胞生物（比如人类），这是一个关键的区别。

在杜德纳和沙尔庞捷向美国专利审判和上诉委员会（PTAB）提出了几轮上诉后，PTAB 得出的结论是，这两项专利实际上并不冲突：杜德纳和沙尔庞捷将被授予使用 CRISPR-Cas9（一种单分子引导 RNA，成为使用 CRISPR-Cas9 的标准方法）的关键工具的专利，而张锋将被授予应用于多细胞生物的专利。加拿大将遵循美国做出的优先决定。然而，在欧洲，欧洲专利局对优先权日期得出了不同的结论，并将第一代 CRISPR-Cas9 专利全部授予了杜德纳和沙尔庞捷。⊜

截至 2021 年，大多数有意将 CRISPR-Cas9 商业化的各方都需要从不同的组织获得许可。例如，要开发用于人类的 CRISPR-Cas9 疗法，必须从 CRISPR Therapeutics（从沙尔庞捷处获得独家版权）、Intellia Therapeutics（从杜德纳处获得技术版权）和 Editas Medicine（从张锋处获得专利许可）获得权利。⊗许多人希望这些组织能够合作，在一个单一的组织下形成一个专利池以简化获得 CRISPR 商业化权利的过程，而布罗德研究所（张锋所在的机构）正在推动这事，并表示："复杂的专利和许可环境威胁着创新。对整个领域来说，最好的办法是各方达成一致，让该领域专注于使用 CRISPR 技术来解决当今现实世界的问题。"然而，截至 2021 年 4 月，双方尚未达成协议。

⊖ "The Debate between First to File and First to Invent," Intellectual Property: CISC356 at University of Delaware: Intellectual Property in the Digital Age. April 22, 2014, https://sites.udel.edu/cisc356/2014/04/22/the-debate-between-first-to-file-and-first-to-invent.

⊖ Nicolc Gray, "CRISPR Patent Battle Begins, Setting 'First to File' against 'First to Invent,'" *Biopharma Dive*, March 10, 2016.

⊜ Vincent M. de Grandpre and Felicia Lozon, "Making Sense of the Battle for the CRISPR-Cas9 Patent Rights."

⊗ Timothe Cynober, "CRISPR: One Patent to Rule Them All," *Labiotech*, February 11, 2019, https://www.labiotech.eu/in-depth/crispr-patent-dispute-licensing.

9.1　概述

在制定公司技术战略的时候，一个重要的事项就是决定是否及如何保护技术创新。传统上，经济学和战略管理的知识告诉我们应该严格地保护创新以使自己成为创新的最主要受益者，但实际上是否及如何保护创新是一个非常复杂的问题。有时候，不严格地保护创新反而对企业更有利，因为这样可以鼓励其他厂商（包括辅助品提供商）支持这项技术，从而促进技术的扩散，使这项技术更有可能成为主导设计。本章我们先回顾那些影响企业获取创新收益的因素，以及企业可以采取的保护创新的机制；然后，分析完全私有战略和完全开放战略，研究如何平衡保护技术和扩散技术及其一些内在的因素；最后，列举企业在制定保护创新策略方面应该考虑的一些因素。

9.2　独占性

独占性（appropriability）是指一个企业能从创新中获取租金的程度。一般来说，独占性取决于竞争对手能否容易或快速地模仿这项创新。而竞争对手模仿创新的容易程度反过来又取决于技术本身的性质，以及企业对这项创新所采取的保护机制。

有些技术的固有特性使其很难被模仿，技术背后所体现的知识可能是不常见的，并且难以被复制。一个企业特有的经历或人才库构成了一个竞争对手所不具备的专有知识。如果创新的基础是隐性知识（tacit knowledge，它不容易被编写整理成文本或程序）或社会性复杂知识（socially complex knowledge，它是通过人们之间的复杂的相互作用产生的），那么竞争对手通常就很难复制。[1]例如，一个拥有由天才科学家组成的研究团队的企业就可能有一个稀有的且难以模仿的知识库。虽然这些科学家的一些技术可以通过培训模仿获得，但"天才"通常意味着这些个体（或群体）拥有非常难以通过培训模仿的——如果不是不可能的话——自然禀赋或能力。另外，如果这个研究团队的独特能力在一定程度上是由于他们之间的相互作用而产生的话，那么这些能力就具有社会复杂性。个体间的相互作用可以极大地影响个体的感知，进而影响个体及群体的发现或学习。这些相互作用的结果是具有途径依赖性的，不同的个体组合、相互作用的时间和性质会导致不同的特性。这也就意味着由一个群体相互作用产生的知识不能被其他个体和群体所复制。

然而，许多创新相对来说比较容易被竞争者模仿，因此个体和企业通常会采取一些法律措施来保护自己的创新。大多数国家通常会提供以下几种保护知识产权的方式：专利、商标、版权和商业秘密。

9.3 专利、商标和版权

虽然专利、商标和版权都是设计出来保护知识产权的，但它们都有不同的保护对象。专利（patent）是用于保护创新的，而商标（trademark）是用于保护那些区别商品的文字或符号的，版权（copyright）则是用于保护具有原创性的艺术或文字成果的。因此对于一台典型的计算机来说，它的零部件设计是由专利来保护的，标识（比如"IBM Thinkpad"）则是由商标法来保护的，而版权则用来保护软件（在本章的后面会提到，许多软件现在也适合用专利来保护）。

知识产权保护的目的是为创造性工作提供认可和激励。例如，专利和版权为个人提供了一种法律手段以保护他们的创造性工作并从中获得奖励，作为交换，他们必须公开其工作的基础知识。公开这些知识非常重要，因为它可以帮助其他人在这些知识的基础上发展，推动技术进步和社会进步。在没有这些保护措施的情况下，人们可能更愿意对自己的发现和发明保密。

9.3.1 专利

在许多国家，发明家可以为他们的发明申请专利保护。一项发明可以是一种产品（比如一种新型电池），也可以是一种工艺（比如一种制造百吉饼的新方法）。在美国，专利被分为不同的类型，比如：一种新的和有用的工艺、机器、制造品或材料组合的实用专利；制成品的原创性外观设计专利；发现一种独特的新植物品种并进行无性繁殖的植物专利。

每个国家都有自己的专利制度，并且有不同的要求，除非专利是根据地区专利局或国际条约申请的，否则被授予的权利只适用于专利申请国。

为了获得专利，一项发明通常必须符合以下标准：

- 它必须是有用的（它必须产生理想的结果，解决问题，改进或提出现有开发的新用途，或者显示出相应的潜力）。
- 它必须是新颖的（它必须没有在公共文献中获得专利或描述或公开使用超过一年）。
- 它必须具有创造性（在专利的特定领域具有经验或技能的人无法以正常的努力实现相同的发明）。

在大多数国家，有关自然规律（如万有引力）的科学原理的发现不能申请专利，因为它们被认为是一直存在的。此外，以下内容通常是不可申请专利的：

- 用一种材料代替另一种材料（例如，用塑料代替金属）。
- 仅仅改变现有设备的大小。
- 让东西更便携。
- 用一个元素替换一个等价的元素。
- 改变物品的形状。

印刷品一般不适合申请专利，它们通常使用版权来保护，后面将会讨论这个问题。在 1998 年以前，大多数软件算法都不适合申请专利，它们一般仅适合用版权来保护。然而，1998 年美国最高法院关于支持一个基于软件算法的共同基金计算机化管理方法的专利申请的裁决打开了软件算法申请专利的闸门。1997—2000 年，关于基于软件的商业运作方法的专利申请增加率超过了700%。[2] 例如，亚马逊公司就为其 1-click 系统申请了专利，这个系统使顾客下订单变成一个流水线式的过程。[3]

为一项发明申请专利是个严肃的工作。发明者必须解释如何实现和使用这项发明，并声明这项新发明的特别之处——通常还需要有对于这项发明的描述。在美国，专利审查员会对报上来的专利申请进行检查，并可能修改申请人对于专利的主张。然后，专利会被公开一段时间，在这段时间内其他发明者可以对这项专利申请提出质疑（例如，如果他们认为这项专利侵犯了先前已批准的专利的话）。如果提出申请的专利符合授予专利的标准，专利将会被批准。从申请到批准的整个过程是漫长的。例如，从申请到批准的时间在美国是 2~5 年，在欧洲是 3~5 年，在日本是 5~6 年，在印度是 5~7 年。在产品生命周期较短的行业中，这种延迟大大降低了专利申请的有效性。这导致了一些关于如何改革专利制度以使其更有效的建议出现。

世界各地的专利申请数量都在增长，但中国的专利申请数量（迄今为止）最多，仅 2019 年就提交了超过 140 万份的专利申请（见图 9.1）。

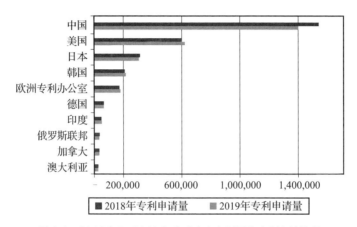

图 9.1　2018 年和 2019 年全球十大专利局的专利申请情况

资料来源：世界知识产权组织。

申请和维护专利还涉及许多费用。费用因专利局而异。在美国，一个"小实体"（如独立发明人、小型企业或非营利组织）的整个专利申请过程的申请费约为 1500 美元（"大实体"的申请费大约是这个数字的两倍），律师费为 5000~15,000 美元。在大多数国家，专利保护期为 20 年。

迈克尔·卡利（Michael Carley）、迪帕克·赫格尔（Deepak Hegde）和艾伦·马可（Alan Marco）对美国专利申请的历史成功率进行了一项重大研究，他们跟踪了 1996 年以后美国专利商标局提交的 215 万份新专利申请的历史，发现只有 55.8% 的申请获得了批准。"药品和医疗器械"领域的专利申请平均成功率最低（42.8%），"电气和电子"领域的专利申请成功率最高（66.6%）。他们还发现，小企业的成功率普遍较低，总的来说，随着时间的推移，所有类型的应用程序的成功率都在下降。[4]

主要国际专利条约

目前还没有"世界专利"，在一个国家授予的专利不会自动在其他国家提供保护。然而，在一些地区，有地区专利局（如欧洲专利局和非洲区域知识产权组织）授予某计划所有成员国有效的专利。

各国专利法存在显著差异。例如，在大多数国家，发明人在申请专利前公布关于发明的信息将被禁止获得专利权，但美国允许一年的宽限期（即发明人在申请专利前最多可以公布发明一年）。因此，如果最终要寻求国际专利保护，发明者必须在公布专利信息之前坚持更严格的专利申请标准，即使他们计划首先在美国为发明申请专利。许多国家还要求发明必须在专利授予之日起的一定时间范围内（通常是 3 年）在授予专利的国家制造。这就是所谓的"工作要求"，它有效地阻止了发明者在他们不打算在其中建立生产的国家申请发明专利。

许多发明家希望同时在许多国家申请发明专利。为了使这一点更容易，各国之间已经谈判了几项国际条约以寻求协调世界各地的专利法。其中最重要的两个是《保护工业产权巴黎公约》和《专利合作条约》。

《保护工业产权巴黎公约》（又称《优先巴黎公约》，以下简称《巴黎公约》）是截至 2021 年 3 月有 177 个国家加入的国际知识产权条约。根据《巴黎公约》，任何成员国的公民都可以在任何成员国为一项发明申请专利，并享有与发明者是这些国家公民一样的专利保护福利。也就是说，《巴黎公约》（对其成员国而言）消除了本国公民与外国公民享有的任何不同专利权。此外，条约还规定了专利和商标的"优先权"。一旦发明人在其中一个成员国申请了专利保护，该发明人就可以（在一定期限内）在所有其他成员国申请保护。实用新型专利的期限为 12 个月，外观设计专利和商标的期限为 6 个月。最重要的是，以后向这些国家提出的申请将被视为与第一次申请在同一天提出。这使发明者能够在首次提出申请后确立对在这些国家申请的任何其他专利的优先权。例如，如果一名发明家于 2003 年 1 月在马达加斯加为一项发明申请了实用新型专利，而另一名发明家于 2003 年 6 月在法国为一项非常类似的发明申请了专利，那么马达加斯加的发明家本可以在 2003 年 12 月在法国申请专利保护，并要求对法国发明的优先权。法国的发明家必须证明自己的发明与马达加斯加的发明有实质性的不同，否则法国的发明家的专利将被驳回。

如前所述，在许多国家，一项发明的公开披露使该发明随后不可能获得专利。然而，根据《巴黎公约》确立的优先权，发明人在其中一个成员国申请发明专利后，就可以公开披露关于该发明的信息，而不会失去在其他国家获得发明专利的权利——每一项专利申请都将被视为与第一次申请同时进行，因此就像在公开披露之前申请一样。如果没有这项条约，发明人几乎不可能先在美国申请发明专利，然后再在其他国家申请，因为美国的专利申请是向公众开放的。

另一个非常重要的国际专利条约是《专利合作条约》（PCT）。该条约为在多个国家申请专利提供了便利。发明人可以向单一 PCT 政府受理局申请专利，该申请保留发明人在 153 个国家申请专利保护的权利，并且时间长达两年半。一旦发明人提交了申请，PCT 管辖的专利检索办公室将对该申请进行专利检索（这种检索将验证该发明不受优先权的约束）。一旦完成检索，发明人可以选择进入程序的第二章——PCT 政府部门根据《专利合作条约》的标准评估发明的专利。最终，发明人必须在其申请的每个国家专利局提交 PCT 申请保护。

提交一份 PCT 申请有许多好处。首先，申请 PCT 专利的发明人可以选择以后向多个国家申请，而不必承担这些申请的费用。通过 PCT 申请，发明人可以在多个国家确定申请日期（保护发明人对以后的权利要求的优先权），同时只需支付单一的 PCT 申请费，而不是众多的国家申请费。尽管发明人最终必须在寻求保护的国家支付国家申请费，但发明人可以推迟支付这些费用。因此，发明人有时间评估专利被授予的可能性和发明的潜在盈利能力。如果 PCT 程序表明专利将不会被授予，或者如果该发明似乎获得回报的潜力有限，发明人可以放弃向国家专利局申请的费用。

PCT 程序的另一个优点是它有助于使专利申请的结果更加统一。虽然个别国家不需要向 PCT 主管机关授予专利的发明授予专利，但 PCT 授予专利为个别国家主管机关授予专利提供了有说服力的证据。

专利战略

人们通常认为，发明人寻求专利是因为他们希望自己制造和销售发明。然而，发明人和企业可以通过一系列不同的方式将专利货币化，包括将技术授权给其他人或将专利权出售给另一家能够更好地利用该技术的企业。[5]此外，尽管传统观点认为，大多数发明人更愿意在专利授予之前对发明的细节保密（以防止竞争对手获得他们的专有知识），但事实并非如此。斯图尔特·格拉汉姆（Stuart Graham）和迪帕克·赫格尔（Deepak Hegde）的一项研究发现，绝大多数专利权人更愿意在获得授权之前披露他们的专利申请。所有主要技术领域的发明人都表现出对早期披露的偏好，大概是因为这可以让他们向竞争对手、外部投资者和潜在的被许可人宣传他们的发明的质量和范围。通过专利申请进行的公开还确定了专利权人可以享有临时专利权的日期。[6]

企业寻求专利也可能只是为了限制竞争对手的选择，或者通过积极的专利诉讼来赚取收入。这些行为有时被称为"专利欺诈"（patent trolling）。专利欺诈者拥有专利的主要目的是向其他企业勒索钱财。例如，一个专利欺诈者可能会从一家破产企业购买一项专利，然后起诉另一家企业，声称后者侵犯了他购买的专利权。苹果公司声称自己是专利欺诈者的头号目标，在 2011 年至 2014 年期间面临了近 100 起诉讼。[7] 在美国，仅在 2020 年，专利主张实体（从第三方获得专利，并试图通过瞄准那些使用可能受到专利保护的技术的人来创收的企业）就提起了 1656 起诉讼。[8] 这种掠夺性的行为已经引发了美国联邦政府的努力：政府将严格控制专利授予，并对虚假专利诉讼进行处罚。[9]

在计算机、软件和电信等技术复杂的行业中，被称为"专利丛林"（patent thickets）的专利重叠的密集网络使企业很难在不成为该技术领域其他企业专利诉讼的牺牲品的情况下进行竞争。这可能会严重扼杀创新，并导致一些企业采取相当奇特的策略——购买大量专利以建立战争基金，希望以此来阻止其他企业的专利攻击。例如，2011 年，破产的北电网络拍卖了其大量的专利组合。拍卖由一个名为 Rockstar Bidco 的财团赢得，该财团包括微软、苹果、RIM、索尼和爱立信，他们为战争基金支付了 45 亿美元，击败了出价 44 亿美元的谷歌。谷歌随后购买了 1030 项 IBM 专利，涵盖了一系列技术，从微处理芯片的制造、面向对象编程到其他业务流程。这些专利对谷歌的业务并不是直接必要的；相反，它们对其他可能通过专利诉讼攻击谷歌的企业构成了威胁。[10] 同年，谷歌还以 125 亿美元的价格收购了摩托罗拉，人们普遍认为这次收购几乎完全是为了购买摩托罗拉的专利，这将增强谷歌在北电专利诉讼中的地位。[11] 2013 年 10 月，Rockstar Bidco 证实了谷歌的担忧，它对谷歌和七家生产谷歌 Android 操作系统手机的企业提起诉讼。[12] 谷歌根据自己的专利提起反诉。2014 年 11 月，有报道称谷歌和 Rockstar Bidco 已经达成和解。[13]

9.3.2　商标和服务标记

商标是用于区别一方的商品与另一方的商品的文字、短语、设计或其他标记。许多计算机上的"Intel Inside"标识语就是一个商标，人们所熟悉的耐克公司的"Swoosh"也是商标。服务标记同商标基本上是相同的，但它特指一个服务提供商而不是产品制造商的标识。通常我们所指的商标涵盖了服务标记。

商标和服务标记可镶嵌在任何可以被人类五官识别的指示物中。它通常包含在可被视觉识别的指示物中，如文字、图形等。然而，它也可能是通过其他器官来识别的，如声音（某些企业或品牌的商标有特殊的音调）或味觉（如香水）。商标权可以阻止其他人以类似的标识来制造混淆，不过它不能阻止其他企业以明显不同的商标销售相同的商品和服务。

在大多数国家，商标或服务标志的权利是在商标的合法使用中确立的，不需要注册。然而，注册提供了几个优点。首先，注册商标提供了注册人对商标所有权主张的公开通知。其次，在美国联邦法院起诉商标侵权之前，商标必须注册。最后，注册可以用来确立商标的国际权利，就像在美国注册可以用来在其他国家注册一样，并保护商标不受进口产品的侵犯。截至 2021 年 4 月，美国专利商标局对商标注册收取 275 美元至 650 美元的申请费。通常需要 10~16 个月才能收到美国专利商标局的认证，但商标注册所提供的保护从申请之日开始。与专利和版权不同，商标保护可以在商标使用期间持续，但注册需要定期更新。

主要的国际商标条约

几乎所有国家都提供某种形式的商标注册和保护。国家或地区办事处拥有一份商标登记册，其中载有所有商标注册和续展的信息。为了消除在每个国家（或地区）分别注册的需要，世界知识产权组织管理着一个受两项条约管辖的商标国际注册制度：《商标国际注册马德里协定》（以下简称《马德里协定》）和《马德里议定书》。加入《马德里协定》或《马德里议定书》中的一个（或两个）的国家是马德里联盟的一部分。任何居住在马德里联盟国家的公民或在该国设有机构的个人都可以向该国商标局注册，并获得在申请人选择的任何其他马德里联盟国家提供保护的国际注册。截至 2019 年 6 月，马德里联盟共有 104 个成员国。

9.3.3 版权

版权是对作者作品的某种保护形式。在美国，原创性文学作品、戏剧、音乐、艺术作品和其他特定的作品可以得到版权保护。[14] 与商标类似，版权保护的权利是通过对作品的合法使用而确立的。版权的获得与否与作品是否公开发表无关，其他人不可以制作或传播获得版权的作品。1976 年的美国《版权法案》的第 106 条规定版权的拥有者有下列专属权利（可以授权给别人）：

- 以副本或唱片的形式复制作品。
- 以现有作品为基础创作衍生作品。
- 以销售、转让所有权及出借或租赁等形式向公众发布作品的副本或唱片。
- 公开表演文字、音乐、戏剧、舞蹈、手势、动作照片和其他视听形式作品。
- 公开展示已获版权的文字、音乐、戏剧、舞蹈、手势、画报、图表、雕刻、包括个人照片在内的动作照片或其他视听形式作品。
- 以数字式音频传送的方式公开表演录制的声音作品。

然而，这些权利是有限制的。特别是在美国合理使用原则规定，大多数出于批评、评论、新闻报道、教学、学术和研究目的而使用受版权保护的作品并不构成对版权的侵犯。另外，一些形式的作品也不能获得版权保护。例如，还未能以某种可接触的形式表达出来的作品不适于版权保护（如没有记录的即席演讲）。标题、名字、短语、口号、成分列表等也不适于版权保护。

与专利保护不同，版权保护在符合条件的作品首次创作并固定在副本或唱片中时自动得到保护。人们无须在版权局进行出版或注册就可获得版权，但注册版权有好处，因为它建立了版权主张的公共记录，并且是在向法院提起侵权诉讼之前所必需的。截至 2021 年 4 月，美国版权局的基本版权在线注册费用为 35 美元，大约需要 3~10 个月才能收到注册证书。

在美国，1978 年以前，一个版权从其获得后开始算仅有 28 年的保护期（不过，最后一年作者可以选择是否续注册另一个额外的保护期）。然而，修订后的美国《版权法案》给予 1978 年后创作的作品的保护期为作者终身及其死亡后 70 年。

全球版权保护

与专利和商标一样，没有任何国际版权法在全世界范围内自动保护作者的作品。版权保护因国而异。然而，大多数国家都对国内和国外的作品提供版权保护，并且有国际版权条约来简化获得这种保护的过程。其中最重要的是《伯尔尼保护文学和艺术财产联盟》（又称《伯尔尼公约》）。《伯尔尼公约》规定了所有成员国的最低版权保护水平，并要求成员国向本国公民和外国公民提供同样的保护。其他条约包括《世界版权公约》（UCC）、《保护表演者、录音制品制作者和广播组织罗马公约》、《发送卫星传输节目信号布鲁塞尔公约》和《世界知识产权组织版权条约》。

9.4 商业秘密

由于申请专利需要公开产品或流程的详细的技术信息，因此发明人或企业通常更愿意采用商业秘密的形式来保护自己的知识产权。商业秘密（trade secret）是指属于一个企业且不为他人所知的信息。由于商业秘密不需要受专利法严格的要求约束，因此能够为更多种类的资产和活动提供保护。比如，饮料的配方是不能申请专利的，但它可以被认为是一种商业秘密。商业秘密法的历史可以追溯到罗马法中关于惩罚引诱他人泄露雇主经营事务细节的条款。[15]

一项信息要成为商业秘密通常要符合两个条件：①能为企业带来以经济租金形式表现出来的独特优势；②这项信息只有保持秘密状态才能有价值。比如，一个企业的顾客信息、营销策略或制造工艺等信息可以称为商业秘密。商业秘密法保护这些信息不被另一方错误地获取。在美国，商业秘密法是在州一级实施的，但《统一商业秘密法》试图使这些法律在州与州之间保持一致。

根据《统一商业秘密法》，信息要符合商业秘密的以下三个标准：

- 必须不是众所周知的或已经可以通过合法手段获得的。
- 必须具有经济价值且其价值依赖于它的秘密性。
- 信息的拥有者必须采取合理的措施对其进行保护。

如果信息符合这些标准，《统一商业秘密法》规定，在信息所有者并未许可他人使用信息的情况下，信息所有者可阻止其他人从该信息中受益。具体而言，该法案规定，任何个人或团体在满足以下任何条件的情况下，都不能在未经所有者授权的情况下复制、使用或以其他方式受益于商业秘密：

- 他们负有保护的义务（如雇员、律师）。
- 他们签署了保密协议。
- 他们以不正当的方式（如偷窃或抢劫）获得秘密。
- 他们从没有权利泄露该项信息的人手中获取此信息。
- 他们不小心获得了信息，但有理由相信他们知道的这项信息是受商业秘密法保护的。

在美国的大多数州，如果某项商业秘密的所有者相信他方偷窃或不正当地泄露了自己的商业秘密，则可以要求法庭颁布禁令禁止对方进一步使用该项秘密，并且他们还可以进一步就任何因他方不正当使用该项商业秘密所造成的经济损失要求索赔。例如，2002 年 11 月，宝洁公司控告宝来齐公司（Potlatch Corporation）以雇用两名宝洁前纸制品制造专家的方式偷窃了该公司 Bounty 纸巾和 Charmin 浴巾的生产方法的商业秘密。宝来齐公司是一家大型私有制造商，要为 Albersons 和 Safeway 等杂货品连锁店制造厕纸、擦面纸、餐巾纸和纸巾。2003 年 3 月，两家公司达成了庭外和解，不过协议的具体内容并没有对外公布。[16]

9.5 保护创新机制的有效性及其应用

保护创新机制的有效性在产业内和产业间有着很大的差异性。[17]在一些行业，比如制药行业，像专利这样的法律保护机制是非常有效的。但在另一些行业，比如电子行业，专利和版权所能提供的保护就相对比较小，因为其他公司可以在不侵犯专利权的情况下围绕专利进行发明（比如"理论应用"专栏所描述的 IBM 个人计算机所遭遇的情况）。另外，众所周知，要执行保护制造技术等工业过程的专利也很困难。如果专利不能提供有效保护，企业通常会依赖商业秘密；然而，商业秘密保护的有效性也会因技术的特性及产业环境的不同而大不相同。为了保护一项商业秘密，企业必须做到在展示其产品的同时不能泄露背后的技术，但在许多情况下，公开了产品就等于公开了一切。

在一些竞争性环境中，企业更愿意自由地扩散技术而不是保护它。如果一个产业具有报酬递增的特性，企业有时选择自由地扩散技术以增加这些技术成为主导设计的可能性。我们在第 4 章讨论到，学习曲线效应和网络的外溢性可以使一些行业呈现随着采用者的增加而出现报酬递增的情况：一项技术的使用者越多，就越有价值。[18]这种效应会导致一种赢家通吃的局面并形成自然垄断。一个企业控制了这项标准，就可以获得垄断租金并对其所在行业及相关行业有着明显的方向性控制。[19]

这种令人羡慕的结果是非常有利可图的，企业可能会愿意牺牲短期的利益来增加它的技术成为主导设计的可能性。因此，企业会自由地扩散技术 [比如，通过开源软件（open source software）或自由许可协议] 来促进技术的繁殖及进入一个自我增强的良性循环以使其成为一种主导设计。然而，企业这样做通常会面临一种困境：技术被自由地泄露给竞争对手，企业因而失去了在技术成为主导设计时获取垄断租金的可能性。另外，一旦失去了技术的控制权，想再夺回来就很困难了。最后，技术的自由扩散可能导致整个技术平台的碎片化：不同生产商会根据自己的需求改进技术，从而使技术分裂成许多非标准化的版本（比如 UNIX，本章后面将会做更详细的解释）。为了平衡这些矛盾，企业通常会采取部分保护创新的策略，即在完全私有系统和完全开放系统之间选择一个平衡点。

9.5.1 完全私有系统与完全开放系统

完全私有系统（wholly proprietary system）是指技术归企业所有，并通过一系列的专利、版权、商业秘密及其他机制保护它。这些技术一般只能由开发者合法地使用或扩展。完全私有系统通常同其他厂商的产品不能兼容。由于这些产品的生产是基于受保护的技术的，其他厂商通常不能为完全私有系统开发部件。完全私有系统使其开发者有机会从技术中获取租金。然而，它也使用户因为高成本及不能同其他部件兼容而不愿意采用它。

完全开放系统（wholly open system）是指一项产品或流程所采用的技术

没有使用专利、版权或商业秘密等机制加以保护。它可能是基于现有的标准或新开发出来的自由开放式技术。完全开放的技术可以被任何人自由获得、扩展和传送。这种技术的商业化通常很快，但开发者很难获得足够的回报。

许多技术系统都介于完全私有和完全开放之间，它们是部分开放的，但同时又有一些保护机制加以限制。因此，从一个完全私有到完全开放的连续系统的角度出发考虑问题是很有用的（见图9.2）。比如，大多数主流的视频游戏机厂商对它们的游戏机采用完全私有系统（如任天堂、索尼和微软），但它们的游戏却有有限的许可权。这种许可政策是为了鼓励其他开发商为游戏机开发游戏软件，同时保持游戏机厂商对游戏强有力的控制权。所有为游戏机开发的游戏在商业化前都必须得到游戏机厂商的许可。例如，微软的 Xbox 游戏开发商必须先申请"Xbox 注册开发项目"（对于大的游戏软件开发商）或"Xbox 孵化项目"（对于小型或新的游戏软件开发商）。游戏软件开发商只有获准参加了这两个项目的其中之一，才有可能获得相关的开发工具，但这还不能保证它们所开发的游戏最终得到批准。游戏最终批准还有一个独立且严格的流程。

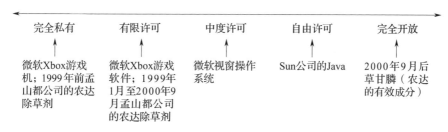

图 9.2　从完全私有到完全开放的连续系统的例子

与游戏机不同，微软的视窗操作系统相当开放。视窗是有版权保护的，微软对视窗的升级拥有排他性的控制权；但微软同时也允许辅助软件开发商获取部分源代码以开发辅助软件，另外它许可这些厂商生产辅助的应用软件，并许可硬件厂商以原始设备制造商（original equipment manufacturer，OEM）的方式捆绑销售它的软件。那些得到许可的厂商可以销售它们开发的基于视窗的应用软件或捆绑的视窗硬件，但不能扩展它。例如，应用软件开发商可以生产和销售在视窗下使用的应用软件，只要这些应用软件没有影响视窗本身的功能即可。

Sun 针对 Java 的"社区源代码"（相对于"开源"）政策更加开放。此策略允许任何人立即访问 Java 的完整源代码，并允许用户基于该代码开发商业应用程序，或者扩展代码。这些开发者无须向 Sun 支付授权费用。但是，对 Java 核心结构的任何扩充都必须得到 Sun 管理的"Java 社区进程"（Java Community Process）的批准。Sun 的"社区源"原则旨在鼓励更广泛的软件社区改进 Java 并开发互补的应用程序，但它允许 Sun 保留对核心平台的一些控制以确保平台不会因为软件社区的非管理开发而变得支离破碎。

许多曾经完全专有或部分开放的技术的专利或版权一旦到期，就会完全开放。例如，孟山都公司高利润的农达除草剂是基于一种名为草甘膦的专利化学成分。这种作用极强的除草剂被 100 多个国家的农民使用，在孟山都的销售额中占了很大一部分。[20] 然而，面对即将到期的专利，1999 年孟山都开始将草甘膦生产的权利授权给其他几家公司（包括陶氏农业科学公司、杜邦公司和诺华公司）。2000 年 9 月，草甘膦的美国专利到期，任何化学公司都可以在美国自由生产和销售基于草甘膦的除草剂，草甘膦成为一项完全开放的技术。

理论应用

IBM 与"克隆人"的进攻

1980 年，IBM 迅速地发布了自己的个人计算机（PC）。20 世纪 70 年代个人计算机刚推出时，大多数的主流计算机厂商都认为这是供少数计算机爱好者所需的特殊商品。让每个人的桌子上都有一台计算机在那时还是一个看起来很不切实际的想法。但当这个行业的销售额达到 10 亿美元的时候，IBM 坐不住了，它生怕自己在这个可能成为计算机行业主流的市场上无一席之地。为了尽早地开发出自己的个人计算机，IBM 大量使用了其他供应商的现成部件，比如英特尔的 8088 处理器和微软的软件。IBM 一开始并不担心有人仿冒它们的产品，因为它拥有"基本输入 / 输出系统"（BIOS）的知识产权。BIOS 是连接计算机硬件和软件的代码，它由版权加以保护。如果其他公司复制了 IBM 的 BIOS 代码，它就侵犯了 IBM 的版权，并会招致 IBM 法律部门的穷追猛打。

然而，围绕 IBM 的版权进行创新并不困难。版权虽然保护了那些代码，但并不能保护这些代码所产生的功能。康柏公司首先通过几个月的努力，用反求工程的方法测出了 IBM 的 BIOS 的每项功能，而这并没有侵犯 IBM 的版权。首先康柏的软件团队在不使用产生功能的源代码的情况下，记录出每个给定命令下 IBM 计算机的功能。康柏所求出的功能列表被送到了一个被称为"处女"的软件开发小组（小组成员绝对可以证明没有接触过 IBM 的 BIOS 代码）。[a] 这些程序员仔细研究了功能列表，并用自己的代码编出了具有相同功能的程序。一个与 IBM BIOS 具有完全相同功能的合法新 BIOS 就这样制成了。第一年康柏的销售量就打破了 IBM 兼容机每年 47000 台的纪录，而其他的"克隆人"也迅速地跟进。

a　Robert Cringely, *Accidental Empires* (New York: HarperCollins,1992).

9.5.2　保护的优点

由于私有系统提供了更大的租金可使用性，它们的开发人员通常有更多的资金和动力投资于技术开发、推广和分发。如果一家企业是其技术成功的主要受益者，它就有更大的动力进一步投资这项技术的开发。这项技术的利润可以直接再投资于这项技术的进一步改进。专利技术的赞助者也可能采用渗透定价策略（即它可能以低价或免费提供技术）来迅速建立其用户保有量，它可能在广告上投入大量资金来提高技术的知名度，甚至可能补贴互补品的生产以提高其技术对客户的吸引力。一家企业可能愿意在短期内赔钱以确保该技术作为标准的地位，因为一旦该技术成为标准，回报将是巨大而持久的。相比之下，当多家企业可以开发一项技术时，短期内为了将其推广为标准而在该技术上赔钱是非常危险的，因为收益的长期分配是不确定的。虽然技术的开发者可能承担了开发技术的大部分成本，但多个企业可能会争夺从技术上获得的利润。

保护技术也使开发中的企业在架构上控制技术。架构控制（architectural control）是指企业确定技术结构和运作的能力，以及它与其他商品和服务的兼容性。它还指企业指导该技术未来发展道路的能力。架构控制可能非常有价值，特别是对于与其他商品和服务的兼容性非常重要的技术。通过控制技术的架构，企业可以确保该技术与自己的补体兼容，同时也可以限制其与其他补体的兼容性。[21] 企业还可以控制技术升级或改进的速度、其在发展过程中遵循的路径及它与前几代技术的兼容性。如果选择该技术作为主导设计，对该技术具有架构控制的公司可以对整个行业产生巨大影响。通过选择性兼容，它可以影响哪些企业做得好及哪些企业做得不好，还可以确保它有许多不同的途径从平台上获利。

微软（Microsoft）的 Windows 操作系统是这一战略的典型体现。由于 Windows 是个人电脑市场上占主导地位的操作系统，而且它是电脑硬件和软件之间的接口，微软对个人电脑系统的发展拥有相当大的市场力量和架构控制。除此之外，微软已经能够将更多的实用程序合并到核心程序中，从而扩展并接管了许多其他软件组件的角色。一旦用户购买了操作系统，就会发现卸载程序、磁盘压缩程序和内存管理程序是分开的，但 Windows 95 和 Windows 98 将所有这些产品和更多的产品集成到操作系统中。这种"功能蔓延"对行业竞争产生了重大影响；许多公用事业生产商，如 Qualitas、Stac Electronics、Microhelp、Quarterdeck 等都被迫放弃了它们曾经盈利的产品。

9.5.3　技术扩散的优点

推广一项技术而不是保护它的主要理由是技术可能会更快速地被采用。如果有多家企业生产、分销和推广技术，技术的用户保有量可能会比一家企业单独负责这些活动更快地积累起来。生产商之间的竞争可能会压低技术价格，使其对客户更具吸引力。如果有多家企业支持这项技术，客户和互补品供应商也可能认为这项技术更好（或它的未来更确定）。这种看法可以导致客户和互补品供应商更快地采用该技术，这进一步刺激更多的企业支持该技术。因此，自由扩散策略可以促使用户保有量增长和提升互补品的可用性。[22]

谷歌采用了一种自由的扩散策略，帮助其智能手机 Android 操作系统得到广泛采用。谷歌对 Android 的自由许可政策吸引了许多手机制造商和应用程序开发人员使用该系统，使其生态系统迅速增长。一个拥有更多手机型号、价格点和应用程序的更大的生态系统反过来又吸引了更广泛的客户。

开放技术还可以从赞助公司外部各方的集体开发努力中受益。例如，Netscape Navigator、UNIX 和 Linux 都是从外部开发中获益良多的技术。通过将源代码免费提供给广大的开发人员，这些技术的开发企业可以从技术中受益，这些技术获得了优势，即拥有比原始开发人员聚集的更大的人才库和资源以用于改进技术。

然而，外部开发会带来一些成本和风险。首先，外部发展通常缺乏协调。外部开发者可能对技术有不同的目标；他们可能会在不同的甚至可能相互冲突的方向上工作，而不是一起朝着某个技术未来可能实现的统一愿景努力。[23] 他们的大部分工作可能是多余的，因为不同的外部开发人员在没有相互沟通的情况下解决相同的问题。最后，是否以及如何将这些改进纳入技术并传播给该技术的其他用户可能存在问题。UNIX 就是一个很好的例子。

UNIX 是 AT&T 贝尔实验室在 1969 年首次开发的操作系统。尽管美国司法部（Department of Justice）发布了一项禁令，禁止 AT&T 在商业上销售软件，但它通过授权协议提供了该产品的源代码。早期的被许可方（特别是加州大学伯克利分校）开始根据自己的目的使用和调整软件，导致出现了许多不兼容的软件版本。尽管软件社区多次尝试将 UNIX 操作语言标准化，但都失败了。AT&T 还对几个 UNIX 变体的商业化提出了挑战，但毫无用处。最终，AT&T 将负责 UNIX 的部门卖给了 Novell，而 Novell 将 UNIX 商标的权利交给了 X/Open 标准制定机构。[24]

考虑到保护和扩散一项技术的优势（和风险），企业在决定是否以及在多大程度上应该保护其创新时，必须仔细考虑以下因素。

生产能力、营销能力和资本

如果企业不能制造出足够多的高质量产品（或者不能把它们强力推向市场），那么采取严格的保护机制从而使企业成为技术的独家供应商会严重阻碍技术的采用。例如，JVC 在推广其 VHS 标准录像机时，意识到自己在生产和营销方面的能力同索尼公司（索尼公司推广的是 Beta 制式的录像机）相比有很大的差距。JVC 通过一系列广泛的许可和 OEM 协议把日立、松下、三菱和夏普捆绑到一起来提高此项技术的扩散速度。

类似的，如果互补品影响技术对用户的价值，那么该企业必须能够生产足够数量的互补品，或者由其他企业赞助这些产品的生产，或者通过更开放的技术战略鼓励集体生产互补品。在美国电子游戏行业中，唯一成功的企业是那些能够自己制作游戏（确保在主机发布时能够获得广泛的游戏）和鼓励第三方开发游戏（确保游戏数量快速增长）的企业。任天堂和世嘉都有街机游戏的经验，因此拥有丰富的游戏开发经验。微软长期以来一直是基于 PC 的视频游戏生产商，所以它有一些游戏开发经验。它还收购了一些小游戏开发商（如 Bungie）以扩大其开发主机类游戏的专业知识。[25] 索尼之前没有游戏经验，但它积极收购内部开发者，授权外部开发者，并与 Metrowerks 合作，提供开发者工具，让外部开发者更容易制作 PlayStation 游戏。如果一个企业缺乏生产能力或专业知识来生产足够范围的互补品，或者缺乏迅速获得这种能力的资本，它就应该通过更开放的技术战略和利用赞助形式鼓励集体生产互补品。

行业反对单一来源技术

有时，其他行业成员能够施加强大的压力来反对采用某一项技术——该技术将给予一个（或几个）生产者不适当的控制权，导致仅限于此类生产的技术被拒绝或产生比开放的技术更激烈的争夺。索尼和飞利浦的超级音频 CD（SACD）音频格式就是这样。索尼和飞利浦共同创造了最初的 CD 格式，并分享了每台 CD 播放机的版税，共计数亿美元。世界上其他领先的消费电子产品生产商（包括日立、JVC、松下、三菱和东芝）和唱片生产商（包括时代华纳和西格莱姆的环球音乐集团）联合起来组成了数字视频磁盘（DVD）音频联盟。该联盟的目的是推广 DVD 音频标准，旨在取代 CD，并使版税能够在控制专利的 10 家企业之间分配。[26] 观察人士指出，该联盟成立的一个驱动力是防止索尼和飞利浦控制新一代音频格式。企业在制定其技术战略时，需要考虑行业对单一来源技术的反对程度。如果该行业能够提出重大的反对意见，企业可能需要考虑更开放的技术战略以提高该技术被选为主导设计的可能性。

内部开发资源

如果一个企业没有重要的资源（资本、技术专业知识）来投资于技术的功能，就很难开发出具有市场认为有吸引力的初始性能水平和改进速度的技术。在这种情况下，通过使用更开放的技术策略来利用其他企业（或个人）的外部开发工作是有价值的。例如，当网景发现自己在与微软竞争浏览器性能时，它在人力资源和资本方面都处于巨大的劣势。微软有大量的内部开发人员和大量的资金来投资 Explorer；网景不可能在内部拥有与之匹配的资源。相反，网景向外部开发社区提供源代码，并将其他开发人员的改进整合到 Navigator 产品中，从而利用了他们。

碎片控制

对于标准化和兼容性很重要的技术，保持核心产品的完整性是绝对必要的，而外部开发可能会使其处于风险之中。正如 UNIX 示例所说明的那样，如果开发企业放弃对技术开发的所有控制，那么该技术将没有能够规划其发展轨迹并确保单一标准保持完整的权威。这表明，任何需要标准化和兼容性的技术的开发人员都应该保留对技术的某种程度的控制，或者找到 / 建立另一个有权这样做的管理机构。

架构控制的激励措施

对技术发展的架构控制总是有价值的；然而，如果一家企业是相关技术的重要补充生产者，它就变得特别有价值。具有架构控制的企业通常可以将技术设计为与自己的互补技术兼容，而与竞争对手的互补技术不兼容。如果选择该技术作为主导设计，这种架构控制可以确保企业在互补品生产中获得最大份额的回报。此外，通过使技术选择性地与某些竞争对手兼容，而不是与其他竞争对手兼容，企业可以在竞争领域发挥巨大的影响力。

架构控制还可以使企业能够指导投入到技术中的开发工作，从而利用企业的核心竞争力。技术轨迹具有路径依赖性——技术进化中的小事件会让技术向意想不到的方向倾斜。一个企业在一个特定的发展路径中有重要的利益关系（例如，它的技术能力比其他潜在的发展路径更适合某一条发展路径），它可能会高度重视架构控制，这可以使它通过拒绝先驱进入市场来选择或破坏不太有利的发展路径。

9.6　本章小结

1. 企业获取的创新租金很大程度上取决于竞争对手能否快速及容易地模仿这项创新。有些创新的特质决定了它是难以被模仿的，而另一些创新则是由于企业采取了一些保护创新的机制而使其难以被模仿。

2. 大多数国家主要采取专利、商标和版权这三种法律机制来保护创新。每一种机制用于保护不同的作品或商品。

3. 国际上有许多条约来协调不同国家的专利、商标和版权的法律。大多数国家现在都有某种形式的专利、商标和版权的相关法律，在一些情况下这些法律保护还能自然地延伸到多个国家。

4. 商业秘密为创新提供了另一种保护机制。企业以商业秘密的方式保护知识产权，在他人错误地获取和使用这些知识产权的时候需要求助于法律手段。

5. 用法律机制来保护创新在一些行业比较有效，在另一些行业围绕专利或版权进行发明比较容易。类似的，在一些行业几乎不可能用商业秘密的方式来保护创新，因为商业化创新也就意味着揭露背后的技术。

6. 有时候选择是保护还是开放技术并不容易，两种战略都能带来潜在的优势。许多企业既不完全开放也不完全私有化技术，而是采用部分开放的战略。

7. 保护创新使企业能够获得大部分的创新收益。这些收益可能会被投入技术的进一步开发、升级和生产互补品中。

8. 保护创新还能让企业保留架构控制能力，使企业能够引导技术的开发，决定与其他产品的兼容性，并阻止因为其他企业介入生产而导致产生相互不兼容的不同版本的技术。

9. 扩散技术可以鼓励多家企业开发、传播和推广技术，从而加速技术的发展和扩散。在通过采用而获得越来越多回报的行业中，技术扩散尤其有用。当企业没有足够的资源成为一种商品的唯一开发者、生产商、分销商和营销者时，这种方法也很有用。

第 3 部分

技术创新战略的实施

在本节中，我们将介绍实施技术创新战略的关键方面，包括：

- 构建企业以提高其创新的可能性、新产品开发的有效性和新产品开发的速度。

- 管理新产品开发流程，最大限度地满足用户需求，同时最小化开发周期并控制开发成本。

- 组建、组织和管理新产品开发团队，最大限度地提高新产品开发效率。

- 制定有效地将创新部署到市场的策略，包括时机、许可策略、定价策略、分销和营销。

技术创新战略的实施

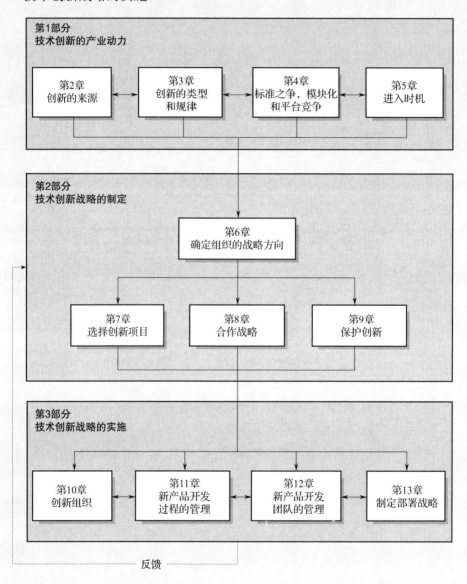

第1部分
技术创新的产业动力

第2章
创新的来源

第3章
创新的类型
和规律

第4章
标准之争，模块化
和平台竞争

第5章
进入时机

第2部分
技术创新战略的制定

第6章
确定组织的战略方向

第7章
选择创新项目

第8章
合作战略

第9章
保护创新

第3部分
技术创新战略的实施

第10章
创新组织

第11章
新产品开发
过程的管理

第12章
新产品开发
团队的管理

第13章
制定部署战略

反馈

10

**Strategic Management of
Technological Innovation**

创新组织

苹果公司的创新组织

截至 2021 年，苹果公司是全球营收最多的科技公司（2020 年为 2745 亿
美元[⊖]），也是全球市值最高的公司（截至 2021 年 3 月超过 2 万亿美元[⊜]）。
苹果公司生产一系列标志性产品，包括 Macintosh（麦金塔）个人电脑、
iPhone、iPod、iPad、Apple Watch、Apple TV、iTunes、iMovie、GarageBand
等。苹果公司通常会设计产品的硬件和软件，甚至运营自己的商店。

考虑到苹果公司的规模和范围，人们可能会认为它是一个多部门的结构，
包括基于产品（智能手机、电脑、音乐、应用程序等）的业务部门，也可能有
地理划分（如北美、欧洲、亚洲等）。虽然许多企业最初只有一个简单的职能
结构（即部门的设计基于制造、营销和人力资源等职能），但通常情况下，随
着组织的发展和变得更加复杂，这个简单的职能结构被重组为基于产品和 / 或
市场的多部门结构。这些业务部门的领导者通常控制着它们的关键职能，并对
它们的业绩负责。[⊜]这使大型组织的行为更像小型组织的联盟，同时使它能够
将注意力集中在关键市场上，并（希望）帮助它保持敏捷。

史蒂夫·乔布斯和史蒂夫·沃兹尼亚克（Steve Wozniak）于 1976 年创立

⊖ "https://finance.yahoo.com/quote/AAPL/financials?p=AAPL.

⊜ CNBC. "Apple becomes first U.S. company to reach a $2 trillion market cap." Accessed March 16, 2021.

⊜ Alfred D. Chandler, Strategy and structure: Chapters in the history of the American industrial enterprise (M.I.T. Press, Cambridge,
1962); Charles Hill, Melissa A. Schilling, Gareth A. Jones, *Strategic Management: An Integrated Approach*, 13th ed. (Boston, MA:
Cengage Learning, 2019).

了苹果公司，但史蒂夫·乔布斯在董事会和时任首席执行官约翰·斯库利（John Scully）剥夺了他在公司的权力和职责后，于 1985 年辞职。然而，没有了这位无畏的领袖，苹果公司的发展并不顺利。在经历了十多年的业绩下滑之后，乔布斯同意回归。当乔布斯 1997 年回到苹果公司时，他建立了一个多部门的组织，由总经理管理各个部门，专门负责 Macintosh、信息设备、服务器等产品。⊖ 然而，苹果公司正在努力开发下一代 Mac 操作系统（它已经投资了 5 亿美元，但经历了多次延迟，仍然没有一个可以投入市场的产品），并遭受了巨大的损失。许多人预测苹果公司将宣布破产。乔布斯离开苹果公司后，连续执掌苹果公司的三位首席执行官 [约翰·斯库利、迈克·斯平德勒（Mike Spindler）和吉尔伯特·阿梅里奥（Gilbert Amelio）] 都是经验丰富的高管，但没有能够重振苹果公司的魔力。⊜

乔布斯认为苹果公司的问题之一是多部门结构。各部门的经理们倾向于相互竞争而不是合作。他们只关注各自部门的损益表，不太可能在全公司范围内创造协同效应。此外，这意味着核心的专业知识领域，例如，开发直观的界面，必须分散到不同的业务部门，以牺牲深度和功能专门化来换取广度。乔布斯因此立即解雇了所有业务部门的总经理，并决定按职能来组织苹果公司。例如，所有硬件工程师都被整合到一个团队中，为整个公司服务。软件工程师也是如此。整个公司将只有一份损益表。无独有偶，这种结构也让乔布斯可以直接控制苹果公司的所有运营，这正是乔布斯喜欢的方式。自乔布斯 1998 年重组苹果公司以来，苹果公司在规模上有了显著增长且在范围上有了显著扩大，但直到今天，它仍保持着（主要）职能结构（见图 10.1）。⊝

乔布斯认为，这种职能结构为苹果提供了几个优势。首先，乔布斯认为只有那些在各自领域拥有深厚技术专长的人才能做决定——"专家领导专家"，而不是向总经理汇报的专家。⑭ 他相信，这些专家更有可能对最佳产品设计持有强烈的观点，并在非常深刻的层面上理解产品。其次，将一个领域的所有职

⊖ Joel M. Podolny and Morten T. Hansen, "How Apple Is Organized for Innovation," *Harvard Business Review*, (November-December, 2020).

⊜ Melissa Schilling, *"Quirky: The Remarkable Story of the Traits, Foibles, and Genius of Breakthrough Innovators Who Changed the World*. (New York: Public Affairs, 2018).

⊝ Joel M. Podolny and Morten T. Hansen, "How Apple Is Organized for Innovation," *Harvard Business Review*, (November-December, 2020).

⑭ Ibid.

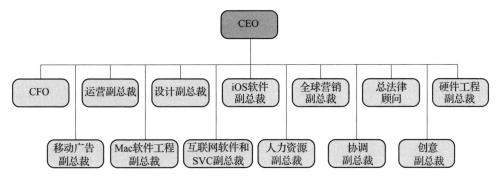

图 10.1 苹果公司 2021 年的职能结构

能专家整合到一个部门，使苹果公司在该领域拥有强大的后备力量，并实现了技术专业化。例如，苹果公司的电脑、iPhone、iPad 和 iPod 都需要高度直观的界面。让所有界面设计人员在所有产品上一起工作，意味着一些专家可以专注于安全性，而另一些专家则可专注于可靠性或响应性等。每个专家都可以在苹果公司的所有产品线上发挥他们最好的专业知识。此外，将专家聚集在一起也有助于确保苹果公司的产品无缝地协同工作——这一功能已成为苹果公司的产品体验的核心。再有，由于高管的薪酬是基于公司的整体表现，而不是某一特定产品的表现，他们受到激励去创造可以在全公司范围内发挥作用的重大创新。

值得注意的是，苹果公司的组织结构让 CEO 承担了协调各职能部门的大量责任。这可能是一种资产，也可能是一种负债，这取决于 CEO 的才能、视野和专业知识。这种结构还可以加强对相对狭窄的产品范围的关注——这是乔布斯坚持的关键战略原则。像索尼和耐克这样的公司因使用渐进性创新迅速推出数百种不同版本的产品而闻名——这种现象被称为"大规模定制"——乔布斯更喜欢将公司所有的资金和精力投入到少数几款轰动一时的产品上。正如乔布斯所描述的："人们认为专注意味着对你必须专注的事情说'是'。但这根本不是它的意思。这意味着对其他一百个好主意说'不'。你必须仔细挑选。事实上，我对我们没有做过的事情和我们做过的事情一样感到自豪。创新就是对 1000 种事物说'不'。"⊖

⊖ Steve Jobs 在苹果全球开发者大会（1997 年 5 月 13~16 日）上的讲话.

当蒂姆·库克（Tim Cook）接替史蒂夫·乔布斯时（由于乔布斯患病和去世），他认识到乔布斯创造的组织的价值，并试图保护它，他说："苹果公司有一种卓越的文化，我认为它是如此独特。我不会目睹或允许它改变。"[○] 截至 2021 年，他基本上保留了史蒂夫·乔布斯确立的职能结构，但观察人士想知道像苹果公司这样的庞然大物能坚持这么简单的结构多久，尤其是在史蒂夫·乔布斯以外的人掌舵下，它是否还能运作得一样好。

10.1　概述

一个组织的结构及其使用形式化和标准化程序和控制的程度可以显著影响其创新的可能性、创新项目的有效性和新产品开发过程的速度。[1] 例如，人们经常认为，拥有最少规则和程序的、灵活的小型组织将鼓励创造和实验，从而产生更多创新的想法。同时，开发良好的程序和标准可以确保组织做出更好的开发投资决策，并能够快速有效地实施项目。那么，管理者如何决定什么样的结构和控制对他们的公司最有意义呢？

绝大多数公司使用某种类型的产品团队结构来组织其新产品开发过程，我们将在第 12 章中仔细研究团队是如何组成和构建的。本章侧重于组织范围内的结构维度，这些维度塑造了企业有效创新的倾向和能力。我们将回顾企业规模和结构维度（如形式化、标准化和集权化）如何影响企业创新的研究。通过关注这些潜在的结构维度，我们将阐明为什么一些结构可能更适合于鼓励产生有创造力的想法，而其他结构可能更适合于新产品的高效生产。我们还将探讨试图实现两全其美的结构形式——既有促进创新的自由流动组织、创业结构及控制手段，又有最大限度提高效率并确保公司所有发展活动保持一致性的形式化和标准化。然后，本章转向跨境创新管理的挑战。跨国公司面临着一个特别棘手的问题，即在哪里开展以及如何管理其发展活动。我们将回顾一些关于跨国公司如何平衡这些选择中固有的工作。

○　Dylan Tweney, "Tim Cook: What I learned from Steve Jobs," *VentureBeat,* May 29, 2020.

10.2 公司的规模和结构维度

10.2.1 规模：越大越好吗？

20 世纪 40 年代，约瑟夫·熊彼特向反垄断法的支持者提出挑战，他认为大公司将是更有效的创新者。[2] 熊彼特指出：①资本市场不完善，大公司更能够为研发项目获得融资；②产品销量较大的公司可以分摊研发的固定成本，其回报率高于产品销量较低的公司。大公司也可能有更好的补充活动（如营销或财务规划）使其成为更有效的创新者，它们也可能具有更大的全球影响力来获取信息或其他资源。

大公司的另一个优势可能出现在规模和学习效果上。如果从绝对意义上说，大公司在研发上投入更多，它们也可能在研发中获得规模经济和学习曲线优势——也就是说，随着时间的推移，它们可能会做得更好、效率更高。[3] 通过投资研发，公司在新产品开发过程中提升能力，从而可以改进其开发过程。它可能会吸引更好的研究设备和人员。此外，随着一家大公司在选择和开发创新项目方面获得经验，这家公司可能会学会更好地选择适合自身能力并更有可能成功的项目。

与小公司相比，大公司也更有能力承担大型或高风险的创新项目。[4] 例如，只有波音这样的大公司才能开发和制造 747，只有大型制药公司才能投入数百万美元研发药物。[5] 这表明在开发规模较大的行业（即平均开发项目非常大且成本高），大公司在创新方面往往会优于小公司。理论上，小公司联盟应该获得相同的规模优势，但在实践中，协调联盟中的各个小公司往往非常困难。虽然单个大公司可以对所有开发活动施加等级权威以确保合作与协调，但联盟通常没有如此明确的权力和控制系统。

另一方面，随着公司的发展，其研发效率可能会因为失去管理控制而下降。[6] 也就是说，公司越大，就越难以有效地监督和激励员工。此外，随着公司的发展，个别科学家或企业家越来越难以获得与努力相对应的回报，因此他们的激励会减少。[7] 因此，随着公司的成长，其治理系统的有效性可能会降低。

　　大公司也可能缺乏创新，因为它们的规模会使它们对变化的灵活性和响应能力下降。由于多层权力和完善的政策和程序，大公司通常有更多的官僚惰性。[8] 例如，在 20 世纪 80 年代初，施乐公司发现它为防止新产品开发中出现错误而增加的管理层产生了意想不到的影响，阻碍了项目的进展，使产品开发周期长得令人无法接受，并使施乐公司在更灵活的日本竞争对手面前处于劣势。[9]

　　大量员工、庞大的固定资产基础及大量现有客户或供应商合同也可能成为惰性的来源，使公司难以迅速改变路线。随着员工数量的增长，沟通和协调可能会变得更加困难，并且容易出现决策延迟。当大公司拥有庞大的固定资产基础和 / 或显著的固定成本时，它们往往更愿意坚持现有的现金流来源，而不是冒险进行重大变革。对客户和供应商的战略承诺也可能将公司与其现有业务和技术联系起来，使其更难以应对技术变革。因此，战略承诺可能导致伊卡洛斯悖论（*Icarus Paradox*）——公司先前在市场上的成功可能阻碍其应对新一代技术。

　　小公司通常被认为比大公司更灵活、更具创业精神。它们不受多层管理、大型固定资产基础或对大量员工、客户和供应商的战略承诺的阻碍。小公司也可能会发现监控员工并奖励他们在创新方面的努力或成功要简单得多。[10] 由于资源不那么丰富，小公司也可能更有动力更谨慎地选择项目，从而提高新产品研发的成功率。

　　许多实证研究试图检验大规模是提高还是阻碍创新生产力。一些关于专利数量、新药引进和提高产品性能的技术创新的研究表明，小公司在创新方面往往胜过大公司。[11] 例如，一些关于专利产出的研究得出的结论是，小公司似乎在花费研发资金上更仔细、更高效，每投入 1 美元研发资金获得的专利更多。[12] 一项针对 116 家开发新 B2B 产品的公司的研究还发现，小公司（年销售额低于 1 亿美元的公司）的开发时间明显较短，即使考虑到创新的相对规模，也比大公司（年销售额超过 1 亿美元的公司）的周期要快。[13] 然而，一些研究表明，在某些行业，大公司在创新方面的表现可能仍优于小公司。[14]

　　虽然公司的整体规模不是其容易操纵的一个属性，但许多公司已经找到了让大公司感觉很小的方法。一种主要方法是将整个公司分解成几个较小的子单位，然后在这些子单位内鼓励创业文化。多项研究观察到，在以高速技术变革为特征的行业中，许多大型的和等级森严的公司已被分解（disaggregated）（或"拆分"）为由更小、通常更专业、自治的部门或独立公司组成的网络。[15] 在这些行业中，许多公司经历了大规模裁员，取消了许多职能和管理层次。20世纪的大型多部门公司被更精简的公司取代，而这些公司更专注、更灵活，在联盟网络、供应商关系和分销协议中松散联结。[16] 这种现象导致虚拟组织[17]、网络组织[18]和模块化组织等术语的兴起。[19]

由于公司还使用大公司 – 小公司混合体来改变公司的其他结构维度（包括形式化、标准化和集权化），因此下文在审查公司的结构维度后，将更深入地介绍这些二元性组织的方法。

10.2.2 公司的结构维度

公司在许多结构维度上各不相同，这些维度会影响其创新的数量、类型和有效性。关键的结构维度包括集权化、形式化和标准化。

集权化

集权化（centralization）是指决策权向公司高层集中的过程，而分权化（decentralization）是指决策权下放到公司较低层级的过程。集权化既可以指活动的地理位置（即活动在公司的中心位置进行的过程），也可以指活动的权力和权威所在的位置。也就是说，活动可能发生在远离公司总部的地方，但这些活动的权力和决策可能保留在总部——导致比实际位置所暗示的更大的集权化。

对于正在进行多个研发项目的公司来说，是集中还是分散研发活动是一个复杂的问题。公司可以将研发活动分散到各个部门，使这些部门能够开发新产品或流程以密切满足其特定部门的需求（见图10.2）。这些部门制定的解决方案更有可能很好地适应该部门的运营结构，并与该部门所服务的客户的需求紧密匹配。开发项目的权力下放也使公司能够利用不同部门可能拥有的知识和市场联系的多样性。与此相一致，Felipe Csaszar 的研究表明，当新项目的决策被推到最低层级时，公司最终会拥有更多数量和更多种类的项目。虽然失败的项目会更多，但公司犯的"遗漏错误"会更少。[20] 然而，当研发活动分散时，白费力气重复发明的风险很大。许多冗余的研发活动可能在多个部门进行，而技术在公司其他部门创造价值的全部潜力可能无法实现。此外，拥有多个研发部门可能会导致每个部门都放弃规模经济和学习曲线效应。

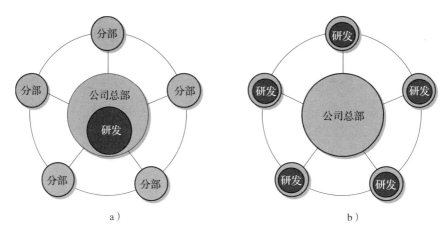

图 10.2　研发活动的集权化和分权化

a）集权化研究开发　b）分权化研究开发

相比之下，如果公司将研发集中在一个部门，可能会最大化研发的规模经济，使研发专家之间的劳动分工更大，并通过多个项目的开发最大限度地发挥学习曲线效应的潜力。它还使中央研发部门能够管理新技术在整个公司的部署，提高公司新产品开发工作的一致性，并避免有价值的新技术在整个组织中未得到充分利用的情况发生。例如，在 20 世纪 80 年代后期，英特尔意识到，由于半导体行业的复杂性和信息处理需求不断增加，其分散的流程开发（分散在不同的业务部门）导致严重的延误和成本超支。因此，在 20 世纪 90 年代，英特尔集中了所有工艺开发，让一个制造工厂全权负责所有新工艺的生成。该开发组将拥有最大的开发资源（行业最高）。一旦新的开发过程完成并经过测试，它就会在公司的所有其他制造设施中复制（在英特尔称为"完全复制"的过程中）。

是选择集中开发流程还是分散开发流程，因公司和行业类型而异。例如，劳拉·卡迪纳尔（Laura Cardinal）和蒂姆·奥普勒（Tim Opler）的一项研究发现，高度多元化的研究密集型公司更有可能建立独立的研发中心以促进跨部门的创新交流和转移。[21] 彼得·戈尔德（Peter Golder）的一项研究发现消费品公司倾向于利用更加分散的研发，根据当地市场定制项目；而电子行业的公司倾向于将研发集中在致力于利用特定能力的卓越中心。[22]

关于集权化是增强还是阻碍了公司对技术变革（或其他环境变化）的灵活性和响应能力，人们存在一些分歧。一个高度集中的公司可能更能够在其总体方向上做出大胆的改变，因为其严格的命令和控制结构使它能够以果断的方式将这种改变强加给公司的较低级别。分权化的公司可能难以获得所有必要部门的合作以进行重大变革。但分散的公司可能能够更好地应对某些类型的技术变化或环境变化，因为并非所有决策都需要向上传递到最高管理层；较低级别的员工有权独立做出决定和改变，因此可以更快地采取行动。

10.2.3　形式化和标准化

形式化和标准化是组织结构中密切相关的两个维度。企业的形式化（formalization）是指企业利用规则、程序和书面文件来构建组织内个人或群体行为的过程。标准化（standardization）是企业活动开展方式的统一的过程。形式化中采用的规则和程序可以促进企业活动标准化，并通过提供明确的行为期望和决策标准来帮助规范员工行为。形式化可以替代某种程度的管理监督，从而帮助大公司以更少的管理人员顺利运行。这在下文关于 3M 的行动理论中得到了证明，卢·莱尔（Lou Lehr）和"杰克"·雅各布森（"Jack"Jacobson）都通过强加更多的纪律和规则来应对管理成长中公司的困难。通过创建用于选择和管理开发项目的正式流程，莱尔和雅各布森希望提高公司许多分散开发活动的整体效率和一致性。然而，高度形式化也会使公司变得僵化。[23] 如果公司将其所有活动都编成详细的程序，就可能会扼杀员工的创造力。员工可能没有能力或动力去实施新的解决方案。3M 的例子也说明了这一点，当时员工对新计划的不满导致士气和积极性问题。

同样，虽然标准化可以确保公司内部的活动顺利进行并产生可预测的结果，但标准化也会扼杀创新。标准化可用于确保达到质量水平，并确保客户和供应商得到一致和公平的回应。然而，通过最小化变化，标准化会限制引发创新想法的创造力和实验。

3M 公司的结构变革

1916 年，时任 3M 销售和生产总经理的威廉·麦克奈特（William McKnight）授权创建公司第一个研究实验室以改进 3M 的砂纸。麦克奈特坚信个人创业和创新的力量。他通过为新产品开发设定远大的目标并给予个人实现这些目标相当大的自由来鼓励创新。例如，麦克奈特为全公司确立了目标，即 25% 的销售额应来自过去五年创造的产品。他还支持研究人员可以将最多 15% 的时间花在他们感兴趣的任何项目上。

随着公司的发展，麦克奈特继续支持一个集中的研发实验室，同时也鼓励各部门追求自己的发展计划以响应它们遇到的市场需求。然而，随着 3M 产品组合数量的增长，3M 对生产和销售等工作的管理变得越来越困难。1944 年，麦克奈特开始尝试一种更加分散的组织形式，其中各部门不仅有自己的研发实验室，还有自己的生产运营和销售队伍。麦克奈特相信小型独立企业的发展速度会比大公司快，这导致了他的"成长与分裂"理念：每个部门都是独立的，随着其发展项目成长为成功的部门，它们也将被拆分成新的部门。

到 1980 年莱尔掌舵时，3M 已经发展到拥有 85 项基础技术，并在大约 40 个主要产品市场上展开竞争。莱尔担心 3M 最大的优势变成了它的弱点——独立业务的激增导致了努力的分散。莱尔担心各部门可能会在冗余活动上浪费太多时间，而没有抓住机会跨多个部门利用可能有价值的技术。他希望确保具有相关技术的部门在开发项目上进行合作，并确保新技术在整个公司传播。于是，他将公司的 42 个事业部和 10 个集团，根据技术的相关性，整合为 4 个业务部门。他还创建了一个三层研发体系：专注于具有长期潜力的基础研究的中央研究实验室、为相关部门服务并开发核心技术以推动中期（5 年至 10 年）发展的部门实验室，以及将继续致力于具有即时应用的项目。莱尔还对开发过程进行了更为正式的规划——3M 的一些经理开始将其称为"按镑规划"（"planning by the pound"）。他还取消了许多多年来苦苦挣扎的项目。

1986 年，"杰克"·雅各布森（"Jake" Jacobson）上任，成为新任

CEO，带领 3M 进入了纪律更为严格的时代。雅各布森将过去 5 年内开发的产品的销售额目标提高到 35%。他将研发资助率提高到其他美国公司的两倍左右，但也指示公司更加专注于项目选择并缩短开发周期。他还在全公司范围内实施了一项举措，即利用团队进行发展，而不是鼓励个人创业。尽管雅各布森的举措提高了效率，但许多研究人员开始对其中的一些变化表示不满。他们认为，与团队一起管理所有开发项目的举措正在破坏 3M 的个人创业文化，而对纪律的关注是以牺牲创造力和激情为代价的。动机和士气问题开始出现。

因此，当德西蒙（"Desi" Desimone）于 1991 年成为 CEO 时，他使公司轻松地回归到稍微宽松、更具创业精神的氛围。他相信他的前任已经建立了一个良好的架构来确保创新不会以不受控制的方式流失，但他也认为公司需要在自由和控制之间取得更多平衡，正如以下引述所反映的那样：

> 高级管理层的职责是创造一个让人们理解并重视 3M 的经营方式的内部环境。在这种文化中，创新和对个人的尊重仍然是核心。如果你的高级管理人员已经将原则内化，你就会在公司中建立信任关系。当有人坚持认为被阻止的项目具有潜力时，高层知道他们应该相信自下而上的创新过程。当我们干预或控制他们的活动时，下级必须信任上级。

资料来源：改编自 C. Bartlett and A. Mohammed, "3M: Profile of an Innovating Company," Harvard Business School case no. 9-395-016, 1995.

10.2.4　机械化结构与有机结构

形式化和标准化的结合导致了通常被称为机械化结构的结果。机械化结构（mechanistic structure）通常与更高的运营效率相关联，尤其是在大批量生产环境中。认真遵守政策和程序并结合大多数活动的标准化，可使机器运转良好，运行起来具有高度的一致性和可靠性。[24] 例如，戴尔计算机实现了卓越的运营，以具有成本效益的方式交付产品，并最大限度地减少了不便，具有高度标准化、纪律严明和精简的特点。[25] 虽然机械化结构通常与高度集权相关，但也可以通过形式化代替直接监督来实现高度分散的机械化结构。通过建立详细的规则、程序和标准，最高管理层可以将决策权下放到公司的较低层级，同时仍然确保决策与最高管理层的目标一致。

然而，机械化结构通常被认为不适合促进创新。机械化结构通过确保严格遵守标准和最大限度地减少变化来实现效率，这可能会扼杀公司内部的创造力。更自由流动、形式化和标准化水平较低的有机结构（organic structure）通常被认为更适合创新和动态环境。[26] 在有机结构中，员工在工作职责和操作程序方面有更大的自由度。由于许多创新来自实验和即兴创作，有机结构通常被认为更利于创新，尽管它可能会损害效率。[27]

10.2.5　规模与结构

本章开头讨论的许多公司规模的优势和劣势都与形式化、标准化和集权化的结构维度有关。大公司通常更多地选择形式化和标准化，因为随着公司的发展，直接管理监督变得更加困难。形式化和标准化降低了协调成本，但代价是使公司更加机械化。许多大公司试图通过权力下放来克服这种僵化和惯性，使公司的各个部门表现得更像小公司。例如，通用电气、惠普、强生和通用汽车等公司都试图通过将公司组织成小公司集团来利用大公司和小公司的优势，这些小公司可以使用大公司的资源并可同时保留小公司的简单性和灵活性。[28] 下一节将探讨几种方法，通过这些方法公司可以获得大公司的一些优势，以及机械化结构提供的实施效率和速度，同时利用小企业和有机结构的创造力和创业精神。

10.2.6　二元性组织：两全其美？

大多数公司必须同时以高效、一致和增量创新的方式管理其现有产品线，同时仍然鼓励开发新产品线并通过突破性创新来应对技术变革。塔什曼（Tushman）和奥赖利（O'Reilly）认为，解决方案是创建一个二元性组织。[29] 二元性组织是一个具有复杂组织形式的公司，由多个内部不一致的架构组成，这些架构可以共同实现短期效率和长期创新。[30] 这些公司可能在某些部分使用机械化结构，在其他部分使用有机结构。这是设立与组织其他部门截然不同（无论是地理上还是结构上）的研发部门的理由之一；公司可以对其制造和分销部门进行高水平的形式化和标准化，而对其研发部门几乎不进行形式化或标准化。

每个部门的激励措施都可以围绕不同的目标设计，鼓励员工采取截然不同的行为。一家公司还可以集中并紧密协调那些获得巨大规模经济的部门的活动。例如，在制造业，企业可同时将研发等活动分散到许多小单位，使这些小单位表现得像小型独立企业。传统上的研究强调在整个公司传播信息和确保在新产品开发工作中思想相互融合的重要性，而最近的研究表明，至少在早期开发阶段，一定程度的团队隔离可能是有价值的。多个团队密切互动可导致风险，即看起来具有优势（至少在开始时）的解决方案将被其他团队迅速采用。这可能会导致所有团队汇聚于相同的想法，从而阻碍其他从长远来看可能具有优势的创造性方法的开发。[31] 与此一致，大量关于"臭鼬工厂"（Skunk Works）的研究表明，将新产品开发团队与主流组织隔离开来会带来显著的收益。[32] 将团队与组织的其他部分分开可以让团队探索新的替代方案，而不受组织其他部分需求的束缚。

同样，拥有多个产品部门的公司可能会发现一个或多个部门需要一种更有机的结构来提升创造力和对环境变化的流畅反应，而其他部门则受益于结构化和标准化的方法。例如，当《今日美国》（USA Today）决定为受欢迎的报纸建立在线版本时，管理层发现它需要更灵活的程序来响应快速的技术变革和在线报纸的实时信息更新要求。该项目还需要不同的激励计划来吸引和留住精通技术的员工。该公司为在线报纸建立了一个独立的部门，该部门具有不同的报告结构、较少的形式化、不同的薪酬结构，甚至关于适当的工作着装和工作时间的不同规范。

苹果公司提供了另一个例子。1980 年，苹果公司迅速推出 Apple II 个人电脑。然而，史蒂夫·乔布斯并不满足于产品设计，他想要一种能够通过显著改变人们与计算机交互的方式来彻底改变现有产品。他想开发一种用户友好且功能完备的计算机，甚至可以吸引那些对计算机技术不感兴趣的人——它将成为他们日常生活的延伸。乔布斯开始与工程师团队合作开展一个名为 Macintosh 的新项目 [最初由另一位苹果公司的工程师杰夫·拉斯金（Jef Raskin）开发]。乔布斯不相信苹果公司不断发展的企业环境有利于培育一场革命，因此他为 Macintosh 创建了一个独立的部门，该部门将拥有自己独特的文化。他试图灌输一种自由奔放的创业氛围，让人想起公司早年在车库里起步的情景，在那里，个人主义且常常古怪的软件开发人员会蓬勃发展。这一小群团队成员是经过精心挑选的，不受公司正常的制度干扰。他鼓励 Macintosh 团队成员认为自己是叛徒，甚至在他们的建筑物上悬挂了海盗的骷髅旗。乔布斯还会定期带领团队撤退到偏僻的度假胜地，并重申叛逆文化。[33]

如果大公司的内部结构具有小公司的激励结构和行为，那么公司规模对技术创新率影响的大部分逻辑就没有实际意义了。一个组织内部可能有多种文化、结构和流程；大公司可能有可以利用公司的更多资源的创业部门，也可能有可以促进更谨慎地选择项目或增强研发科学家积极性的小公司的激励结构。这样的创业单位可能有能力在倾向于促进渐进性创新的大型效率驱动型组织中发展渐进性创新。

公司还可以随着时间的推移交替使用不同的结构来实现机械化结构和有机结构的一些优势。[34] 斯库霍温（Schoonhoven）和杰利内克（Jelinek）研究了英特尔、惠普、摩托罗拉、德州仪器和美国国家半导体，发现这些组织保持的"动态张力"介于正式报告结构、准正式结构和非正式结构之间。[35]虽然这些组织拥有非常明确的报告结构和正式的开发流程，但这些组织也经常进行重组以修改报告关系和职责，从而应对不断变化的环境。因此，虽然这些组织使用看似机械的结构来确保高效生产，但频繁的重组使组织变得灵活。

这些组织还使用斯库霍温和杰利内克所称的准正式结构，以团队、任务组和虚线关系（即未在组织结构图中正式指示的报告关系）的形式出现。这些准正式结构更注重问题，并且比其他部门变化得更快。它们还为跨部门的互动提供了一个平台，因此发挥了重要的跨界作用。准正式结构的一个优点是促进了基于利益而非等级的互动。这可以提升更多员工的积极性和促进思想的交叉融合。正如一位员工所说："有时（创新）发生在男厕所。一个人在和另一个人说话，另一个人站着偷听谈话，在餐巾纸上乱涂乱画。"[36]这种准正式结构的一些缺点是其需要时间来管理，而且很难被扼杀。由于准正式结构不是正式报告结构的一部分，有时很难确定谁有权解散这种结构。

10.3 模块化产品和"松散联结"型组织

公司在效率和灵活性之间取得平衡的另一种方法是采用标准化的制造平台或组件，然后在模块化生产系统中进行混合和匹配。这使公司能够在组件层面实现标准化优势（如效率和可靠性），同时在最终产品层面实现多样化和灵活性。

10.3.1 模块化产品

模块化是指一个系统的组件可以分离和重组的程度。[37] 将产品模块化可以成倍地增加从给定的一组输入中可实现的可能配置的数量。[38] 例如，宜家的许多货架系统的设计使客户可以混合和匹配多个组件以满足他们的需求。货架和支架有一系列标准尺寸，它们都可以用标准连接器轻松连接。类似地，一些炉灶现在为用户提供了通过移除燃烧器并插入其他烹饪设备（如烧烤架和煎饼烤盘）来扩大炉灶功能范围的能力。出版商甚至通过提供数字内容来实现模块化，使教师能够从书本、文章、案例或自己的材料中组装自己的教材。

许多其他产品都是以模块化的方式生产的，即使用户没有意识到模块化。通过标准化一些常见的组件，并使用灵活的制造技术，公司可以从一种组装配置快速转换到另一种配置，从而通过改变组件的组合来生产各种各样的产品型号，同时仍然可以在单个组件上实现规模经济和效率。例如，克莱斯勒实现了汽车行业中最快的新产品开发周期的目标，同时通过其使用一些标准平台——所有新车型都建立在这些平台上——的做法，使新产品开发成本保持在较低水平。印度塔塔汽车公司在 2008 年推出了一款售价 2500 美元的汽车 Nano，其模块化的使用更为显著。Nano 由模块化组件组成，可以通过套件销售和运输，并且可由当地企业家组装和维修。这使 Nano 的销售得以快速和简化，并能更好地渗透偏远的农村市场。[39]

通过标准接口规范，产品设计实现了模块化。例如，宜家通过设计所有的货架组件，使其与标准化连接器配合使用，确保组件可以自由混合和匹配。宜家可以更改单个组件，而不需要对其他组件进行任何更改。由于模块化能够从给定的一组输入中实现更广泛的最终配置，因此它为公司满足异质用户需求提供了一种相对经济且高效的方式。此外，由于模块化可以在不改变其他组件的情况下升级一个组件，因此模块化可以使公司和用户在不更换整个系统的情况下进行产品升级。个人计算机是模块化系统的一个很好的例子，可以实现升级。例如，如果用户希望他们的个人计算机有更多的内存或更好的显示器，他们不需要更换整个计算机系统——他们只需购买并安装额外的内存或新的显示器。

当用户有不同的需求并且有不同的选择来满足这些需求时，模块化产品变得更有价值。假设汽车可以由一系列组件组装而成。可重新组合成汽车的组件范围越广，通过模块化实现的可能的汽车配置范围就越广，"锁定"到单一配置的潜在机会成本就越大。此外，用户对汽车功能的需求越多样化，他们就越不可能就单一配置达成一致。通过采用模块化，异质用户可以选择更符合他们偏好的汽车配置。[40] 相比之下，如果用户都想要相同的东西，那么模块化系统几乎没什么好处——确定满足用户需求的最佳组件组合并将其集成到非模块化系统中将是一件简单的事情。

当产品变得更加模块化时，它使整个生产系统更加模块化。标准接口减少了不同组件的开发人员之间必须进行的协调量，[41] 因此，更多的模块化产品往往与更模块化的组织联系在一起，而较少集中。[42] 如下一小节所述，这种灵活的安排被称为"松散联结"型组织。

10.3.2 "松散联结"型组织

通过采用"松散联结"型结构，组织也可以模块化。[43] 在松散联结型结构中，开发和生产活动不是紧密结合在一起的，而是通过遵守共同的目标和共同的标准来实现协调的。例如，如果每个开发小组都同意一个开发计划和标准化接口以使他们开发的组件能够有效地连接和交互，那么小组之间可能不需要密切协调。标准界面提供了所有开发和生产参与者之间的"嵌入式协调"。[44] 这可以使产品的组成部分由公司高度自治的部门生产，甚至由多个独立的公司生产。

信息技术的进步也使松散联结型组织结构变得更加普遍。[45] 信息技术可以使公司以较低的成本获取和处理更多信息，从而大大增加公司发展配置的选择。[46] 例如，信息技术降低了公司寻找合适的发展伙伴的搜索成本，以及监控合作伙伴绩效的成本。尼克·阿盖尔斯（Nick Argyres）在一项关于 B-2 "隐形"轰炸机开发的研究中清楚地证明了这一点。B-2 "隐形"轰炸机是一种高度先进的军用飞机，由诺斯罗普（Northrop）公司、波音公司、沃恩（Vaught）公司和通用电气公司联合开发。[47] 阿盖尔斯发现，增强的信息技术限制了通过分级控制协调活动的需求。通过使用信息技术和开发一个标准界面——一个促进了公司之间沟通的共享的"技术语法"——参与轰炸机开发的公司可以自主工作，

波音 787 梦幻客机（Dreamliner）的"松散联结"生产[a]

当波音公司于 2003 年底推出尚未建造的 787 梦幻客机的销售计划时，它迅速成为历史上销售最快的商用喷气客机。到 2011 年，波音公司收到了 800 多架飞机的预购订单，比历史上任何其他飞机都多。[b] 波音公司自 1994 年 777 升空以来，就没有制造过一架全新的客机。从那时起，空中客车（Airbus）公司在航空航天创新方面处于领先地位，而波音则满足于扩展和完善现有的 737 和 747 等飞机系列。许多人已经开始相信，波音公司不再具备制造一架全新飞机所需的能力。[c] 因此，梦幻客机的成败将向市场发出关于该公司未来前景的强烈信号。

梦幻客机是一种超高效的远程中型客机。这将是第一架主要由碳纤维复合材料制造的商用飞机——比传统商用飞机更轻，从而更省油。[d] 因为复合材料比铝更容易雕刻，所以喷气式飞机的机翼会有像鸟翅膀一样优美的曲线。此外，由于复合材料非常坚固且耐腐蚀，机舱可以在正常机舱压力和湿度基础上加压和加湿，使空中旅行更加舒适。复合材料还使波音公司能够轻松地将机身的前、中、后部分，以及机翼、水平稳定器和垂直尾翼组装成大型独立模块，这些模块可以快速地卡在一起形成飞机，而不是像以前那样使用铝板一块一块地建造飞机。[e]

波音 787 计划的创新远远超出了飞机的实际组成。对于 787 项目，波音公司还彻底改变了制造商用飞机的生产流程。波音 787 的生产比以往的任何商用飞机都更加松散。来自世界各地的数十家合作伙伴制造并预装配了飞机的大型部件，然后将其交付给波音工厂进行最终组装。[f] 例如，日本的三菱、川崎和富士公司分别签订了生产机翼、前机身和中翼箱的合同。萨博生产货舱门，意大利阿莱尼亚航空公司生产水平稳定器和中央机身。来自其他国家的数十家公司提供了其他零部件。[g] 大约 70% 的 787 梦幻客机将在美国境外建造。预计外包的大幅增加将带来一系列好处，包括分散开发飞机的风险、控制成本以及改善国外销售的前景，因为采购商及其政府通常希望看到飞机在本国完成工作。[h]

尽管波音公司几十年来一直将其飞机制造的一部分工作外包，但 787

开创了一个外包的新时代，波音公司的角色将从传统的设计师和制造商转变为"一家基本要素公司"，为自己保留最佳设计和集成任务，并依靠一批外部人员完成其他工作。[i] "然而，革命性的新生产工艺并非没有挑战。项目的复杂性和涉及的大量供应商使协调变得更加复杂。这一协调的失败导致了几次延误。尽管第一架 787 梦幻客机原定于 2007 年 8 月起飞，但直到 2011 年底才实际交付第一架 787 梦幻飞机。协调全球供应商的挑战导致了大量生产延迟和设计调整。[j] 波音公司的经理表示，该公司在最初的几十架飞机上几乎没有利润，因为即使在飞机下线后，他们也需要开展纠正工作，包括修理零件和设计变更。工程副总裁迈克·丹顿（Mike Denton）表示，公司正在考虑将更多的工作带回内部。他指出："我们可能会自己为下一代新飞机做更多的设计，甚至主导一些主要的生产，而不是与合作伙伴一起完成。"[k]

a　改编自 "The Loosely Coupled Production of Boeing's 787 Dreamliner" by Jaspal Singh and Melissa A. Schilling, New York University teaching case.

b　Christopher Drew, "Boeing Posts 20% Profit Gain But Cuts Forecast For 2012 As Jet Completion Slows," *New York Times,* January 25, 2012.

c　Michael V. Copeland, "Boeing's Big Dream," *Fortune* 157, no. 9 (2008): 180–91.

d　S. Holmes, "Better Living at 30,000 Feet," *BusinessWeek,* August 2, 2007.

e　Roger Renstrom, "Boeing's Big Gamble: Half-Plastic Dreamliner," *Plastics News,* July 2, 2007.

f　P. Hise, "How Many Small Businesses Does It Take to Build a Jet?" *Fortune Small Business* 17, no. 6 (2007): 42–5.

g　J. Weber, "Boeing to Rein in Dreamliner Outsourcing," *BusinessWeek Online,* January 19, 2009: 10.

h　Ibid., and M. Mecham, "The Flat-Earth Airplane," *Aviation Week & Space Technology,* July 3, 2006: 43.

i　Mecham, "The Flat-Earth Airplane."

j　Christopher Drew, "Boeing Posts 20% Profit Gain But Cuts Forecast For 2012 As Jet Completion Slows." *New York Times,* January 25, 2012.

k　Weber, "Boeing to Rein in Dreamliner Outsourcing."

但也可以合作。

　　整合需求的减少使公司得以追求更灵活的研发和生产配置。例如，通过专注于与公司核心竞争力密切相关的技术创新的几个关键方面，同时通过外包或联盟获得其他活动，公司可以变得更加专业。通过专注于那些具有竞争优势的活动，公司可以提高其开发产品的机会，该产品具有吸引用户的性价比，同时减少维持广泛活动的开销和降低管理复杂性。这可能导致整个行业的转型，因为大型垂直整合公司被更灵活、更专业的生产商取代。[48] 例如，当计算机工作站取代了更集成的小型计算机（传统上使用专有的中央处理器，与专有的系统总线相结合，并使用专有的操作系统运行）时，整个计算机行业开始变得更加模块化，因为 Prime、Wang 和 Data General 被生产商网络（包括 Sun Microsystems、Silicon Graphics 和摩托罗拉）取代，这些生产商的组件可以组合成许多最终产品配置。第 4 章中描述的平台生态系统是松散联结型组织的另一个例子，使用 Linux 和 Wikipedia 等众包的分布式创新系统也是如此。[49]

然而，松散联结型组织也有缺点。许多活动通过整合获得了显著的协同效应。[50] 特别是需要频繁交换复杂知识或隐性知识的活动可能需要比松散联结型组织所能提供的更紧密的集成。例如，假设一种药物的传递机制的设计需要与药物本身的设计密切协调。这可能使药物的强度和剂量必须仔细校准，并根据释放机制对释放药物的速度进行调整；可能还需要评估传递机制中考虑的替代材料与药物溶液中使用的化学品潜在相互作用的风险。

如果需要持续的密集协调，则所有各方可以通过密切合作更好地开展活动。综合性公司也有解决冲突的机制，这些机制可能比市场上的机制更有效或更便宜。[51] 例如，如果在同一公司内的开发团队之间就新产品的开发产生争议，高级管理人员可以决定采取什么行动，并对开发团队行使权力。但是，如果开发小组是独立的公司，在合作协议中开发新产品，那么两家公司都无权解决争议并执行特定结果。如果公司无法自行解决争议，它们可能会面临诉诸法院或仲裁解决争议的情况，这是一种昂贵且耗时的选择。

10.4　利用文化和规范促进创新

大量研究表明，文化和规范可以对企业创新的数量和性质产生深远影响。管理者利用文化和规范促进创新的一些关键方式包括：

1. 创造卓越、灵活和自主的规范

一个组织的准则标志着员工是否有权挑战假设并提出新的想法，或者是否

希望坚持当前的做事方式。例如，赋予员工灵活的角色和自主权，既能吸引更多有创造力的员工，也能培养现有成员的创造力。同样重要的是，要确保每个人都感到有能力贡献自己的想法，而不仅仅是那些处于权威地位的人或那些被指定为创造性角色的人。例如，在皮克斯（Pixar），团队使用"每日新闻"。在那里，艺术家们将他们正在进行的工作交由导演和同行审查。

组织中所有级别人员的非正式听众对项目的创意和技术元素提供直接反馈。正如奥斯卡获奖导演布拉德·伯德（Brad Bird）所描述的那样："作为一个独立的动画师，我们都有不同的优势和劣势，但如果我们能够将所有的优势联系起来，我们将共同成为世界上最伟大的动画师……我们将在所有人面前观看你的场景。每个人都会一起受到羞辱和鼓励。如果有解决方案，我希望每个人都能听到解决方案，并且都会将其添加到工具包中。"[52]一开始，在皮克斯工作的人都不敢发声，但在两个月后，看到艺术家们通过听取伯德和其他人直言不讳的建议而受益，人们开始感到足够安全，可以提出自己的建议。[53]

皮克斯也通过给予他们相当大的自主权来吸引和培养有创造力的人。团队选择自己的时间、着装、办公室安排、项目管理程序和会议结构。正如皮克斯和华特迪士尼动画工作室的总裁埃德·卡特穆尔（Ed Catmull）所描述的："我们相信，推动每部电影的创意愿景来自一两个人，而不是来自企业高管或开发部门。我们的理念是：你是有创意的人，你在他们身上下大赌注，你给他们巨大的空间和支持，你为他们提供一个环境，让他们可以从每个人那里得到诚实的反馈。"[54]

2. 消除共识的规范

如果组织的领导者希望员工挑战公认的智慧，那么废除要求人们在做出决定或推进项目之前达成共识的做法和规范是很重要的。要求达成共识可能会迫使人们过早地集中于平庸的想法；如果个人认为必须达成共识才能取得进展，他们将更不愿意持不同意见，更容易接受他人提出的想法，特别是他们似乎没有争议（因此更有可能达成共识）。让共识成为客观的风险，也会让正统的解决方案成为客观的目标。[55]想想苹果公司于 2001 年 10 月推出的第一款 iPod 的开发。2000 年，消费者便携式音频设备市场充斥着故障设备。这也是一个苹果公司没有经验的市场。如果史蒂夫·乔布斯就苹果公司的开发工作应该集中在哪里寻找共识，那么苹果公司的研发工程师或产品经理就不太可能就苹果公司应该进入便携式音频市场达成共识。然而，这一举措不仅催生了 iPod，而且最终催生了 iTunes 和 iPhone——这些产品对苹果公司成为世界上最有价值的公司起到了不同的作用。

研究表明，让对解决方案有分歧的团队寻求不同的甚至是竞争的路径也是非常有用的。[56] 例如，在欧洲核子研究组织（CERN，运营大型强子对撞机的欧洲核研究组织），物理学家和工程师团队加速并碰撞粒子以模拟"大爆炸"，希望能促进我们对宇宙起源的理解。然而，科学家群体往往对特定问题的最佳解决方案意见不一。CERN 的管理层认识到，一个最初看起来不如其他解决方案的解决方案，随着进一步的发展，可能会比其他解决方案更好。 这意味着如果解决方案在开发的早期必须"竞争"才能被接受，那么组织最终可能会将大量资源投入到一开始看起来更好，但是从长远来看可能不是最好的解决方案中。因此，CERN 鼓励多个团队分别制订自己的解决方案，只有在团队有足够的时间来制订解决方案后，团队才会开会并比较备选方案。通过这种方式，CERN 帮助团队实现了突破性创新者从他们天生的超然感中获得的一些分离感。团队被鼓励遵循自己的道路，而不受其他团队信念的约束。

3. 单独思考与头脑风暴小组

关于头脑风暴小组是促进还是阻碍创造力，人们存在相当大的争议。1953年，亚历克斯·奥斯本（Alex Osborne）写了一本非常有影响力的书《可复制的创造力》（*Applied Imagination*）。他在书中表示："与团队合作时，普通人能想出的想法是单独工作时的两倍。"这一论点在商业和商学院都很流行，导致人们坚信集体讨论比个人更有创造力。然而，随后的数十项实验室研究发现，结果与奥斯本的说法相反：与相同数量的个人单独工作所产生的想法总和相比，集体头脑风暴产生的想法更少，新颖性也更低。[57] 这些研究发现，由于对评估的恐惧和生产的阻碍，群体中的人可能缺乏创造力。评估恐惧是指人们在集体头脑风暴会议上倾向于自我审查自己的许多想法，因为害怕被他人负面评价。生产阻碍指的是当人们轮流表达自己的想法时，稍后发言的人可能会在有机会表达之前忘记自己的想法。此外，倾听他人想法的过程会改变听众的思路，实质上会影响倾听者的想法的生成过程。一项对 20 项头脑风暴小组研究的"统合分析"发现，创意的数量和质量的生产力损失都非常显著，而且幅度很大。在实验人员或其他权威机构的监督下，损失随着群体的扩大而增加。研究还发现，评估恐惧带来的生产损失最大，其次是生产阻碍。[58]

在组织和教育环境中，团队合作已成为一种常态。团队合作可能非常有价值，但上述研究表明，为了确保个人尽可能多地为团队带来帮助，特别是当目标是创造性解决方案时，个人需要在团队工作开始前独自工作。他们可能会被鼓励将自己的想法写在纸上，并至少以一种基本的方式充实它们，以免它们被扼杀。一个创造性的想法可能很脆弱，很容易被集体对话的势头所冲走。几乎每个团队都有一定程度的团队思维。直言不讳或个性强硬的人可以主导谈话和决策。他们甚至可以在无意识的情况下带领团队走上一条特定的轨道。一点孤立和独处可以给其他人更好的机会发展他们的创意。[59]

一个人独自从事自己的项目，挖掘他的内在动机（如第 2 章所述），已经成为谷歌最著名的几个产品的来源。例如，谷歌研究科学家克里希纳·巴拉特（Krishna Bharat）在 2001 年 9 月 11 日世界贸易中心遭受袭击后创建了谷歌新闻频道以满足他对与该事件相关的迅速出现的新闻的需求。该产品非常有用，一年后，即 2002 年 9 月，谷歌推出了供公众使用的测试版。Gmail 也是谷歌一名工程师的独立项目。保罗·布克海特（Paul Buchheit）曾在谷歌工作，2001 年 8 月开始在 Gmail 上工作。由于谷歌有大量的内部电子邮件，他想开发一种产品，既能让用户无限期地保存电子邮件（需要大量的存储容量），又能快速搜索（以便快速找到感兴趣的特定电子邮件）。结果 Gmail 于 2004 年被正式推出。

4. 降低失败的代价

为了培养创新文化，许多公司发现降低失败的代价，甚至庆祝大胆但明智的失败是有用的。例如，宝洁公司的前 CEO 雷富礼（A.G.Lafley）将面对失败的无畏作为公司突破性创新的核心战略。他说："我们从失败中学到的东西比从成功中学到的要多得多。"[60] 同样，在青蛙设计公司，失败被视为一种有用的渐进式实验，没有指责或训诫；相反，青蛙设计经理使用项目结束回顾框架，从公司的失败（以及成功）中快速学习。青蛙设计公司创新战略全球副总裁西奥多·福巴斯（Theodore Forbath）指出："公司领导人可以通过公开庆祝那些没有达到预期结果但在提供新知识方面成功的项目来强化对失败的接受。"[61] 制药巨头 Eli Lilly 甚至举办派对庆祝其最好的失败（即那些没有达到预期结果，但为组织带来了有用经验的失败）；塔塔集团为其组织中的最佳失败颁发年度奖。[62]

5. 培养理想目标

许多公司发现，围绕一个宏大而高尚的理念来组织公司是很有价值的，这种理念既能培养内在的动机，又能帮助其他人团结起来。例如，百时美施贵宝（Bristol Myers Squibb）的使命是"发现、开发和交付帮助患者战胜严重疾病的创新药物"。谷歌的著名使命是"组织世界信息，使其普及和有用"。这些崇高的目标在组织中根深蒂固，甚至在没有直接监督或激励的情况下，也可以成为一种组织原则，塑造员工的行为。当这些目标具有员工认为有意义或内在价值的社会成分（如提高人们的生活质量）时，这种内在动机可以激励员工投入更多的精力，想出更好的方法来实现任务，并使这些创新取得成果。[63]

10.5 管理跨边界创新

对跨国公司来说，创新活动的组织变得尤为有趣。在跨国公司中，许多与先前讨论的集权与分权决策相同的问题被高度放大。国外市场提供了高度多样化的信息和其他资源。他们也可能有高度多样化的产品需求和不同的操作规范。这促使许多公司考虑分散研发以利用当地信息并根据当地市场定制创新活动。然而，以这种分散的方式发展的创新可能永远不会扩散到其他部门。针对当地市场的产品和工艺定制使创新特别难以转移到服务不同市场的部门。习惯于开发自己的创新的部门可能不愿意与他人分享，因为他们害怕泄露自己的专有技术。他们也可能不愿意采用其他部门的创新，因为他们认为非本地开发的创新不会满足当地市场需求（这一现象被称为"非本地发明综合征"）。然而，跨国公司的大部分价值创造潜力是利用技术创新（和其他核心竞争力）运用到多个市场的机会。允许创新活动完全自主和相互分离，就有可能失去这一机会。跨国公司如何解决这一困境？克利斯托弗·巴特利特（Christopher Bartlett）和舒曼特拉·高沙尔（Sumantra Ghoshal）的一系列研究突出了跨国创新管理各种方法的一些优点和缺点。他们确定了公司使用的四种主要策略：全球中心策略、地区－地区策略、地区杠杆策略和全球纽带策略。[64]

全球中心策略（center-for-global strategy）需要在一个集中的中心开展所有创新活动。然后，这些创新将在全球范围内部署到整个公司。

创新活动的集权化使管理层能够：

- 严格协调所有研发活动（跨职能和项目）。
- 在研发活动中实现更大的专业化和规模经济，同时避免多个部门的活动重复。
- 开发和保护核心能力。
- 确保创新在整个公司的标准化和得以实施。

当管理者强烈希望控制一项技术的发展时，当他们对保护专有技术有强烈的担忧时，当开发活动需要密切协调时，或者需要对技术变化做出快速反应时，技术扩散可能会造成效率低下。[65] 然而，全球方法中心往往对不同市场的不同需求没有太大的反应。此外，服务于这些市场的部门可能会抵制采用或促进中央的创新。因此，集中开发的创新可能无法紧密适应国外市场的需求，也可能无法快速有效地部署

地区－地区策略（local-for-local strategy）处于全球中心策略的对立面。每个国家子公司都利用自己的资源进行创新以满足当地市场的需求。地区－地区策略利用了获取各种信息和资源的机会，并根据当地市场的需求和口味定制创新。当部门非常自治且市场高度分化时，管理者可能会选择本地策略。

然而，地区－地区策略有几个缺点。随着每个部门高度自治，这可能会导致活动的大量冗余。此外，每个部门都可能面临研发活动规模不足的问题，而且有价值的创新可能无法在整个企业中传播。

随着时间的推移，公司已经开发出了这些策略的变体，试图获得全球中心和地方策略的优势。巴特利特和高沙尔确定了地区杠杆策略（locally leveraged strategy）。一家实施地区杠杆策略的公司试图从各部门获取最具创意的资源和创新发展，并将其部署到整个公司。这一战略使公司能够利用在当地市场创造的各种想法和资源，同时在整个公司利用这些创新。这一策略在消费市场中的一种方式是为个人分配国际品牌保管人的角色。该人员负责确保成功的品牌

被部署到公司的多个市场，同时保持产品形象和定位的一致性。[66] 如果公司服务的不同市场有类似的需求，这种策略可能非常有效。

另一种方法是全球纽带策略（globally linked strategy），需要公司建立一个相互联系且分散的研发部门体系。每个地理上分散的部门可能会承担不同的创新任务以满足整个公司的需求。例如，一家跨国汽车制造商可能会授权其欧洲分部负责开发最符合欧洲市场的新型微型车，但最终也可能在美国、加拿大和南美销售这款车。与此同时，该制造商的美国分部可能承担与其他制造商合作开发更高效的制造工艺的大部分责任，这些工艺最终将在全公司范围内部署。因此，虽然创新是分散的，利用不同地理市场提供的资源和人才库，但它也在全球范围内被协调，从而实现公司范围的目标。这种方法还试图使通过创新活动积累的技术在整个公司传播。这一策略在挖掘和整合全球资源的能力方面非常强大，但由于它需要密集的协调，因此在时间和资金方面也很昂贵。

在地区杠杆和全球纽带的策略中，研发部门都是分散的，但相互关联。不同之处在于研发部门的使命。在地区杠杆策略中，分散的研发部门在很大程度上彼此独立，并致力于与其运营的区域业务部门相关的所有开发活动。这意味着，如果公司的区域业务部门生产和销售保健品、美容护理产品和纸制品，研发部门可能会从事与所有这些产品相关的开发项目。然而，为了确保最佳创新在公司内得到充分利用，公司设立了整合机制（如定期召开跨区域会议，或者建立联络机构，如国际品牌保管机构）以鼓励各部门相互分享其最佳发展。相比之下，在全球纽带策略中，研发部门是分散的，但它们在全球研发战略中各自扮演着不同的角色。他们不从事与其所在区域相关的所有发展活动，而是专门从事某一特定的发展活动。例如，研发部门可能位于生产和销售保健、美容护理和纸制品的区域业务部门，但其作用可能是专注于纸制品的创新，而公司的其他研发部门则专注于保健品或美容护理产品的创新；或者，它可能专注于与所有产品相关的基础化学应用，而另一个部门则探索包装的创新等。该部门的作用应该是利用一些当地市场资源优势（如丰富的木材或化工技术公司集群）。该策略试图利用国外市场的资源和知识的多样性，同时通过公司整体研发战略中明确的角色将各个部门联系起来。

巴特利特和高沙尔认为，总体而言，跨国公司的目标是使集中创新活动更有效（即更好地服务于不同的地区市场），同时使分散创新活动更高效（即消除冗余并利用跨部门的协同效应）。他们建议，公司应采取跨国方式，利用公司内部任何地方的资源和能力，利用任何地区市场上出现的任何机会。他们认为，这可以通过以下方式实现：

- 鼓励公司各部门之间的相互依赖（即每个部门必须认识到其对公司其他部门的依赖）。
- 利用跨部门的整合机制，如跨部门团队、跨部门轮换人员等。
- 在国家品牌和全球形象之间平衡组织的身份。

爱立信提供了一个很好的例子。爱立信的创新活动没有采用严格的集中或分散结构，而是处于集中和分散之间。有时，爱立信会提高特定项目的集权化和全球一体化水平，而有时，它会将更多的创新活动的权力下放给分散于不同地区的部门。与斯库霍温和杰利内克所描述的"动态张力"方法类似，爱立信定期修改其结构以调整整合和自主之间的平衡。为了鼓励单元间的集成，爱立信还派遣 50~100 名工程师团队到不同的子公司工作一两年。此类成员轮换计划有助于技术在整个公司的传播。[67] 此外，鼓励工程师融入公司的多个领域有助于工程师识别全球公司和特别部门。

10.6 本章小结

1. 企业规模对创新的影响已经争论了 50 多年。规模被认为会带来优势，如研发规模经济、获得更多补充资源（如资本和市场准入）以及学习收益。然而，规模也可能与惯性和治理问题等缺点相关。

2. 许多公司试图通过将大公司拆分成更专业的部门来让大公司感到渺小。这些部门可以表现得像更小、更具创业精神的公司。

3. 公司的结构维度包括形式化、标准化和集权化，会影响公司的创新倾向和创新效率。形式化和标准化倾向于提高效率，但会扼杀创造力。集权化对创新的影响更为模糊。在某些情况下，集权化可以使重大创新更快地发生，而在其他情况下，分散化通过使管理者能够快速响应当地需求来促进更多的创新。

4. 传统上，学者们将组织结构分为两种主要类型：机械化结构和有机结构。机械化结构高度形式化和标准化,有利于高效生产。有机结构松散,有利于创新和实验。

5. 二元性组织试图实现大型机械化公司的效率优势和小型有机公司的创造力和创业精神。这些公司可能有不同结构和控制方案的部门,也可能在不同结构之间交替。

6. 最近,许多公司开始在公司内部和公司之间形成松散联结的网络以开展发展活动。这一转变的一部分原因是信息技术的发展和协调成本的降低。

7. 组织的文化和规范可以显著影响其吸引的员工类型,以及他们的创新能力和意愿。研究表明,创造卓越和自主的规范、消除共识的规范、鼓励独自思考、降低失败的代价和培养理想目标都有助于促进创新。

8. 跨国公司在确定在哪里以及如何开展研发活动方面面临重大挑战。一个主要挑战是平衡利用当地市场知识和资源的需求,同时实现整个公司的一致性,并确保技术创新在整个组织中得到传播和利用。

新产品开发过程的管理

Scrum、Sprint 和 Burnouts：思科系统公司的敏捷开发

　　思科系统（Cisco Systems）公司于 1984 年在旧金山成立，现已发展成为路由器、服务器、交换机、网络软件、安全软件等网络技术的全球领导者。在公司存在的大部分时间里，它一直使用"瀑布式"方法开发软件。[一]典型的瀑布式方法从分析开始，产生详细说明商业案例、产品需求、营销需求等的文档，然后组建不同的团队，依次设计、构建、测试和发布产品。一个团队只有在前一个团队完成其流程后才能开始工作，整个流程可能需要 18 个月或更长时间。[二]

　　这种方法类似于阶—门模型，与该公司开发硬件产品的方式一致。但软件部门的经理们并不满意。他们担心，与其他软件公司相比，他们的开发周期太长，难以竞争。2014 年，他们决定尝试一种叫作敏捷开发的新方法，以使公司的软件开发更快、更灵活。

　　敏捷开发始于 2001 年，是由 17 名软件工程师组成的团队在美国犹他州雪鸟滑雪场举行的为期三天的务虚会上提出的一系列原则。[三]他们的目标是就如何使软件开发更快、更精简达成一致。他们最终制定了一套强调协作、自组织

　　[一]　https://www.scaledagileframework.com/cisco-case-study/.

　　[二]　Roger Chen, Ramya Ravichandar, and Don Proctor, "Managing the Transition to the New Agile Business and Product Development Model: Lessons from Cisco Systems," Indiana University Kelley School of Business Teaching Case (2016).

　　[三]　http://agilemanifesto.org/history.html.

和交叉职能团队的核心价值观和实践方法。[○] 传统的瀑布式方法与敏捷开发之间的关键区别在于，不是预先设计一个完整的产品，并通过一个以测试和发布为最终目的的连续过程，而是将该产品分解为许多较小的部分或功能，而这些部分或功能被快速构建和发布，使开发人员能够尽早获得反馈并修复问题（见图 11.1）。这个过程也给了开发人员更多的自主权。

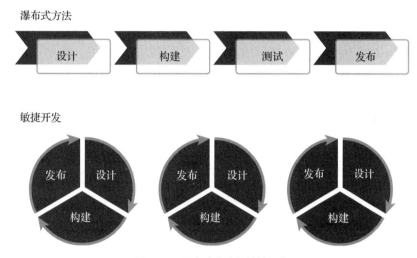

图 11.1 瀑布式方法与敏捷开发

这种方法迅速受到欢迎，吸引了谷歌、Spotify、Netflix 和 Twitter 等公司。此外，尽管它是为软件开发而设计的，但它也被用于管理其他类型的项目，甚至被洛克希德·马丁、沃尔玛和埃克森美孚等公司采用。[○]

敏捷开发的过程

在敏捷开发中，经理被认为是产品所有者（组织中代表用户利益的人），根据用户故事（用户用自己的话对功能的简短描述），为产品开发一个完整的功能列表。这个列表称为产品待办事项列表。关于产品待办事项列表的工作被组织成一系列的"冲刺"（sprint），在大约两周的时间内，开发和测试产品

○ "Agile Manifesto", 2001, *Agile Alliance*. https://www.agilealliance.org/agile101/the-agile-manifesto/.

○ Caroline M. Nyce, "The Winter Getaway that Turned the Software World Upside Down," *The Atlantic*, December 8, 2017. https://www.theatlantic.com/technology/archive/2017/12/agile-manifesto-a-history/547715/.

待办事项列表中的一小部分功能。工作由 Scrum 团队（没有头衔或团队经理的小型自组织团队）开展。该团队没有正式的任务分配；每个成员只是尽其所能完成工作，团队作为一个整体做出决策。有时，敏捷开发项目还会有一个 Scrum 管理员作为多个 Scrum 团队的教练。Scrum 管理员不提供日常指导或强加任何特定的技术解决方案；相反，Scrum 管理员的工作是帮助指导敏捷开发过程本身。

团队找出可以提交的项目，并创建一个任务列表（sprint backlog），即他们将在"冲刺"期间完成的任务列表。在"冲刺"的每一天，所有团队成员和产品所有者都会参加一个最长 15 分钟的快速会议，在会上他们会分享前一天的工作内容、当天的工作内容和进度中的任何障碍。在"冲刺"期间，Scrum 团队从想法到编码和测试中获取产品的一小部分功能。

在每个"冲刺"结束时，应该有一些工作可以向用户演示——一个最小可行产品（MVP）。这使用户能够尽早且经常地提供反馈，帮助 Scrum 团队剔除或完善其想法。燃尽图（burndown chart）显示"冲刺"或产品发布中剩余的工作量，并用于确定"冲刺"或发布是否按计划进行。

"提前发布，经常发布"

在敏捷开发中，团队并不对产品进行全面的重新设计，而是不断地、渐进地进行调整。一次引入一个或几个小变化有助于降低风险，同时也提高了工作的透明度。相比之下，当同时引入许多变化时，团队很难判断整体产品成功或失败的原因。

要使这种方法发挥作用，产品必须是模块化的。也就是说，一个大型产品必须有可能分解出许多较小的、相对独立的问题，这些问题可以单独处理（这不是所有产品都能做到的）。[⊖] 此外，敏捷方法的一个潜在缺点是，对产品进行大规模系统更改可能更困难（或可能性更小）。

然而，在正确的环境中，敏捷开发可以加速产品开发，提高用户满意度，甚至提高员工满意度，因为这个过程让他们在工作中拥有更多的自主权和主人

⊖ Melissa A. Schilling, "Modularity in Multiple Disciplines," in R. Garud, R. Langlois, and A. Kumaraswamy eds., *Managing in the Modular Age: Architectures, Networks and Organizations* (Oxford, England: Blackwell Publishers, 2002), pp. 203–214.

翁意识。正如思科系统公司的一位团队成员所说："我的老板过去经常让我指使我的团队做这件事或做那件事。现在，我告诉他，我不能告诉我的团队这样做或那样做；我可以向他们建议，但他们会讨论并决定这件事是否正确。"[一]

11.1　概述

在许多行业中，快速、有效、高效地开发新产品的能力是推动企业成功的最重要因素。在计算机硬件和软件、电信、汽车和消费电子等行业，公司通常依赖过去五年内推出的产品来获得超过 50% 的销售额。然而，尽管人们对新产品开发给予了极大的关注，但新产品开发项目的失败率仍然非常高。据许多人估计，95% 以上的新产品开发项目未能带来经济回报。[1] 许多项目从未完成，还有许多项目在市场上举步维艰。因此，大量的研究集中在如何使新产品开发过程更加有效和高效。本章讨论了新产品开发过程中的一些战略必要性，这些战略必要性是通过研究新产品开发中的最佳实践和最坏实践得出的。

我们将从新产品开发过程的三个关键目标开始：最大限度地满足用户需求、最小化周期时间和控制开发成本。然后，我们将转向实现这些目标的方法，包括采用并行开发过程、使用项目支持者以及让用户和供应商参与开发过程。接下来，我们将研究一些公司可以用来提高开发过程的有效性和效率的工具，包括：使用阶—门模型创建启动 / 终止决策点，通过质量功能展开定义设计目标，通过对制造和 CAD/CAM 系统的设计降低成本和缩短开发时间，以及使用度量来评估新产品开发过程的性能。

11.2　新产品开发过程的目标

为了使新产品开发成功，公司必须同时实现三个有时相互冲突的目标：①最大限度地满足用户需求；②最小化开发周期；③控制开发成本。

[一]　Roger Chen, Ramya Ravichandar, and Don Proctor, "Managing the Transition to the New Agile Business and Product Development Model: Lessons from Cisco Systems," Indiana University Kelley School of Business Teaching Case (2016).

11.2.1　最大限度地满足用户需求

新产品要在市场上取得成功，必须提供比竞争产品更引人注目的功能、更高的质量或更具吸引力的价格。尽管这一目标显然很重要，但许多新产品开发项目未能实现这一目标。这可能有多种原因。首先，公司可能不清楚用户最看重哪些功能，导致公司过度投资某些功能，而牺牲了用户更看重的功能。公司也可能高估了用户购买特定功能的意愿，导致其生产的具有特定功能的产品太贵，无法获得显著的市场份额。公司也可能难以解决用户需求的异质性。如果一些用户群体想要与其他群体不同的功能，那么公司最终可能会生产出一种在这些冲突需求之间做出妥协的产品，而由此产生的产品可能对任何一个用户群体都没有吸引力。

与现有产品相比，许多新产品提供了技术先进的功能，但未能满足用户需求，因此被市场拒绝。例如，以苹果公司的牛顿机（Newton MessagePad）为例，它是一个相对较早进入个人数字助理市场的公司。牛顿机在许多维度上都很出色。它拥有高度先进的 ARM610 RISC 芯片，具有卓越的处理性能。它的操作系统是面向对象的（这是软件程序员一直在叫嚣的一项功能），苹果公司公开授权该体系结构以鼓励其他供应商快速且广泛地采用。此外，它的重量、尺寸和电池寿命都比许多其他早期竞争对手要好。然而，牛顿机的体积仍然太大，人们无法将其放在口袋里，这限制了它作为手持设备的实用性。许多企业用户认为牛顿机的屏幕太小，无法使产品对他们的应用程序有用。最后，手写识别软件的早期问题导致许多人认为该产品存在致命缺陷。

另一个例子是飞利浦进军电子游戏行业的尝试。1989 年，飞利浦推出了其交互式光盘（CD-i）。CD-i 采用 32 位系统（早在世嘉的 32 位 Saturn 或索尼的 32 位 PlayStation 之前就推出了），除了作为游戏机，它还提供了许多教育节目和播放音频。然而，飞利浦高估了客户对这些功能的价值（以及愿意为这些功能付费）。CD-i 的售价为 799 美元，是任天堂或世嘉电子游戏系统的两倍多。此外，产品非常复杂，需要熟练的销售代表进行半小时的演示。最终，该产品未能吸引众多用户，飞利浦放弃了该产品。

11.2.2 最小化开发周期

即使是非常符合用户需求的产品，如果它们需要很长时间才能被推向市场，也可能会失败。正如第 5 章所讨论的，将产品尽早推向市场可以帮助企业建立品牌忠诚度，抢占稀缺资产，并获得用户转换成本。一家公司如果晚些时候推出新产品，可能会发现用户已经对其他产品做出了承诺。此外，一家能够尽早将其产品推向市场的公司有更多的时间开发（或鼓励其他公司开发）互补品以提高产品的价值和吸引力。[2] 其他条件相同的情况下，较早进入市场的产品可能拥有积累用户保有量和可获得互补品的优势。

关于开发周期（development cycle time）的另一个重要考虑因素与开发成本和产品生命周期的缩短有关。首先，许多开发成本与时间直接相关。随着开发周期的延长，支付参与开发的员工的费用和公司的资本成本都会增加。其次，一家在某一特定类型的技术市场上进展缓慢的公司不太可能在这一代技术过时之前完全摊销开发的固定成本。这一现象在电子等生命周期可能短至 12 个月的动态行业尤为明显（例如，个人电脑和半导体）。产品上市缓慢的公司可能会发现，当他们推出产品时，市场需求已经转向了下一代技术产品。

最后，开发周期短的公司可以在设计缺陷被发现或技术进步时快速修改或升级产品。这类公司还可以同时利用先发优势和后发优势。

一些研究人员指出了缩短开发周期和将新产品推向市场的成本。例如，迪巴尔（Dhebar）指出，快速推出产品可能会引起消费者的不良反应；消费者可能会对过去购买的产品感到后悔，并对新购买的产品保持警惕，担心它们会很快过时。[3] 其他研究人员认为，新产品开发的速度可能会以质量为代价，或者导致公司草率地将产品引入市场。[4] 压缩开发周期可能会导致开发团队负担过重，以至于产品在设计或制造过程中可能出现的问题被忽视。为了满足开发计划，开发团队也可能会牺牲充分的产品测试。[5] 然而，尽管存在这些风险，大多数产品研发的速度与新产品的商业成功之间存在着强烈的积极关系。[6]

11.2.3　控制开发成本

有时，一家公司为了开发一种超出用户预期的产品而投入了巨大的努力，并早早地将其推向市场，结果发现其开发成本急剧上升，即使产品受到市场的热烈欢迎，也无法收回开发费用。这突出表明，产品开发不仅必须有效，而且必须有效率。本章稍后将讨论监控开发成本的方法。

11.3　顺序开发过程与部分并行开发过程

在 20 世纪 90 年代中期之前，大多数美国公司采用顺序开发方式——从一个开发阶段进入到另一个阶段（见图 11.2a）——进行产品的开发。该过程包括许多关卡，在这些关卡中，管理者将决定是否进入下一阶段、将项目送回前一阶段进行修改或终止项目。通常，在机会识别和概念开发阶段，研发和营销投入很大。研发在产品设计中占主导地位，制造业在过程设计中占领先地位。根据评论家的说法，这种系统的一个问题出现在产品设计阶段，研发工程师无法与制造工程师直接沟通。因此，产品设计在不考虑制造要求的情况下进行。连续过程没有预警系统来指示计划无法实现。因此，随着项目在产品设计和过程设计阶段之间来回迭代，开发周期可能会延长。[7]

为了缩短开发周期，避免开发周期各阶段之间耗时且成本高昂的迭代，许多公司采用了部分并行开发过程（partly parallel development process），如图 11.2b 所示。[8]产品设计在概念开发完成之前就开始了，而过程设计则在产品设计最终确定之前很久就开始了，这使不同阶段之间的协调更加紧密，并最大限度地减少了研发设计出制造难度大或成本高的产品的可能性。这将消除设计阶段耗时的迭代，并缩短整个开发周期。部分并行开发过程的一种类型，即并行工程（concurrent engineering），不仅涉及同时进行典型的产品开发阶段，还考虑到产品生命周期后期的规划，如维护和处置。

然而，并行的开发进程并未得到普遍认可。在某些情况下，使用部分并行开发过程会大大增加开发过程的风险或成本。例如，如果产品设计的变化需要对过程设计进行重大更改，则在产品设计最终确定之前开始过程设计可能会导致成本高昂的返工。这种风险在以快速变化和不确定性为特征的市场中尤其高。[9]

此外，一旦过程设计开始，即使市场测试表明产品设计是次优的，管理者也可能不愿意改变产品设计。阶—门模型（本章稍后将讨论）试图将这些风险最小化。

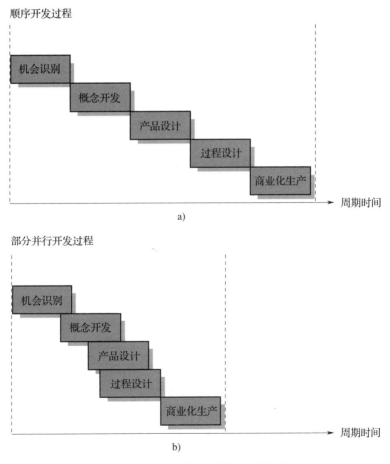

图 11.2　顺序开发和部分并行开发过程
a）顺序开发过程　b）部分并行开发过程

Zantac 的开发过程

20 世纪 70 年代，英国 Glaxo 控股公司（Glaxo Holdings PLC）是大型医疗保健集团之一，主要以婴儿食品闻名，但它需要一种新的畅销产品来刺激销售。在考虑研究可能性的同时，Glaxo 研究实验室负责人大卫·杰克（David Jack）出席了诺贝尔奖获得者詹姆斯·布莱克（James Black）的讲座。布莱克是美国 SmithKline Beecham 公司的科学家和研究员。在讲座中，布莱克描述了一种治疗溃疡的新方法，该方法涉及一种叫作 H2 拮抗剂的化合物，它可以抑制胃肠道细胞分泌酸。杰克对此很感兴趣。溃疡是一个常见的问题，因此，布莱克的新方法为有效解决问题提供了巨大的市场机会。杰克开始尝试不同的化合物以寻求一种安全有效的配方。不幸的是，1977年，SmithKline Beecham 的研究人员推出了 Tagamet，从而击败 Glaxo 控股公司，最终到达终点。Tagamet 彻底改变了溃疡治疗，销售额大幅增长。[a]

杰克的团队感到沮丧但没有受挫，继续工作。其他公司 [包括默克（Merck）和 Eli Lilly] 也在开发自己的溃疡治疗方法，杰克认为，击败它们可能仍会让本公司获得可观的份额。同年，该团队提出了一种基于雷尼替丁的化合物（Tagamet 基于一种名为西咪替丁的复合物），达到了预期目标。然而，杰克意识到，如果 Glaxo 控股公司要击败默克和 Eli Lilly，就需要大幅缩短获得监管部门批准并将产品推向市场所需的 10 年测试期。为了实现这一目标，杰克提出了制药行业中使用的第一个并行开发过程。杰克没有遵循典型的测试顺序（例如，从大鼠到猴子，从短期毒性到长期毒性），而是建议同时进行所有测试。[b] 如果研发工作大幅增加了研究成本，那么通过销售这种药物来弥补这些费用将更加困难。

对于杰克的团队来说，幸运的是，Glaxo 控股公司的财务总监保罗·吉罗拉米（Paul Girolami）选择了支持该项目。吉罗拉米认为，该公司应该愿意为一种可能引起轰动的药物冒着一系列风险。他说："把所有鸡蛋放在一个篮子里会集中注意力，因为你最好确保这是一个好篮子。"[c] 他不仅能够说服公司接受在缩短开发过程中投资是值得的观念，而且还坚持对产品进行改进，使其每天服用一次（Tagamet 需要每天服用两次），从而使产品的副作用比 Tagamet 少。这些特性有助于将 Zantac 区分为一种卓越的产品，从而帮助 Glaxo 控股公司从 SmithKline Beecham 手中夺走市场份额。开发过程是成功的，产品于 1982 年上市。为了收回开发成本，吉罗拉米为该产品选择了溢价定价策略（比 Tagamet 的价格高三分之一），认为其优势将保证其额外成本。他还坚持要在全球所有主要市场推出该产品，并与 Hoffman-LaRoche 建立了分销联盟以加快该产品在美国市场的渗透。

吉罗拉米的策略是成功的。到 1987 年，Zantac 的销售额已经超过了 Tagamet 的销售额，到 1991 年，Zantac 成为世界上销量第一的处方药，也是有史以来第一种在美国销售额达到 10 亿美元的药物。[d] 大卫·杰克和保罗·吉罗拉米都被封为爵士，并且保罗·吉罗拉米爵士被任命为 Glaxo 控股公司的董事长。[e]

a A. Corsig, T. Soloway, and R. Stanaro, "Glaxo Holdings PLC: Zantac," in *New Product Success Stories,* ed. R. Thomas (New York: John Wiley & Sons, Inc., 1995), 242–52.
b Ibid.
c C. Kennedy, "Medicine Man to the World," *Director* 46, no. 4 (1992): 106–10.
d "Anti-Ulcer Drugs: Too Much Acid," *The Economist* 318, no. 7700 (1991): 82–4.
e Corsig, Soloway, and Stanaro, "Glaxo Holdings PLC: Zantac."

11.4 项目支持者

许多关于新产品开发的研究表明，公司应指派（或鼓励）公司的一名高级成员来支持新产品开发项目。[10] 他可以为项目分配人力和资本资源，确保开发周期不因资源限制而延长，并确保项目能够保持必要的势头以克服不可避免的障碍。[11] 项目支持者还可以促进参与开发过程的不同职能部门之间的沟通与合作。考虑到职能部门之间的沟通和合作对于压缩开发周期和实现产品特性与用户需求之间的良好匹配都是必要的，设立执行赞助商可以提高开发项目的效果。截至 2001 年，68% 的北美公司、58% 的欧洲公司和 48% 的日本公司报告称，它们利用高级管理人员支持新产品开发项目。[12]

设立项目支持者的风险

然而，大力支持项目也有其风险。经理作为支持者可能会影响对项目真实价值的判断。乐观主义是产品开发调查中的常态。调查表明，项目未来现金流的估计存在系统性的上升偏差。[13] 管理者可能会成为不断升级的承诺的牺牲品，并且无法（或不愿意）承认一个项目应该被终止，即使在许多其他机构清楚地知道项目已经变质，或者驱动项目原始价值的因素不再相关的情况下。尽管人们经常会读到一些项目的故事，这些项目因其拥护者近乎狂热的热情和执着而取得了巨大成功，但破产法庭上却满是本应不那么热衷于追求某些项目的公司。将自己的声誉和多年的生命投入到开发项目中的管理者可能会发现很难减少自己的损失，这与个人倾向于持有亏损股票的时间比他们应该持有的时间长得多相同，因为他们试图弥补损失。尽管项目支持者的资历是获得资源和促进协调的一项资产，但同样的资历也可能使公司中的其他人不愿意挑战项目支持者，即使项目的预期价值已明显变为负值。[14]

公司也可以从培养"反支持者"中受益，这些人可以扮演魔鬼代言人的角色。公司还应该鼓励一种允许表达不同意见的企业文化，应该鼓励支持者根据客观标准来证明其项目，而不是诉诸人格力量。[15] 随附的研究花絮描述了五个已被广泛接受的关于项目支持者的误区。

研究花絮

关于项目支持者的五大误区

斯蒂芬·马卡姆（Stephen Markham）和琳达·艾曼-史密斯（Lynda Aiman-Smith）认为，关于项目支持者的许多神话已经被广泛接受。马卡姆和艾曼-史密斯认为项目支持者对新产品开发至关重要，但他们也认为，要使项目支持者有用，必须完全理解他们在开发过程中的作用。马卡姆和艾曼-史密斯对有关项目支持者的理论和实证文献进行了系统的回顾，并确定了五个流行的误区：

误区 1：拥有支持者的项目更有可能在市场上获得成功。马卡姆和艾曼-

史密斯对利用项目支持者的经验数据进行的审查发现，拥有支持者的项目可能是失败的。他们指出，虽然支持者可能会提高项目完成的可能性，但决定其市场成功的因素往往超出支持者的控制范围。[a]

误区 2： 支持者之所以参与进来，是因为他们对项目感到兴奋，而不是出于自身利益。马卡姆和艾曼－史密斯报告称，支持者更有可能支持有利于其所在部门的项目。[b]

误区 3： 支持者更有可能参与突破性创新项目。来自多个大样本研究的经验证据表明，支持者参与突破性创新项目与参与渐进性创新项目的可能性相同。

误区 4： 支持者更有可能来自组织的高层（或低层）。马卡姆和艾曼－史密斯认为，高层和低层经理都有可能成为项目支持者。尽管有很多故事都是以支持项目的杰出高级管理人员为特征的，也有一些故事是关于低级别的领导者为项目的成功而奋力拼搏的，但经验证据表明，领导者可能来自组织中的任何级别。（请注意，这项研究并不表明公司所有级别的支持者都同样有效。）

误区 5： 支持者更有可能来自营销。马卡姆和艾曼－史密斯认为，尽管传闻可能更多地强调了具有市场背景的支持者，但对 190 名支持者的实证研究发现，支持者来自公司的许多职能部门。具体而言，研究发现，15% 的支持者来自研发，14% 来自市场，7% 来自生产和运营，6% 是总经理。有趣的是，8% 的支持者是这些创新的潜在用户。[c]

a Stephen Markham, Stephen Green, and Raja Basu, "Champions and Antagonists: Relationships with R&D Project Characteristics and Management," *Journal of Engineering and Technology Management* 8 (1991): 217–42; Stephen Markham and Abbie Griffin, "The Breakfast of Champions: Associations between Champions and Product Development Environments, Practices, and Performance," *The Journal of Product Innovation Management* 15 (1998): 436–54; and Stephen Markham, "Corporate Championing and Antagonism as Forms of Political Behavior: An R&D Perspective," *Organization Science* 11 (2000): 429–47.

b Stephen Markham, "Corporate Championing and Antagonism as Forms of Political Behavior."

c Diana Day, "Raising Radicals: Different Processes for Championing Innovative Corporate Ventures," *Organization Science* 5 (1994): 148–72.

11.5　用户和供应商参与开发过程

前面提到，许多产品因为没有在价格和性能方面满足用户的需求，或者投入市场太晚而没有获得经济回报。这两个问题都可以通过用户和供应商参与产品开发过程得到解决。

11.5.1　用户参与

公司通常根据财务考虑、新产品提案实现的生产水平和技术协同效应而不是营销标准来决定项目。这可能会导致过分强调与现有业务活动密切相关的增量产品更新。[16] 筛选决策应侧重于新产品对于消费者的优势和优势。[17] 终端用户通常是最能确定新产品的最大性能和最低服务要求的群体。将终端用户纳入实际开发团队或设计初始产品版本并鼓励用户扩展，可以帮助公司将开发工作重点放在更符合用户需求的项目上。[18] 分销商也可以成为新产品开发过程中的宝贵合作伙伴。这些组织通常会第一个知道谁在购买产品，用户是如何使用产品的，并且第一个听到产品的问题或如何改进产品的建议。[19]

用户可能作为信息来源或新产品的实际联合开发人员参与新产品开发过程。[20] 许多公司在开发过程的早期使用测试来获取用户的意见。产品的测试版是发布给用户进行测试和反馈的产品早期原型。

产品的测试版还使公司能够在产品进入商业生产阶段之前向市场发出有关其产品功能的信号。敏捷开发（ agile development，现在经常在软件开发中使用）使这种方法更进一步。在敏捷开发中，产品被分解出许多较小的特性或功能，这些特性或功能被快速开发为最小可行的产品，并提交给用户以供反馈，从而实现快速增量。其他公司以更广泛的方式让用户参与新产品开发过程，例如让用户共同创造最终产品（这将在下面的众包章节中进行详细讨论）。

一些研究表明，企业在开发过程中应该关注对领先用户的投入，而不是对大量用户的投入。领先用户（ lead user ）是那些面临着与一般用户相同的需求，但比大多数用户早几个月或几年面临这些需求，并期望从解决这些需求的方案中获益匪浅的人。[21] 产品开发与管理协会（ Product Development &

Management Association）的一项调查显示，参与调查的公司采用了领先用户方法，承担了38%的项目的投入。毫不奇怪，当用户帮助共同创造一项创新时，由此产生的创新往往会更好地满足他们的需求。[22]有关公司如何使用领先用户的更多详细信息，请参阅下列理论应用专栏。

理论应用

产品概念开发的领先用户方法

欧洲建筑部件和设备制造商 Hilti AG 在开发管道吊架（一种将管道固定在建筑墙壁或天花板上的钢支架）时转向了领先用户方法。该公司首先通过电话采访来确定具有领先用户特征的用户（领先于市场趋势，并将从新解决方案中受益）。领先用户被邀请参加为期三天的产品概念生成研讨会，以开发满足其需求的管道悬挂系统。在研讨会结束时，选择了最符合所有领先用户目标的单管吊架设计。该公司随后向 12 名常规用户（不是领先用户，但与 Hilti 有长期密切关系的用户）展示了这一设计。12 名常规用户中有 10 人更喜欢新设计，而不是以前可用的解决方案，10 人中除 1 人外，其他人都表示愿意为该产品支付高 20% 的价格。该项目不仅成功，而且领先用户方法也比该公司过去用于开发其产品概念的传统市场研究方法更快、更便宜。Hilti 的典型流程耗时 16 个月，耗资 10 万美元，但领先用户方法耗时 9 个月，花费 5.1 万美元。

资料来源: Cornelius Herstatt and E. von Hippel, "Developing New Product Concepts via the Lead User Method: A Case Study in a Low-Tech *Field.*"*Journal of Product Innovation Management* 9 (1992), pp. 213-221.

11.5.2　供应商参与

让用户参与新产品开发过程背后的许多相同逻辑也适用于让供应商参与。通过利用供应商的知识库，公司扩展了信息资源。供应商可以是产品开发团队的实际成员，也可以作为联盟的合作伙伴进行咨询。在这两种情况下，他们都可以为产品改进或开发效率提出想法。例如，供应商可能能够提出替代输入（或输入配置）以实现相同的功能，但成本较低。此外，通过与供应商进行协调，管理人员可以确保投入按时到达，并快速做出必要的更改以尽量缩短开发周期。[23]
与此观点一致，研究表明，许多公司通过将供应商纳入综合产品开发工作，以
更短的时间、更低的成本和更高的质量生产新产品。[24]

波音 777 的开发涉及新产品开发团队中的用户和供应商；联合航空公司的
员工（包括工程师、飞行员和乘务员）与波音公司的工程师密切合作，从而确
保飞机的设计具有最大的功能性和舒适性。波音公司还将通用电气和其他零部
件供应商纳入项目团队，以便发动机和机身能够同时设计，从而实现最大的兼
容性。

11.5.3　众包

企业还可以通过将创新挑战定向给第三方（如普通公众或来自不同网络的
特定目标创新群体）来开启创新任务。有时公司直接与第三方合作，有时公司
使用专业的众包（crowdsourcing）服务提供商和自己的创新者网络。例如，专
业的众包服务提供商 NineSigma 利用全球 200 多万名科学家和工程师组成的网
络管理创新挑战。同样，Topcoder 帮助有需要的公司访问拥有超过 100 万个
软件程序员的社区。其中一些服务提供商（如 InnoCentive）将其服务作为一
个封闭网络运营，寻求创新的公司不知道解决方案提供商的详细信息。其他公
司（如 NineSigma）运营开放网络，寻求创新解决方案的公司可以看到提交的
所有解决方案提案，以及提交了应对挑战的解决方案提供商的所有联系方式。

众包挑战通常要经历四个步骤：

（1）需要翻译。一份清晰、简洁、令人信服的需求陈述清晰明了，将行
业术语的使用降至最低，并将挑战归结为最基本的科学。例如，NineSigma 通
过撰写一份声明帮助一位用户寻求减少从烘干机出来的衬衫褶皱的方法。该声
明写道："我们的用户正在寻求减少有机材料表面张力的方法。"这样的声明
的优点是删除了特定的应用，这引起了来自看似无关行业的解决方案提供商的
兴趣。在本例中，一位从事集成电路研究的教授开发了一种特殊的聚合物，这
是用户最青睐的解决方案。需求陈述通常是 1~2 页的简短文件，也被称为"征
求建议书"。NineSigma 的 Andy Zynga 指出："有一个非常清晰、简洁的需
求陈述来引发兴趣是非常重要的。将两个需求放在一个陈述中可能会有诱惑，

但这对解决方案提供商来说不太合适，并会降低成功解决问题的概率。"[25]

（2）连接。必须将创新挑战发布给最合适的潜在解决方案提供商网络。

（3）评估／选择。提交的提案将得到深入审查。最有趣的解决方案提案将以报告的形式被选择和整理。

（4）收购。公司与解决方案提供商接洽，并就转让知识、许可证、专利等达成协议。这通常涉及货币或其他补偿方案。双方还可能需要根据公司的具体需求调整解决方案。

人们参与众包的原因多种多样，通常不包括金钱奖励。例如，Ben & Jerry's 要求其用户发明新的冰激凌口味，最好口味的提交者被派往多米尼加共和国，参观一个不破坏生态平衡的公平贸易的可可农场。然而，个人也经常为了解决问题的兴奋和挑战而参与其中，[26] 或者为了社会或声誉上的利益而参与其中。[27] 例如，巴西菲亚特利用众包开发了一款名为菲亚特 Mio（"我的菲亚特"）的新概念车。菲亚特创建了一个网站，邀请人们创造未来的汽车。来自世界各地的 17,000 多人提交了 11,000 多个创意——不仅仅是设计。参与者应邀在开发过程的每个阶段提供解决方案，包括解决与燃料效率和生产有关的问题。除了与菲亚特彼此互动所带来的乐趣，以及将自己的想法融入汽车所带来的满足感，参与者没有从参与中获得任何奖励。数百名菲亚特 Mio 的联合创始人出席了圣保罗车展的汽车揭幕仪式。

数千家公司和许多公共机构利用众包解决了似乎不可能解决的挑战。例如，减少海洋中的塑料、解决阿片类药物危机和回收碳是目前正在通过众包方式解决的"重大挑战"。然而，众包并不适合所有类型的项目，许多高调的众包尝试都失败了，因为将项目从创意阶段转移到实施阶段通常需要一套截然不同的技能和组织资源。

11.6　改进新产品开发过程的工具

用于改进开发过程的一些重要的工具包括阶—门模型、质量功能展开（"质量之家"）、面向制造的设计、故障模式和影响分析，以及计算机辅助设计／计算机辅助制造。使用可用的工具可以大大加快新产品的开发过程，并最大限度地满足用户的需求。

11.6.1 阶—门模型

正如前面所讨论的，不断升级的承诺可能会导致管理者在项目的预期值变为负值后的很长时间内支持项目，而推动不良项目的成本可能非常高。为了避免这种情况出现，许多管理者和研究人员建议在产品开发过程中采用艰难的启动 / 终止决策点（go/kill decision points）。最广为人知的包含此类切入点的开发模型是罗伯特·G. 库珀（Robert G.Cooper）开发的阶—门模型。[28] 阶—门模型为项目在不同开发阶段的发展提供了蓝图。图 11.3 显示了典型的阶—门模型。

> 发现：创意征集
>
> 入口1：构思筛选
>
> 阶段1：范围
> 利用易得的信息逐渐缩小可选方案的范围，进行简短的初步筛选
>
> 入口2：创意是否值得实施的调查
>
> 阶段2：建立商业案例
> 进行更细节的调研以完善商业案例（包含市场和技术方面的）：
> 产品的定位与定义、评价提案及提案的详细规划
>
> 入口3：商业案例是否合理
>
> 阶段3：开发
> 产品设计、研发和测试，以及为大规模生产和产品上市制订的计划
>
> 入口4：项目是否应该做外部测试
>
> 阶段4：测试和修正
> 新产品的测试及其生产和销售。可能包括生产试销和销售试销
>
> 入口5：产品是否为商业化做好准备
>
> 阶段5：投放市场
> 全面生产、市场投放、开始销售
>
> 事后评估
> 对计划我们是怎么做的？我们学到了什么？

图 11.3　典型的阶—门模型：从创意到投放市场

资料来源：Robert G. Cooper, "Stage-Gate Idea to Launch System," *Wiley International Encyclopedia of Marketing: Product Innovation & Management* 5，B. L. Bayus (ed.), (West Sussex UK: Wiley, 2011).

　　在每个阶段，一个交叉职能团队（由一个项目团队负责人领导）进行并行活动，旨在降低开发项目的风险。团队需要在整个过程收集重要的技术、市场和财务信息以用于决定推进项目（启动）、放弃项目（终止）、保留或回收项目。

　　在第1阶段，团队对项目进行快速调查和概念化。在第2阶段，团队构建一个业务案例，其中包括定义的产品、业务调整和下一阶段的详细行动计划。在第3阶段，团队开始产品的实际设计和开发，包括制定制造流程、市场投放和运营计划。在这个阶段，团队还定义了下一阶段使用的测试计划。在第4阶段，团队对提议的新产品及其营销和生产进行验证和确认。在第5阶段，产品已准备好上市，并开始全面商业生产和销售。[29]

　　在每个阶段之前都有一个启动/终止门。这些闸门旨在控制项目的质量，并确保项目以有效和高效的方式执行。启动门是挑选平庸项目的漏斗。每个门都有三个组成部分：可交付成果（这些是前一阶段的结果，是闸门审查的输入信息）、标准（这些是用于做出启动/终止决策的问题或度量）和输出（这些是闸门审查过程的结果，可能包括启动、终止、保留或回收等决定；产出还应包括行动计划的日期和交付的下一个门）。

　　由于开发项目的每个阶段的成本通常高于其之前的阶段，因此将过程分解为多个阶段会将开发投资分解为一系列增量承诺。支出只会随着不确定性的降低而增加。图11.4显示了制造业典型的开发过程的每个阶段的升级成本和周期时间。

阶段	时间	成本（美元）
0. 有一个想法		
1. 简单构思和概略	1周	100
2. 实施前期的研究	2周	1 000
3. 设计和定义规范	1个月	10 000
4A. 开发模型和测试		
4B. 市场研究		
4C. 战略契合度评估和NPV风险分析	2个月	100 000
5A. 按比例增加和建造实验厂		
5B. 市场测试	8个月	1 000 000
6A. 建造工厂		
6B. 宣传、投放市场和营销	16个月	10 000 000

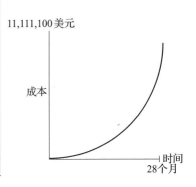

图 11.4　按阶段增加的开发时间和成本

资料来源：改编自 Frederick Buggie, "Set the 'Fuzzy Front End' in Concrete," *Research Technology Management* 45, no. 4 (2002): 11–4.

　　许多公司已经调整了阶—门模型，以便更具体地满足其自身或行业的需求。例如，尽管埃克森美孚的经理们强烈主张使用阶—门模型来跟踪和管理开发项目，但他们也认为，标准的五阶段系统不能充分满足一家公司的需求，因为基础研究是产生创新的主要组成部分。埃克森美孚公司的管理人员创建了自己的阶—门扩展模型以将直接基础研究加入其中。由此产生的阶—门模型包括两个基本研究阶段（图 11.5 中的阶段 A 和阶段 B）和五个应用研究和开发阶段。在阶段 A，公司确定了设想技术的潜在商业激励和竞争优势。然后，公司制订一个基本的研究计划，确定具体的科学成果、实现这些成果的方法和所需的资源。在 B 阶段，埃克森美孚的研究部门开始执行在 A 阶段制订的计划，使用科学的方法来生成解决商业机会的线索。然后，阶段 1 确定最佳线索，使用"原理论证"评估来确定线索是否可行。[30] 阶段 2 到阶段 5 按照典型的阶—门模型开展工作。

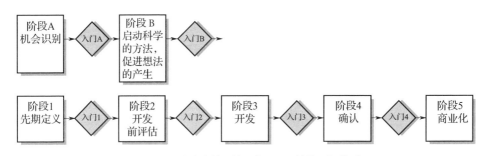

图 11.5　埃克森美孚的研究和工程的阶—门模型

　　根据产品开发与管理协会的研究，近 60% 的公司（包括 IBM、宝洁、3M、通用汽车和康宁公司）使用某种阶—门模型来管理新产品开发流程。康宁公司的管理人员相信，这一过程使他们能够更好地估计任何正在考虑的项目的潜在回报。他们还报告说，阶—门模型缩短了开发时间，使他们能够确定应该终止的项目，并提高了内部开发产品的比例，从而产生了商业项目。[31]

11.6.2　质量功能展开（QFD）——质量之家

　　QFD 是在日本发展起来的，是一个改善工程、营销和制造人员之间的沟通和协调的综合过程。[32] 它以一种非常结构化的方式引导管理者解决问题。

QFD 的组织框架是"质量之家"（见图 11.6）。"质量之家"是一个将用户需求与产品属性映射的矩阵。此矩阵由一系列步骤组成。

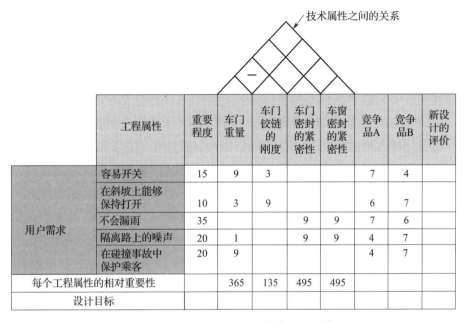

技术属性之间的关系

	工程属性	重要程度	车门重量	车门铰链的刚度	车门密封的紧密性	车窗密封的紧密性	竞争品A	竞争品B	新设计的评价
	容易开关	15	9	3			7	4	
	在斜坡上能够保持打开	10	3	9			6	7	
用户需求	不会漏雨	35			9	9	7	6	
	隔离路上的噪声	20	1		9	9	4	7	
	在碰撞事故中保护乘客	20	9				4	7	
每个工程属性的相对重要性			365	135	495	495			
设计目标									

图 11.6　车门质量功能部署的"质量之家"

（1）团队必须首先确定用户需求。在图 11.6 中，团队通过市场研究确定了用户最看重车门的五个特性：车门容易开关，在斜坡上能够保持打开，不会漏雨，隔离路上的噪声，在碰撞事故中保护乘客。

（2）团队从用户的角度衡量用户需求的相对重要性。这些信息可以从焦点小组会议或与用户的直接互动中获得。权重通常以百分比形式输入，因此整个列表总计为 100%。

（3）团队确定了驱动产品性能的工程属性，在本例中为车门。图 11.6 突出显示了四个属性：车门重量、车门铰链的刚度（硬铰链有助于车门在斜坡上保持打开）、车门密封的紧密性和车窗密封的紧密性。

（4）团队输入不同工程属性之间的相关性以评估一个特性可能对另一个特性产生正面或负面影响的程度。这些相关性被输入到房屋顶部的矩阵中。在这种情况下，车门重量和铰链的刚度之间的负号表示重型车门降低了铰链的刚度。

（5）团队填写中央矩阵的正文。矩阵中的每个单元格表示工程属性和用户需求之间的关系。在位于每行（用户需求）与每列（工程属性）交叉处的单元格中放置一个数字（在本例中为 1、3 或 9），表示它们之间的关系强度。1 表示弱关系，3 表示中等关系，9 表示强关系。如果没有关系，则单元格为空。例如，容易开关与车门重量密切相关，与车门铰链的刚度中度相关，但与车门密封或车窗密封的紧密性无关。

（6）团队将功能的用户重要性评级乘以其与工程属性的关系（1、3 或 9）。然后将每列的这些数字相加，得出每个工程属性的相对重要性的总和。例如，车门铰链的刚度会影响车门开关的容易程度，以及门在斜坡上是否保持打开。因此，为了计算铰链刚度的相对重要性，团队将用户对门容易开关程度的重要性评级乘以其与铰链刚度之间的关系（15×3=45），然后将在斜坡上保持打开的门的用户重要性评级乘以其与铰链刚度之间的关系（10×9=90），然后将这些相加以获得铰链刚度的总相对重要性（45+90 = 135）。这些数值表明，门窗密封的紧密性是最重要的工程属性，其次是车门重量。

（7）团队评估比赛。使用数字 1 到 7（1 个表示未满足要求，7 个表示完全满足要求）来评估竞争产品（在本例中为 A 和 B）对每个用户需求的影响。这些数值位于"质量之家"的右侧"房间"。

（8）使用为每个工程属性建立的相对重要性评级和竞争产品的得分（从上一步开始），团队确定每个设计要求的目标值（例如，门的最佳重量）。

（9）基于来自上一步的设计目标创建产品设计。然后，团队评估创建的新设计。该团队评估每一项用户需求的满足程度，在"质量之家"最右边的一栏中输入 1~7，以便将新设计与竞争产品的得分进行比较。

"质量之家"的巨大优势在于它提供了一个共同的语言和框架，项目团队的成员可以在其中进行交互。"质量之家"使产品属性和用户需求之间的关系非常清晰，它注重设计权衡，突出公司现有产品的竞争缺点，并帮助确定需要采取哪些步骤来改进它们。"质量之家"用于制造业、建筑业、警察服务业和教育课程设计等不同领域。[33]

QFD 的拥护者认为，QFD 最有价值的特征之一是它对跨职能沟通产生积极影响，并由此对开发周期和产品/用户满意度产生积极影响。[34]

11.6.3 面向制造的设计

另一个促进工程和制造之间的集成以及尽早将可制造性问题纳入设计过程的方法是面向制造的设计（DFM）。与 QFD 一样，DFM 只是构建新产品开发过程的一种方式。通常，这需要明确一系列设计规则。表 11.1 总结了一组常用的设计规则及其对性能的预期影响。

见图 11.1，此类设计规则的目的通常是通过确保产品设计易于制造来降低成本并提高产品质量。产品越容易制造，所需的装配步骤越少，劳动生产率就越高，从而越能降低单位成本。DEKA Research 强调尽早将制造纳入设计过程，因为正如创始人迪恩·卡门（Dean Kamen）所指出的："发明最终由超导矿石（unobtanium）或贵金属制成的东西是没有意义的。"[35] 此外，设计易于制造的产品降低了组装过程中出错的可能性，从而提高了产品质量。

采用 DFM 的好处是巨大的。在设计过程的早期阶段考虑制造可以缩短开发周期。此外，通过降低成本和提高产品质量，DFM 可以提高产品与用户需求的匹配度。例如，当 NCR 使用 DFM 技术重新设计其一台电子收银机时，它将装配时间减少了 75%，所需零件减少了 85%，使用的供应商减少了 65%，直接工时减少了 75%。[36]

表 11.1 装配式产品的设计规则

设计规则	对性能的影响
最小化部件的数量	简单装配；减少直接人工；减少处理材料和存货成本；提高产品质量
最小化部件种类的数量（在产品家族中采用通用的部件）	减少处理材料和存货成本；提高规模经济（通过通用性提高产量）
消除调整	减少装配错误（提高质量）；可以自动化；增加产量和生产能力
消除扣件	简单装配（提高质量）；减少直接人工；减少噪声；提高耐用性；可以自动化
消除夹具和固定装置	减少生产线的改变；降低投资需求

资料来源：Adapted from Melissa A. Schilling and Charles W. L. Hill, "Managing the New Product Development Process," *Academy of Management Executive* 12, no. 3: 67–81.

11.6.4 故障模式与影响分析

企业可通过故障模式和影响分析（FMEA）识别系统中的潜在故障，根据其严重性、可能性和可检测性对其进行分类，并制订计划来解决这些故障。首先，识别潜在的故障。例如，一家开发商用飞机的公司可能会考虑故障模式，如"起落架不下降"或"通信系统受到干扰"。开发新的豪华酒店的公司可能也会考虑故障模式，如"无法找到预订"或"客房服务人员对客人的服务很差"。然后，根据风险的三个标准评估潜在的故障模式：严重性、发生可能性和检测难度。

例如，假设我们想应用FMEA来改进滴滤式咖啡机的设计。[37] 在我们的示例中，用户有时在关闭咖啡机顶部并开始冲泡循环之前，没有将分水臂正确放置在咖啡渣上。因此，热水（而不是咖啡）充满了咖啡壶，也可能从咖啡壶中溢出。对于本例，我们可以使用下面的电子表格（见图11.7），首先确定应该有的功能、故障模式及其影响，并对这种影响的严重程度进行评分。在本例中，我们使用的分值为1分到5分，但也可以使用不同的分值范围（例如，1到10）。在本例中，结果的严重程度为最高分数，即5分，因为问题不仅导致设备无法执行其主要功能（冲泡咖啡），而且还存在潜在的安全隐患，因为热水可能会烫伤用户。在解决问题之前，我们会将"修订后的严重性"单元格留空。

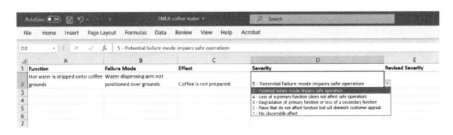

图 11.7　潜在故障严重程度的评分

然后，我们确定原因，并对发生故障的可能性进行评分。在本例中，我们将其评为4分（见图11.8），因为故障模式很可能出现但并非不可避免。问题解决后，我们将填写"修订后的发生可能性"。

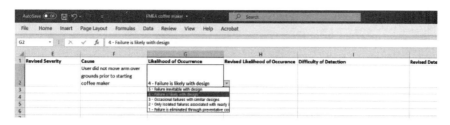

图 11.8　发生故障的可能性的评分

接下来，我们对检测的难度进行评分，也就是说，确定将发生的故障有多容易。在本例中，我们对此给出了 3 分（见图 11.9），也就是可以通过测试或检查来检测，因为如果用户打开咖啡机的顶部并目视检查分水臂在咖啡渣上的对齐情况，则可以很容易地确定分水臂处于错误位置。在我们解决问题之前，我们会将"修订后的检测难度"单元留空。

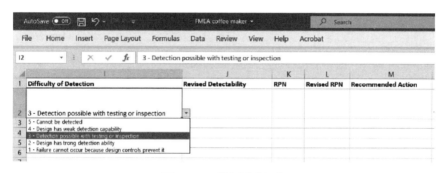

图 11.9　对检测难度评分

现在，我们可以将严重性、发生可能性和检测难度的分数相乘以创建风险优先级编号。因为我们对严重程度、发生可能性和检测难度这三个类别使用了从 1 到 5 的等级，所以最大风险优先级为 125，最小风险优先级为 1。在我们的示例中，风险优先级为 60（即 5×4×3），见图 11.10。我们可能会将这种故障模式的风险优先级与咖啡机的其他潜在故障进行比较，从而确定工作优先级；或者我们可能会有一个绝对截止值（例如，"不超过 15"），我们可能会认为这是允许的，因此我们必须解决任何风险优先级高于此截止值的故障模式。在我们的示例中，我们已确定重新设计盖子——加入一块塑料。当用户关闭盖子时，这块塑料会迫使分水臂与地面对齐。我们已指派塔伦·卡纳（Tarun Khanna）负责完成此操作。

图 11.10 计算风险优先级

建议的行动完成后，我们可以重新评估潜在故障的严重程度、发生可能性和检测难度。在我们的示例中，如果发生故障，重新设计的盖子不会改变故障的严重程度，但它会将故障发生的可能性降到 1，因为它可以几乎完全防止故障出现（见图 11.11）。

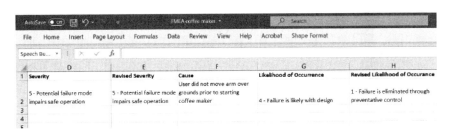

图 11.11 重新评估后的三个标准的分值

重新设计不会改变检测故障的难度。然而，通过降低发生的可能性，这种适度的变化将风险优先级降低到 15（见图 11.12），故障模式不再被视为高风险。

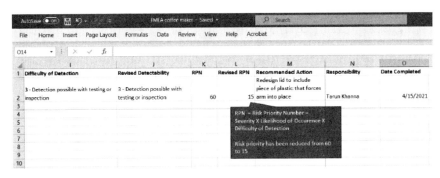

图 11.12 重新评估后的优先级

FMEA最初由美国武装部队于20世纪40年代引入，主要用于开发项目——其中故障带来的风险可能非常严重。例如，FMEA在阿波罗太空计划的载人登月任务中被广泛使用。福特因其Pinto车型设计失败的经验（Pinto车型的油箱位置使其极易发生碰撞，并导致火灾相关死亡；福特被迫召回Pinto以改装油箱，并被迫在事故引发的诉讼中支付破纪录的金额）也采用了FMEA。[38] FMEA被许多行业的公司采用，包括许多类型的制造业、服务业和医疗保健行业。最近的一项PDMA研究发现，许多公司报告在它们进行的项目中有40%的项目使用了FMEA。[39]

11.6.5　计算机辅助设计/计算机辅助工程/计算机辅助制造

计算机辅助设计（CAD）和计算机辅助工程（CAE）是利用计算机构建和测试产品设计。计算机技术的快速发展使基于图形的低成本和高性能工作平台得以开发。有了这些工作站，开发团队可以实现以前只能在超级计算机上完成的任务：构建产品或子组件的三维"工作"图像。CAD能够创建三维模型；CAE使虚拟测试该模型的特性（例如，强度、疲劳和可靠性）成为可能。这种组合使产品原型能够在虚拟现实中开发和测试。工程师可以通过操纵三维模型快速调整原型属性，使他们能够比较不同产品设计的特征。消除建立物理原型的需求可以减少周期和降低成本。可视化工具和三维软件甚至被用来让非工程用户看到并对设计和材料进行微小修改。

理论应用

美洲杯帆船的计算机辅助设计

新西兰队发现了在设计1995年美洲杯帆船时使用先进的计算机辅助设计技术的优势。该团队传统上依赖于开发较小规模的游艇原型，并在水箱中测试模型。然而，这种原型需要数月的时间来制造和测试，每个原型的成本约为50,000美元。这大大限制了团队可以考虑的设计选项的数量。然而，通过使用计算机辅助设计技术，团队可以更快、更便宜地考虑更多的设计。一旦对基本设计进行了编程，就可以在几个小时内以很低的成本运

行该设计的变化，从而能够更深入地了解设计的优劣。计算机辅助设计还避免了原型放大所固有的一些问题(缩小的原型船的某些特性会影响水流，与全尺寸船不同，从而导致原型测试结果不准确)。该团队仍然会建造原型，但只有在使用计算机辅助设计技术考虑了更广泛的设计方案之后。正如设计团队成员戴夫·伊根（Dave Egan）所指出的："我们没有依靠几次开发上的飞跃，而是有能力不断设计、测试和完善我们的想法。团队通常会就设计问题进行非正式讨论，在啤酒垫的背面绘制一些示意图，并让我计算数字。使用传统的设计方法意味着要等待几个月才能得出结果，而到那时，我们的想法已经速迅改变，以至于实验的原因早就被遗忘了。"

资料来源：M. Iansiti and A. MacCormack, "Team New Zealand," Harvard Business School case no. 9-697-040, 1997.

　　计算机辅助制造（CAM）是在制造过程中实现机器控制的过程。CAM比传统制造更快、更灵活。[40]计算机可以自动化不同产品之间的变化，并允许制造过程中的更多变化和定制。

　　CAM的一个主要体现是3D打印（也称为增材制造），即在计算机辅助设计程序中开发的设计，在模型完成之前，通过铺设材料的薄横截面来进行打印。与传统的模型构建方法不同，3D打印可以在几个小时内生成模型，而传统的建模方法通常需要几天才能完成一个模型的加工。到2021，3D打印技术已被用于制造各种各样的产品，如食品、服装、珠宝、固态电池，甚至用于超音速喷气机的钛制起落架支架。[41]这种方法最近开始迅速取代注塑成型，以生产相对少量的产品。

11.7　衡量新产品开发绩效的工具

　　许多公司使用各种指标来衡量其新产品开发过程的绩效。除了提供有关特定新产品的反馈，此类绩效评估有助于公司改进其创新战略和开发流程。例如，评估其新产品开发过程的绩效可能会提供公司应关注哪些核心能力、应如何选择项目、是否应寻求合作伙伴、应如何管理其开发团队等方面的见解。

各公司使用的指标和规定的时间有很大的差异。在戈尔登塞（Goldense）和吉尔摩（Gilmore）的一项调查中，45% 的公司报告在日历周期（如每月或每周）和预定里程碑（如产品定义后、过程设计后、产品发布后等）进行定期审查。[42] 例如，微软使用事后检验来衡量新产品的开发绩效。衡量新产品开发过程成功与否的措施可以帮助管理层：

- 确定哪些项目实现了目标，以及实现原因是什么。
- 将组织的绩效与竞争对手的绩效或组织自身先前的绩效进行比较。
- 改善资源分配和员工薪酬。
- 完善未来创新战略。[43]

理论应用

微软的事后报告

在微软，几乎所有项目都会收到事后讨论或书面的事后报告，从而确保公司从每个开发经验中学习。这些事后分析往往是非常坦率的，而且可能相当具有批判性。正如一位微软经理所指出的那样："这份文件的目的是打败你自己。"另一位微软经理指出，微软文化的一部分是自我批评，从不满足于把事情"做对了一半"。一个团队将花费 3~6 个月的时间来组建一份事后报告，从少于 10 页到超过 100 页不等。这些事后报告介绍了开发活动和团队成员，提供了产品大小（如代码行数）和质量（如故障数量）的数据，并评估了什么做得好、什么做得不好，以及提出了团队应该做些什么来改进下一个项目。这些报告会被分发给团队成员和整个组织的高级管理人员。

资料来源：Michael A. Cusumano and R. W. Selby, *Microsoft Secrets* (New York: Free Press, 1995).

多重衡量标准很重要，因为任何单独使用的衡量标准都不能公平地反映公司发展过程的有效性或其整体创新绩效。此外，在制定措施和解释结果时，公

司必须考虑发展战略、行业和其他环境情况。例如，一家公司的能力或目标有助于开发突破性项目，尽管该公司在战略上取得了成功，但该公司在产品介绍之间的间隔时间很长，在过去五年内推出的项目的周期或销售额百分比等指标上得分很低。相反，一家快速生产新一代产品的公司可能会在这些措施上获得高分，即使它发现自己的资源负担过重、项目预算过高。此外，新产品开发的成功率可能因行业和项目类型而异。一些作者认为，即使是拥有优秀新产品开发流程的公司，也不应该期望所有新产品的成功率都超过 65%。[44]

11.7.1　新产品开发过程度量

许多公司使用多种方法来衡量开发过程的有效性和效率。这些措施反映了公司在开发过程中成功指导项目的能力的不同方面。要使用这些方法，公司必须首先定义一个有限的时间段，在该时间段内应用该措施，以便准确了解公司的当前业绩；这也使管理者更容易计算出相应的策略。然后可以提出以下问题：

- 开发项目的平均周期（上市时间）是多少？对于具有突破性、平台性或衍生性的项目，该周期如何变化？
- 在过去五年内进行的开发项目中，满足项目规定的全部或大部分截止日期的百分比是多少？
- 过去五年内进行的开发项目中，有多少（百分比）在预算范围内？
- 在过去五年中，完成产品的开发项目的百分比是多少？

11.7.2　总体创新绩效

公司还使用各种方法来评估其总体创新绩效。这些措施为组织在新产品开发过程中所取得的成果提供了一个全面的视角。这些措施包括：

- 公司的创新回报是多少？（这项指标评估了公司从新产品中获得的总利润与其总支出的比例，包括研发成本、生产设施的重组和人员配置成本以及初始商业化和营销成本。）

- 项目实现销售目标的百分比是多少？
- 过去五年内开发的产品产生的收入占收入的百分比是多少？
- 公司成功项目与总项目组合的比例是多少？

11.8 本章小结

1. 成功的新产品开发需要同时实现三个目标：最大限度地满足用户需求、最小化周期时间和控制开发成本。

2. 许多公司采用了并行开发流程以缩短开发周期，并加强研发、营销和制造等职能之间的协调。

3. 许多公司也开始利用项目支持者来帮助确保项目的势头，并改善其获得关键资源的机会。然而，利用项目支持者也有其风险，包括组织中其他人不断增加的承诺和不愿意挑战项目。

4. 让用户参与开发过程可以帮助公司确保其新产品符合用户的期望。特别是，研究表明，让主要用户参与可以帮助公司了解用户最重要的需求，帮助公司确定其发展重点。与在开发过程中随机抽取用户相比，让主要用户参与开发过程也更快、更便宜。

5. 许多公司使用产品的测试版来获得用户反馈，利用产品的外部开发，并向市场发出公司即将推出新产品的信号。

6. 公司还可以让供应商参与开发过程，帮助最大限度地降低新产品设计的投入成本，并提高投入的质量及按时到达的可能性。

7. 阶—门模型为指导公司完成新产品开发流程提供了一个蓝图。它提供了一系列启动/终止决策点，公司必须在此决定项目是否应继续，以及如何优先安排其活动。

8. 质量功能展开可用于提高开发团队对用户需求和工程属性之间关系的理解。它也可以是一种工具，用于改善开发过程中涉及的各种功能之间的沟通。

9. 故障模式和影响分析可用于帮助企业确定其开发工作的优先级，从而降低对产品或工艺的质量、可靠性和安全性产生最大影响的故障发生的可能性。

10. 面向制造的设计和 CAD、CAM 是开发团队用来缩短开发周期、提高产品质量和控制开发成本的额外工具。

11. 企业应使用各种衡量其新产品开发有效性和总体创新绩效的措施，从而确定改进新产品开发流程和改进资源分配的机会。

12

Strategic Management of
Technological Innovation

新产品开发团队的管理

麦格纳国际碳纤维"轻量化"项目

麦格纳国际是一家总部位于加拿大的公司，为通用汽车、宝马、特斯拉、大众等汽车制造商生产零部件和提供技术。其 2020 年的销售额为 326 亿美元，是北美最大的汽车制造业供应商。

麦格纳国际以自己是一家专注于创新的公司而自豪。2004 年之前，麦格纳国际的所有研发工作都是分散的，每个产品部门都进行自己的研发工作（正如麦格纳国际的管理层所指出的，这主要是"D"，也就是开发工作，而不是基础研究）。然而，在 2004 年，麦格纳国际的高层管理团队决定组建一个公司研发团队，其任务是了解"大趋势"——可能影响麦格纳国际广大用户的大规模技术变革。这些大趋势中的一些将转化为全公司发展新技术和提升能力的举措。

麦格纳国际的高管在组建公司研发团队后不久就发现了这样一个大趋势：碳纤维复合材料用于产品的"轻量化"（即制造通常由钢制成的产品）。几家中国汽车制造商曾就涉及超轻型汽车制造的项目与麦格纳国际接洽，麦格纳国际已开始研究最佳选择。2007 年，宝马宣布了一项名为"项目 I"的计划。该公司将开发一个新的子品牌以解决燃油效率问题。"项目 I"将涉及开发至少两款新车型——i3 和 i8。这些汽车将是全电动的，人们希望它们将广泛使用轻质碳纤维增强塑料以帮助抵消电驱动系统的重量 [据宝马估计，电驱动系统中

的电池、电机和电子设备比类似的汽油驱动系统重约 440 磅（1 磅 = 0.45 千克）]。[⊖]

　　碳纤维复合材料被认为是昂贵的，但它们提供了许多好处。除了可以减轻重量，碳纤维复合材料还永远不会生锈，而且可以用胶水和螺栓将它们固定在一起（这一工艺比用于金属车身的冲压和焊接安全得多）。碳纤维车身还具有在碰撞中不变形的特性；如果它的一部分损坏了，那该部分可以被简单地切除，并在其位置粘上一段新的碳纤维复合材料。预计这将大大降低维修成本，从而降低保险价格。

　　宝马向其主要供应商发出了一份征求建议书（RFP），要求他们确定如何为项目做出贡献。时任麦格纳国际产品和工艺开发副总裁的汤姆·帕莱特（Tom Pilette）认为这是推进麦格纳国际碳纤维项目的绝佳机会。他向最高管理团队建议开发一种可扩展的碳纤维复合材料制造方法。帕莱特的提案包括公司将在36 个月内投入约 400 万美元，还包括创建机械材料库、评估碰撞性能、制定维修程序等子项目。该项目的最终目标是将麦格纳国际打造成一家全球碳纤维复合材料供应商，为众多制造商提供碳纤维复合物，而不仅仅是宝马。

　　帕莱特的提议受到了麦格纳国际高层管理团队的热烈欢迎。虽然正式批准需要几个月的时间，但帕莱特获得了将近 10 万美元的资金，立即开始为该项目的开展打基础，这表明该项目将获得批准。帕莱特开始组建核心项目团队。首先，他选择了一位项目负责人威尔·哈尼（Will Harney），他是一位在公司资历很深的塑料工程师，认识所有人。帕莱特知道，哈尼在公司深厚而广泛的关系将有助于确保团队获得所需的专业知识和资源。哈尼也以挑战现状而闻名，这正是帕莱特所寻求的。正如帕莱特所指出的："我希望有一个不怕戴上这个头衔的人。他有很大的责任来管理麦格纳国际的一个大型项目，他需要独立思考。"[⊜]哈尼负责确保项目按时交付、在预算范围内开展并达到预期。

　　接下来，帕莱特和他的高级员工制定了在 36 个月内成为宝马主要供应商的项目目标和时间框架。帕莱特和哈尼随后一起确定了他们需要帮助完成项目的其他核心团队成员。哈尼在麦格纳国际的加拿大总部工作，但他需要领导一支遍布全球三个不同"卓越中心"的团队。核心团队由七名成员组成，他们完全致力于该项目。五个成员在加拿大，一个成员在中欧，还有一个在底特律。

　　⊖　Jake Holmes，"Ten things we learned about the BMW i3 and i8," *Automobile Magazine*, August 1, 2011.

　　⊜　Interview with Tom Pilette, Magna International, May 19, 2021.

这七个人都是工程师，但来自不同的工程专业，包括高级自动化、制造、工艺和产品开发以及材料工程。这个核心团队的每一位成员都有权抽调当地"卓越中心"的人才，但这些人更有可能只兼职参与项目。平均而言，除了在加拿大的五个人，大约有三个人在中欧工作，三个人在底特律工作。

每个"卓越中心"都有不同的工作重点。多伦多以其复合材料实验室闻名，开发了许多材料。中欧的"卓越中心"致力于制造业发展的其他方面。底特律专注于项目的商业方面，并开发了商业模式。每个"卓越中心"还管理几个子项目，并有自己的资源团队、预算和时间计划。核心团队每周通过电话会议进行项目审查，每月还亲自会面一次以更新计划、与潜在用户会面，并创建报告提交给麦格纳国际的最高管理团队。此外，核心团队每季度编制一份总体进度报告。

团队成员的薪酬是工资加奖金的组合，奖金基于团队成功实施项目（60%）和个人贡献（40%）。此外，所有员工都持有公司股票，因此在某种程度上，他们都受到麦格纳国际全面成功的激励。当被问及跨三种不同文化的工作是否会对团队凝聚力或协调带来挑战时，帕莱特回答说："文化是工程。每个人都只想解决问题。"⊖鼓励所有团队成员表达自己的观点，团队内部就正确的行动方案经常进行辩论。通常情况下，该决定将取决于投票，而不是达成一致意见。正如帕莱特指出的："我们不能总是等待所有人同意。我们永远无法从犹豫不决中找到失去的时间。即使没有共识，我们也会采取行动。"⊜

团队的早期工作中就出现了这样一个没有达成共识的例子：当时团队在如何配置成型技术以生产碳纤维产品的最佳方式上出现了分歧。团队中的一个成员，即麦格纳国际的高级成员，希望使用传统的压缩成型模具技术。这种技术传统上用于聚酯和玻璃，它们会流动、填充模具并结合在一起。然而，团队中更多的初级成员认为，这一过程不适用于碳纤维，因为在复合材料中结合环氧树脂和纤维更加困难；环氧树脂可能仅仅从碳纤维表面流过而没有与碳纤维结合。该小组认为，模具应该倒置以帮助捕获树脂并将其密封在纤维上。团队知道，如果他们选择错误，可能会花费大量时间和金钱来纠正错误。经过激烈的辩论，团队进行了投票，决定采用传统技术。几乎立刻就可以看出这是一场灾

⊖　Interview with Tom Pilette, Magna International, May 26, 2021.

⊜　Interview with Tom Pilette, Magna International, May 19, 2021.

难。原型零件的模具试验结果显示产品的表面质量较差，因为一些纤维一直保持干燥。团队不得不按照年轻团队提出的方法重新制作模具。这种新方法的效果很好，麦格纳国际最终获得了该工艺的专利。[○]

虽然这次事件可能会使团队成员间产生分歧和敌意，但实际却相反。正如帕莱特所描述的那样："整个过程让整个团队团结在一起；老人们开始更多地倾听年轻人的心声，并更加尊重他们。这也让年轻人能够更多地发声，真正地发挥自己的能力进行更多的创新。他们的胜利让他们说'哇，这很奏效，让我们做得更多！'"[○]

最终，宝马从未将合同授予任何潜在的竞标者；他们决定自己开发碳纤维制造工艺。然而，在追求与宝马的合作中，麦格纳国际发明了许多新的创新产品和工艺技术，随后使麦格纳国际处于领导地位，并帮助其成为创新者。2016年，麦格纳国际因其用于制造凯迪拉克碳纤维发动机罩的成型工艺而获得 JEC 美洲创新奖，采用该工艺生产的产品比钢制发动机罩轻 72%。[○]然后在 2018 年，麦格纳国际凭借其轻质复合材料举升门（吉普使用）和碳纤维副车架（与福特汽车公司共同创建）获得了塑料工程师协会汽车奖的第一名。与冲压钢相比，该副车架实现了 34% 的质量节约。[○]麦格纳已成为世界上最具创新性的轻型汽车公司之一。

到 2021，由于成本原因，碳纤维仍然没有在汽车制造中占据很大比例，但人们普遍认为，随着汽车行业向电动汽车过渡，碳纤维将发挥更重要的作用。正如麦格纳外饰全球总裁格雷厄姆·伯罗（Graham Burrow）所指出的："汽车中塑料或塑料衍生物越来越多，金属越来越少……这就是为什么我们要坚持这项技术，通过缩短循环时间和开发不同的材料混合物来降低成本，从而使其更经济实惠。我认为我们离这项技术越来越近了。"[○]

○ Interview with Tom Pilette, Magna International, May 19, 2021.
○ Interview with Tom Pilette, Magna International, May 26, 2021.
○ 2016. Magna Press Release, "Magna wins 2016 JEC Americas Innovation Award," May 16th.
○ Evan Milberg, "Magna wins big at SPE for automotive composite innovation," *Composites Manufacturing*, July 23, 2018.
○ S. Hernandez McGavin, "Magna: The time for carbon fiber is now; supplier sees cost improvement," *Automotive News*, April 17, 2017.

12.1 概述

新产品开发通常需要组织内不同部门参与。为了促进跨部门的协调和合作，许多组织创建了跨职能的新产品开发团队以领导和管理项目的开发过程。然而，不同部门在团队的组建和管理方式上存在很大差异。在本章中，我们将研究影响新产品开发团队绩效的几个因素，包括规模、组成、结构、管理和领导力。

12.2 构建新产品开发团队

在构建新产品开发团队时，组织必须考虑团队的规模和组成将如何影响其技能组合、资源获取以及跨部门沟通和协调的有效性。

12.2.1 团队规模

新产品开发团队可能有几个成员到数百名成员。例如，创建 IBM 个人计算机的开发团队有 19 名成员，但 IBM 开发项目的平均团队规模接近 200 人。[1] 雅虎互联网门户网站由 13 名软件开发人员开发，分为几个由 1~3 名成员组成的小团队。[2] 尽管有大量研究表明，个人在早期构思阶段单独工作可能会更好（参见后面研究花絮"为什么头脑风暴会扼杀突破性想法"），但团队在提炼和执行这些想法方面往往非常有价值。通过将多个个人的努力和专业知识结合起来，团队在许多解决问题的任务上往往能胜过个人，这意味着开发团队的规模可能与其成功的潜力有关。[3]

然而，团队规模并非越大越好。大型团队可能会产生更多的管理成本和沟通问题，从而导致成本高昂的项目延迟。此外，团队规模越大，就越难培养团队成员之间的认同感。随着团队规模的增加，出现社会懈怠（social loafing）的可能性也会增加。当团队规模增大时，个人认为他们对团队工作的贡献不会得到充分的赞扬（或指责），因此他们的努力和承诺会减少，就会出现社会懈怠。[4] 美国的许多组织设定的平均团队规模为 11 名成员，[5] 但各组织对此也存在很大差异。在新产品开发项目的过程中，每个团队的规模可能会有所不同。

12.2.2 团队组成

一家公司的营销、研发和制造职能部门之间缺乏沟通可能对新产品开发极为不利。缺乏跨职能沟通可能导致产品属性与用户需求之间的不匹配。除非研发部门收到并注意到市场上的这些需求，否则它无法设计出满足用户需求的产品。制造 / 研发接口也至关重要，因为制造决定了产品的两个关键属性——质量和价格。通过与研发部门密切合作，制造部门可以确保研发部门设计出相对容易制造的产品。易于制造的设计可以降低单位成本和产品缺陷，从而转化为更低的最终价格和更高的质量。类似地，由于产品在流程的不同阶段之间来回迭代，各职能部门间缺乏跨职能沟通可能会导致循环时间更长。

公司解决这一问题的方法之一是建立交叉职能团队（cross-functional team）。[6] 交叉职能团队包括来自多个职能领域的成员，如工程、制造或市场营销。[7] 例如，在克莱斯勒的"车辆部署平台团队"中，团队成员来自设计、工程、采购、制造、产品规划、财务和营销。世界各地的公司都非常依赖交叉职能团队进行新产品开发工作。2000 年，77% 的美国公司、67% 的欧洲公司和 54% 的日本公司报告使用交叉职能团队。[8]

由来自不同背景的人员组成的团队比仅来自一个或几个职能领域的团队具有更多的优势。[9] 更多领域的专家提供了更广泛的知识基础，并促进了想法的交叉融合。[10] 拥有来自不同领域的专家也使项目能够利用环境中更广泛的信息来源。[11] 职能专家经常积极阅读期刊，并参与直接影响其行业的协会。这些活动可以促进创新想法的产生和改进，并为产品开发中的问题提供解决方案。[12] 通过将不同职能领域的成员合并到一个项目团队中，公司可以确保各种信息来源。

许多论点也支持其他类型的多样性。在不同时间进入组织的个人（组织任期的多样性）可能在团队之外有不同的联系人，从而使团队能够从更广泛的资源组合中获益。融入文化多样性的团队应该通过融合多种观点来更好地解决问题。[13] 研究表明，团队中的成员多样性可以提高创新成果和整体绩效。[14]

然而，团队成员的多样性也会增加协调和沟通成本。个体倾向于更频繁、

研究花絮

为什么头脑风暴会扼杀突破性想法[a]

半个多世纪前，亚历克斯·奥斯本写了一本很有影响力的书《可复制的创造力》（*Applied Imagination*）。他在书中表示："与团队合作时，普通人能想出的想法是单独工作时的两倍。"管理者们一定是被说服了，因为头脑风暴在当时兴起，至今仍被广泛使用。事实上，在商学院，认为团队不比个人更有创造力几乎是异端。

唯一的问题是奥斯本错了。数十项实验室研究试图证实奥斯本的论点，但发现了相反的结果：与相同数量的个人单独工作产生的想法总和相比，头脑风暴小组产生的想法更少，新颖性也更少。[b]

这怎么可能？难道想法不应该交叉影响，产生出不寻常的新想法吗？[c]事实证明，团体思想的交叉融合更有可能导致平庸，更多令人兴奋的想法来自单飞。团体的创造力不如个人的创造力有三个主要原因。

1. 害怕判断

迈克尔·迪尔（Michael Diehl）教授、沃尔夫冈·施特勒贝（Wolfgang Stroebe）教授、伯纳德·尼斯塔特（Bernard Nijstad）教授、保罗·保罗斯（Paul Pauhus）教授和其他人进行的一系列研究发现，人们在集体头脑风暴会议上自我审查自己的许多最有创意的想法，以免被他人负面评价。[d]与那些被告知将由匿名评委评估的小组相比，他们提出的新想法明显更少。

正如有史以来著名的科幻作家之一艾萨克·阿西莫夫（Isaac Asimov，也是波士顿大学的生物化学教授）所说："我的感觉是，就创造力而言，需要隔离……他人的存在只能抑制这一过程，因为创作是令人尴尬的。你每获得一个新的好想法，都有十万个愚蠢的想法，你自然不想展示出来。"[e]

2. 阻塞想法生成

当人们轮流表达自己的想法时，那些排在后面表达想法的人可能会在有机会表达之前忘记自己的想法。更糟糕的是，倾听他人想法的过程会改变听众的思路，实质上会阻碍听众自己的想法生成。科学家们能够证明这一点。他们将人们分到不同房间里，当灯光照射他们时，他们会对着麦克风说出自己的想法。在一些房间里，每个人都能听到别人的想法；而在有些房间里，人们听不到。这项研究导致了巨大的创造力损失：被要求等待给出想法，导致人们提出的想法要少得多；如果他们能听到别人的想法，那么他们给出的想法更少。

现在想象一下，当人们不必轮流，而是随意自愿地提出想法时会发生什么？团队中最外向的人会主导想法的提出，而更安静的人或更担心社会压力的人，不会提出很多（或任何）想法。此外，如果他们确实提出了自己的想法，也可能只提交那些建立在已经做出贡献的想法基础上的想法——这一定会影响想法的新颖性。

3. 可行性胜过独创性

埃里克·里茨谢尔（Eric Rietzschel）教授及其同事的一系列研究表明，团队合作不仅对创意的产生不利。[f]如果你让人们单独工作并产生想法，然后让团队选择最佳想法，他们会倾向于做出减少新颖性的决定。研究表明，当小组成员以交互方式对他们的"最佳"想法进行排名时，他们选择的想法不如大多数想法具有原创性，但比大多数想法更具可行性。换言之，人们倾向于将"可行"视为高于"原创"。如果头脑风暴小组旨在引出新颖的想法，那么要求小组选择并提交他们的最佳想法并不是实现这一结果的方式。

独处的好处

孤独对创造力极为宝贵。它为一个人提供了思考和追求那些他认为本质上有趣的事情的时间。它可以帮助他培养自己对世界如何运作的信念，并培养一种较少受他人意见影响的自我概念。[g]

对一系列突破性创新者的研究表明，许多人花了大量时间独处，在自我教育上投入了大量资金。[h]例如，大多数人都是贪婪的读者，埃隆·马斯克经常一天阅读 10 个小时，他的兄弟金巴尔（Kimbal）回忆道："如果是周末，他一天可以读完两本书。"[i]马斯克在接受《滚石》（*Rolling Stone*）杂志采访时说道："我是靠书长大的，然后是我的父母。"[j]

上述内容表明，当管理者希望员工提出突破性想法时，他们需要给员工一些时间独自思考他们最疯狂的想法，并沿着他们的道路进入未知的领域。管理者应该敦促员工自由地提出想法，而不必担心评判；应该鼓励他们将自己的想法写在纸上，并在向他人展示之前充实每一个想法。管理者也可以效仿谷歌和 3M 的做法，给担任创意角色的员工很大比例的时间（例如，3M 使用 15% 的工作时间）来追求自己创造和选择的产品。谷歌的 Gmail 和谷歌新闻、3M 的便利贴以及许多其他产品都是这样开发出来的。

一个创造性想法可能很脆弱，很容易被集体对话的势头所击败。几乎每个团队都有一定程度的群体思维；直言不讳或个性强硬的人可以主导谈话和决策。他们可以将一个团队引导到一个特定的轨道上，甚至不打算这样做，或者更糟糕的是，他们可以给每个人带来一个平庸的承诺。一点孤立和独处可以给其他人一个更好的机会来发展他们的突破性想法。这些人应该有时间详细阐述他们的想法，并在他们的想法接受审查或进入团队开发之前进行一些初步规划和原型设计。

a 改编自 Melissa A. Schilling, "Why brainstorming groups kill breakthrough ideas (and what to do instead)," Inc., February 9, 2018.

b Michael Diehl and Wolfgang Stroebe, "Productivity Loss in Brainstorming Groups: Toward the Solution of a Riddle," *Journal of Personality and Social Psychology* 53 (1987): 497–509; Brian Mullen, Craig Johnson, and Eduardo Salas, "Productivity Loss in Brainstorming Groups: A Meta-Analytic Integration," *Basic and Applied Social Psychology* 12, no. 1 (1991): 3–23; and W. Stroebe, B. A. Nijstad, and E. F. Rietzshel, "Productivity Loss in Brainstorming Groups: The Evolution of a Question," in *Advances in Experimental Social Psychology,* eds. M. P. Zanna, and J. M. Olson (San Diego, CA: Academic Press, 2010), 43: 157–203.

c Larry Alton, "5 Strategies for team brainstorming to use in your next meeting," Inc., October 30, 2017.

d Michael Diehl and Wolfgang Stroebe, "Productivity Loss in Brainstorming Groups: Toward the Solution of a Riddle," *Journal of Personality and Social Psychology* 53 (1987): 497–509; Paul B. Pauhus et al., "Perception of Performance in Group Brainstorming: The Illusion of Group Productivity," *Personality and Social Psychology Bulletin* 19 (1993): 78–89; and Brian Mullen, Craig Johnson, and Eduardo Salas, "Productivity Loss in Brainstorming Groups: A Meta-Analytic Integration," *Basic and Applied Social Psychology* 12, no. 1 (1991): 3–23.

e Isaac Asimov, "Isaac Asimov Asks, 'How Do People Get New Ideas?'" *MIT Technology Review* (1959 essay, reproduced in October 20, 2014).

f Eric F. Rietzschel, Bernard Nijstad, and Wolfgang Stroebe, "Productivity Is Not Enough: A Comparison of Interactive and Nominal Brainstorming Groups on Idea Generation and Selection," *Journal of Experimental Social Psychology* 42, no. 2 (2006): 244–51.

g Christopher R. Long and James R. Averill, "Solitude: An Exploration of Benefits of Being Alone," *Journal for the Theory of Social Behavior* 33 (2003): 21–44.

h Melissa A. Schilling, *Quirky: The Remarkable Story of the Traits, Foibles, and Genius of Breakthrough Innovators Who Changed the World* (New York: Public Affairs, 2018).

i Ashlee Vance, *Elon Musk: Tesla, SpaceX, and the Quest for a Fantastic Future* (New York: Harper Collins, 2015).

j Neil Strauss, "Elon Musk: The Architect of Tomorrow," Rolling Stone (November 15, 2017).

更强烈地与他们认为在一个或多个维度上与自己相似的其他个体互动。[15] 对同类性（homophily）的研究表明，人们更喜欢与他们认为与自己相似的人交流，因为与方言、思维模式和信仰体系相似的人沟通更容易、更舒适。[16] 对相似性的感知也可以自我强化——随着个体间互动的频率和强度增加，他们可以发展出一种共同的方言、更大的信任，并且更熟悉各自拥有的知识。共同的方言、信任和熟悉反过来又使个人更愿意和更能够在未来的互动中有效地交换信息。当人们认为他人与自己非常不同时，他们可能不太愿意频繁或激烈地与对方互动，他们可能更难发展出共性。异质团队往往更难整合目标和观点，从而导致冲突增加和群体凝聚力降低。[17] 然而，研究也表明，如果群体保持长期接触，异质或同质团队之间的沟通和协调差异就会减少。据推测，通过广泛的互动，异质团队学会了如何更好地管理团队。[18]

总之，一般来说，异质团队应该比同质团队拥有更多的信息。团队的异质性也会增加决策的创造力和差异，从而产生更具创新性的结果和更高的整体绩效。[19] 然而，为了实现这种潜在的绩效优势，异质团队可能需要长期接触和激励以促进沟通与合作。

团队成员有效沟通和合作的能力也是团队成员个性的一个方面。苏珊·基奇（Susan Kichuk）和威尔·威斯纳（Willi Wiesner）的一项研究探讨了五种性格因素（认真、外向、神经质、随和和乐于体验）是否会影响新产品开发团队的成功。基奇和威斯纳发现，促进新产品开发团队成功的性格特征是高度外向、高度友好和低神经质。[20]

12.3 新产品开发团队的类型

团队可以通过多种方式构建。一个著名的类型学将团队分为四种类型：职能型、轻量级、重量级和自主型。[21] 图 12.1 以图形方式描述了每种类型。

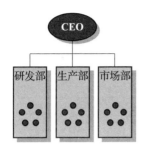

职能型团队:
没有跨部门的整合,团队成员留在职能部门内部

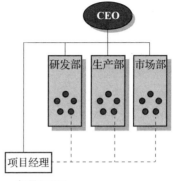

轻量级团队:
团队成员留在原有的职能部门内部,但是项目经理负责各个职能部门之间的协调和沟通

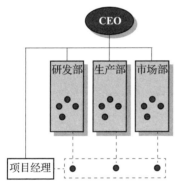

重量级团队:
项目经理负责跨部门的协调和沟通。团队成员被重新安排工作,但是仍要向原有的职能部门领导汇报

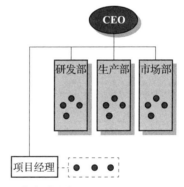

自主型团队:
项目经理负责跨部门的协调和沟通,团队成员重新安排工作,但只要向项目经理汇报

图 12.1　新产品开发团队的类型

12.3.1　职能型团队

在职能型团队中,成员留在其职能部门(如研发、营销、制造等),并向其常规职能经理报告。然而,他们可能会定期会面讨论项目。这样的团队通常是临时组建的,个人在团队相关活动上的时间可能不到 10%。职能型团队通常

也没有项目经理或专门的联络人员。虽然这种团队易于组建，因为它几乎不需要（如果有的话）偏离公司的正常运营，但这种结构几乎没有提供跨职能协调的机会。[22] 此外，由于个人的评估和奖励几乎完全基于他们的表现，因此团队成员可能对开发项目几乎没有承诺。职能型团队更可能适用于主要影响公司单个职能的衍生项目。

12.3.2　轻量级团队

在轻量级团队中，成员仍驻留在其职能部门，职能主管保留评估和奖励的权力。与职能型团队一样，轻量级团队通常是临时的，成员将大部分时间用于其正常职能职责（最多 25% 的时间用于团队的相关活动）。然而，轻量级团队有一名项目经理或专门的联络人员，负责促进各职能部门之间的沟通和协调。轻量级团队的经理通常是初级或中级管理人员，他们无法对团队成员施加重大影响或权威。由于这些因素，轻量级团队在团队协调性和成功可能性方面比功能性团队有了小幅度的提高。这种团队结构可能适用于不需要高度协调和沟通的衍生项目。

12.3.3　重量级团队

在重量级团队中，成员被从其职能部门中调出，以便他们可以与项目经理一起工作。重量级团队的项目经理通常是高级管理人员，他们比部门经理层级更高，并且具有指挥资源、评估和奖励团队成员的重要权力。[23] 重量级团队中的核心团队成员通常专职于项目。这些因素的组合有助于确保团队具有强大的跨职能协调和沟通能力，并确保团队成员对开发项目做出重大承诺。然而，重量级团队往往还是临时的，因此，单个成员的长期职业发展继续取决于其部门经理而不是项目经理。与职能型团队相比，这种类型的团队结构在沟通和协调方面有了显著的改进，通常适合于平台项目。

12.3.4　自主型团队

在自主型团队中，成员被从其职能部门中移除，专职（通常是永久性的）投入开发团队的工作。团队成员与项目经理搭配在一起，项目经理是组织中层级非常高的人。自主型团队的项目经理完全控制不同职能部门提供的资源，并且对团队成员的评估和奖励拥有专属权力。自主型团队通常不遵守组织其他部门的操作程序；相反，他们被允许创建自己的政策、程序和奖励系统。[24]自主型团队也对项目的成功负责；在很多方面，自主型团队就像公司的独立部门。自主型团队通常擅长快速、高效的新产品开发项目，尤其是在这种开发需要脱离组织现有技术和常规的情况下。因此，自主型团队通常被认为适合于突破性项目和一些主要平台项目。它可能是新业务的诞生地。[25]然而，自主型团队的独立性可能会导致它未充分利用母组织的资源。此外，如果项目完成或终止，自主型团队通常很难重新融入组织。因此，许多自主团队将成为公司的独立部门，甚至可能作为子公司从母公司分拆出来。

表 12.1 总结了四个团队不同的关键维度的特点，包括上文未提到的内容。随着职能型团队向自主型团队的转变，职能部门与团队（尤其是项目经理）之间的冲突会增加。重量级团队和自主型团队的独立性可能会促使它们追求与职能部门利益相悖的目标。高级管理人员应控制此类冲突的发生。

表 12.1　四个团队的不同点

项目	职能型团队	轻量级团队	重量级团队	自主型团队
项目经理	没有	中、低层经理	高级经理	高级经理
项目经理的权力	没有	低	高	非常高
用于项目团队的时间	不超过 10%	不超过 25%	100%	100%
团队成员	隶属于各自职能部门	隶属于各自职能部门	由项目经理安排工作	由项目经理安排工作
对于项目的投入程度	临时	临时	长期但不是终身的	终身的
成员的绩效评价	由各自职能部门的领导负责	由各自职能部门的领导负责	由项目经理和各自职能部门的领导共同决定	项目经理
团队和职能部门之间的矛盾	小	小	中	大
跨职能部门的整合	低	中	高	高

（续）

项目	职能型团队	轻量级团队	重量级团队	自主型团队
同现有组织运作的一致性	高	高	中	中或低
适用的项目类型	一些衍生项目	衍生项目	平台性项目或具有突破意义的项目	平台性项目或具有突破意义的项目

12.4 新产品开发团队的管理

为了使新产品开发团队发挥作用，其领导和管理政策应与团队的结构和需求相匹配。

12.4.1 团队领导力

团队负责人负责指导团队的活动，保持团队与项目目标的一致性，并充当团队与高级管理层之间的沟通者。在重量级团队和自主型团队中，团队负责人也可能是主要负责评估、补偿和提拔团队成员的人。优秀的团队负责人往往比高级管理人员或项目支持者对团队成功的影响更直接。这可能是因为团队负责人与团队的互动更加频繁，更直接地影响团队的行为。[26]

如上文团队类型和结构部分所述，不同类型的团队有不同的领导需求。例如，虽然轻量级团队可能有一名初级或中级管理人员，负责在各职能部门之间提供基本协调，但重量级团队和自主型团队需要具有丰富经验和组织影响力的高级管理人员。在重量级团队和自主型团队中，项目经理必须是能够领导和评估团队成员的人，在团队内部和更广泛的组织中支持开发项目，并承担各职能部门之间的联系。[27]特别是重量级团队和自主型团队中的项目经理必须在组织内具有较高的地位，在组织内担任团队的概念倡导者，善于解决冲突，具有多语言技能（即他们必须知道营销、工程和制造的相关术语），并能够对工程、制造和营销职能施加影响。[28]在其他条件相同的情况下，如果项目经理在其中一个或多个方面存在缺陷，那么团队成功的概率较低。[29]

12.4.2 团队管理

为了确保成员对开发项目有明确的关注和承诺，许多组织现在都让重量级团队和自主型团队来制定项目章程和合同手册。项目章程概括了对项目的设想，明确了项目的准确的和可衡量的目标。它可能包括该项目的愿景陈述（例如，"戴尔笔记本电脑将成为性能和价值的市场标准"）和背景陈述，说明该项目对组织的重要性。项目章程还可以描述团队成员、成员将在团队中花费的时间以及他们将花费在团队活动上的时间百分比。[30] 它还可以规定团队的预算、报告时间，以及项目的关键成功标准（例如，满足特定的上市时间目标、超过为项目制定的客户满意度标准、在规定的时间内获得目标市场份额等）。为项目制定一套明确的目标有助于确保团队成员对项目的总体目标有共同的理解，并且对优先事项比较明确。目标也有助于构建新产品开发流程，并通过保证团队成员以共同成果为导向来促进合作。[31]

一旦建立了团队章程，核心团队成员和高级管理人员必须就合同手册进行协商。合同手册详细规定了实现项目章程中规定的目标的基本计划。通常，合同手册将列出团队所需的资源、项目开发时间表和团队将要获得的结果。合同手册提供了一套绩效基准和期限，可与团队绩效进行比较，从而为监控和评估团队在实现目标方面的绩效提供了一个工具。然而，更重要的是，合同手册是建立团队对项目的承诺和对项目的所有权意识的重要机制。在协商和接受本合同手册后，各方通常会签署合同书以表明其遵守计划并实现结果的意图。签署合同书的团队成员通常会感到更有责任为项目目标的实现而努力。此外，签署合同书可以让团队成员对项目有一种所有权，并有权对项目做出决定。这种所有权和授权可以帮助团队成员认同项目的结果，并鼓励他们付出额外的努力以确保项目成功。[32]

12.4.3 管理虚拟团队

信息技术的最新进展使公司能够更好地利用虚拟团队（virtual team）。虚拟团队是指成员之间可能相距很远，但仍然能够通过视频会议、群件、电子邮件或互联网聊天程序等先进信息技术进行密集协作的团队。虚拟团队可以使具有独特技能的个人能够在项目中工作，无论他们的位置如何。通过虚拟会议，相距很远的人可以进行合作，而不会产生旅行费用或导致生活混乱。[33] 这对于一家运营高度全球化的公司来说尤其重要。例如，SAP 公司的总部位于德国沃尔多夫，但在印度、中国、以色列和美国拥有大型研发中心。

每个研发中心都在特定领域拥有深厚的专业知识，但由于专业化而缺乏功能广度。SAP 公司的经理选择来自不同地点的员工组建虚拟团队，以最佳方式整合给定项目所需的专业知识。[34] 同样，当 IBM 开始在全球部署更多产品时，它增加了虚拟团队的使用。大约三分之一的 IBM 员工将在其职业生涯的某个阶段参与虚拟团队。当 IBM 需要为一个项目配备员工时，它会向人力资源部提供一份所需技能的列表以确定合适的人才库。如果人们的技能和才能比他们需要面对面合作更重要，那么一个虚拟团队就形成了。[35]

然而，虚拟团队带来了一系列独特的管理挑战。如本章前面所述，关于新产品开发团队结构的大部分工作都强调了搭配的重要性。搭配为团队成员提供了丰富的面对面交流和非正式互动的机会，从而促进了沟通和协作。[36] 相比之下，虚拟团队必须经常依赖比面对面接触少得多的沟通渠道，在建立规范和共同语言方面面临重大障碍，并且可能面临更大的冲突。团队成员还可能在多个时区的谈判中遇到困难，这可能会导致挫败感。[37]

在组建虚拟团队的过程中，重要的是选择既熟悉用于促进协作的技术又具有较强人际交往能力的人员。[38] 团队成员必须能够独立工作，并具有良好的职业道德。由于距离使团队成员很容易逃避互动的机会，因此选择倾向于寻求互动而不是回避互动的人很重要。[39] 此外，由于虚拟环境可能会使团队失去许多非正式互动的机会，更多类型的互动必须被纳入团队的基本规则。[40] 例如，团队领导可能会安排每日或每周的非结构化"聊天"时间，要求团队成员参加小组电话会议或在线会议，以便分享团队在更正式的互动中可能无法发现的想法。

虚拟团队在建立信任、解决冲突和交流隐性知识方面也面临挑战，如下面的研究花絮中所描述的。

研究花絮

虚拟国际研发团队

加斯曼（Gassman）和冯·泽德维茨（von Zedtwitz）在第 10 章讨论的跨国公司模型的基础上，研究了跨国公司如何通过虚拟团队协调其创新项目。正如第 10 章中关于松散联结研发活动的一些论点所述，虚拟国际研发团队可以联合开展一个开发项目，利用信息技术（而不是地理邻近）实现协调。然而，尽管信息技术降低了研发活动的配置需求，但它并不容易解决与建立信任和传递隐性知识相关的问题。正在进行的创新项目类型和必须共享的知识类型应影响企业对分散的虚拟协调过程的依赖程度。

加斯曼和冯·泽德维茨研究了 37 家技术密集型跨国公司，确定了四种团队模式：①分散的自我协调；②系统集成商作为协调员；③核心团队作为系统架构师；④集中风险团队。在分散的自我协调团队中，团队没有单一的权力或权威来源。团队主要通过电话、互联网、共享数据库和群件进行沟通。协调相对薄弱，主要依赖于强大的企业文化。如果在不同地区开发的组件之间有完善的标准接口，则团队更可能采用分散的自我协调模型；因此，它倾向于模块创新，而不是架构创新（见第 3 章）。

在由系统集成商作为协调员的团队中，单个个人或办公室负责帮助不同部门协调。系统集成商帮助每个部门建立对项目的共同理解，将知识从一个部门转移到另一个部门，并跟踪进度和贡献。虽然整个项目是分散的，但系统集成商实现了一些集中的协调。

在作为系统架构师的核心团队模型中，来自所有研发团队的关键决策者组成的核心团队定期开会，以协调分散的团队。核心团队通常包括一名强大的项目经理、来自各个分散团队的领导，偶尔还有外部客户或顾问。核心团队构建开发项目的整体架构，并在整个开发过程中保证其一致性。因为核心团队比上述系统集成商更直接地管理各个部门，所以核心团队更有能力解决冲突并在各个部门执行标准。因为核心团队可以提供跨部门的显著集成，所以核心团队通常能够进行架构创新。在集中风险团队中，研发人员和资源被转移到一个中心位置以实现最大程度的整合和协调。团队可能会有一位非常强大的高级项目经理，具有分配资源和定义团队成员职责的重要权力。加斯曼和冯·泽德维茨描述了集中风险团队的两个例子：Asea Brown 的"高影响力项目"和 Sharp 的"金牌"项目。由于费用高昂，这样的团队模式很可能只用于最重要的战略创新。

　　加斯曼和冯·泽德维茨的模型总结如图 12.2 所示。总体而言，加斯曼和冯·泽德维茨认为，如果创新是突破性的、是架构式的或者需要复杂或隐性知识的密集转移，则需要更强的集中化。渐进的、模块化的、不需要频繁传递复杂或隐性知识的创新可以更加分散。

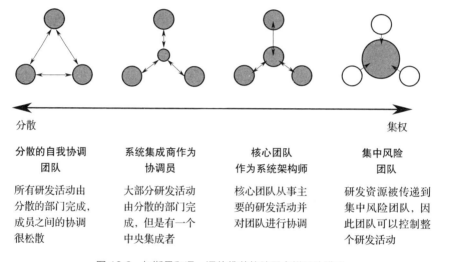

分散			集权
分散的自我协调团队	系统集成商作为协调员	核心团队作为系统架构师	集中风险团队
所有研发活动由分散的部门完成，成员之间的协调很松散	大部分研发活动由分散的部门完成，但是有一个中央集成者	核心团队从事主要的研发活动并对团队进行协调	研发资源被传递到集中风险团队，因此团队可以控制整个研发活动

图 12.2　加斯曼和冯·泽德维茨的跨国虚拟团队模型

资料来源：Adapted from O. Gassman and M. von Zedtwitz, "Trends and Determinants of Managing Virtual R&D Teams," *R&D Management* 33, no. 3 (2003): 243–62.

12.5　本章小结

1. 将多人聚集到一个团队中，使多个专业基础知识能够共同用于解决问题，因此，团队是解决问题的强大机制。然而，如果团队规模过大，管理成本和沟通问题可能会变得严重。

2. 团队成员的多样性确保团队能够利用不同的观点和专业基础知识。特别是，新产品开发团队经常寻求功能多样性。交叉职能团队能够将设计、制造和营销目标整合到新产品开发过程中。

3. 团队成员的多样性确保团队中的个人不仅拥有不同的知识或观点，而且拥有不同的额外团队资源来源，可以通过跨越边界的活动来利用这些资源。

4. 多样性也会使团队更难在新产品开发项目中形成共同的观点，并可能导致团队凝聚力降低。各团队可能需要长期接触和合作激励以克服这些挑战。

5. 团队的结构方式（搭配、监督等）显著影响团队成员的互动方式及开发项目的可能结果。不同类型的团队适合不同类型的开发项目。

6. 团队负责人的属性（资历、权威、多语言技能）必须与团队类型相匹配，以使团队发挥最大作用。

7. 许多公司都让团队制定并签署项目章程和合同手册，从而确保所有团队成员对项目目标有共同理解，并对项目的成功给予承诺和拥有所有权。

8. 当一家公司希望与拥有独特技能但彼此相距很远的个人组建团队时，它可能会选择组建一个虚拟团队。虚拟团队使用信息技术实现沟通和协调。虚拟团队在促进参与、合作和信任方面面临一系列独特的挑战。因此，公司需要特别考虑团队成员的选择和团队管理流程。

Strategic Management of
Technological Innovation

制定部署战略

全球电子游戏行业的部署策略

在全球电子游戏行业，每一代游戏机的推出都带来了一场争夺市场主导权的新战役。新入局者的入场令人震惊，并推翻了看似不可战胜的现任者。游戏开发商、分销商和用户必须密切关注这场战斗，以便押注哪款游戏机将成为这一代的胜利者。每一场战役都揭示了哪些部署策略对竞争者来说是有回报的，或者是致命的。⊖

Pong：一个时代的开始

1972 年秋天，诺兰·布什内尔（Nolan Bushnell）创立了一家名为雅达利（Atari）的公司，并推出了"乒乓球"（Pong）。这是一款类似打乒乓球的游戏，借助雅达利游戏机在用户的电视机上播放。尽管被认为是家用电子游戏机的"第二代"[Magnavox 公司于 1972 年初发布的名为 Odyssey（奥德赛）的游戏机被认为是第一代]，但 Pong 是世界上第一个被熟知的家用游戏机。第一年，Pong 的收入超过 100 万美元。Pong 和 60 多个类似的仿冒品很快涌入市场。在电子游戏行业的早期，集成电路的迅速发展使新的游戏机和游戏得以迅速发展。到 1984 年，仅在美国，电子游戏机和游戏的销售额就达到了 30 亿美元。然而，这个时代的游戏机制造商没有采用严格的安全措施来确保只有授权的游

⊖ 改编自 Melissa A. Schilling，"Technological leapfrogging: Lessons from the U.S. videogame industry," *California Management Review* 45, no. 3 (2003): 6–32.

戏才能在其游戏机上运行，导致未授权游戏（未经游戏机制造商授权为游戏机制作的游戏）的产量爆炸式增长。结果，市场上很快就充斥着质量可疑的游戏，许多不满意的零售商被困在无法减少的视频游戏库存中。利润开始螺旋式下降，到 1985 年，许多行业观察人士宣布电子游戏行业死亡。

8 位系统的出现

然而，出乎所有人意料的是，来自日本的两家新公司进入了美国电子游戏市场，开始了家用电子游戏机的第三代运营：1985 年推出 8 位任天堂娱乐系统（NES）的任天堂和 1986 年在美国推出 8 位主系统的世嘉。与雅达利在广告上只花了几十万美元不同，世嘉（Sega）和任天堂（Nintendo）花了 1500万美元推广他们的系统。与上一代视频游戏系统相比，这两种系统都具有技术优势。两家公司还同意以寄售方式向许多零售商销售，这有助于消除零售商因未售出商品而陷入困境的风险。世嘉的 8 位主系统似乎略优于任天堂，但任天堂在开发高质量游戏内容和角色上花费了更多，并且比世嘉有更多的游戏。NES 在第一年售出超过 100 万套，到 1990 年售出 1900 万套。在美国和日本，超过三分之一的家庭中都能找到 NES。[○]

从 1985 年到 1989 年，任天堂几乎垄断了美国电子游戏行业。该公司以接近生产成本的价格出售游戏机，同时从游戏中赚取大部分利润。任天堂既为其系统内部制作游戏，又通过非常严格的许可政策授权第三方开发商制作游戏，该政策限制开发商每年可以制作的游戏数量，要求开发商从任天堂（有自己的合同制造商生产游戏）预订最低数量的卡带，以及限制开发商为其他游戏机制造商制作类似游戏。任天堂还限制了通过分销商销售的游戏机的数量和价格，确保没有一家分销商可以获得巨大的议价能力。[○]然而，任天堂也受到了联邦贸易委员会的制裁，它疏远了分销商和开发商，这可能会使公司更容易受到竞争对手的影响。

16 位视频游戏系统

1989 年 9 月，世嘉向美国视频游戏市场推出了 16 位游戏机 Genesis，开启

○ David Sheff, *Game Over: How Nintendo Zapped an American Industry, Captured Your Dollars and Enslaved Your Children* (New York: Random House, 1993).

○ Adam Brandenberger, "Power Play (A): Nintendo in 8-Bit Video Games," Harvard Business School case no. 9-795-167, 1995.

了第四代视频游戏机竞赛。Genesis 在 8 位系统上显著增强了性能。此外，世嘉将其流行的街机游戏应用于 Genesis，并使其与 8 位游戏机 Master System 的游戏向后兼容。到 1989 年 12 月，已有 20 款匹配 Genesis 的游戏问世。NEC 于 1989 年秋天推出了一款 16 位系统 TurboGrafx-16，到 1989 年 12 月，该系统已拥有 12 款游戏。尽管任天堂正在开发自己的 16 位系统，但由于担心影响其 8 位游戏机的销量，它推迟了将其引入美国。

到 1989 年底，世嘉已经在美国售出了 60 万台游戏机，NEC 售出了 20 万台。在 1990 年和 1991 年，世嘉和 NEC 都在其列表中增加了游戏，使游戏总数分别达到 130 款和 80 款。到 1991 年底，世嘉在美国售出了 200 万台游戏机，NEC 售出了 100 万台。与世嘉不同，NEC 完全依赖于外部游戏开发商，后者发现该系统与 8 位系统相比仅具有很小的技术优势。[一] 游戏开发商开始放弃 NEC 平台，NEC 于 1991 年退出市场。任天堂终于在 1991 年推出了自己的 16 位超级任天堂娱乐系统（SNES），但要压制世嘉的势头为时已晚。1992 年，任天堂控制了 80% 的电子游戏市场（基于 8 位游戏机和 16 位游戏机的组合销量），但到 1994 年，世嘉成了市场领导者。

与任天堂一样，世嘉在游戏机上几乎没有盈利，而是专注于增加游戏销量和软件开发商版税。然而，世嘉使用了比任天堂更少的限制性许可协议，并迅速吸引了大量开发商制作世嘉游戏。此外，尽管任天堂本可以使其 16 位系统向后兼容，从而将消费者在其 8 位系统的游戏库中拥有的价值与新系统联系起来，但任天堂选择使该系统与 8 位系统的游戏不兼容。到 1991 年底，SNES 有 25 款游戏，而 Genesis 有 130 款。任天堂为世嘉提供了两年的用户保有量领先优势——该系统提供了显著的技术优势，然后在互补品的可用性方面以零起点进入市场。《财富》（Fortune）杂志上发表的一篇电子游戏玩家的评论中恰当地描述了任天堂晚动作的后果："说实话，任天堂已经不酷了。这台是 16 位的，所以它比原来的任天堂更好。该公司只是为了与世嘉竞争，但大多数孩子都已经拥有了。所以他们不需要超级任天堂，除非他们是笨蛋，必须拥有一切。这太愚蠢了。"[二] 它最终将被证明是有史以来最成功的游戏系统，但任天堂近乎垄断的地位已经被打破，世嘉成功超越了任天堂。

[一] Adam Brandenberger, "Power Play (B): Sega in 16-Bit Video Games," Harvard Business School case no. 9-795-103, 1995.

[二] J. Hadju, "Rating the hot boxes," Fortune 128, no. 16 (1993): 112–13.

32/64 位系统

在 20 世纪 80 年代末和 90 年代初，电子游戏市场吸引了新的竞争对手，第五代游戏机采用 32 位或 64 位系统。1989 年，飞利浦宣布推出了 32 位交互式光盘（CD-i），这是一种交互式多媒体光盘系统，可作为游戏机、教学工具和音乐系统。然而，CD-i 非常复杂，需要 30 分钟的演示。此外，这款产品推出时价格昂贵，售价为 799 美元，后来降到了 500 美元以下（是任天堂或世嘉系统成本的两倍多）。[一]虽然这款产品实际上不仅仅是一款视频游戏，但用户将其与流行的任天堂和世嘉系统进行了比较，并对其价格和复杂性感到失望。更糟糕的是，飞利浦不愿透露技术规范，这大大限制了该系统的软件开发。飞利浦的 CD-i 从未获得超过 2% 的市场份额。[二]其他公司也推出了 32 位系统，包括 Turbo Technologies 的 Duo 和 3DO 的 Interactive Multiplayer，但系统的成本（600~700 美元）令人望而却步。Duo 在市场上存在的时间非常短暂，很少受到关注。但 3DO 受到了相当大的关注。该公司由特里普·霍金斯（Trip Hawkins）于 1993 年 10 月创立，Trip Hawkins 是电子游戏开发商艺电公司（Electronic Arts）的创始人。然而，3DO 将所有游戏和硬件生产授权出去的独特策略使它不可能通过游戏版税补贴主机生产来实现世嘉和任天堂的低主机价格。3DO 的硬件制造商（松下）没有销售游戏，也不愿意在没有利润的情况下销售游戏机。该机的销量从未增长，最终 3DO 退出了市场。雅达利也在 1993 年凭借技术先进的 Jaguar 游戏机出人意料地重返电子游戏市场。然而，雅达利的长期斗争并没有给开发商或分销商带来很大的信心，一些大型零售连锁店选择不销售该产品。[三]

1995 年，两个 32 位系统出现并在市场上存活下来：世嘉的 Saturn 和索尼的 PlayStation。这两个系统都是大张旗鼓地推出的，并得到了开发者的大力支持。尽管只有世嘉在电子游戏市场拥有丰富的经验和品牌形象，但索尼凭借其在消费电子产品领域的巨大品牌形象，以及在电子产品和媒体领域的广泛分销渠道获利。为了迅速深入了解玩具行业，索尼聘请了经验丰富的玩具行业老手

[一] N. Turner, "For Giants of Video Games It's an All-New Competition," *Investor's Business Daily*, January 24, 1996, A6.
[二] J. Trachtenberg, "Short Circuit: How Philips Flubbed Its U.S. Introduction of Electronic Product," *Wall Street Journal,* June 28, 1996, p. A1.
[三] Y. D. Sinakin, "Players Take Bold Step to Keep Up with New Rules," *Electronic Buyers' News*, February 19, 1996, p. 50.

布鲁斯·斯坦因（Bruce Stein）担任视频游戏部门的主管。索尼的规模和此前在多个电子市场的成功（包括光盘格式的开发和控制）也使其能够说服几家游戏开发商（包括当时美国最大的游戏开发商 Electronic Arts）在游戏机推出后的前六个月只制作 PlayStation 游戏。索尼游戏机的设计初衷是利用光盘（CD）玩游戏，而不像任天堂和世嘉采用盒式游戏。尽管起初许多怀疑者认为 CD 会有更慢的游戏播放速度和更高的盗版率，但最终使用 CD 将是一个巨大的优势。游戏可以以低得多的成本开发和制造，这反过来又使索尼能够允许开发商以较小的批量生产游戏，从而降低他们的风险。到 1995 年底，PlayStation 已经有50 款游戏，到 2000 年底，这个数字已经增长到 800。

　　尽管世嘉的 Saturn 在市场上击败了索尼的 PlayStation 几个月，但由于供应有限，它只被运往四家零售商：玩具反斗城、Babbage's、Software Etc. 和电子精品店（Electronics Boutique）。这让百思买（Best Buy）和沃尔玛（Walmart）等长期支持世嘉（Sega）的零售商雪上加霜。[⊖]开发商也认为，为 PlayStation 编程比为 Saturn 编程更容易，从而导致 Saturn 失去了关键开发商的支持。[⊖]到 1996 年底，索尼 PlayStation 在美国的安装量（290 万台）是世嘉 Saturn（120 万台）的两倍多。

　　1996 年，经过两年多的发布，任天堂终于推出了名为任天堂 64 的 64 位游戏机。尽管游戏机发布时只有两款软件（其中一款是《超级马里奥》），但游戏单元在发布后几周内就售罄了。尽管任天堂的 64 位系统迅速获得了消费者的认可，但任天堂和世嘉都未能夺回对视频游戏行业的统治权。尽管有几家新进入者（还有一家回归者雅达利）试图通过技术跨越进入电子游戏行业，但只有索尼成功地将一种产品与技术优势、战略和资源相结合，使其能够快速建立用户保有量并提供互补品。这一策略向市场表明，这是一场它可以赢得的战斗。

128 位系统

　　1999 年 9 月，世嘉推出了第一款第六代游戏机，即 128 位游戏机 Dreamcast。这是一款售价为 199 美元的游戏机，可接入互联网。在 Dreamcast 发布之前，

⊖　P. Hisey, "Saturn lands first at toys 'R' Us," *Discount Store News* 34, no. 11 (1995): 6–8.

⊖　T. Lefton, "Looking for a sonic boom," *Brandweek* 39, no. 9 (1998): 26–30.

世嘉的市场份额为 12%，处于多年来的最低水平。Dreamcast 是第一款上市的 128 位游戏机，前两周售出 514,000 台。到 2000 年 10 月，用户保有量达到 500 万。然而，世嘉的成功是短暂的。2000 年 3 月，索尼在日本推出了 128 位游戏机 PlayStation 2（PS2），并于 10 月将该系统引入美国。尽管 Dreamcast 的价格有所降低，并且有一个促销折扣，这将使游戏机基本上免费（以换取世嘉网络服务的两年合同），但 Dreamcast 在假日销售季遭到了打击。2001 年初，世嘉宣布将停止制作游戏机，并将自己转型为其他游戏机配套游戏的第三方开发商。

索尼的 PS2 取得了前所未有的成功。它不仅比 32 位系统具有显著的技术优势，而且向后兼容，使玩家能够在游戏机上玩 PlayStation 的游戏，直到他们拥有了新的游戏库。[⊖]在 2000 年 3 月 4 日的首个销售周末，PS2 的销量约为 100 万台，这一数字是 1994 年三天发行期内 PlayStation 原版销量的 10 倍。消费者对新产品的需求如此之高，以至于在索尼网站上预购的开放日，一分钟内的点击量就超过了 10 万次，索尼被迫短暂关闭了该网站。

在 PS2 发行时，任天堂刚刚将其新的 128 位游戏机 GameCube 的发布日期推迟到 2001 年上半年。与 PS2 不同，GameCube 没有提供与任天堂 64 位游戏机匹配的游戏的向后兼容性。GameCube 还面向比索尼 16~24 岁消费对象更年轻的市场（8~18 岁）。索尼 PS2 的真正威胁来自视频游戏机行业的新进入者——微软的 Xbox。Xbox 于 2001 年 11 月推出，目标是 18~34 岁的男性。Xbox 被定位为直接对抗 PS2。

微软此前曾制作过基于 PC 的电脑游戏（如《飞行模拟器》和《帝国时代》系列），并运营过在线游戏服务（微软游戏区），因此对该行业有一定的了解。然而，它既没有世嘉或任天堂的街机经验，也没有索尼的消费电子经验。到 Xbox 上市时，PS2 已经在游戏的安装量和可用性方面取得了显著的领先地位（2001 年底有超过 300 款 PS2 游戏），但微软正依靠 Xbox 提供的技术优势来改变消费者的偏好。Xbox 提供了比 PS2 更快的处理器和更多的内存。此外，消费者不必在技术优势与价格之间进行权衡：Xbox 以 299 美元的零售价推出，

[⊖] M. A. Schilling, R. Chiu, and C. Chou, "Sony PlayStation2: Just Another Competitor?" *in Strategic Management: Competitiveness and Globalization*, 5th ed., eds. M. Hitt, D. Ireland, and B. Hoskisson (St. Paul, MN: West Publishing, 2003).

大大低于其生产成本（据估计，每台损失 100~125 美元）。[○]

为了快速部署产品并建立用户保有量，微软利用了其与销售其软件的分销商之间的现有关系，尽管它现在被迫寻求更大程度地渗透到玩具反斗城、Babbages 和 Circuit City 等分销商中。微软还面临着一个挑战，即在游戏机市场树立与在软件市场截然不同的品牌形象，并更多地利用电视广告和游戏杂志等营销渠道。为此，微软公司预算在 18 个月内投入 5 亿美元用于 Xbox 的市场推广，比该公司历史上任何其他营销活动都要多。[○]微软计划内部生产 30%~40% 的游戏，并赠送 1 万美元的游戏开发包以吸引第三方游戏开发商。

Xbox 和任天堂的 GameCube 都是在 2001 年圣诞节推出的，销售火爆。截至当年底，据估计 GameCube 售出了 130 万台，Xbox 售出了 150 万台。[○]然而，这两款新游戏机的销量被 PS2 反超了，仅在 12 月就售出了 200 万台。在接下来的几年中，这种市场份额模式保持了显著的一致性。截至 2005 财年末，微软报告其 Xbox 游戏机的出货量为 2200 万台，略高于任天堂 GameCube 的 2060 万台，但远远落后于索尼 PS2 的 1 亿台。^四

第七代：128 位系统的第二轮竞争

2005 年末，微软首次推出了第七代游戏机 Xbox 360。尽管严重的制造短缺导致 2005 年圣诞季仅售出 60 万台，但微软希望凭借其领先索尼和任天堂（这两家公司直到 2006 年底才推出下一代游戏机）的优势能使其获得主导地位。

游戏机是围绕一个定制的 IBM 处理器设计的，该处理器在一个芯片上有三个 Power PC 处理器，以及一个来自 ATI 的定制图形处理器。这种组合创造了一个强大的游戏机，可生成具有惊人效果的高清视频。Xbox 360 还与 Xbox 游戏库的一部分游戏向后兼容（尽管不是所有 Xbox 游戏）。在发布时，买家可以 299 美元的价格购买一台基本款游戏机，或者以 399 美元的价格获得一台

○ D. Becker and J. Wilcox, "Will Xbox Drain Microsoft?" *CNET News.com*, March 6, 2001; L. P. Norton, "Toy Soldiers," *Barrons* 81, no. 20 (2001): 25–30; and S. H. Wildstrom, "It's All about the Games," *BusinessWeek* 37, no. 63 (2001): 22.

○ T. Elkin, "Gearing up for Xbox launch," *Advertising Age* 71, no. 48 (2000): 16.

○ D. Frankel, "Video game business Boffo on big launches," *Video Business*, December 31, 2001, p. 38.

四 Microsoft 2005 Annual Report; Nintendo 2005 Annual Report; Sony Corporation press release, November 30, 2005.

高级款游戏机。[⊖]更重要的是（至少从微软的角度来看），这款游戏机应该不仅仅用于游戏——这是微软夺取对数字客厅控制权的又一次尝试。用户可以下载音乐、电影、电视节目，并购买增值内容。有了可选的高清 DVD 驱动器，用户也可以观看高清电影（或者，如果微软对东芝 HD-DVD 标准的押注没有失败，至少它们可以做到——2008 年初，东芝在高清 DVD 格式战争中输给了索尼，并宣布将停止制作该驱动器）。到 2006 年初，微软已售出 320 万台Xbox 360。这个数字本来会更高，但公司无法跟上需求。[⊖]

索尼于 2006 年 11 月推出了 PlayStation 3（PS3）。游戏机有一个强大的IBM 单元处理器。它包括索尼的蓝光光盘播放器（用于播放高清 DVD），售价不菲，60 GB 型号的售价为 599 美元，20 GB 型号的售价为 499 美元。据估计，用于生产游戏机的组件成本分别为 840 美元和 805 美元，这意味着索尼每台游戏机损失超过 200 美元。[⊜]索尼声称 PS3 向后兼容所有为 PlayStation 和 PS2编写的游戏，但事实证明，并非所有旧游戏都能在新系统上运行。尽管这款游戏机在发售几分钟内就销售一空，但到 2007 年初，索尼在全球只卖出了 350万台 PS3——远远低于它的预期。

任天堂没有加入索尼和微软的技术竞赛，而是在 2006 年的圣诞节到来之前，用 Wii 游戏机改变了游戏规则。它提供了一种创新的无线运动感应遥控器，用户可以模拟真实的比赛，比如在网球比赛中挥动网球拍或拳击比赛中击打对手。这款游戏机的售价也比 Xbox 360 或 PS3 便宜 250 美元。它与 GameCube游戏完全兼容，而且因为开发 Wii 游戏要便宜得多（例如，与 PS3 游戏的2000 万美元相比，它仅需 500 万美元），因此吸引了大量第三方开发商。最终的结果是戏剧性的，这款游戏机吸引了前所未有的休闲玩家，而且其人口分布范围非常广泛。Wii 在养老院、保龄球联赛和游轮上都有使用。^四很多时候，这款游戏机不是由足球妈妈^⑤为孩子购买的，而是足球妈妈买给自己玩的。到2007 年年中，Wii 的销售速度是 Xbox 360 的两倍，是 PS3 的四倍。尽管微软

⊖　S. H. Wildstrom, "Xbox: A Winner Only at Games" *BusinessWeek Online*, December 1, 2005.

⊜　K. Terrell, "Gamers Push Pause," *U.S. News & World Report* 140, no. 18 (2006): 42–43.

⊜　A. Hesseldahl, "Teardown of Sony's PlayStation 3," *BusinessWeek Online*, December 24, 2008, 10.

四　J. M. O'Brien, "Wii will rock you," *Fortune* 155, no. 11 (2007): 82–92.

⑤　一种称呼。最初用来描述那些开车载孩子去踢足球并在一旁观看的妈妈们。之后也会用在妈妈们自发地为孩子的足球队集资的组织名称中。

和索尼希望从未来的游戏销售中获利，但他们在每台游戏机上都亏损，任天堂估计每售出一台 Wii 就能赚 50 美元。

2008 年秋天，微软将 Xbox 360 的价格降到 199 美元，成为这一代最便宜的游戏机。然而，就连微软互动娱乐业务高级副总裁唐·马特里克（Don Mattrick）也承认，Xbox 360 不太可能超越 Wii，并指出："我不能说我们会打败任天堂……我们这一代的主机销量将超过索尼。"⊖ 索尼紧随其后，将其首发机型的价格降至 399 美元。2009 年和 2010 年对所有游戏机公司来说都更糟，经济衰退导致三家公司的销售额和利润大幅下降，它们通过降低游戏机价格来应对。然而，销售模式保持不变。截至 2010 年 12 月，Wii 的全球销量超过 7500 万台，而 Xbox 360 的销量为 4500 万台，PS3 的销量为 4200 万台。

2010 年，索尼和微软都推出了自己的基于运动的控制器。PlayStation Move 是一款手持运动传感器棒，类似于 Wii Remote。另一方面，微软的 Kinect 不需要拿任何东西——它是一个网络摄像头式的外围设备，可以检测到用户在设备前面的游戏范围内的运动。这两款设备都是作为公司游戏机的附加组件出售的，售价超过 150 美元（几乎相当于整个 Wii 游戏机的价格）。然而，据吉尼斯世界纪录委员会（Guinness World Records Committee）统计，尽管价格很高，但截至 2011 年 3 月，微软报告称其在全球售出了超过 1000 万个 Kinect，成为有史以来销售最快的消费设备。

第八代：来自移动设备的日益激烈的竞争

第八代电子游戏机制造商专注于与其他媒体的进一步整合和连接。2012 年底，任天堂推出了 Wii U，这是一款平板电脑/控制器的混合产品，带有嵌入式触摸屏，使用户可以获得与主显示器不同的视角。Wii U 与大多数 Wii 游戏向后兼容，但最初专门为该设备编写的游戏阵容在游戏机发布时很弱。此外，由于任天堂在市场上领先索尼和微软一年，许多用户决定等到它们能够比较这三款游戏机时再进行购买，这导致 Wii U 销售低迷。

索尼于 2013 年 11 月推出了 PlayStation 4（PS4），该设备将强调与其他设备（如 PlayStation Vita 或 Apple iOS 或 Android 移动设备）、社交游戏和基

⊖ J. Greene, "Microsoft will cut Xbox prices in the U.S.," *BusinessWeek Online*, September 4, 2008, 2.

于云的订阅游戏的连接。这款设备以 399 美元的价格推出，这表明索尼已经从 PS3 中吸取了教训。微软在同一个月发布了 Xbox One，称其为"一体式娱乐系统"。与 PS4 一样，该设备支持云游戏流，并包括蓝光播放器。然而，它也让用户能够连接到他们的电视机顶盒，在一个分屏屏幕上叠加直播电视和游戏，并记录和分享游戏的精彩片段。Xbox One 以 499 美元的价格推出。

第八代游戏机竞赛也有来自新竞争者的日益激烈的竞争。Android 和苹果 iOS 等移动设备平台开始在游戏中占据明显优势。尽管这些设备很小，并且缺乏家用游戏机所提供的高保真度和基于动作的游戏，但它们至少在一定程度上弥补了这一缺陷，因为免费或低成本的游戏迅速普及，而且它们的所有者往往随时都可以玩这些游戏。智能手机的游戏开发成本要低得多，并且可以接触到非常广泛的消费者。因此，智能手机平台不仅吸引了现有的游戏开发商，还帮助推动了许多新游戏开发商的崛起。到 2018 年，有超过 80 万款移动游戏可供使用（这个数字在家用游戏机上是无法想象的），移动游戏占全球游戏收入（1380 亿美元）的一半以上。[⊖] 竞争加剧和数字销售也催生了新的收入模式，如"免费增值"，即最初的游戏是免费提供的，但用户通过游戏内购进行后续相关消费。[⊜]

第九代：重复旧模式？

2020 年 11 月，微软发布了 S 系列和 X 系列，索尼发布了 PlayStation 5（PS5），正式开始了第九代视频游戏机的竞争。值得注意的是，这意味着新一代的起步较晚；虽然前几代电子游戏机的寿命通常为五年左右，但第八代游戏机的寿命约为八年，微软和索尼都选择在其第八代游戏机上推出半代升级。[⊜] 许多行业分析师认为，这表明这些公司希望摆脱长期以来一直困扰该行业的严重世代循环。

毫不奇怪，第九代游戏机提供了更快的计算和图形处理器、4K（甚至 8K）分辨率和高性能固态内存驱动器。值得注意的是，这两款主机的设计都是为了实现在线流媒体游戏的快速加载，从而向在线多人游戏的转变致敬。^㉔

⊖ Tom Wijman, "Mobile Revenues Account for More Than 50% of the Global Games Market as It Reaches $137.9 Billion in 2018," *Newzoo*, April 30, 2018.

⊜ Joost Rietveld, "Creating and Capturing Value from Freemium Business Models: A Demand–Side Perspective," *Strategic Entrepreneurship Journal* 12, no. 2 (2018): 171–93.

⊜ Rob Fahey, "Softly, softly: The Xbox One X launch," 2017, GamesIndustry.biz, retrieved January 28.

㉔ Andrew Williams, "SSD vs HDD —— What does switching to SDD mean for next-gen gaming?" 2020, Gamesradar.com, retrieved February 1.

这两款游戏机的游戏也大多与第八代游戏兼容。PS5 的最低版本以 399 美元的价格推出；Xbox S 系列售价 299 美元，Xbox X 系列售价 499 美元。这三款游戏机都使用了类似的中央处理单元，并提供了相同的网络选项，但它们在图形处理器、内存和存储方面有所不同。虽然没有确切的游戏机拆分成本，但在 2021 Epic 和 Apple 公司之间的诉讼中，一位微软高管证实了业界多年来一直在关注的问题：微软没有从 Xbox 硬件销售中获得任何利润。当被问及微软在游戏机上的利润时，微软 Xbox 业务开发主管洛里·赖特（Lori Wright）回答说："我们没有，我们出售游戏机是亏本的。"很有可能 PlayStation 也亏本出售，这两家公司都需要他们的游戏机来推动游戏的大量销售，从而实现盈利。

任天堂 Switch 于 2017 年 3 月推出以弥补任天堂因 Wii U [⊖] 失败而遭受的损失，并迅速成为有史以来销售最快的游戏机。然而，它相对于 Xbox 和 PlayStation 第九代游戏机的地位尚不清楚。它的售价为 299 美元（与 Xbox S 相同），但处理能力明显较低。将这个特点与它的推出时间相结合，许多人因此将其视为第八代后期的游戏机，而不是第九代早期的游戏机。Switch 还兼具家用控制台和便携式设备的双重功能，因此更难定义。

PS5 和 Xbox 的 X 和 S 系列在推出的第一个月分别售出 450 万台和 240 万台，这表明索尼明显领先于微软。[⊜]然而，任天堂 Switch 在 2020 年 12 月的销量超过了它们两家，售出了约 500 万台，使 Switch 的用户保有量达到 7900 万台，约比 Xbox One 的用户保有量（4960 万台）高出 60%，并接近索尼 PS4 的用户保有量（1149 万台）的 70%。[⊜]

市场似乎明显稳定在三个重量级竞争者的寡头垄断中。唯一真正的威胁似乎是 PC 游戏，它又呈上升趋势。根据 DFC Intelligence 的一项研究，在 2020 年全球 31 亿玩电子游戏的人中，约有一半的人主要或完全在电脑上玩游戏。游戏机的霸主地位是否不保？^㉕

⊖ Luke Plunkett, "Nintendo completely bailed on console generations, and nobody gave a shit," 2020, Kotaku.com, November 24th.

⊜ Matt Gardner, "PS5 wins 2020 Market war — but not in the U.S.," Forbes, January 15, 2021.

⊜ William D'Angelo, "Switch vs PS4 vs Xbox One Global Lifetime Sales — January 2021 — Sales," VGChartz.com, March 1st, 2021.

㉕ Adam Bankhurst, "Three billion people worldwide now play video games, new report shows," IGN.com, August 14, 2020.

13.1　概述

任何技术创新的价值仅部分取决于技术所能做的事情。一项创新的价值很大一部分取决于人们能够理解它、获取它并将其融入生活的程度。部署不仅仅是公司从创新中获得收入的一种方式，它还是创新过程本身的核心部分。

部署策略可以影响用户、分销商和互补品供应商的接受度。有效的部署策略可以减少产品的不确定性，降低从竞争产品或替代产品转换的阻力，并加快被采用的速度。无效的部署策略甚至会导致重大技术创新失败。如前所述，3DO 的 Interactive Multiplayer 和飞利浦的 CD-i 是最早引入市场的两款 32 位视频游戏机，与前几代游戏机相比具有显著的技术优势。然而，这两款游戏机的定价都很高，推出的游戏也很少，都无法在市场上占据很大份额。当世嘉推出其 32 位游戏机时——比索尼的 PlayStation 领先了几个月——价格很低，一些受欢迎的游戏也推出了，但发行疲软最终阻碍了游戏机的部署。另一方面，尽管索尼是视频游戏行业的新手，但它在 PlayStation 上异常出色的部署策略使游戏机几乎一夜之间获得了成功。索尼将激烈的市场营销、低廉的价格、强大的游戏可用性和积极的发行相结合，从而确保该产品的推出具有明显的影响力。

在本章中，我们将介绍部署过程的五个关键要素：发布时间、许可和兼容性、定价、分销和营销。其中有几个主题的学习本身就需要完整的课程和教材；这里只介绍部署新技术创新最核心的问题。

13.2　发布时间

在视频游戏行业，产品的发布时间可能是公司部署战略的重要组成部分。例如，尽管在世嘉推出 16 位游戏机 Genesis 时，任天堂正在开发 16 位视频游戏系统，但由于担心蚕食其 8 位游戏机的销量，任天堂推迟了 16 位系统的推出。第 5 章讨论了先发、后发的优缺点，这里的重点是公司如何将时机作为部署策略。

13.2.1　战略性进入时机

一般来说，企业都试图缩短产品的开发周期以降低成本并增加进入选择的时间，但这并不意味着企业应该总是尽可能早地推出产品。企业可以战略性地利用产品推出时间来利用商业周期或季节效应，根据前几代相关技术来定位其产品，并确保生产能力和互补品或服务到位。这些策略的作用在电子游戏行业中都有体现。

任天堂、索尼和微软都利用了节日的影响，在圣诞节前不久推出了它们的游戏机，这样游戏机上市的宣传就会与圣诞节的购买季相吻合。大多数电子游戏机在 12 月售出。通过在接近 12 月的时候推出游戏机，公司可以将广告投放到这一时间，并利用游戏机推出时的免费宣传，如发布介绍和外部产品评论的新闻稿。

由于电子游戏行业的发展是利用不同时代的技术，因此游戏机的推出时间也对其在技术时代中的定位以及与之竞争的游戏机起着关键作用。如果一款游戏机被推出得太早，它可能会受到不热烈的欢迎，因为用户希望可以将该款游戏机与其他游戏机进行比较。此外，如果在竞争对手之前推出，游戏机制造商可能会失去融入更先进技术的机会，或者可能会让用户对产品属于哪一代感到困惑。例如，尽管 Xbox 提供的处理器速度是 PS2 的两倍，但其推出时间将其定位为与 PS2 处于同一代。许多用户将其视为现有产品的竞争对手，而非下一代技术的产品。如果游戏机被推出得太晚，该公司可能会失去其作为技术领先者的形象，并且可能已经让较早的进入者拥有了相当大的用户保有量。这一点在本章开篇中任天堂推出 SNES 时电子游戏玩家的一段评论中被证实："说实话，任天堂已经不酷了。这台是 16 位的，所以它比原来的任天堂更好。该公司只是为了与世嘉竞争，但大多数孩子都已经拥有了。所以他们不需要超级任天堂……"

最后，根据生产能力和游戏可用性适时推出游戏机，这在视频游戏机行业证明是非常重要的。例如，世嘉急于确保 Saturn 击败索尼的 PlayStation，在尚未建立足够的生产能力之前就推出了这款产品。世嘉随后无法储备许多重要的分销商，并疏远了前几代支持世嘉的公司。同样，游戏在发布时可用的重要性也得到了明确的证明：每一个至少在一代游戏中取得成功的视频游戏机制造商（例如，雅达利、任天堂、世嘉、索尼、微软）都确保在游戏机发布时提供配套游戏，即使这意味着购买游戏开发公司，迫使它们生产兼容的游戏！如本章稍后所述，许可策略也确保了游戏的可用性。

13.2.2　优化现金流与自噬效应

关于发布时间的第二个关键点也在视频游戏行业中得到了说明。对于将新一代技术引入已经存在竞争的市场的公司来说，发布时间可以成为是否以及在多大程度上接受自噬效应（annibalization）的决定。传统上，对产品生命周期的研究强调了确定新产品推出时间的重要性，以便优化每一代的现金流或利润，并最大限度地减少同类产品。如果一家公司目前的产品利润很高，那么，公司通常会推迟推出下一代产品，直到当前产品的利润开始显著下降。这一策略旨在使公司在开发每一代产品时的投资回报最大化。然而，在技术创新驱动的行业中，推迟推出下一代产品可能会使竞争对手取得显著的技术差距。如果竞争对手推出的产品在技术上比公司现有的产品有很大的优势，用户可能会选择放弃公司的技术。

相反，如果公司投资于持续创新，并愿意让现有产品与更先进的产品竞争，那么其他公司将很难获得足够大的技术领先优势，从而对用户具有说服力。通过为现有用户提供升级到其最新型号的激励措施，该公司可以进一步消除用户在购买下一代产品时不得不转向其他公司产品的想法。许多人会认为这是任天堂犯下的严重错误。20 世纪 80 年代末，任天堂从其 8 位系统中获得了可观的利润，因此不愿意用 16 位系统蚕食那些可以获得的利润。然而，任天堂不接受同类竞争，从而使世嘉能够通过提供具有显著技术优势的产品来抢走用户。

13.3　许可和兼容性

第 9 章揭示了如何使一项技术更加开放（即不大力保护或通过许可部分开放该技术），从而使更多的生产者能够改进和推广该技术，并使互补品开发者更容易支持该技术，从而加快其应用。然而，该章还指出，使一项技术完全开放会带来若干风险。首先，如果一家公司完全开放其技术，其他生产商可能会将技术价格压低到该公司无法收回开发费用的程度。竞争导致价格下降，因此没有生产商在技术上获得可观的利润，那么生产商便不会有更多的动力来进一步开发技术。最后，完全开放一项技术可能会导致其基础平台因不同的生产商根据其需求进行更改而变得支离破碎，从而导致生产商之间的兼容性丧失，产品质量可能受到侵蚀。

这些情况中的每一个都在本章的开篇中进行了阐述。由于没有充分保护各自的技术，第一代视频游戏机制造商失去了控制游戏制作数量和质量的能力。由此导致的劣质游戏市场供过于求，使电子游戏行业遭受重创。但任天堂对其 8 位系统的高度限制性许可政策使游戏开发商迫切希望支持任天堂的竞争对手。在 16 位、32/64 位和 128 位系统所在的技术时代中，游戏机制造商试图实现一种微妙的平衡，即使许可足够开放以吸引开发者支持，也同时足够严格以控制游戏数量和质量。

在部署技术创新时，企业通常必须决定其技术与他人提供的技术或与前几代自身拥有的技术的兼容性（或不兼容性）。如果现有技术拥有庞大的用户保有量或可用的互补品，那么，公司有时可以通过使其技术与现有产品兼容来利用该用户保有量和互补品的价值。例如，IBM 兼容机的生产商（如第 9 章所述）能够利用 IBM 的用户保有量，并通过提供与 IBM 生产的计算机运行完全相同的计算机来补充其商品优势。IBM 兼容机的用户获得了与 IBM 计算机相同的用户保有量优势，并可以访问所有相同的软件。

如果公司希望避免将自己的用户保有量或互补品的优势拱手相让，可以通过确保其产品与未来进入者的产品不兼容来保护它们。美国电子游戏行业的大多数竞争对手（雅达利除外）在这一战略上都相当成功。例如，任天堂使用安全芯片来确保其游戏机中只能运行自己授权的任天堂游戏，并且只能使用任天堂游戏机来运行任天堂游戏。

企业还必须决定是否使其产品与自己的前几代技术向后兼容（backward compatible）。任天堂一再选择不让其游戏机向后兼容，认为要求用户购买新游戏会更有利可图。这是可以理解的，因为游戏机是按成本销售的，利润是通过游戏销售获得的。然而，这也意味着任天堂失去了对世嘉的巨大潜在优势。

相比之下，世嘉将其 16 位游戏机的游戏 Genesis 与 8 位游戏机 Master System 的游戏兼容——尽管考虑到 Master System 的有限成功，这可能对用户没有太大的说服力。更重要的是，索尼使其 PS2 的游戏与 PlayStation 的游戏兼容，从而不仅确保了在其推出时现有的巨大的兼容游戏库，而且还对正在考虑升级到 128 位系统的 PlayStation 的用户产生了一个巨大的激励，促使他们选择 PS2 而不是世嘉的 Dreamcast，或者等待 Xbox 或 GameCube。

许多产品利用向后兼容以便于用户采用升级的技术。例如，蓝光视频播放器除了播放蓝光 DVD，还会播放标准 DVD，大多数音频设备都设计为使用标准 3.5 毫米耳机接口，即使它们支持其他更高级的连接类型。如果这些产品不能向后兼容，可能就会减缓用户对新技术的采用。

有时向后兼容与公司升级的技术目标不符，就造成一个关于是否提供向后兼容的艰难战略决策。例如，当苹果公司推出 iPhone 7 时，它放弃了大多数其他音频设备的模拟耳机插孔标准，表示现在是时候转向无线耳机解决方案了。正如苹果营销总监菲尔·席勒（Phil Schiller）所指出的："有人问我们为什么要从 iPhone 上移除模拟耳机插孔……这真的可以归结为'勇气'，继续做一些让我们所有人都更好的新事情的勇气。"[1] 苹果公司的 Lightning 接口可以与带有特殊适配器的标准耳机一起使用，但事实证明，这让许多既不想使用无线耳机（因为其费用高，而且需要充电），也不想携带特殊适配器的消费者很恼火。此外，改用非向后兼容的耳机插孔对提高苹果公司和 Beats（归苹果公司所有）耳机的销量非常有效。

一些公司采用一种特别强大的战略，将持续创新与向后兼容结合起来。一个公司既创新以防止竞争对手制造技术差距，又利用向后兼容使其新平台或者模型与前几代产品的互补品兼容，那么它就可以将大量互补品产生的现有价值用到其新平台上。虽然这样的策略可能会导致公司丧失一些新平台的互补品的销售（至少在最初阶段），但它也可以有效地通过时间将几代产品联系起来，并可以成功地通过产品世代转移用户，同时防止竞争对手获得进入市场的窗口。微软在 Windows 上巧妙地利用了这一策略——尽管操作系统定期更新，但每一代都提供了与前几代开发的大多数主要软件的向后兼容性。因此，用户可以进行升级，而不必替换整个软件库。

13.4　定价

定价是公司部署战略的一个关键因素。价格同时影响产品在市场上的定位、采用率和公司的现金流。在企业能够确定其定价策略之前，它必须确定其定价模型的目标。例如，如果一家公司处于产能过剩或价格竞争激烈的行业，那么该公司的目标可能只是生存。生存定价（survival pricing）策略仅覆盖可变成本和一些固定成本的商品定价方法。然而，这是一个短期战略；从长远来看，该公司需要找到创造附加价值的方法。一个常见的定价目标是使当前利润最大化。在这种定价策略下，公司首先估计成本和需求，然后设定价格以最大化现金流或投资回报率。该策略强调当前绩效，但可能牺牲长期绩效。

对于新的技术创新，企业通常强调最大的市场占有目标或最大的市场份额目标。为了抢占市场，公司最初会将新产品的价格定得很高。高昂的价格可能会向市场发出信号，表明新产品是一项重大创新，与以往可用的产品相比，其性能有了大幅提高。假设初始需求也很高，高价格也可以帮助公司收回初始开发费用。然而，高昂的初始价格也可能吸引竞争对手进入市场，还可能减缓产品的使用。如果成本预计会随着生产单位数量的增加而迅速下降，那么撇脂定价策略实际上可能比刺激用户更快使用产品的定价策略的利润更低。

当实现高产量很重要时，公司通常会强调最大市场份额目标。为了最大化市场份额，公司通常采用渗透定价（penetration pricing）。该公司将设定尽可能低的价格，以期迅速吸引用户，从而提高产量，降低生产成本。有效利用渗透定价通常要求公司在需求出现之前建立强大的生产能力。从短期来看，公司可能会从这项资本投资中承担重大风险，如果价格低于其初始可变成本，公司可能在每个单元上亏损。然而，如果产量增加并降低生产成本，公司可以获得非常强大的地位：它可以拥有一个低成本的地位，使其能够在价格低廉的情况下赚取利润，并且可以在市场上占有相当大的份额。

以回报增加（强学习曲线效应和 / 或网络外部性）为特征的行业中的公司通常会使用最大化市场份额的目标和渗透定价策略。在这些行业中，行业面临着采用单一主导设计的巨大压力（如第 4 章所述）。加速采用其技术、建立其用户保有量、吸引互补品的开发人员以及降低生产成本的学习曲线，是这类公司的最佳利益。

例如，本田的第一款混合动力电动汽车 Insight 以 2 万美元的价格推出，这实际上导致本田售出的每辆 Insight 都在亏损。然而，本田相信，混合动力技术将在长期内盈利，并且它通过采用混合动力技术获得的经验及其"绿色"汽车公司形象的延续，足以在最初几年内以亏损的价格出售 Insight。[2]

有时，公司定价低于成本是因为它预计损失将通过互补品或服务的利润来弥补。在电子游戏行业，这已被证明是一项非常重要的战略。任天堂、世嘉、索尼和微软均以非常接近（或低于）生产成本的价格出售其视频游戏机，同时从随后的游戏销售和许可使用费中获利。同样，打印机通常以低于成本的价格出售，以期在兼容墨盒上获得利润。这有时被称为"剃刀和刀片战略"，因为吉列（Gillette）和席克（Schick）等公司都是这一战略的早期使用者，它们以非常低的价格提供剃刀，但更换刀片时收取高额利润。使这一战略获得回报的关键是能够控制与补充的兼容性，并能够以足够的价格和质量提供补充，从而满足用户的需求。例如，如果用户能够找到并使用不向打印机公司支付许可费的更便宜的墨盒，那么打印机将无法收回成本。[3]

公司还可以通过操纵商品支付的时间来影响现金流的时间和用户对产品价格的看法。例如，虽然最典型的定价模式要求用户在购买所有权之前全价支付费用，但其他定价模式允许用户通过提供固定时间的免费试用来延迟购买支付。这允许用户在支付购买产品的费用之前熟悉产品的好处，当用户面临新产品或服务的巨大不确定性时，这非常有用。另一种定价模式使用户能够按需付费，例如通过租赁计划，或初始产品免费（或以低价提供）但用户为服务付费的定价模式。例如，当有线电视用户订购有线服务时，他们通常很少或不支付设备费用，而是为每月服务支付大量费用（通常在 20 美元至 90 美元之间，具体取决于套餐），其中可能包括部分设备费用。

另一种操纵消费者对成本认知的方式是通过"免费增值"（freemium）模式，即基础产品是免费的，但附加功能或容量是收费的。例如，德鲁·休斯顿（Drew Houston）和阿拉什·费尔道西（Arash Ferdowsi）创立了 Dropbox，这是一项流行的云存储和文件同步服务。他们很快意识到自己无法负担使用谷歌的 AdWords 等广告程序来推广这项服务，因为这项服务太贵了。因此，他们将免费增值模式与非常成功的推荐计划相结合。首先，用户可以免费获得初始存储空间，但必须付费才能获得额外的存储空间。由于用户对服务和存储需求的依赖都会随着时间的推移而增加，最终他们往往会为额外的存储空间买单。截至 2018 年初，Dropbox 拥有超过 5 亿个注册用户，其中超过 1100 万个付费用户。然而，在某些情况下，免费增值定价模式可能会向消费者发出产品价值降低的信号。例如，乔斯特·里特维德（Joost Rietveld）教授利用实验和 Steam 游戏平台进行的研究发现，消费者花更多的时间玩游戏，当他们必须支付基本游戏的费用时，他们在游戏内部购买上的花费也更多。[4]

当不清楚用户对某一特定价格点的反应时，公司通常使用介绍性定价，表明定价在规定的时间内。这使公司可以测试市场对产品的反应，而不必承诺长期定价结构。

13.5　分销

13.5.1　直销与中间商

公司可以通过直销人员、在线订购系统或邮购目录直接向用户销售产品。公司也可以利用中间人，如制造商代表（manufacturers' representative）、批发商（wholesaler）和零售商（retailer）。直接销售使公司对销售过程、定价和服务有了更多的控制权。例如，当特斯拉汽车公司推出 Model S 电动汽车时，其管理人员怀疑其他汽车制造商使用的经销商网络并不是最好的分销方式：电动汽车需要向消费者提供更多的解释，说明如何估算燃油节省量、多久和在何处为汽车充电、电池寿命和转售价值等。经销商的销售人员将需要广泛的培训和额外的激励措施，如此他们才会在用户教育方面投入大量的时间。因此，特斯拉汽车公司的管理层决定采用直接面向用户的模式，在交通繁忙的城市地区运营自己的精品店。

然而，在许多情况下，直接销售可能不切实际或过于昂贵。中介机构提供了许多重要的服务，可以提高分销效率。首先，批发商和零售商进行散装。一般来说，制造商倾向于大量销售数量有限的商品，而用户倾向于购买数量有限的大量商品。批发商和零售商可以汇集大量制造商的大量订单，并以小批量向用户销售更广泛的商品。

例如，一家典型的图书出版商出版的图书数量有限，但希望大量销售。一般的最终消费者可能只想购买一本特定书名的书，但往往希望有多种书名可供选择。批发商和零售商都在这一渠道中提供有价值的批量分解服务。英格拉姆（Ingram）等批发商将从麦格劳—希尔（McGraw-Hill）、西蒙与舒斯特（Simon & Schuster）和阿歇特集团（Hachette Group）等多家不同的出版商处购买一托盘的书。然后，它们将托盘拆开，重新组合成一捆捆的书，其中包括多个出版商的书，但这些书的数量都较少。然后，这些捆绑好的书被销售给 Barnes & Noble 等零售商，后者提供了一系列单独销售的图书。尽管出版商可以通过互联网或邮购目录直接向最终消费者销售图书，但消费者必须查看许多不同出版商提供的图书，才能考虑一家零售商提供的同一系列图书。

中介机构还提供许多其他服务，如运输货物、库存保管、提供销售服务以及处理与用户的交易。许多中介机构还通过提供地理位置分散的零售网站来为用户提供更大的便利。如果用户在地理上分散，并且他们可能想要检查或尝试不同的产品选项或需要现场服务，那么位置便利性尤其重要。相比之下，如果产品主要销售给少数工业用户，或者产品可以在没有经过仔细检查、试验或使用的情况下进行常规订购，则地理分布可能不那么重要。

原始设备制造商 [OEM，也称为增值转售商（VAR）] 在分销过程中发挥着更为关键的作用。OEM 从其他制造商处购买产品（或产品组件），并将其组装成定制产品以满足用户需求。然后，OEM 以自己的名义销售这种定制产品，并经常为产品提供营销和服务支持。OEM 在计算机和电子行业非常常见，因为制造商通常专门生产单个组件，但用户更喜欢购买整体组装产品。例如，戴尔电脑是计算机行业非常成功的 OEM。OEM 可以通过聚合组件和为用户提供单一联系点，在行业中提供非常有价值的协调功能。

在某些行业，信息技术（如互联网）的进步使所使用的中介类型得以去中介化（disintermediation）或重新配置。例如，E-trade 或 Ameritrade 等在线投资服务使用户能够绕过经纪人，在网上订购自己的股票或债券，从而在投资市场上产生去中介化现象。在产品是可以数字传输的信息的行业，如报纸、软件和音乐，互联网可以将产品从制造商直接交付给消费者。然而，在大多数行业，信息技术只是简单地改变了中间媒介的角色或扩大了它们提供的服务。例如，戴尔或亚马逊等在线商店使用户能够绕过电脑商店或书店等传统零售店。然而，在大多数情况下，这并没有缩短将商品交付给用户的供应链，只是改变了供应链的路线。在其他情况下，在线商务需要创建更多的中介机构（例如专门为他人提供商品的公司）或加强中介机构提供的服务。例如，虽然杂货商传统上要求用户为"最后一公里"（商店和用户家之间的距离）提供自己的配送，但在线杂货购物将"最后一公里"的货物运送责任转移到商店，要求它们要么开发自己的配送服务，要么从其他供应商处购买配送服务。Barnes & Noble 利用在线销售来补充其实体零售店：顾客可以走进书店看书并亲自取书（许多书店老板表示非常喜欢这一选项），但如果他们正在寻找一本在便利书店没有存货的书，也可以在家里或在 Barnes & Noble 书店内在线订购。

为了确定是否使用中介机构以及合适的中介机构类型，公司应回答以下问题：

（1）新产品如何符合公司现有产品线的分销要求？该公司是否已经拥有适合该产品的现有销售渠道，这将是该产品如何分销的首要考虑因素。例如，如果公司已经拥有一支庞大的直销队伍，并且新产品很适合这种直销系统，那么可能就不需要考虑其他分销方案。此外，如果公司没有现有的直销队伍，它将不得不确定新产品是否值得建立直销队伍。

（2）用户的数量和分布，以及用户需要多少产品教育或服务？预购试验是必要的还是可取的？产品是否需要安装或定制？如果用户分散，但几乎不需要产品教育或服务，那么邮购或在线订购就足够了。此外，如果用户分散，需要适度的教育、服务或购买前试用，使用中介机构通常是一个不错的选择，因为它们可以提供一些现场教育、服务和 / 或试用。如果用户并不分散，或者需要广泛的教育和服务，公司可能需要直接提供教育和服务。此外，如果产品需要安装或定制，公司通常需要雇佣直接销售人员或能够提供广泛服务的中介。

（3）竞争产品或替代品如何销售？公司必须考虑如何销售替代产品，因为这既决定了现有分销渠道选择的性质，也影响了用户对产品购买方式的期望。例如，如果用户习惯于在可以查看和处理产品的零售环境中购买产品，并且用户可以获得个人销售帮助，那么他们可能不愿意切换到接触较少的销售渠道，例如在线购买或邮购。产品的销售方式也可能从用户的角度影响产品的定位。例如，如果竞争产品主要以高接触模式（如专卖店）或通过直销团队销售，则在低接触渠道（如大规模折扣店或通过邮购）销售新产品可能会导致用户认为产品质量较低或更经济。市场研究可以评估销售渠道如何影响用户对产品的认知。

13.5.2　加速分销策略

当行业可能选择单一技术作为主导设计时，快速部署该技术可能非常重要。快速部署使技术能够建立一个庞大的用户保有量，并鼓励互补品的开发人员支持技术平台。随着技术的采用，生产者和用户的经验可以用来改进技术，而且由于学习效应和规模经济，产品成本也会降低。公司可以使用多种策略来加速分销，例如与分销商建立联盟、建立捆绑关系、赞助或与大型用户群体签订合同，以及提供销售保证。[5]

与分销商的联盟

引入技术创新的公司可以利用战略联盟或排他性合同来鼓励分销商推销它们的产品。通过向分销商提供新技术成功的股份，公司可能能够说服分销商积极推广新技术。已经与其他商品分销商建立了关系的公司在实施这一战略方面处于优势地位；没有这种关系的公司可能需要培养这种关系，甚至考虑向前垂直整合，从而确保它们的产品广泛可用。

缺乏分销可能是世嘉 Saturn 未能获得用户保有量的重要原因。世嘉的 Saturn 发行量非常有限，这可能会直接（因为用户对产品的访问有限）和间接（因为最初被拒绝的产品分销商在限制解除后可能不愿意推广产品）地减缓其用户保有量的获得。相比之下，任天堂为其推出的 64 位游戏机提供了无限的分销渠道；索尼不仅拥有无限的发行量，还拥有与沃尔玛等零售巨头就其消费电子产品进行谈判的丰富经验。因此，尽管世嘉在市场上已有十年的经验，索尼 PlayStation 在其上市首日的发行量还是比世嘉好。[6]

建立捆绑关系

公司还可以通过将新技术与另一种已经广泛使用的产品捆绑在一起来加速

新技术的传播。[7]捆绑使新技术能够依靠另一种已拥有大量用户保有量的产品的成功。一旦用户同时购买了新产品和他们已经使用的其他产品，转换成本可能会阻止用户更换不同的产品，即使他们最初可能首选不同的产品。随着用户对产品的熟悉，他们与技术的联系（例如，通过培训成本）会加强，他们在未来的购买决策中选择该技术的可能性也会增加。事实证明，捆绑是企业建立其用户保有量并确保提供互补品的一种非常成功的方式。以 SiriusXM 收音机为例，它的成功主要归功于与汽车公司的捆绑销售。Sirius 每年花费超过 10 亿美元资助在新车上安装 SiriusXM 设备。一旦人们在车上免费试用了 SiriusXM，几乎 40% 的人会转换成付费用户。[8]

合同与赞助

公司还可以与分销商、互补品供应商，甚至大型终端用户（如大学或政府机构）签订合同，从而确保该技术被用于换取价格折扣、特殊服务合同、广告援助或其他方面。例如，当医疗设备制造商制造出新的医疗设备（如新的超声设备或磁共振成像设备）时，它们通常会将这些设备捐赠或借给大型教学医院。随着医生和医院管理层对新设备的益处越来越清楚，他们购买更多机器的可能性也越来越大。由于大型教学医院培训的医务人员最终可能为其他医院工作，而且往往是医学界有影响力的领导者，因此为这些医院提供免费设备可能是一种鼓励其他医院使用该产品的有效方法。

分销保障和代理

如果新产品或服务存在相当大的市场不确定性，该公司可以通过向分销商提供担保（例如承诺收回未售出的库存）或同意寄售产品来鼓励分销商销售该产品。例如，当任天堂将任天堂娱乐系统引入美国市场时，分销商不愿意销售相关的游戏机，因为在 20 世纪 80 年代中期电子游戏市场崩溃后，许多人一直被毫无价值的库存所困。任天堂同意将任天堂娱乐系统以寄售方式出售给分销商：任天堂只会为售出的游戏机付费，而不是要求分销商提前购买游戏机。分销商在分销产品时几乎没有风险，因为未售出的产品可以退还给任天堂。电子游戏行业因此得以重生。

对于向互补品生产商提供担保，也可以提出类似的论点。如果互补品生产商不愿意支持该技术，公司可以保证购买特定数量的互补品，也可以提供生产资金，从而承担为该技术生产互补品的大部分风险。互补品生产商可能仍然在生产可能没有长期市场的产品时浪费了时间或精力，但其直接成本风险将降低。

13.6 营销

技术创新的营销策略必须同时考虑目标市场的性质和创新的性质。例如，目标市场主要是由大型工业用户还是个人消费者组成？这种创新可能只吸引技术爱好者还是大众市场？该技术的好处是否显而易见，或者是否需要大量的用户教育？用户会对详细的技术内容或引人注目的品牌形象做出更多的反应吗？营销人员能否减轻用户对创新的不确定性？接下来简要回顾主要的营销方法，以及如何针对特定的用户类别进行营销。此外，下文还探讨了营销如何塑造对创新的用户保有量和互补品可用性的认知和体验。

13.6.1 主要的营销手段

最常用的三种营销手段包括广告、促销及宣传和公共关系。

广告

许多公司利用广告来提高公众对其技术创新的认识。要做到这一点，公司需要精心设计一条有效的广告信息，并选择能够将这一信息传达给适当目标市场的广告媒体。

在制作广告信息的过程中，公司通常试图在获得有趣且令人难忘的信息与提供大量信息内容之间取得平衡。过分关注其中一个或另一个可能会导致广告令人难忘但传达的产品信息很少，或者广告信息丰富但很快就会失去观众的注意力。许多公司聘请广告代理商来开发广告信息和测试广告效果。

所使用的媒体通常是根据其与目标受众的匹配程度、其所能传达的信息或感官细节的丰富程度、其覆盖范围（曝光人数）以及每次曝光的成本来选择的。各种广告媒体的一些优点和缺点见表 13.1。

表 13.1　主要广告媒介的优缺点

媒介	优点	缺点
在线广告：点击付费（搜索引擎）	可高度针对特定受众；只为结果付费（点击）；快速部署可以立即获得可见性，并且可以同样快速地进行调整或删除；能够快速有效地跟踪响应以分析广告的有效性	容易受到欺诈（例如，竞争对手或不满意的用户或员工的点击），这可能导致广告支出浪费
在线广告：社交媒体	能够以丰富的方式与用户建立联系；有广泛传播和病毒式营销的潜力；可以高度针对特定受众；相对便宜；可以快速部署和调整；可以实时跟踪访客	访客对用户的转化率通常很低；很难建立社交媒体网站的知名度和流量
电视	建立视觉、声音和运动的高度感官体验；地理和人口覆盖率高；独立的节目为更直接针对特定受众提供了新的机会	由于节目数量激增，观众日益分散；增加 DVR 的使用使观众能够跳过广告；绝对成本高；短暂暴露
广播	高度的地理和人口选择性；中等范围；成本相对较低	仅音频演示；广告商可能需要购买具有多个站点的广告以实现面向期望的受众范围的短暂暴露
报纸	及时性；良好的本地市场覆盖率；广泛接受；高可信度；读者可以保留或重新阅读广告；价格范围广	报纸受众正在减少；读者很容易跳过广告；生产质量相对较差；广告杂乱程度高；可能很难有选择地针对特定受众
杂志	高度的地理和人口选择性；高质量的视觉制作；寿命长；能够实现重要的技术内容推广；具有良好的传播性	部署缓慢（广告购买提前期长）；可能需要在多个杂志上刊登广告，以达到预期效果
直接邮寄	受众选择性高；同一媒介内没有广告竞争；个性化；实现重要技术内容的交流；可以传递给其他人；通常可以有效地跟踪响应	成本较高；会形成"垃圾邮件"的形象；需要访问良好的邮件列表；打印和邮寄需要相对较长的交付周期
露天（如广告牌、横幅）	高重复暴露；低成本；低竞争性	有限的受众选择性；技术含量非常有限
电话	受众选择性高；可以发送个性化消息	成本较高；可以被认为是一种打扰

促销

公司还可以在经销商或用户层面上进行促销以刺激购买或试用。促销通常是临时销售策略，可能包括：

- 提供样品或免费试用。
- 购买后提供现金回扣。
- 购买时包括额外产品（"溢价"）。
- 为重复购买提供奖励。
- 向分销商或零售商销售代表提供销售奖金。
- 在两种或多种非竞争产品之间进行交叉促销以提高吸引力。
- 采用购买点陈列的方式展示产品的功能。

宣传和公共关系

许多公司利用免费宣传（如在报纸或杂志上刊登的关于公司或其产品的文章）来有效地传播口碑。例如，一些公司依靠内部生成的出版物（如年度报告、新闻稿、员工为商业杂志或其他媒体撰写的文章）来影响目标市场。病毒式营销（viral marketing）是利用个人的社交网络来刺激口碑广告的一种尝试。信息直接发送给一组目标消费者（一个称为"播种"的过程），这些消费者以某种方式在社交网络中处于良好位置（例如，他们可能是"中心"，因为他们比其他人拥有更多的朋友，或者可能具有很大的舆论领导潜力）。病毒式营销的目的是通过社交网络引发信息的快速传播，类似于病毒流行。这些策略利用了这样一个事实，即人们可能更容易接受或更相信通过个人接触获得的信息。[9]公司还可以赞助特殊活动（如体育赛事、比赛、会议），为慈善事业（如慈善机构）做出贡献，在行业协会展览。[10]Farmos 公司甚至让潜在用户参与其药物 Domosedan 的测试过程以提高人们对该药的认识。

理论应用

为 Domosedan 打造知名度

当芬兰公司 Farmos 推出其兽药 Domosedan 时，高管们知道，在知名意见领袖中建立对该药物的认识至关重要。Domosedan 代表了马和牛止痛药的颠覆性创新，将显著改变兽医检查和治疗的方式。与以往用于治疗大型动物的镇静剂和止痛药不同，Domosedan 使兽医能够进行临床和外科检查，而无须捆绑或麻醉患病动物。患病动物可以在站立时接受治疗，在大多数情况下，它们不必被运送到兽医诊所。

Farmos 公司的高管们知道，大学教授和高级从业者是兽医学的重要意见领袖。为了教育这一群体并鼓励他们支持该产品，Farmos 公司要求他们帮助完成药物批准和销售许可所需的测试流程。大学教授参与了临床前测试，有远见的医生参与临床测试。通过积极参与，这些有影响力的潜在使用者在测试的同时充当了上市前的工具，同时确定了药物的有效性和安全性。这使意见领袖能够在产品发布之前获得产品的先进知识和经验。到药物上市时，这些有影响力的用户中的许多人已经是该产品的热心支持者。

由于该药物代表了一种科学突破，它在科学会议上的演讲中被列为重要主题，并在许多论文中被研究，从而引起了人们对该药物的进一步认识和兴趣。在芬兰上市时，该公司为所有执业兽医举办了一场大型晚宴，为该药物的推出创造了一个庆祝氛围。Farmos 公司的策略很成功，Domosedan 迅速被采用，在世界各地迅速传播，并取得了重大的商业成功。

资料来源：改编自 Birgitta Sandberg, "Creating the Market for Disruptive Innovation: Market Proactiveness at the Launch Stage," *Journal of Targeting, Measurement and Analysis for Marketing* 11, no. 2 (2002): 184–96.

13.6.2 为潜在用户量身制订营销计划

正如第 3 章所述，创新倾向于以 S 形曲线模式在人口中扩散，即由于人们对新技术不熟悉，最初采用技术的速度较慢；然后，随着技术被大众市场更好地理解和使用，采用速度会加快，最终市场饱和并导致新技术的采用率下降。

根据技术采纳的这几个阶段，采用者被分为以下几类：先是创新者（innovators）（在最早期）；随之是早期采用者（early adopters），他们带来加速采用；然后随着创新渗入大众市场，有了早期大多数采用者（early majority）和晚期大多数采用者（late majority）；最后是创新趋于饱和时的落后者（laggards）。[11] 这些群体的特点使得他们对不同的营销战略做出回应。

创新者和早期采用者通常都在寻找非常先进的技术，这些技术与前几代相比具有显著优势。他们愿意承担风险并支付高昂的价格，他们会接受产品中的一些不完整性，但也可能需要大量的定制和技术支持。[12] 他们更有可能响应提供大量技术内容并强调创新前沿性质的营销。能够实现高质量内容和选择性覆盖的营销渠道适合该市场。此外，要向早期的大多数人营销，公司需要传达产品的完整性、易用性、与用户生活方式的一致性及其合法性。对于这个细分市场，详细的技术信息不如使用具有高影响力和高可信度的市场渠道更重要。

公司经常发现，在成功地向早期采用者销售产品与向早期大多数人销售产品之间很难实现过渡。虽然早期采用者可能对于创新的技术特征很感兴趣，但早期的大多数人可能会发现产品过于复杂、昂贵或不确定。这可能会导致产品的差异曲线出现断裂：由于早期采用者市场已经饱和，而早期大多数人尚未准备好购买，因此销量下降（见图 13.1）。[13] 公司必须同时应对销售下降和扩大生产能力，提高效率，从而面向大众市场。

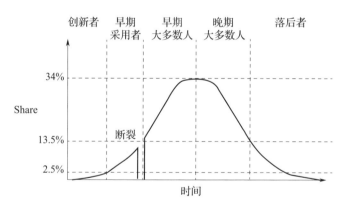

图 13.1　早期采用者和早期大多数人之间的断裂

针对晚期大多数人和落后者，公司通常会使用与早期多数人类似的渠道，尽管强调降低每次风险敞口的成本。现阶段的营销信息必须强调可靠性、简单性和成本效益。营销渠道不需要高质量内容，但它必须具有高可信度，并且不太昂贵，不会导致产品成本大幅上升。

最近，营销人员开始以最有可能迅速传播信息的个人为目标。这在下面的研究花絮中有详细描述。

制造信息的流行趋势

一些人凭借其天生的才能，可以将一系列信息以惊人的势头传播到大众中。这样的个人可以对市场行为产生显著影响。格拉德威尔（Gladwell）确定了三种不同类型的个人，他们具有如此巨大的影响力：联络人、专家和销售人员。[a]

联络人是指有一个特别大的熟人圈子的人。社会学家们发现，如果随机抽取一个样本，让联络人以名字为基础来识别他们认识的人，那么联络人识别的人数将是普通人识别的人数的很多倍。[b]这些人可能具有极高的社会驱动力；他们也有记住人名和记录生日等社交细节的本领。然而，区分联络人的不仅仅是熟人的数量。联络人也往往有各种各样的从属关系。他们可能属于许多不同种类的俱乐部、协会或其他社会机构。他们属于多个社会世界。因此，他们可以将原本不太可能见面的人聚集在一起。

专家是被驱使获取和传播关于他们的一个或多个感兴趣的知识的人。经济学家是广泛研究市场的"市场专家"，也就是所谓的"价格维护者"。这些人会密切跟踪各个零售商（或其他市场渠道）的价格，如果他们发现一些不合适的东西，比如误导性的促销，他们会大声抱怨。[c]其他专家可能会为总是知道最好的餐厅或酒店而感到自豪，或者他们可能是《消费者报告》的忠实读者。专家不仅收集信息，而且对教育他人也非常感兴趣。他们会经常主动提供信息，并从帮助其他消费者中获得极大的乐趣。

最后，销售人员是那些天生有说服力的人。这些人擅长提供他们的听众可能会觉得有说服力的口头回应。他们可能还具有发送和响应非暴力暗示的敏锐能力，从而能够影响其他人对某事的情绪反应。这些人的情绪会感染他人！[d]

这些人中的任何一个都有可能引发信息的传播。虽然联络人可能会将一条有价值的信息传达给更多的人，而专家可能会向更少的人传达信息，但专家传达的信息更详细，从而使其更有说服力。销售人员可能不会像联络人那样接触那么多人，也可能不会被驱使去获取和传播专家传递的大量信息，但销售人员传递信息的对象很可能会觉得这是不可抗拒的。一些人同时拥有不止一种这些特征，这使他们成为市场上真正的具有影响力的人。

a 改编自 Malcolm Gladwell, *The Tipping Point* (Boston: Little, Brown and Company, 2000).

b Albert L. Barabasi, *Linked: The New Science of Networks* (Cambridge, MA: Perseus Books, 2002).

c Lawrence F. Feick and Linda L. Price, "The Market Maven: A Diffuser of Marketplace Information," *Journal of Marketing* 51 (1987): 83–97.

d Elaine Hatfield, John T. Cacioppo, and Richard. L. Rapson, *Emotional Contagion* (Cambridge: Cambridge University Press, 1994); and H. Friedman et al., "Understanding and Assessing Nonverbal Expressiveness: The Affective Communication Test," *Journal of Personality and Social Psychology* 39, no. 2 (1980): 333–51.

13.6.3 利用营销塑造认知和期望

如第 4 章所述，当分销商和用户评估技术创新的价值时，他们不仅受到创新的实际价值的证据的影响，还受到他们对创新价值的感知和对未来价值的期望的影响。广告、促销和宣传可以在影响市场对用户保有量规模和补充商品可用性的看法和期望方面发挥关键作用。预先宣布可以在产品发布前引起人们对产品的兴奋，而宣传预先销售的新闻稿可以说服用户和分销商，产品的用户保有量将迅速增加。公司还可以通过向市场（包括分销商、终端用户、互补品制造商，甚至可能是新标准的其他潜在竞争者）发出信号，表明这是一场它打算赢得并有能力赢得的战斗，从而表明对该技术未来的预期。公司的声誉可能会为其成功的可能性发出信号。公司还可以使用可靠的承诺，如主要固定资本投资和担保，从而说服利益相关者，公司有能力挑战现有公司。

预公告和新闻发布

一家积极推广产品的公司可以扩大其实际用户群和感知用户群。即使是用户保有量相对较小的产品，也可以通过大量广告获得相对较大的市场份额。由于感知到的用户保有量可能会推动后续用户对产品的采用，因此感知到的较大用户保有量可能导致实际用户保有量较大。这种策略是许多软件供应商使用"雾件"（一种尚未实际上市甚至可能不存在的预先发布的产品）的基础。通过在用户中建立一种产品无处不在的印象，公司可以在产品实际可用时迅速促使其被采用。"雾件"也可以为公司赢得宝贵的时间，将其产品推向市场。如果其他供应商击败该公司进入市场，并且该公司担心在推出产品之前用户可能会选择主导设计，那么它可以利用"雾件"试图说服用户推迟购买，直到该公司的产品上市。

任天堂 64 位游戏机提供了一个很好的例子。为了阻止消费者购买 32 位游戏机，任天堂于 1994 年开始大力推广其 64 位游戏机（最初名为 Project Reality）的开发，尽管该产品直到 1996 年 9 月才真正进入市场。该项目经历了时间如此长的延迟，以至于一些行业观察人士将其称为"虚幻项目"。另一个有趣的"雾件"示例是任天堂的可重写 64M 磁盘驱动器。尽管该产品被大肆宣传，但从未推出。

主要的电子游戏生产商也会不遗余力地管理客户对其用户保有量和市场份额的印象，往往会达到夸大或欺骗的程度。例如，1991 年底，任天堂声称其已向美国市场售出了 200 万台 SNES，而世嘉不同意，称任天堂最多售出了 100 万台。任天堂还预测，到 1992 年底，它将再售出 600 万台（1992 年，SNES 在美国的实际安装量仅为 400 多万台）。到 1992 年 5 月，任天堂在 16位游戏机市场上占有 60% 的份额，世嘉则占有 63% 的份额。在 32/64 位游戏机的市场争夺战中，类似的战术同样出现。例如，1995 年 10 月，索尼向新闻界宣布它在美国已经预售了 10 万台游戏机，世嘉负责市场和销售的执行副总裁迈克·里贝罗（Mike Ribero）反驳说，索尼给的数据不是真实的，他认为许多预购永远不会变成实际购买。[14]

声誉

当一家公司准备引入新的技术创新时，它在技术和商业能力方面的声誉将严重影响市场对其成功可能性的预期。[15] 客户、分销商和配套产品生产商将以该公司的技术创新记录作为新产品功能和价值的参考指标。该公司先前的商业成功表明该公司有能力围绕新技术（分销、广告、联盟）建立和管理必要的支持网络，从而在用户保有量 - 互补品周期中创造必要的势头。

当世嘉进入电子游戏市场时，它有几款非常成功的街机游戏值得称赞（雅达利和任天堂在开发家用电子游戏之前都是街机游戏制作人）。该公司以开发令人兴奋的游戏而闻名，这种声誉可能促使客户接受其 16 位游戏对任天堂 8 位游戏统治地位的挑战。相比之下，当索尼进入电子游戏市场时，它并没有其他主要竞争对手的街机背景。然而，作为一家消费电子产品制造商，它确实拥有丰富的技术专长，并在电子产品领域拥有卓越的品牌资产。此外，索尼（与飞利浦）成功推出了取代黑胶唱片和模拟磁带的 CD 格式，证明了它在格式战争中获胜的能力。

同样，声誉可能是微软在争夺 128 位视频游戏系统统治权方面的最大优势。微软在个人计算机操作系统市场上的近乎垄断地位是通过其在利用网络外部性发挥优势方面无与伦比的技能实现的。微软巧妙地利用其在计算机操作系统中的控制份额，控制了许多类别的软件市场，消灭了许多潜在的竞争对手。微软的声誉向分销商、开发商和用户发出了一个强烈的信号，这将影响他们对微软未来的用户保有量和互补品可用性的预期。微软的成功是不确定的，但它是一股强大的力量。

可信承诺

一家公司也可以通过难以逆转的大量投资来表明其对行业的承诺。例如，除了开发系统和建立内部游戏开发部门，索尼还花费了 5 亿多美元开发 PlayStation。这一消息被广泛宣传。相比之下，3DO 在推出多人游戏时的累计研发成本不到 3700 万美元。该公司采用了一种策略，即所有游戏机和游戏制作都由第三方完成。因此，3DO 可能没有向市场发出信号，表明它对该平台有足够的信心来承受资本风险的冲击。

13.7　本章小结

1. 一家公司可以利用商业周期或季节效应，影响其相对于竞争对手的定位，并确保在产品上市时有足够的生产能力和互补品。

2. 发布时间的决定还必须考虑从现有产品中获取现金流的需求，以及自愿蚕食现有产品以抢先竞争对手的优势。

3. 成功的部署需要在使系统足够开放以吸引互补品供应商（和 / 或其他生产者——如果需要的话）与提供足够保护以确保产品质量、利润和兼容性之间取得谨慎的平衡。

4. 技术创新的常见定价策略包括撇脂定价和渗透定价。第一种定价策略尝试最大化产品早期销售的利润，而第二种定价策略尝试最大限度地提高市场份额。定价策略应考虑公司从互补品或服务的销售中获得利润的能力——如果互补品的利润预计很高，平台技术的价格可能会很低。

5. 公司可以通过操纵支付时机来影响用户对产品价格（以及现金流的时间）的感知。

6. 中介机构在供应链中扮演着许多重要角色，包括运输货物、库存保管、提供销售服务和管理用户交易。

7. 有时，一家公司可以通过与分销商建立关系、将产品与拥有更广泛用户群的其他公司捆绑、赞助大型用户群或者向分销商或互补品生产商提供销售保证来加速其创新产品的分销。

8. 营销方法的属性各不相同，如成本、覆盖范围、信息内容、曝光持续时间、信息的灵活性以及针对市场特定细分市场的能力。在设计营销计划时，公司必须同时考虑创新的性质（例如，创新是否复杂？收益是否易于观察？）和用户的性质（例如，用户是否需要具体的技术细节？用户是否可能受到品牌形象和/或声誉的影响？用户可能容忍多少不确定性？）。

9. 营销策略可以影响市场对产品的使用范围的认知，从而影响用户、分销商和互补品生产商的行为。预先宣布、公司声誉和可信承诺都会影响市场对产品成功可能性的评估。

术 语 表

01 引言

技术创新（technological innovation）：将新设备、新方法或新材料应用于商业或实践目标的行为。

国内生产总值（gross domestic product）：一个经济体的年度总产出，以其最终购买的价格来衡量。

外部效应（externality）：由个人承担（或收获）的成本（或收益），而不是由创造它们的人负责。因此，如果企业在社区中排放污染物，它对社区成员产生了负的外部效应；如果一个企业在一个社区里建了一个公园，它会对社区成员产生一个正的外部效应。

02 创新的来源

创新（innovation）：将想法实际应用到新设备或工艺流程中。

创意（idea）：大脑中想象或呈现出来的东西。

创造力（creativity）：提出新颖而又实用的创意的能力。

内部网（intranet）：一个私营网络，只有经授权的用户才可以使用。它和互联网类似，但只在组织内部运营。

开发（development）：将知识应用于生产有用的装置、材料或工艺的活动。

基础研究（basic research）：研究者因为自己的兴趣而进行的目的在于增加科学知识的研究。它们可能会带来长期的商业应用，也可能不会。

应用研究（applied research）：为了特定的应用或需要而进行的目的在于增加知识的研究。

互补者（complementer）：互补品或服务的生产者是互补者（例如，对于索尼或任天堂等视频游戏机生产商，游戏开发商是互补者）。

吸收能力（absorptive capacity）：一个组织识别、接受和利用新知识的能力。

技术转移办公室（technology transfer office）：为了促进从研究环境中得到的技术转移到商业环境中而设置的部门。

科学园（science park）：为了推动政府、大学和私人企业之间的研发合作而通常由政府设立的区域性的地区。

孵化器（incubator）：旨在培育新业务发展的机构，否则这些业务可能无法获得足够的资金或建议。

技术集群（technology cluster）：区域性的企业集群。它往往和某一共性技术有一定联系，可能存在购买者、供应商或互补产品生产商的关系，也可能存在合作研究的关系。

复杂知识（complex knowledge）：由很多基础要素或相互依赖的要素构成的知识，也可能是二者兼有的知识。

隐性知识（tacit knowledge）：难以编码化（以书面形式表达）的知识。

集聚经济（agglomeration economy）：不同的企业由于选址在彼此地理位置相近的区域而获得收益的现象。

技术溢出（technological spillover）：当研究成果跨越组织或区域界限传播时产生的正向外部效应。

03 创新的类型和规律

技术轨迹（technology trajectory）：技术在其生命周期中所经过的轨迹。这条轨迹可以指技术性能的改进速度、技术的扩散速度或者人们所关心的其他技术属性的变化。

突破性创新（radical innovation）：一种在技术上很新，并且与现有的技术解决方案不同的技术创新。

渐进性创新（incremental innovation）：对原有的技术进行相对较小的改变或调整的技术创新。

能力提高（破坏）型创新（competence-enhancing/destroying innovation）：一种建立在现有的知识和技术的基础上（使现有知识和技术过时）的创新。一项创新是提高型创新还是破坏型创新取决于从哪个角度去看。一项创新对某一个企业来说是提高型创新，但对另一个企业来说可能是破坏型创新。

组件（或者模块）创新（component or modular innovation）：对于一个或者多个组件的技术创新，整个系统的结构并没有受到严重的影响。

架构创新（architectural innovation）：改变了整个系统的结构，或者改变了系统的组件之间相互作用的方式的技术创新。

不连续技术（discontinuous technology）：以全新的技术基础满足类似的市场需求的技术。

技术扩散（technology diffusion）：一项技术在人群中的推广。

主导设计（dominant design）：大多数制造商采用的产品设计。随之产生一种稳定的技术架构，整个产业的主要投入集中在这样的技术架构上。

04 标准之争，模块化和平台竞争

主导设计（dominant design）：主导一个产品类别的单一产品或流程架构——通常占50% 或更多的市场份额。主导设计是一种事实上的标准，这意味着虽然它可能没有被正式

执行或承认，但它已经成为行业的标准。

收益递增（increasing returns）：当一个产品或过程的回报率（不仅仅是总回报率）随着其用户保有量的规模而增加时。

吸收能力（absorptive capacity）：一个组织认识、吸收和应用新知识的能力。

网络外部性（network externality）：它也称为正消费外部性。一个产品对用户的价值随着相同产品的其他用户的数量或类似产品的用户数量的增加而增加。

用户保有量（installed base）：某一产品的用户数量。比如，电视游戏控制台的用户保有量为世界范围内安装在家庭中的控制台的数目。

互补品（complementary goods）：能够使其他产品的价值得以体现或提升的辅助产品或服务。比如，电视游戏控制台的价值与电视游戏、外部设备以及包括在线游戏服务在内的互补性产品的可用性直接相关。

路径依赖（path dependency）：最终结果在很大程度上取决于导致该结果的事件。通常在这种情况下，结果不可能重现。

模块化（modularity）：一个系统的组件可以被分离和重新组合的程度。

平台生态系统（platform ecosystem）：Ecosystem 是 ecological system（生态系统）的缩写，指的是一个系统中各要素具有某种形式的相互依赖关系。平台是一个稳定的核心，它协调一系列组件、互补品和最终用户之间的关系。因此，平台生态系统是指一个以稳定的核心为中介的相互依存的实体系统。

05 进入时机

先发者（first mover）：最先进入市场销售新产品或服务的企业。

早期跟随者（early follower）：较早进入市场但不是第一个进入市场的企业。

后期进入者（late entrant）：在产品开始渗透大众市场或之后才进入市场的企业。

垄断租金（monopoly rent）：一个公司作为垄断者所能获得的额外回报（更高的收入或更低的成本），比如设定高价的能力，或者通过对供应商更大的议价能力来降低成本的能力。

在位者惰性（incumbent inertia）：在位企业由于规模大、既定惯例或对已有供应商和消费者的战略承诺，对行业环境的变化反应缓慢。

使能技术（enabling technology）：某项创新的性能或可取性所必需的组件技术。

并行开发过程（parallel development process）：新产品开发过程的多个阶段同时进行。

06 确定组织的战略方向

寡头垄断行业（oligopolistic industry）：高度整合的行业和一些大型竞争对手。

退出壁垒（exit barrier）：使企业难以放弃某个行业的成本或其他承诺（大型固定资产

投资、对该行业的情感承诺等）。

进入壁垒（entry barrier）：使新企业进入一个行业变得困难的条件（如政府监管、庞大的启动成本等）。

转换成本（switching cost）：使更换供应商或买家变得困难或昂贵的因素，例如对与特定供应商或买家合作的专门资产的投资。

纵向一体化（vertical integration）：进入供应商（向后纵向一体化）或买方（向前纵向一体化）的业务。例如，一家开始自己生产供应品的企业实施了向后纵向一体化，而一家购买分销商的企业实施了向前纵向一体化。

利益相关者（stakeholder）：在组织中有利益（"利害关系"）的任何实体。

隐性资源（tacit resource）：一种无形的资源（如知识），不容易编纂。

社会复杂资源（socially complex resource）：通过多个个体的相互作用而产生的资源或活动。

因果模糊性（causal ambiguity）：人们对资源及其产生的结果之间的关系知之甚少（因果机制尚不明确）。

动态能力（dynamic capability）：使企业更敏捷、更能应对变化的一系列能力。

07　选择创新项目

资本分配（capital rationing）：将有限的资源分配到不同的用途上。

研发强度（R&D intensity）：研发费用占销售额的比例。

净现值（net present value，NPV）：项目的现金流入现值减去现金流出现值。

内部收益率（internal rate of return，IRR）：项目产生的回报率。它等于项目的净现值为零时的折现率。

折现回收期（discounted payback period）：项目的现金流达到盈亏平衡所需要的时间。

实物期权（real option）：股票期权定价方法在非金融资产投资中的应用。

结合分析法（conjoint analysis）：用于评估不同因素在某项选择中的权重的一组技术。

数据包络分析法（data envelopment analysis，DEA）：在多重标准的基础上通过与假设的有效边界进行比较，对项目进行排序的方法。

有效边界（efficiency frontier）：假设的最佳特征组合形成的边界。

08　合作战略

联盟（alliance）：对企业间所有合作关系的概括。联盟可以是长期的或者短期的，可以是有正式契约的合作，也可以是非常不正式的合作。

合资企业（joint venture）：两个或多个企业间的一种合作关系，通常合作各方会投入相应的股本并最终形成一个新的商业实体。

许可（licensing）：一种契约形式。一个组织或个人（许可证持有者）被许可获得使用其他组织或个人（许可证颁发者）的私有技术（或者商标、版权等）的权利。

能力互补（capability complementation）：联合（"共享"）其他企业的能力和资源，但这些能力或资源并不一定需要在企业间转移。

能力转移（capability transfer）：企业间交换能力的方式。通过能力转移，合作各方能够将合作伙伴的能力吸收到本企业中，并独立将其应用于特定的项目开发。

合同制造（contract manufacturing）：某企业雇用其他企业（通常是专业化制造商）来生产其产品。

治理（governance）：行使权力和/或控制的行为或过程。

联盟合同（alliance contract）：法律条款以确保合作者能够明晰在此次合作中的权利和义务；如果一方违反合同有关规定，另一方将获得法律补偿和保障。

股权（equity ownership）：合作中每一方都出具一定的资金并获得相应的股权比例，合作过程中的所有收益将按照比例进行划分。

关系治理（relational governance）：基于合作伙伴的期许、信任和声誉而进行的自我约束和规范。这通常会出现在长期合作关系中。

09 保护创新

独占性（appropriability）：一个企业能从创新中获取租金的程度。

隐性知识（tacit knowledge）：那些不容易用书面形式来编码化或转移的知识。

社会性复杂知识（socially complex knowledge）：由不同个体相互作用而产生的知识。

专利（patent）：用来保护流程、机器、自制品（或自制品的设计）或者各种设备的财产权。

商标（trademark）：一种用来区分事物来源的标志。

版权（copyright）：用来保护创作者作品的财产权。

专利欺诈（patent trolling）：一个贬义术语，指个人或企业滥用专利来对付其他个人或企业，企图从中牟利。

专利丛林（patent thickets）：专利重叠的密集网络，使企业难以竞争或创新。

商业秘密（trade secret）：属于某个企业的私有的信息。

开源软件（open source software）：源代码可供其他人免费使用、扩增、再销售等的软件。

完全私有系统（wholly proprietary system）：商品所包含的技术是私有的，并通过专利、版权、商业秘密或其他机制加以严格保护。这些技术有可能只能由其开发者合法地利用和扩展。

完全开放系统（wholly open system）：商品所包含的技术没有受到保护，其他厂商可以自由地获得、利用和扩展。

原始设备制造商（original equipment manufacturer，OEM）：企业使用其他厂商的零

部件来组装产品，也称为增值经销商（VAR）。

架构控制（architectural control）：企业（或者一群企业）能够决定技术的结构、运作、兼容性和发展方向的能力。

10 创新组织

分解（disaggregated）：一个东西根据其组成要素分成几个部分。

集权化 / 分权化（centralization/ decentralization）：集权化是指决策权向公司高层集中的过程。分权化是指决策权下放到公司较低层级的过程。

形式化（formalization）：企业利用规则、程序和书面文件来构建组织内个人或集体行为的过程。

标准化（standardization）：企业活动开展方式的统一的过程。

机械化结构（mechanistic structure）：一种以高度形式化和标准化为特征的结构，它使公司运营几乎是自动化的或机械式的。

有机结构（organic structure）：一种以低形式化和标准化为特征的组织结构。员工可能没有很完善的岗位职责，运营过程也可能充满变化。

二元性组织（ambidextrous organization）：一个组织同时表现得像两个不同公司一样的能力。公司的不同部门有着不同的结构、控制系统，进而使它们有不同的文化和运营模式。

臭鼬工厂 ®（Skunk Works）：该词来源于美国洛克希德·马丁公司在 1943 年 6 月所设立的高级技术研发部门。该研发团队只用很短的时间就为美国空军开发了一种喷气式战斗机。之后，这个词就被用来特指那些几乎完全独立于母公司的新产品研发团队，它们往往拥有相当程度的分权，而且很少有官僚主义。

全球中心策略（center-for-global strategy）：所有的创新活动都在中央研发中心完成。创新成果向整个公司扩散。

地区 – 地区策略（local-for-local strategy）：公司每个部门或分支机构都根据本土市场需求进行自己的研发活动。

地区杠杆策略（locally leveraged strategy）：每个部门或分支机构都进行自己的研发活动，但公司也试图把创新成果向全公司扩散。

全球纽带策略（globally linked strategy）：创新活动是分散化的，但也根据公司的全球需求进行合作。

11 新产品开发过程的管理

开发周期（development cycle time）：从产品开发立项到产品上市所经历的时间，一般用月或年度量。

部分并行开发过程（partly parallel development process）：开发的各个环节至少部分

重叠的开发过程。也就是说，假如 A 是在 B 之前的环节，在部分并行开发过程中，B 在
A 结束之前就开始了。

并行工程（concurrent engineering）：一种设计方法，其中产品开发阶段（如概念开发、
产品设计和过程设计）和产品生命周期后期的规划（如维护、处置和回收）同时发生。

敏捷开发（agile development）：软件中常用的一种开发过程，将整个产品分解成独立
的小部分，由自主的、自组织的团队进行处理。公司快速开发产品的功能并将其呈现给用户，
以便快速、持续地调整整个产品。

领先用户（lead user）：领先用户在同一市场中对某一产品与其他用户有相同的需求，
但是会比市场中的其他用户早几个月或几年消费该产品且期望通过消费得到较多的好处。

众包（crowdsourcing）：一种分布式问题解决模型。通过该模型，设计问题或生产任
务被呈现给一群自愿贡献自己的想法和努力以换取报酬、内在奖励的人。

启动 / 终止决策点（go/kill decision points）：在开发过程中的入口（门），管理者必
须评价并决定是采纳还是终止项目。

12 新产品开发团队的管理

社会惰怠（social loafing）：当团队成员在项目上没有达到预期的努力程度并且依赖其
他成员的工作时，我们称之为社会惰怠。

交叉职能团队（cross-functional team）：成员来自企业的不同职能部门，如研发、营销、
生产、销售等。

同类性（homophily）：人们更愿意同与自己类似的人交往。

虚拟团队（virtual team）：虚拟团队的成员可能在地域上相距很远，但是他们可以通
过先进的信息技术紧密合作，如视频会议、群件、电子邮件或网络聊天室等。

13 制定部署战略

自噬效应（cannibalization）：公司某一种产品（或某一个地方）的销售削减另一种产品
（或另一个地方）的销售的现象。

后向兼容（backward compatible）：某一代技术的产品可以与前代技术的产品相兼容。
例如，如果一台电脑可以与前代电脑运行一样的软件，那么它就是后向兼容的。

生存定价（survival pricing）：商品的价格设定涵盖可变成本和部分固定成本。这是一
种短期战略，不会为公司创造长期利润。

渗透定价（penetration pricing）：一款产品的价格非常低（或者免费）以最大化产品
的市场份额。

免费增值（freemium）：一种定价模式，其中基本产品或服务是免费提供的，但额外
的功能或服务要收取额外费用。

制造商代表（manufacturers' representative）：为一家或多家制造商推广和销售商品的独立机构。当产品适合采取直销方式，但制造商没有足够的直销能力覆盖所有合适的细分市场时，制造商往往求助它们。

批发商（wholesaler）：这些公司从制造商处批发购买商品，然后（通常分成更小的或多样化的包装）转售给销售渠道的其他成员，如零售商。

零售商（retailer）：这些公司把商品卖给大众。

去中介化（disintermediation）：在一个供应渠道中的中间商数目减少，例如当制造商绕过批发商和 / 或零售商，直接将商品销售给终端用户时。

病毒式营销（viral marketing）：直接将信息传递给目标受众以引发口头广告。目标受众的选取通常是根据其在社交圈子中的地位或角色进行的。

尾 注

01 引言

1. James P. Womack, Daniel T. Jones, and Daniel Roos, *The Machine That Changed the World* (New York: Rawson Associates, 1990).

2. William Qualls, Richard W. Olshavsky, and Ronald E. Michaels, "Shortening of the PLC—An Empirical Test," *Journal of Marketing* 45 (1981): 76–80.

3. Melissa A. Schilling and Cassandra E. Vasco, "Product and Process Technological Change and the Adoption of Modular Organizational Forms," in *Winning Strategies in a Deconstructing World*, eds. R. Bresser, M. Hitt, R. Nixon, and D. Heuskel (Sussex, England: John Wiley & Sons, 2000), 25–50.

4. Nicholas Crafts, "The First Industrial Revolution: A Guided Tour for Growth Economists," *The American Economic Review* 86, no. 2 (1996): 197–202; Robert Solow, "Technical Change and the Aggregate Production Function," *Review of Economics and Statistics* 39 (1957): 312–20; and Nestor E. Terleckyj, "What Do R&D Numbers Tell Us about Technological Change?" *American Economic Association* 70, no. 2 (1980): 55–61.

5. Herbert A. Simon, "Technology and Environment," *Management Science* 19 (1973), 1110–21.

6. Shona Brown and Kathleen Eisenhardt, "The Art of Continuous Change: Linking Complexity Theory and Time-Paced Evolution in Relentlessly Shifting Organizations," *Administrative Science Quarterly* 42 (1997): 1–35; K. Clark and T. Fujimoto, *Product Development Performance* (Boston: Harvard Business School Press, 1991); Robert Cooper, "Third Generation New Product Processes," *Journal of Product Innovation Management* 11 (1994): 3–14; D. Doughery, "Reimagining the Differentiation and Integration of Work for Sustained Product Innovation," *Organization Science* 12 (2001): 612–31; and Melissa A. Schilling and Charles William Leslie Hill, "Managing the New Product Development Process: Strategic Imperatives," *Academy of Management Executive* 12, no. 3 (1998): 67–81.

7. Stephen K. Markham and Hyunjung Lee, "Product Development and Management Association's 2012 comparative performance assessment study," *Journal of Product Innovation Management* 30, no.3 (2013): 408–29.

8. Greg Stevens and James Burley, "3,000 Raw Ideas Equals 1 Commercial Success!" *Research Technology Management* 40, no. 3 (1997): 16–27.

9. Standard & Poor's Industry Surveys, Pharmaceutical Industry, 2008.

10. Joseph A. DiMasi, Henry G. Grabowski, and Ronald W. Hansen, "Innovation in the Pharmaceutical Industry: New Estimates of R&D Costs," *Journal of Health Economics* 47 (May

2016): 20–33.

02 创新的来源

1. Roy Rothwell, "Factors for Success in Industrial Innovations, Project SAPPHO—A Comparative Study of Success and Failure in Industrial Innovation," SPRU, University of Sussex, Brighton, U.K., 1972; and Laurel Smith-Doerr et al., "Networks and Knowledge Production: Collaboration and Patenting in Biotechnology," in *Corporate Social Capital,* eds. R. Leenders and S. Gabbay (Norwell, MA: Kluwer Academic Publishers, 1999), 331–50.

2. Frank Barron, *Creative Person and Creative Process* (New York: Holt, Rinehart, and Winston, 1969); Donald W. MacKinnon, "Personality and the Realization of Creative Potential," *American Psychologist* 17 (1965): 484–95; Rhona Oshse, *Before the Gates of Excellence: The Determinants of Creative Genius* (New York: Cambridge University Press, 1990); and Todd I. Lubart, "Creativity," in *Thinking and Problem Solving,* ed. R. J. Sternberg (New York: Academic Press, 1994), 289–332.

3. Margaret Boden, *The Creative Mind: Myths and Mechanisms* (New York: Basic Books, 1992).

4. Lubart, "Creativity."

5. Sigmund Freud, *The Unconscious*, standard edition, 14:159–214; Sarnoff Mednick, "The Associative Basis of the Creative Process," *Psychological Review* 69 (1962): 220–32; John Suler, "Primary Process Thinking and Creativity," *Psychological Bulletin* 80 (1980): 155–65; Dean K. Simonton, *Origins of Genius* (Oxford: Oxford University Press, 1999).

6. Melissa A. Schilling, "A Small-World Network Model of Cognitive Insight," *Creativity Research Journal* 17, nos. 2 and 3 (2005): 131–54.

7. Mathias Benedek and Aljoscha C. Neubauer, "Revisiting Mednick's Model on Creativity-Related Differences in Associative Hierarchies. Evidence for a Common Path to Uncommon Thought," *Journal of Creative Behavior* 47 (2013): 273–89.

8. 这一论点也被引用在一系列关于"去焦注意"的研究中。参见 Martindale, C. "Biological bases of creativity," in *Handbook of Creativity*, ed. R. J. Sternberg Cambridge UK: (Cambridge University Press, 1999), 137–52.

9. Peter A. Frensch and Robert J. Sternberg, "Expertise and Intelligent Thinking: When is it Worse to Know Better?" in *Advances in the Psychology of Human Intelligence*, ed. R. J. Sternberg (Hillsdale, NJ: Erlbaum, 1989), 157–88.

10. Melissa A. Schilling, *Quirky: The Remarkable Story of the Traits, Foibles, and Genius of Breakthrough Innovators Who Changed the World* (New York: Public Affairs, 2018).

11. Melissa A. Schilling, *Quirky: The Remarkable Story of the Traits, Foibles, and Genius of Breakthrough Innovators Who Changed the World* (New York: Public Affairs, 2018).

12. Robert R. McCrae and Paul T. Costa, Jr., "Conceptions and Correlates of Openness to Experience," in *Handbook of Personality Psychology*, ed. R. Hogan, J. A. Johnson, S. R. Briggs (SanDiego: Academic Press, 1997), 825–47.

13. Teresa M. Amabile, *The Social Psychology of Creativity* (New York: Springer-Verlag, 1983) and

Teresa M. Amabile, *Creativity in Context* (Boulder CO: Westview, 1996).

14. Edward L. Deci, Richard Koestner, and Richard M. Ryan, "A Meta-Analytic Review of Experiments Examining the Effects of Extrinsic Rewards on Intrinsic Motivation," *Psychological Bulletin* 125 (1999): 627–68.

15. Melissa A. Schilling, *Quirky: The Remarkable Story of the Traits, Foibles, and Genius of Breakthrough Innovators Who Changed the World* (New York: Public Affairs, 2018).

16. Richard W. Woodman, John E. Sawyer, and Ricky W. Griffin, "Toward a Theory of Organizational Creativity," *Academy of Management Review* 18 (1993): 293–321.

17. Christine Gorski and Eric Heinekamp, "Capturing Employee Ideas for New Products," in *The PDMA Toolbook for New Product Development*, eds. P. Belliveau, A. Griffin, and S. Somermeyer (New York: John Wiley & Sons, 2002).

18. Gorski and Heinekamp, "Capturing Employee Ideas for New Products"; and Robin E. Mcdermott, Raymond J. Mikulak, and Michael R. Beauregard, *Employee Driven Quality: Releasing the Creative Spirit of Your Organization through Suggestion Systems* (White Plains, NY: Quality Resource, 1993).

19. Gorski and Heinekamp, "Capturing Employee Ideas for New Products."

20. Robert Reiss, "Top CEOs Share How to Shepherd Innovation." *Forbes,* July 20, 2015.

21. Woodman, Sawyer, and Griffin, "Toward a Theory of Organizational Creativity"; and Amabile, *The Social Psychology of Creativity.*

22. Ibid.

23. Sir Frank Macfarlane Burnet, *Changing Patterns, an Atypical Autobiography* (Melbourne and London: Heinemann, 1968), p. 35.

24. P. Debye, interview in *The Editors of International Science and Technology, The Way of the Scientist. Interviews from the World of Science and Technology* (New York: Simon and Schuster, 1966), 80.

25. Thomas P. Hughes, "How Did the Heroic Inventors Do It?" *American Heritage of Invention and Technology,* Fall 1985: 21.

26. B. Zorina Khan and Kenneth I. Sokoloff, "Schemes of Practical Utility: Entrepreneurship and Innovation among 'Great Inventors' in the United States, 1790–1865," *Journal of Economic History* 53, no. 2 (1993): 289.

27. Eric Von Hippel, "Innovation by User Communities: Learning from Open-Source Software," *Sloan Management Review* 42, no. 4 (2001): 82–6.

28. Eric Von Hippel, *The Sources of Innovation* (New York: Oxford University Press, 1988); S. K. Shah, "Motivation, Governance, And The Viability of Hybrid Forms In Open Source Software Development," *Management Science* 52 (2006): 1000–14.

29. Robert J. Thomas, *New Product Success Stories: Lessons from Leading Innovators* (New York: John Wiley & Sons, 1995).

30. 来自乐泰公司的伯尼·博尔格于 2003 年 11 月 21 日在都柏林大学学院科技硕士小组的演讲。感谢布莱恩·麦克格拉斯（Brian McGrath）提供了这个例子。

31. Edward Roberts, "Benchmarking Global Strategic Management of Technology," *Research*

Technology Management, (March–April 2001): 25–36.

32. Mark Dodgson, *The Management of Technological Innovation* (New York: Oxford University Press, 2000).

33. Ibid.

34. C. Freeman, "Networks of Innovators: A Synthesis of Research Issues," *Research Policy* 20 (1991): 499–514; Rothwell, "Factors for Success in Industrial Innovations, Project SAPPHO"; and R. Rothwell et al., "SAPPHO Updated—Project SAPPHO Phase II," *Research Policy* 3 (1974): 258–91.

35. Roberts, "Benchmarking Global Strategic Management of Technology."

36. "Supercharging Android: Google to Acquire Motorola Mobility," Google Press Release, August15, 2011; Amir Efrati and Spencer E. Anti, "Google's $12.5 Billion Gamble: Web Giant Pays Big for Motorola's Phone Business, Patents; Risks Alienating Allies." *Wall Street Journal*, August 16, 2011.

37. Wesley M. Cohen and Daniel A. Levinthal, "Absorptive Capacity: A New Perspective on Learning and Innovation," *Administrative Science Quarterly*, (March 1990): 128–52.

38. Marian Biese and Harald Stahl, "Public Research and Industrial Innovations in Germany," *Research Policy* 28 (1999): 397–422; and Edwin Mansfield, "Academic Research and Industrial Innovation," *Research Policy* 20 (1991): 1–12.

39. Arnold Silverman, "Understanding University Patent Policies," *JOM* 55, no. 1 (2003): 64.

40. Dianne Rahm and Veronica Hansen, "Technology Policy 2000: University to Industry Transfer," *International Journal of Public Administration* 22, no. 8 (1999): 1189–211.

41. Brady Huggett, "Reinventing Tech Transfer," *Nature Biotechnology* 32 (2014): 1184–91.

42. Ibid.

43. Gautam Ahuja and Curba M. Lampert, "Entrepreneurship in the Large Corporation: A Longitudinal Study of How Established Firms Create Breakthrough Inventions," *Strategic Management Journal* 22 (2001): 521–43; Thomas J. Allen, *Managing the Flow of Technology: Technology Transfer and the Dissemination of Technological Information within the R&D Organization* (Cambridge, MA: MIT Press, 1977); Ronald S. Burt, *Structural Holes* (Cambridge, MA: Harvard University Press, 1992); C. Freeman, "Networks of Innovators: A Synthesis of Research Issues," *Research Policy* 20 (1991): 499–514; S. Colum Gilfillan, *The Sociology of Invention* (Chicago: Follett, 1935); and Andrew B. Hargadon and Robert I. Sutton, "Technology Brokering and Innovation in a Product Development Firm," *Administrative Science Quarterly* 42 (1997): 716–49, Melissa A. Schilling, "Technology Shocks, Technological Collaboration, and Innovation Outcomes," *Organization Science,* 26 (2015): 668–86; Melissa A. Schilling, and Corey Phelps, "Interfirm Collaboration Networks: The Impact of Large- Scale Network Structure on Firm Innovation," *Management Science,* 53 (2007): 1113–26.

44. Kenichi Imai and Yasunori Baba, "Systemic Innovation and Cross-Border Networks: Transcending Markets and Hierarchies to Create a New Techno-Economic System," OECD, Conference on Science Technology and Economic Growth, Paris, 1989; and C. Freeman, "Networks of Innovators: ASynthesis of Research Issues," *Research Policy* 20 (1991): 499–514.

45. John Hagedoorn, "Inter-Firm R&D Partnerships—an Overview of Major Trends and Patterns since 1960," *Research Policy* 31 (2002): 477–92; Melissa A. Schilling, "Technology Shocks, Technological Collaboration, and Innovation Outcomes," *Organization Science* 26 (2015): 668–86.

46. Rosenkopf and Almeida, "Overcoming Local Search through Alliances and Mobility"; and Liebeskind, Oliver, Zucker, and Brewer, "Social Networks, Learning, and Flexibility"; Melissa A. Schilling, "Technology Shocks, Technological Collaboration, and Innovation Outcomes," *Organization Science* 26 (2015): 668–86.

47. Melissa A. Schilling, "Technology Shocks, Technological Collaboration, and Innovation Outcomes," *Organization Science* 26 (2015): 668–86.

48. 该分析来自 Melissa A. Schilling, "Technology Shocks, Technological Collaboration, and Innovation Outcomes," *Organization Science,* 26 (2015): 668–686. 根据网络研究的规范，每幅图都显示了前三年形成的联盟的总和（即 1995 年的图显示了 1993 年至 1995 年的联盟；2000 年的图则显示了 1998 年至 2000 年的联盟）。只显示大型组件（大于 15 个组织）。

49. Melissa A. Schilling, "Technology Shocks, Technological Collaboration, and Innovation Outcomes," *Organization Science* 26 (2015): 668–86.

50. Michael E. Porter, "Location, Competition, and Economic Development: Local Clusters in a Global Economy," *Economic Development Quarterly* 14, no. 1 (2000): 15–34.

51. Paul Almeida and Bruce Kogut, "Localization of Knowledge and the Mobility of Engineers in Regional Networks," *Management Science* 45 (1999): 905–17; Pierre Bourdieu, "The Forms of Capital," in *Handbook of Theory and Research for the Sociology of Education,* ed. J. G. Richardson (Westport, CT: Greenwood Press, 1986), 241–58; Mark S. Granovetter, "Problems of Explanation in Economic Sociology," in *Networks and Organizations: Structure, Form, and Action,* eds. N. Nohria and R. Eccles (Boston: Harvard Business School Press, 1992), 25–56; and Morten T. Hansen, "The Search-Transfer Problem: The Role of Weak Ties in Sharing Knowledge across Organization Subunits," *Administrative Science Quarterly* 44 (1999): 82–112; Andac Arikan and Melissa A. Schilling, "Structure and Governance in Industrial Districts: Implications for Competitive Advantage," *Journal of Management Studies* 48 (2011): 772–803.

52. Udo Zander and Bruce Kogut, "Knowledge and the Speed of the Transfer and Imitation of Organizational Capabilities: An Empirical Test," *Organization Science* 6 (1995): 76–92; and Gabriel Szulanski, "Exploring Internal Stickiness: Impediments to the Transfer of Best Practice within the Firm," *Strategic Management Journal* 17 (winter special issue) (1996): 27–43.

53. Jeffrey H. Dyer and Kentaro Nobeoka, "Creating and Managing a High-Performance Knowledge-Sharing Network: The Toyota Case," *Strategic Management Journal* 21 (2000): 345–67; and Eric Von Hippel, "Cooperation between Rivals: Informal Know-How Trading," *Research Policy* 16 (1987): 291–302.

54. Toby Stuart and Olav Sorenson, "The Geography of Opportunity: Spatial Heterogeneity in Founding Rates and the Performance of Biotechnology Firms," *Research Policy* 32 (2003): 229.

55. Andac Arikan and Melissa A. Schilling, "Structure and Governance in Industrial Districts: Implications for Competitive Advantage," *Journal of Management Studies* 48 (2011): 772–803.

56. Andac Arikan and Melissa A. Schilling, "Structure and Governance in Industrial Districts: Implications for Competitive Advantage," *Journal of Management Studies* 48 (2011): 772–803.

57. AnnaLee Saxenian, *Regional Advantage: Culture and Competition in Silicon Valley and Route 128* (Cambridge, MA/London: Harvard University Press, 1994).

58. Paul Almeida and Bruce Kogut, "Localization of Knowledge and the Mobility of Engineers in Regional Networks," *Management Science* 45 (1999): 905–17.

59. Stefano Breschi, "The Geography of Innovation: A Cross-Sector Analysis," *Regional Studies* 34, no. 3 (2000): 213–29.

60. Adam B. Jaffe, "Technological Opportunity and Spillovers of R&D: Evidence from Firms' Patents, Profits and Market Value," *American Economic Review* 76 (1986): 984–1001; Adam B. Jaffe, "Real Effects of Academic Research," *American Economic Review* 79 (1989): 957–70; and Adam B. Jaffee, Manuel Trajtenberg, and Rebecca Henderson, "Geographic Localization of Knowledge Spillovers as Evidenced by Citations," *Quarterly Journal of Economics* 63 (1993): 577–98.

61. Wesley Cohen et al., "R&D Spillovers, Patents and the Incentives to Innovate in Japan and the United States," *Research Policy* 31 (2002): 1349–67.

62. Paul Almeida and Bruce Kogut, "Localization of Knowledge and the Mobility of Engineers in Regional Networks."

03 创新的类型和规律

1. Richard L. Daft and Selwyn W. Becker, *Innovation in Organizations* (New York: Elsevier, 1978); Thomas D. Duchesneau, Steven Cohn, and Jane E. Dutton, *A Study of Innovation in Manufacturing: Determination, Processes and Methodological Issues,* vol. 1 (Social Science Research Institute, University of Maine, 1979); and Jerald Hage, *Theories of Organization* (New York: Wiley Interscience, 1980).

2. Robert D. Dewar and Jane E. Dutton, "The Adoption of Radical and Incremental Innovations: An Empirical Analysis," *Management Science* 32 (1986): 1422–33; and Jane Dutton and A. Thomas, "Relating Technological Change and Learning by Doing," in *Research on Technological Innovation, Management and Policy,* ed. R. Rosenbloom (Greenwich, CT: JAI Press, 1985), 187–224.

3. Camille Scuria-Fontana, "The Slide Rule Today: Respect for the Past; History of the Slide Rule," *Mechanical Engineering-CIME* (July 1990): 122–24.

4. Herbert Simon, "The Architecture of Complexity," *Proceedings of the American Philosophical Society* 106 (1962): 467–82.

5. Lee Fleming and Olav Sorenson, "Navigating the Technology Landscape of Innovation," *Sloan Management Review* 44, no. 2 (2003): 15; and Melissa A. Schilling, "Towards a General Modular Systems Theory and Its Application to Interfirm Product Modularity," *Academy of Management Review* 25 (2000): 312–34.

6. Rebecca Henderson and Kim Clark, "Architectural Innovation: The Reconfiguration of Existing

Product Technologies and the Failure of Established Firms," *Administrative Science Quarterly* 35(1990): 9–30.

7. Andrew Chaikin, Is SpaceX changing the rocket equation? Air & Space Smithsonian, January, 2012.

8. Edwin R. Foster, *Innovation: The Attacker's Advantage* (New York: Summit Books, 1986).

9. Raghu Garud and Michael A. Rappa, "A Socio-Cognitive Model of Technology Evolution: The Case of Cochlear Implants," *Organization Science* 5 (1994): 344–62; and Wiebe E. Bijker, Thomas P. Hughes, and Trevor J. Pinch, *The Social Construction of Technological Systems* (Cambridge, MA: MITPress, 1987).

10. Foster, *Innovation.*

11. Rick Brown, "Managing the 's' Curves of Innovation," *Journal of Consumer Marketing* 9 (1992): 61–72.

12. Everett Rogers, *Diffusion of Innovations,* 4th ed. (New York: Free Press, 1995).

13. Edwin Mandfield, "Industrial Robots in Japan and the USA," *Research Policy* 18 (1989): 183–92.

14. Paul A. Geroski, "Models of Technology Diffusion," *Research Policy* 29 (2000): 603–25.

15. Foster, *Innovation;* and Robert H. Becker and Laurine M. Speltz, "Putting the S-curve Concept to Work," *Research Management* 26 (1983): 31–3.

16. Clayton Christensen, *Innovation and the General Manager* (New York: Irwin/McGraw-Hill, 1999).

17. Philip Anderson and Michael Tushman, "Technological Discontinuities and Dominant Designs: A Cyclical Model of Technological Change," *Administrative Science Quarterly* 35 (1990): 604–34.

18. Joseph Schumpeter, *Capitalism, Socialism and Democracy* (New York: Harper Brothers, 1942).

19. 参见 James M. Utterback and William J. Abernathy, "A Dynamic Model of Process and Product Innovation," *Omega, the International Journal of Management Science* 3 (1975): 639–56; and D. Sahal, *Patterns of Technological Innovation* (Reading, MA: Addison-Wesley Publishing Co., 1981).

20. James Utterback and William Abernathy, "A Dynamic Model of Process and Product Innovation"; Fernando F. Suarez and James M. Utterback, "Dominant Designs and the Survival of Firms," *Strategic Management Journal* 16 (1995): 415–30; and James M. Utterback and Fernando F. Suarez, "Innovation, Competition and Industry Structure," *Research Policy* 22 (1993): 1–21.

21. Sarah Kaplan and Mary Tripsas, "Thinking about Technology: Applying a Cognitive Lens to Technical Change," *Research Policy* 37 (2008): 790–805.

22. Philip Anderson and Michael Tushman, "Technological Discontinuities and Dominant Designs: A Cyclical Model of Technological Change," *Administrative Science Quarterly* 35 (1990): 604–34.

23. Rebecca Henderson and Kim Clark, "Architectural Innovation: The Reconfiguration of Existing Product Technologies and the Failure of Established Firms," *Administrative Science Quarterly*

35(1990): 9–30.

24. Michael E. Porter, "The Technological Dimension of Competitive Strategy," in *Research on Technological Innovation, Management and Policy,* ed. R. S. Rosenbloom (Greenwich, CT: JAI Press, 1983); and S. Klepper, "Entry, Exit, Growth, and Innovation over the Product Life Cycle," *American Economic Review* 86 (1996): 562–83.

04 标准之争，模块化和平台竞争

1. W. Brian Arthur, *Increasing Returns and Path Dependency in the Economy* (Ann Arbor, MI: University of Michigan Press, 1994).

2. 参见 Michael Lapre, Amit S. Mukherjee, and Luk N. Van Wassenhove, "Behind the Learning Curve: Linking Learning Activities to Waste Reduction," *Management Science* 46 (2000): 597–611; Ferdinand K. Levy, "Adaptation in the Production Process," *Management Science* 11 (1965): B136–54; and Louis E. Yelle, "The Learning Curve: Historical Review and Comprehensive Survey," *Decision Sciences* 10 (1979): 302–28.

3. Linda Argote, *Organizational Learning: Creating, Retaining and Transferring Knowledge* (Boston: Kluwer Academic Publishers, 1999); Nile W. Hatch and David C. Mowery, "Process Innovation and Learning by Doing in Semiconductor Manufacturing," *Management Science* 44, no. 11 (1998): 1461–77; and Melissa A. Schilling et al., "Learning by Doing Something Else: Variation, Relatedness, and the Learning Curve," *Management Science* 49 (2003): 39–56.

4. 参见 Linda Argote, "Group and Organizational Learning Curves: Individual, System and Environmental Components," *British Journal of Social Psychology* 32 (1993): 31–52; Argote, *Organizational Learning;* Nicholas Baloff, "Extensions of the Learning Curve—Some Empirical Results," *Operations Research Quarterly* 22, no. 4 (1971): 329–40; Eric D. Darr, Linda Argote, and Dennis Epple, "The Acquisition, Transfer and Depreciation of Knowledge in Service Organizations: Productivity in Franchises," *Management Science* 41 (1995): 1750–62; L. Greenberg, "Why the Mine Injury Picture Is Out of Focus," *Mining Engineering* 23 (1971): 51–3; Hatch and Mowery, "Process Innovation and Learning by Doing in Semiconductor Manufacturing"; Amit Mukherjee, Michael Lapre, and Luk Wassenhove, "Knowledge Driven Quality Improvement," *Management Science* 44 (1998): S35–S49; and Yelle, "The Learning Curve."

5. Argote, *Organizational Learning.*

6. John Dutton and Annie Thomas, "Treating Progress Functions as a Managerial Opportunity," *Academy of Management Review* 9 (1984): 235–47; Levy, "Adaptation in the Production Process"; and Mukherjee, Lapre, and Wassenhove, "Knowledge Driven Quality Improvement."

7. Wesley M. Cohen and Daniel A. Levinthal, "Absorptive Capacity: A New Perspective on Learning and Innovation," *Administrative Science Quarterly* (March 1990): 128–52.

8. Michael Katz and Carl Shapiro, "Technology Adoption in the Presence of Network Externalities," *Journal of Political Economy* 94 (1986): 822–41; Melissa Schilling, "Technological Lock Out: An Integrative Model of the Economic and Strategic Factors Driving

Technology Success and Failure," *Academy of Management Review* 23 (1998): 267–84; and Marcel Thum, "Network Externalities, Technological Progress, and the Competition of Market Contracts," *International Journal of Industrial Organization* 12 (1994): 269–89.

9. James Wade, "Dynamics of Organizational Communities and Technological Bandwagons: An Empirical Investigation of Community Evolution in the Microprocessor Market," *Strategic Management Journal* 16 (1995): 111–34.

10. Melissa A. Schilling, "Technological Lock Out"; and Ferdinand F. Suarez, "Battles for Technological Dominance: An Integrative Framework," *Research Policy* 33: 271–86.

11. Joost Rietveld and Melissa A. Schilling, "Platform competition: A Systematic and Interdisciplinary Review of the Literature," *Journal of Management* 47, no. 6 (2021): 152–83, https://doi.org/10.1177/0149206320969791; Melissa A. Schilling, "Technology Success and Failure in Winner-Take-All Markets: Testing a Model of Technological Lock Out," *Academy of Management Journal* 45 (2002): 387–98; and Fernando F. Suarez, "Battles for Technological Dominance: An Integrative Framework," *Research Policy* 33, no. 2 (2004): 271–86.

12. W. Brian Arthur, "Competing Technologies, Increasing Returns, and Lock-In by Historical Events," *The Economic Journal* (March 1989): 116–31; R. W. England, "Three Reasons for Investing Now in Fossil Fuel Conservation: Technological Lock-In, Institutional Inertia, and Oil Wars," *Journal of Economic Issues,* (September 1994): 755–76; and Katz and Shapiro, "Technology Adoption in the Presence of Network Externalities."

13. Giovanni Dosi, "Sources, Procedures, and Microeconomic Effects of Innovation," *Journal of Economic Literature* 26 (1988): 1130.

14. Ibid., 1120–71.

15. Luis M. B. Cabral, David J. Salant, and Glenn A. Woroch, "Monopoly Pricing with Network Externalities," *International Journal of Industrial Organization* 17, no. 2, (1999): 199–214; Hongju Liu, "Dynamics of Pricing in the Video Game Console Market: Skimming or Penetration?" *Journal of Marketing Research* 47, no. 3, (2010): 428–43; and Melissa A. Schilling, "Technological Leapfrogging: Lessons from the US Video Game Console Industry," *California Management Review* 45, no. 3, (2003): 6–32.

16. Melissa A. Schilling, "Technological Leapfrogging: Lessons from the U.S. Video Game Console Industry," *California Management Review* 45, no. 3 (2003): 6–32; and Suarez, "Battles for Technological Dominance."

17. W. Chan Kim and Renee Mauborgne, "Knowing a Winning Business Idea When You See One," *Harvard Business Review* (September–October 2000): 129–38.

18. Melissa A. Schilling, "Technological Leapfrogging."

19. Adam Brandenberger, "Power Play (B): Sega in 16-Bit Video Games," Harvard Business School case no. 9-795-103, 1995b.

20. Adam Brandenberger, "Power Play (C): 3DO in 32-Bit Video Games," Harvard Business School case no. 9-795-104; and Melissa A. Schilling, "Technological Leapfrogging," 1995c.

21. Marco Ceccagnoli et al., "Cocreation of Values in a Platform Ecosystem: The Case of Enterprise Software." *MIS Quart* 36, no. 1 (2012): 263–90; Annabelle Gawer, "Bridging Differing

Perspectives on Technological Platforms: Toward an Integrative Framework." *Research Policy*, 43, no. 7 (2014): 1239–49; Michael G. Jacobides, Thorbjorn Knudsen, and Mie Augier, "Benefiting from Innovation: Value Creation, Value Appropriation and the Role of Industry Architectures." *Research Policy* 35, no. 8 (2006): 1200–21; Joost Rietveld, Melissa A. Schilling, and Cristiano Bellavitis, "Platform Strategy: Managing Ecosystem Value Through Selective Promotion of Complements." (working paper, New York University, 2018); Melissa Schilling, "Towards a General Modular Systems Theory and Its Application to Inter-Firm Product Modularity." *Academy of Management Review* 25 (2000): 312–34.

22. Raghu Garud and Arun Kumaraswamy, "Technological and Organizational Designs for Realizing Economies of Substitution," *Strategic Management Journal* 16 (1995): 93–109.

23. Melissa A. Schilling, "Towards a General Modular Systems Theory and Its Application to Inter-Firm Product Modularity," *Academy of Management Review* 25 (2000): 312–34.

24. Joost Rietveld, Melissa A. Schilling, and Cristiano Bellavitis, "Platform Strategy: Managing Ecosystem Value Through Selective Promotion of Complements," (working paper, New York University, 2018).

25. Joost Rietveld and Melissa A. Schilling, "Platform competition: A Systematic and Interdisciplinary Review of the Literature," *Journal of Management* 47, no. 6 (2021): 152–83, https://doi.org/10.1177/0149206320969791; and Geoffrey G. Parker, Marshall W. Van Alstyne, and Sangeet Paul Choudary, *The Platform Revolution: How Networks Markets Are Transforming the Economy—and How to Make Them Work for You* (New York: W.W. Norton & Company, 2017)

26. Ibid.

27. Ibid.

05 进入时机

1. 这个案例是由梅利莎·A.席林教授为教学目的而提出的，并不是为了说明有效管理或无效管理。

2. Rajshree Agarwal, "Technological Activity and Survival of Firms," *Economics Letters* 52 (July 1996): 101–8; Rajshree Agarwal, "Survival of Firms over the Product Life Cycle," *Southern Economic Journal* 63, no. 3 (1997): 571–84; and Rajshree Agarwal and Michael Gort, "The Evolution of Markets and Entry, Exit, and Survival of Firms," *Review of Economics and Statistics* 78 (November 1996): 489–98.

3. Peter Golder and Gerard Tellis, "Pioneer Advantage: Marketing Logic or Marketing Legend?" *Journal of Marketing Research* 30 (May 1993): 158–70.

4. William Robinson and Min Sungwook, "Is the First to Market the First to Fail? Empirical Evidence for Industrial Goods Businesses," *Journal of Marketing Research* 39 (2002): 120–28.

5. Marvin Lieberman and David Montgomery, "First Mover Advantages: A Survey," *Strategic Management Journal* 9 (1988): 41–58.

6. Ibid.; and A. Michael Spence, "The Learning Curve and Competition," *Bell Journal of*

Economics 12 (1981): 49–70.

7.　Diamond, "The Curse of QWERTY," *Discover* 18, no. 4 (1997): 34–42.

8.　Paul A. David, "Clio and the Economics of QWERTY," *American Economic Review* 75 (1985): 332–38.

9.　Diamond, "The Curse of QWERTY."

10.　Charles Ferguson and Charles Morris, *Computer Wars* (New York: Random House, 1993).

11.　Peter N. Golder and Gerard Tellis, "Pioneer Advantage: Marketing Logic or Marketing Legend," *Journal of Marketing Research* 20 (1993): 158–70.

12.　Gerard Tellis and Peter Golder, "First to Market, First to Fail? Real Causes of Enduring Market Leadership," *Sloan Management Review,* Winter 1996: 65–75.

13.　Procter & Gamble Annual Report, 1977.

14.　William Boulding and Markus Christen, "First-Mover Disadvantage," *Harvard Business Review,* October 2001.

15.　Marvin Lieberman and David Montgomery, "First Mover Advantages: A Survey," *Strategic Management Journal* 9 (1988): 41–58.

16.　Boulding and Christen, "First-Mover Disadvantage."

17.　Evan I. Schwartz, "The Inventor's Play-Ground," *Technology Review* 105, no. 8 (2002): 69.

18.　Bongsun Kim et al., "The Impact of the Timing of Patents on Innovation Performance," *Research Policy* 45 (2016): 914–28.

19.　A counterargument to this is made in S. Min, M. U. Kalwani, and W. T. Ronson, "Market Pioneer and Early Follower Survival Risks: A Contingency Analysis of Really New versus Incrementally New Product Markets," *Journal of Marketing* 70, no. 1 (2006): 15–33.

20.　Gary L. Lilien and Eunsang Yoon, "The Timing of Competitive Market Entry: An Exploratory Study of New Industrial Products," *Management Science* 36 (1990): 568–85; Richard Makadok, "CanFirst-Mover and Early-Mover Advantages Be Sustained in an Industry with Low Barriers to Entry/Imitation?" *Strategic Management Journal* 19 (1998): 683–96; and Richard W. Shaw and Susan A. Shaw, "Late Entry, Market Shares and Competitive Survival: The Case of Synthetic Fibers," *Managerial and Decision Economics* 5 (1984): 72–9.

21.　W. Brian Arthur, "Competing Technologies, Increasing Returns, and Lock-In by Historical Events," *The Economic Journal,* March 1989: 116–31; and Melissa Schilling, "Technological Lock Out: An Integrative Model of the Economic and Strategic Factors Driving Technology Success and Failure," *Academy of Management Review* 23 (1998): 267–84.

22.　Jamal Shamsie, Corey Phelps, and Jerome Kuperman, "Better Late than Never: A Study of Late Entrants in Household Electrical Equipment," *Strategic Management Journal* 25 (2003): 69–84.

23.　David A. Aaker and George S. Day, "The Perils of High-Growth Markets," *Strategic Management Journal* 7 (1986): 409–21; Shamsie, Phelps, and Kuperman, "Better Late than Never;" Venkatesh Shankar, Gregory S. Carpenter, and Lakshman Krishnamurthi, "Late Mover Advantage: How Innovative Late Entrants Outsell Pioneers," *Journal of Marketing Research* 35, no. 1 (1998): 54–70; and Glen L. Urban et al., "Market Share Rewards to Pioneering Brands: An Empirical Analysis and Strategic Implications," *Management Science* 32 (1986): 645–59.

24. Melissa A. Schilling, "Technological Leapfrogging: Lessons from the U.S. Video Game Console Industry," *California Management Review* 45, no. 3 (2003): 6–32.

25. Dean A. Shepherd and Mark Shanley, *New Venture Strategy: Timing, Environmental Uncertainty and Performance* (London: Sage, 1998).

26. Melissa A. Schilling, "Technological Leapfrogging."

06 确定组织的战略方向

1. Gary Hamel and C. K. Prahalad, "Strategic Intent," *Harvard Business Review* (May–June 1991): 63–76.

2. C. K. Prahalad, "The Role of Core Competencies in the Corporation," *Research Technology Management* (November–December 1993): 40–7.

3. Michael A. Porter, *Competitive Strategy* (New York: Free Press, 1980).

4. Michael Porter is fully supportive of both ways of applying the five-force model. Personal communication with Michael Porter, March 25, 2006.

5. Michael A. Porter, "Strategy and the Internet," *Harvard Business Review* 79, no. 3 (2001): 62–78; and personal communication, March 13, 2006.

6. Shawn L. Berman et al., "Does Stakeholder Orientation Matter? The Relationship between Stakeholder Management Models and Firm Financial Performance," *Academy of Management Journal* 42 (1999): 488–507; Thomas Donaldson and Lee Preston, "The Stakeholder Theory of the Corporation: Concepts, Evidence, and Implications," *Academy of Management Review* 20 (1995): 65–91; and William Evan and R. E. Freeman, "A Stakeholder Theory of the Modern Corporation: Kantian Capitalism," in *Ethical Theory in Business,* eds. T. Beauchamp and N. Bowie (Englewood Cliffs, NJ: Prentice Hall, 1983), 75–93.

7. Michael A. Porter, *Competitive Advantage* (New York: Free Press, 1985).

8. Jay Barney, "Firm Resources and Sustained Competitive Advantage," *Journal of Management* 17 (1991): 99–120.

9. Richard Reed and Robert J. DeFillippi, "Causal Ambiguity, Barriers to Imitation, and Sustainable Competitive Advantage," *Academy of Management Review* 15, no. 1 (1990): 88–102.

10. Mark Gallon, Harold Stillman, and David Coates, "Putting Core Competency Thinking into Practice," *Research Technology Management* (May–June 1995): 20–28.

11. Prahalad, "The Role of Core Competencies in the Corporation."

12. Prahalad and Hamel, "The Core Competence of the Corporation."

13. Prahalad, "The Role of Core Competencies in the Corporation."

14. Leonard-Barton, "Core Capabilities and Core Rigidities."

15. Giovanni Dosi, "Sources, Procedures, and Microeconomic Effects of Innovation," *Journal of Economic Literature* (September 26, 1988): 1130; and Mary Tripsas and Giovanni Gavetti, "Capabilities, Cognition, and Inertia: Evidence from Digital Imaging," *Strategic Management Journal* 21 (2000): 1147.

16. Andrew A. King and Christopher Tucci, "Incumbent Entry into New Market Niches: The Role

of Experience and Managerial Choice in the Creation of Dynamic Capabilities," *Management Science* 48 (2002): 171–86; and Kathleen M. Eisenhardt and Jeffrey A. Martin, "Dynamic Capabilities: What Are They?" *Strategic Management Journal* 21 (2000): 1105–21.

17. Margaret B. Graham and Alec T. Shuldiner, *Corning and the Craft of Innovation* (New York: Oxford University Press, 2001); and C. L. Tucci, "Corning and the Craft of Innovation," *Business History Review* 75 (2001): 862–65.

18. Christopher A. Bartlett and Ashish Nanda, "Corning, Inc.: A Network of Alliances," Harvard Business School case no. 9-391-102, 1990.

19. Prahalad, "The Role of Core Competencies in the Corporation."

20. Hamel and Prahalad, "Strategic Intent."

21. Prahalad, "The Role of Core Competencies in the Corporation."

22. Kenneth Marino, "Developing Consensus on Firm Competencies and Capabilities," *Academy of Management Executive* 10, no. 3 (1996): 40–51.

07 选择创新项目

1. Bruce Kogut and Nalin Kulatilaka, "Options Thinking and Platform Investments: Investing in Opportunity," *California Management Review* 36, no. 2 (1994): 52–72.

2. Ibid.

3. Martha Amram and Nalin Kulatilaka, *Real Options: Managing Strategic Investment in an Uncertain World* (Boston: Harvard Business School Press, 1999); and Kent D. Miller and Timothy B. Folta, "Option Value and Entry Timing," *Strategic Management Journal* 23 (2002): 655–65.

4. Garham Mitchell and William F. Hamilton, "Managing R&D as a Strategic Option," *Research Technology Management* 31, no. 3 (1988): 15–23.

5. Stephen A. Ross, Randolph W. Westerfield, and Bradford D. Jordan, *Fundamentals of Corporate Finance* (Boston: Irwin, 1993).

6. Martha Amran and Nalin Kulatilaka, *Real Options* (Boston: Harvard Business School Press, 1999); F. Peter Boer, "Valuation of Technology Using Real Options," *Research Technology Management* 43 (2000): 26–31; and Rita Gunther McGrath, "Assessing Technology Projects Using Real Options Reasoning," *Research Technology Management* 43 (July–August, 2000): 35–50.

7. Michel Benaroch and Robert Kauffman, "Justifying Electronic Banking Network Expansion Using Real Options Analysis," *MIS Quarterly* 24 (June 2000): 197–226.

8. Manfred Perlitz, Thorsten Peske, and Randolf Schrank, "Real Options Valuation: The New Frontier in R&D Evaluation?" *R&D Management* 29 (1999): 255–70.

9. Edward H. Bowman and Dileep Hurry, "Strategy through the Option Lens: An Integrated View of Resource Investments and the Incremental-Choice Process," *Academy of Management Review* 18 (1993): 760–82.

10. Melissa A. Schilling, "Technological Lock Out: An Integrative Model of the Economic and

Strategic Factors Driving Success and Failure," *Academy of Management Review* 23 (1998): 267–85.

11. Tat Chan, Jack A. Nickerson, and Hideo Owan, "Strategic Management of R&D Pipelines," Washington University working paper, 2003.

12. Freek Vermeulen, 2011, "Five mistaken beliefs business leaders have about innovation." *Forbes,* May 30th. (www.forbes.com)

13. Kathleen R. Allen, *Bringing New Technology to Market* (Upper Saddle River, NJ: Prentice Hall, 2003).

14. Lori Gunter, 2002, "The Need for Speed," Boeing Frontiers. Retrieved November 20, 2002, from www.boeing.com/news/frontiers/archive/2002/july/i_ca2.html.

15. Yoram Wind and Vijay Mahajan, "New Product Development Process: A Perspective for Reexamination," *Journal of Product Innovation Management* 5 (1988): 304–10.

16. Clayton Christenson, "Using Aggregate Project Planning to Link Strategy, Innovation, and the Resource Allocation Process," Note no. 9-301-041 (2000), Harvard Business School.

17. Steven C. Wheelwright and Kim B. Clark, "Creating Project Plans to Focus Product Development," *Harvard Business Review,* March–April 1992.

18. Clayton Christenson, "Using Aggregate Project Planning to Link Strategy, Innovation, and the Resource Allocation Process."

19. John A. Byrne, "Jack," *BusinessWeek* (June 8, 1998): 90.

20. Allen, *Bringing New Technology to Market;* and A. I. Helin and W. B. Souder, "Experimental Test of a Q-Sort Procedure for Prioritising R&D Projects," *IEEE Transactions on Engineering Management* EM-21 (1974): 159–64.

21. Robert G. Cooper, Scott J. Edgett, and Elko J. Kleinschmidt, "New Product Portfolio Management: Practices and Performance," *Journal of Product Innovation Management* 16 (1999): 333–51.

22. A. W. Charnes, W. Cooper, and E. Rhodes, "Measuring the Efficiency of Decision Making Units," *European Journal of Operational Research* 2 (1978): 429–44.

23. Jonathan D. Linton, Steven T. Walsch, and Joseph Morabito, "Analysis, Ranking and Selection of R&D Projects in a Portfolio," *R&D Management* 32, no. 2 (2002): 139–48.

08 合作战略

1. C. W. L. Hill, "Monsanto: Building a Life Sciences Company," in *Cases in Strategic Management,* eds. C. W. L. Hill and G. Jones (Boston: Houghton Mifflin, 2004); and Seth Brooks, Melissa A. Schilling, and James Scrofani, "Monsanto: Better Living through Genetic Engineering?" in *Strategic Management, Competitiveness and Globalization,* 5th ed., eds. M. Hitt, R. Hoskisson, and R. D. Ireland (Minneapolis/St. Paul: West Publishing, 2002).

2. Robert T. Fraley, Stephen B. Rogers, and Robert B. Horsch, "Use of a Chimeric Gene to Confer Antibiotic Resistance to Plant Cells. Advances in Gene Technology: Molecular Genetics of Plants and Animals," *Miami Winter Symposia* 20 (1983a): 211–21.

3. Rachel Melcer, "Monsanto Wants to Sow a Genetically Modified Future," *St. Louis Post Dispatch,* February 24, 2003.

4. M. Takanashi et al., "Honda Insight: Personal Hybrid," New York University teaching case, 2003; and "Toyota, Honda Forge Ahead in Hybrid Vehicle Development," *AP Newswire,* March 13, 2002.

5. Lori Gunter, "The Need for Speed," *Boeing Frontiers.* Retrieved November 20, 2002, from www.boeing.com/news/frontiers/archive/2002/july/i_ca2.html.

6. Su Han Chan et al., "Do Strategic Alliances Create Value?" *Journal of Financial Economics* 46 (1997): 199–221.

7. Gary Hamel, Yves L. Doz, and C. K. Prahalad, "Collaborate with Your Competitors—and Win," *Harvard Business Review,* January–February 1989: 133–39; Weijian Shan, "An Empirical Analysis of Organizational Strategies by Entrepreneurial High-Technology," *Strategic Management Journal* 11 (1990): 129–39; Gary P. Pisano, "The R&D Boundaries of the Firm: An Empirical Analysis," *Administrative Science Quarterly* 35 (1990): 153–76; and Ravi Venkatesan, "Strategic Sourcing: To Make or Not to Make," *Harvard Business Review* 70, no. 6 (1992): 98–107.

8. David Teece, "Profiting from Technological Innovation: Implications for Integration, Collaboration, Licensing and Public Policy," *Research Policy* 15 (1986): 285–305.

9. David C. Mowery, Joanne E. Oxley, and Brian S. Silverman, "Technological Overlap and Interfirm Cooperation: Implications for the Resource-Based View of the Firm," *Research Policy* 27 (1998):507–24; Joel A. C. Baum, Tony Calabrese, and Brian S. Silverman, "Don't Go It Alone: Alliance Network Composition and Startups' Performance in Canadian Biotechnology," *Strategic Management Journal* 21 (2000): 267; Julia Porter Liebeskind et al., "Social Networks, Learning, and Flexibility: Sourcing Scientific Knowledge in New Biotechnology Firms," *Organization Science* 7 (1996): 428–44; and Lori Rosenkopf and Paul Almeida, "Overcoming Local Search through Alliances and Mobility," *Management Science* 49 (2003): 751.

10. John Hagerdoon, Albert N. Link, and Nicholas S. Vonortas, "Research Partnerships," *Research Policy* 29 (2000): 567–86.

11. Christoph Steitz, "Plug Wars: The Battle for Electric Car Supremacy," *Reuters,* January 24, 2018.

12. Nam-Hoon H. Kang and Kentaro Sakai, "International Strategic Alliances: Their Role in Industrial Globalisation," Paris, Organisation for Economic Co-operation and Development, Directorate for Science, Technology, and Industry, working paper 2000/5.

13. Teece, "Profiting from Technological Innovation."

14. Rita McGrath, "A Real Options Logic for Initiating Technology Positioning Investments," *Academy of Management Review* 22 (1997): 974–96.

15. Melissa A. Schilling, "Technology Shocks, Technological Collaboration, and Innovation Outcomes," *Organization Science* 26 (2015): 668–86.

16. Sumantra Ghoshal and Peter Moran, "Bad for Practice: A Critique of the Transaction Cost Theory," *Academy of Management Review* 21 (1996): 13–47.

17. C. K. Prahalad and Gary Hamel, "The Core Competence of the Corporation," *Harvard Business Review,* May–June 1990: 79–91; and Hamel, Doz, and Prahalad, "Collaborate with Your Competitors—and Win."

18. Hanna Hottenrott and Cindy Lopes-Bento, "R&D Partnerships and Innovation Performance: Can There Be too Much of a Good Thing?" *Journal of Product Innovation Management,* 33 (2016): 773–94; Melissa A. Schilling, "Technology Shocks, Technological Collaboration, and Innovation Outcomes," *Organization Science* 26 (2015): 668–86.

19. Yves Doz and Gary Hamel, "The Use of Alliances in Implementing Technology Strategies," in *Managing Strategic Innovation and Change,* eds. M. L. Tushman and P. Anderson (Oxford, U.K.: Oxford University Press, 1997).

20. G. W. Weiss, "The Jet Engine That Broke All the Records: The GE-SNECMA CFM-56," *Case Studies in Technology Transfer and National Security;* and P. Siekman, "GE Bets Big on Jet Engines," *Fortune,* December 19, 2002.

21. Ashish Nanda and Christopher A. Bartlett, "Corning Incorporated: A Network of Alliances," Harvard Business School case no. 9-391-102, 1990.

22. Prashant Kale and Harbir Singh, "Managing Strategic Alliances: What Do We Know Now, and Where Do We Go From Here?" *Academy of Management Perspectives* (August 2009): 45–62.

23. Melissa A. Schilling and Corey C. Phelps, "Interfirm Collaboration Networks: The Impact of Large-Scale Network Structure on Firm Innovation," *Management Science* 53 (2007): 1113–26.

24. Kathryn R. Harrigan, "Strategic Alliances: Their New Role in Global Competition," *Columbia Journal of World Business* 22, no. 2 (1987): 67–70.

25. Prashant Kale and Harbir Singh, "Managing Strategic Alliances: What Do We Know Now, and Where Do We Go From Here?" *Academy of Management Perspectives* (August 2009): 45–62. See also James Bamford, Benjamin Gomes-Casseres, and Michael Robinson, "Envisioning collaboration: Mastering alliance strategies." San Francisco: Jossey-Bass.

26. Hamel, Doz, and Prahalad, "Collaborate with Your Competitors—and Win."

27. Ibid.

28. J. Tan, "Quick Take: Tencent, Changan Auto Announce Autonomous Vehicle Joint Venture," *Caixin,* April 13, 2018.

29. P. E. Teague, "Other People's Breakthroughs," *Design News* 58, no. 2 (2003): 55–56.

30. Larry Huston and Nabil Sakkab, "Connect and Develop: Inside Procter & Gamble's New Model for Innovation," *Harvard Business Review* (2006), March 1st.

31. Henry William Chesbrough, Open Innovation: The New Imperative for Creating and Profiting From Technology (Boston: Harvard Business School Press, 2003).

32. J. Holmes, "The Organization and Locational Structure of Production Subcontracting," in *Production, Work, Territory: The Geographical Anatomy of Industrial Capitalism,* eds. M. Storper and A. J. Scott (Boston: Allen and Unwin, 1986), 80–106; and Teece, "Profiting from Technological Innovation."

33. Schilling and Steensma, "The Use of Modular Organizational Forms."

34. Charles Duhigg and Keith Bradsher, "How U.S. Lost Out on IPhone Work," *The New York*

Times, January 22, 2012, 1, 20–21.

35. David Lei and Michael A. Hitt, "Strategic Restructuring and Outsourcing: The Effect of Mergers and Acquisitions and LBOs on Building Firm Skills and Capabilities," *Journal of Management* 21 (1995): 835–60.

36. Prahalad and Hamel, "The Core Competence of the Corporation."

37. Ibid.

38. Pisano, "The R&D Boundaries of the Firm."

39. Schilling and Steensma, "The Use of Modular Organizational Forms."

40. V. K. Narayanan, *Managing Technology and Innovation for Competitive Advantage* (Upper Saddle River, NJ: Prentice Hall, 2001).

41. Cheryl Pellerin, "Consortia: Free Enterprise Meets Cooperation and the Results Can Be Good for Robotics," *The Industrial Robot* 22, no. 1 (1995): 31.

42. Associated Press, July 11, 2002.

43. Charles W. L. Hill, "Strategies for Exploiting Technological Innovations: When and When Not to License," *Organization Science* 3 (1992): 428–41; Weijian Shan, "An Empirical Analysis of Organizational Strategies by Entrepreneurial High-Technology," *Strategic Management Journal* 11 (1990): 129–39; and Teece, "Profiting from Technological Innovation."

44. Melissa A. Schilling and Charles W. L. Hill, "Managing the New Product Development Process: Strategic Imperatives," *Academy of Management Executive* 12, no. 3 (1998): 67–81.

45. Oliver E. Williamson, *The Economic Institutions of Capitalism* (New York: Free Press, 1985).

46. Joel Bleeke and David Ernst, "Is Your Strategic Alliance Really a Sale?" *Harvard Business Review* 73, no. 1 (1995): 97–105; T. K. Das and Bing-Sheng Teng, "Between Trust and Control: Developing Confidence in Partner Cooperation in Alliances," *Academy of Management Review* 23 (1998b):491–512; Rosabeth M. Kanter, "Collaborative Advantage: The Art of Alliances," *Harvard Business Review* 72, no. 4 (1994): 96–108; and Brian Uzzi, "Social Structure and Competition in Interfirm Networks: The Paradox of Embeddedness," *Administrative Science Quarterly* 42 (1997): 35–67.

47. T. K. Das and Bing-Sheng Teng, "Managing Risks in Strategic Alliances," *Academy of Management Executive* 13, no. 4 (1999): 50–62.

48. Ibid.

49. James G. Crump, "Strategic Alliances Fit Pattern of Industry Innovation," *Oil & Gas Journal,* (March 31, 1997): 59; and Das and Teng, "Managing Risks in Strategic Alliances."

50. Das and Teng, "Managing Risks in Strategic Alliances."

51. T. Pietras and C. Stormer, "Making Strategic Alliances Work," *Business and Economic Review* 47, no. 4 (2001): 9–12.

52. Ranjay Gulati and Harbir Singh, "The Architecture of Cooperation: Managing Coordination Costs and Appropriation Concerns in Strategic Alliances," *Administrative Science Quarterly* 43 (1998): 781–814.

53. Prashant Kale and Harbir Singh, "Managing Strategic Alliances: What Do We Know Now, and Where Do We Go From Here?" *Academy of Management Perspectives* (August 2009): 45–62.

54. L. Segil, "Strategic Alliances for the 21st Century," *Strategy & Leadership* 26, no. 4 (1998): 12–6.

55. Pietras and Stormer, "Making Strategic Alliances Work."

56. Igor Filatotchev, Johannes Stephan, and Bjoern Jindra. "Ownership Structure, Strategic Controls and Export Intensity of Foreign Invested Firms in Emerging Economies." *Journal of International Business Studies* 39 (2008): 1133–48. See also Ranjay Gulati, "Does familiarity breed trust? The implications of repeated ties for contractual choice in alliances," *Academy of Management Journal* 38 (1995): 85–112; and Brian Uzzi. "Social Structure and Competition in Interfirm Networks: The Paradox of Embeddedness," *Administrative Science Quarterly* 42 (1997): 35–67.

09 保护创新

1. Jay B. Barney, "Firm Resources and Sustained Competitive Advantage," *Journal of Management* 17 (1991): 990.

2. "Software Patent," *Bank Technology News* 14, no. 3 (2001): 25.

3. Arnold B. Silverman, "Software Patents for Methods of Doing Business—A Second Class Citizen No More," *Journal of Management* 52, no. 19 (2000): 64.

4. Michael Carley, Deepak Hegde, and Alan Marco, "What is the probability of receiving a US Patent?" *Yale Journal of Law & Technology* 17 (2015): 204–23.

5. Dean Alderucci and W. Baumol, "Patents and the dissemination of inventions," *Journal of Economic Perspectives* 27, no. 4 (2013): 223–26; Dean Alderucci, "Monetization Strategies for Business Method Patents," *The Licensing Journal* (2000), November.

6. Stuart Graham and Deepak Hegde, "Disclosing Patents' Secrets," *Science* 347, no. 6219, (2015): 236–37.

7. "Apple Complains of "Patent Trolls," *LA Times* (2014), February 8.

8. https://portal.unifiedpatents.com.

9. William New, "White House Takes Major Action Against "Patent Trolls," *Intellectual Property Watch* (2013), June 4; "Hatch Introduces Measure to Stop Patent Trolls," *The Ripon Advance* (2013), November 4; Edward Wyatt, "FTC Settles First Case Targeting 'Patent Troll,'" *New York Times* (2014), November 6.

10. Susan Decker and Brian Womack, "Google Buys 1,023 IBM Patents to Bolster Defense of Android," *BloombergBusiness* (2014): September 14.

11. Quentin Hardy, "Google Buys Motorola for Patent Parts," *Forbes* (2011), August 15.

12. Joe Mullin, "Patent War Goes Nuclear: Microsoft, Apple-owned "Rockstar" Sues Google," *Arstechnica* (2013), October 31.

13. Jeff Roberts, "Apple-backed Rockstar Ends Patent War on Android, Deal Suggests," *GigaOM* (2014): November.

14. 美国版权局（U.S. Copyright Office）.

15. 商业秘密（The Trade Secrets）的主页.

16. S. Decker, "Procter & Gamble, Potlatch Resolve Trade Secrets Suit," *Seattle Post Intelligencer,* March 14, 2003.

17. Richard Levin et al., "Appropriating the Returns from Industrial Research and Development," *Brookings Papers on Economic Activity, Microeconomics* 3 (1987): 783–820; and John Bound et al., "Who Does R&D and Who Patents?" in *R&D, Patents, and Productivity,* ed. Z. Griliches (Chicago: University of Chicago Press for the National Bureau of Economic Research, 1984).

18. W. Brian Arthur, *Increasing Returns and Path Dependency in the Economy* (Ann Arbor: The University of Michigan Press, 1994).

19. Cherles H. Ferguson and Charles R. Morris, *Computer Wars* (New York: Random House, 1993); and Rebecca Henderson and Kim Clark, "Architectural Innovation: The Reconfiguration of Existing Product Technologies and the Failure of Established Firms," *Administrative Science Quarterly* 35(1990), pp. 9–30.

20. S. Brooks, Melissa A. Schilling, and J. Scrofani, "Monsanto: Better Living through Genetic Engineering?" in *Strategic Management, Competitiveness and Globalization,* 5th ed., eds. M. Hitt, R. Hoskisson, and R. D. Ireland (Minneapolis/St. Paul: West Publishing, 2001).

21. Melissa A. Schilling, "Toward a General Modular Systems Theory and Its Application to Interfirm Product Modularity," *Academy of Management Review* 25 (2000): 312–34.

22. Charles W. L. Hill, "Establishing a Standard: Competitive Strategy and Technological Standards in Winner-Take-All Industries," *Academy of Management Executive* 11, no. 2 (1997): 7–25; and Melissa A. Schilling, "Winning the Standards Race: Building Installed Base and the Availability of Complementary Goods," *European Management Journal* 17 (1999): 265–74.

23. Raghu Garud, Sanjay Jain, and Arun Kumaraswamy, "Institutional Entrepreneurship in the Sponsorship of Common Technological Standards: The Case of Sun Microsystems and Java," *Academy of Management Journal* 45 (2002): 196–214.

24. D. Essner, P. Liao, and Melissa A. Schilling, "Sun Microsystems: Establishing the Java Standard," Boston University teaching case no. 2001–02, 2001.

25. J. Kittner, Melissa A. Schilling, and S. Karl, "Microsoft's Xbox," New York University teaching case, 2002, 45.

26. Joe Brinkley, "Disk versus Disk: The Fight for the Ears of America," *New York Times,* August 8, 1999.

10 创新组织

1. Deborah Dougherty, "Reimagining the Differentiation and Integration of Work for Sustained Product Innovation," *Organization Science* 12 (2001): 612–31; Abbie Griffin, "The Effect of Project and Process Characteristics on Product Development Cycle Time," *Journal of Marketing Research* 34 (1997): 24–35; Eric H. Kessler and Alok K. Chakrabarti, "Innovation Speed: A Conceptual Model of Context, Antecedents, and Outcomes," *Academy of Management Review* 21 (1996): 1143–91; and Ajay Menon, Jhinuk Chowdhury, and Bryan Lukas, "Antecedents and Outcomes of New Product Development Speed: An Interdisciplinary Conceptual Framework,"

Industrial Marketing Management 31 (2002): 317–28.

2. Joseph A. Schumpeter, *Capitalism, Socialism and Democracy* (New York: Harper & Brothers Publishers, 1942).

3. Wesley M. Cohen and Daniel A. Levinthal, "Absorptive Capacity: A New Perspective on Learning and Innovation," *Administrative Science Quarterly* 35 (1990): 128–52; and Morton I. Kamien and NancyL. Schwartz, "Market Structure and Innovation—A Survey," *Journal of Economic Literature* 13 (1975): 1–37.

4. Fariborz Damanpour, "Organizational Size and Innovation," *Organization Studies* 13 (1992): 375–402.

5. Richard L. Daft, *Organization Theory and Design* (Minneapolis: West Publishing Company, 1995).

6. Wesley Cohen and Richard Levin, "Empirical Studies of Innovation and Market Structure," in *Handbook of Industrial Organization,* vol. II, eds. R. Schmalensee and R. D. Willig (Amsterdam: Elsevier Science Publishers B. V., 1989).

7. Ibid; and Julio Rotemberg and Garth Saloner, "Benefits of Narrow Business Strategies," *American Economic Review* 84, no. 5 (1994): 1330–49.

8. George Gilder, "The Revitalization of Everything: The Law of the Microcosm," *Harvard Business Review* 66, no. 2 (1988): 49–61.

9. M. Kharbanda, "Xerox Corporation: A Case Study in Revitalizing Product Development," in *Time-Based Competition: The Next Battleground in American Manufacturing,* ed. J. D. Blackburn (Homewood, IL: Business One Irwin, 1991): 177–90.

10. Athur Cotterel, *The Encyclopedia of Mythology* (London: Smithmark, 1996).

11. John Bound et al., "Who Does R&D and Who Patents?" in *R&D, Patents, and Productivity,* ed. Z. Griliches (Chicago: University of Chicago, 1984); Alok K. Chakrabarti and Michael R.Halperin, "Technical Performance and Firm Size: Analysis of Patents and Publications of U.S. Firms," in *Innovation and Technological Change: An International Comparison,* eds. A. J. Acs and D. B. Audretsch (Ann Arbor, MI: University of Michigan Press, 1991); Samuel B. Graves and Nan S. Langowitz, "Innovative Productivity and Returns to Scale in the Pharmaceutical Industry," *Strategic Management Journal* 14 (1993):593–605; and Gregory N. Stock, Noel P. Greis, and Bill Fischer, "Firm Size and Dynamic Technological Innovation," *Technovation* 22 (2002): 537–49.

12. Zvi Griliches, "Patent Statistics as Economic Indicators: A Survey," *Journal of Economics Literature* 28 (1990): 1661–707; and F. M. Scherer, "The Propensity to Patent," *International Journal of Industrial Organization* 1 (1983): 107–28.

13. Abbie Griffin, "Product Development Cycle Time for Business-to-Business Products," *Industrial Marketing Management* 31 (2002): 291–304.

14. Wesley M. Cohen and Steven Klepper, "A Reprise of Firm Size and R&D," *Economic Journal* 106 (1996): 925–51; and Rebecca Henderson and Iian Cockburn, "Scale, Scope and Spillovers: The Determinants of Research Productivity in Drug Discovery," *Rand Journal of Economics* 27 (1996): 32–59.

15. Ron Ashkenas et al., *The Boundaryless Organization: Breaking the Chains of Organizational Structure* (San Francisco: Jossey-Bass Publishers, 1995); John Hagel and Marc Singer, "Unbundling the Corporation," *Harvard Business Review* (March–April 1999): 133–41; Melissa A. Schilling and Kevin Steensma, "The Use of Modular Organizational Forms: An Industry Level Analysis," *Academy of Management Journal* 44 (2001): 1149–69; Charles Snow, Raymond Miles, and Henry J. Coleman, "Managing 21st Century Network Organizations," *Organizational Dynamics* 20, no. 3 (1992): 5–20; and Todd R. Zenger and William S. Hesterly, "The Disaggregation of Corporations: Selective Intervention, High-Powered Incentives, and Molecular Units," *Organization Science* 8 (1997): 209–23.

16. Ravi S. Achrol, "Changes in the Theory of Interorganizational Relations in Marketing: Toward a Network Paradigm," *Academy of Marketing Science* 25 (1997): 56–71.

17. Henry Chesbrough and David Teece, "When Is Virtual Virtuous? Organizing for Innovation," *Harvard Business Review* (January–February 1996): 65–73; and D. Churbuck and J. S. Young, "The Virtual Workplace," *Forbes* 150, no. 12 (1992): 184–90.

18. Candace Jones, William Hesterly, and Stephen Borgatti, "A General Theory of Network Governance: Exchange Conditions and Social Mechanisms," *Academy of Management Review* 22 (1997): 911–45; Raymond E. Miles and Charles C. Snow, "Organizations: New Concepts for New Forms," *California Management Review* 28, no. 3 (1986): 62–73; and Raymond E. Miles and Charles C. Snow, "Causes of Failures in Network Organizations," *California Management Review* 34, no. 4 (1992): 53–72.

19. David Lei, Michael A. Hitt, and Joel D. Goldhar, "Advanced Manufacturing Technology: Organizational Design and Strategic Flexibility," *Organization Studies* 17 (1996): 501–24; Ron Sanchez, "Strategic Flexibility in Product Competition," *Strategic Management Journal* 16 (1995):135–60; Ron Sanchez and Joseph Mahoney, "Modularity, Flexibility, and Knowledge Management in Product and Organization Design," *Strategic Management Journal* 17 (1996): 63–76; and Melissa A. Schilling and Kevin Steensma, "The Use of Modular Organizational Forms: An Industry Level Analysis."

20. Felipe A. Csaszar, "Organizational Structure as a Determinant of Performance: Evidence from Mutual Funds," *Strategic Management Journal* 33 (2012): 611–32; Felipe A. Csaszar, "When Consensus Hurts the Company," *MIT Sloan Management Review* (2015), Spring: 17–20.

21. Laura B. Cardinal and Tim C. Opler, "Corporate Diversification and Innovative Efficiency: An Empirical Study," *Journal of Accounting & Economics* 19 (1995): 365–82.

22. Peter N. Golder, "Insights from Senior Executives about Innovation in International Markets," *Journal of Product Innovation Management* 17 (2000): 326–40.

23. Ajay Menon, Jhinuk Chowdhury, and Bryan A. Lukas, "Antecedents and Outcomes of New Product Development Speed."

24. P. S. Adler, "Building Better Bureaucracies," *Academy of Management Executive* 13, no. 4 (1999): 36–50.

25. Michael Treacy and Fred Wiersema, "Customer Intimacy and Other Value Disciplines," *Harvard Business Review* 71, no. 1 (1993): 84–94.

26. Morgan P. Miles, Jeffrey G. Covin, and Michael B. Heeley, "The Relationship between Environmental Dynamism and Small Firm Structure, Strategy, and Performance," *Journal of Marketing Theory and Practice* 8, no. 2 (2000): 63–75.

27. Dorothy Leonard, *Well-Springs of Knowledge: Building and Sustaining the Sources of Innovation* (Boston: Harvard Business School Press, 1996); Christine Moorman and Anne Miner, "Organizational Improvisation and Organizational Memory," *Academy of Management Review* 23, no. 4 (1998): 698–723; and Deborah Dougherty, "Reimagining the Differentiation and Integration of Work for Sustained Product Innovation," *Organization Science* 12 (2001): 612–31.

28. Richard Daft, *Organization Theory and Design;* and Ajay Menon, Jhinuk Chowdhury, and Bryan Lukas, "Antecedents and Outcomes of New Product Development Speed."

29. Michael L. Tushman and Charles A. O'Reilly, "Ambidextrous Organizations: Managing Evolutionary and Revolutionary Change," *California Management Review* 38, no. 4 (1996): 8–31.

30. Michael L. Tushman and Charles A. O'Reilly, *Winning through Innovation: A Practical Guide to Leading Organizational Change and Renewal* (Boston: Harvard Business School, 1997); and Michael L. Tushman and Wendy Smith, "Organizational Technology: Technological Change, Ambidextrous Organizations and Organizational Evolution," in *Companion to Organizations,* ed. J. A. Baum (New York: Blackwell Publishers, 2002): 386–414.

31. Christina Fang, Jeho Lee, and Melissa A. Schilling, "Balancing Exploration and Exploitation through Structural Design: Advantage of the Semi-isolated Subgroup Structure in Organizational Learning," *Organization Science* 21 (2010): 625–42.

32. Mary J. Benner and Michael L. Tushman, "Exploitation, Exploitation, and Process Management: The Productivity Dilemma Revisited," *Academy of Management Review* 28 (2003): 238–56; and Joseph L. Bower and Clayton M. Christensen, "Disruptive Technologies: Catching the Wave," *Harvard Business Review* 73, no. 1 (1995): 43–53.

33. Michael Rogers, "It's the Apple of His Eye," *Newsweek,* March 1, 2003.

34. Nicolaj Siggelkow and Daniel Levinthal, "Temporarily Divide to Conquer: Centralized, Decentralized, and Reintegrated Organizational Approaches to Exploration and Adaptation," *Organization Science* 14 (2003): 650–69.

35. Mariann Jelinek and Claudia B. Schoonhoven, *The Innovation Marathon: Lessons from High Technology Firms* (Oxford, UK: Basil Blackwell, 1990); and Claudia B. Schoonhoven and Mariann Jelinek, "Dynamic Tension in Innovative, High Technology Firms: Managing Rapid Technological Change through Organizational Structure," in *Managing Strategic Innovation and Change,* eds. M. L. Tushman and P. Anderson (Oxford: Oxford University Press, 1996).

36. Claudia Schoonhoven and Mariann Jelinek, "Dynamic Tension in Innovative, High Technology Firms."

37. Melissa A. Schilling, "Toward a General Modular Systems Theory and Its Application to Interfirm Product Modularity," *Academy of Management Review* 25 (2000): 312–34.

38. Carliss Y. Baldwin and Kim B. Clark, *Design Rules, Volume 1: The Power of Modularity* (Cambridge, MA: MIT Press, 2000); Raghu Garud and Arun Kumaraswamy, "Technological and Organizational

Designs for Realizing Economies of Substitution," *Strategic Management Journal* 16 (1995): 93–109; and Ron Sanchez, "Strategic Flexibility in Product Competition."

39. John Hagel and John S. Brown, "Learning from Tata's Nano." *BusinessWeek,* February 27, 2008.

40. Melissa A. Schilling, "Towards a General Modular Systems Theory and its Application to Interfirm Product Modularity," *Academy of Management Review* 25 (2000): 312–34.

41. Glenn Hoetker, "Do Modular Products Lead to Modular Organizations?" *Strategic Management Journal* 27 (2006): 501–18; Anna Cabigiosu and Arnaldo Camuffo, "Beyond the "mirroring" Hypothesis: Product Modularity and Interorganizational Relations in the Air Conditioning Industry," *Organization Science* 23 (2012): 686–703; Lyra Colfer and Carliss Y. Baldwin, "The Mirroring Hypothesis: Theory, Evidence and Exceptions," Harvard Business School Finance Working Paper No. 10–058 (2010), June 4th.

42. Marco Zeschky et al., "Coordination in Global R&D Organizations: An Examination of the Role of Subsidiary Mandate and Modular Product Architecture in Dispersed R&D Organizations," *Technovation* 34 (2014): 594–604.

43. Ron Sanchez and Joseph Mahoney, "Modularity, Flexibility, and Knowledge Management in Product and Organization Design."

44. Melissa A. Schilling and Kevin Steensma, "The Use of Modular Organizational Forms"; and Sanchez and Mahoney, "Modularity, Flexibility, and Knowledge Management in Product and Organization Design."

45. Erik Brynjolfsson et al., "Does Information Technology Lead to Smaller Firms?" *Management Science* 40 (1994): 1628–45; and Todd R. Zenger and William S. Hesterly, "The Disaggregation of Corporations: Selective Intervention, High-Powered Incentives, and Molecular Units," *Organization Science* 8 (1997): 209–23.

46. Erik Brynjolfsson, "Information Assets, Technology, and Organization," *Management Science* 40 (1994): 1645–63; and Lorin M. Hitt, "Information Technology and Firm Boundaries: Evidence from Panel Data," *Information Systems Research* 10, no. 2 (1999): 134–50.

47. Nicholas S. Argyres, "The Impact of Information Technology on Coordination: Evidence from the B-2 'Stealth' Bomber," *Organization Science* 10 (1999): 162–81.

48. Melissa A. Schilling and Kevin Steensma, "The Use of Modular Organizational Forms."

49. Martin Kornberger, "The Visible Hand and the Crowd: Analyzing Organization Design in Distributed Innovation Systems," *Strategic Organization* 15 (2017): 174–93.

50. Henry Chesbrough and David Teece, "When Is Virtual Virtuous?" and Melissa Schilling and Kevin Steensma, "The Use of Modular Organizational Forms."

51. Henry Chesbrough and David Teece, "When Is Virtual Virtuous?"

52. Hayagreeva Rao, Robert Sutton, and Allen P. Webb, "Innovation lessons from Pixar: An interview with Oscar-winning director Brad Bird," *McKinsey Quarterly,* April, 2008.

53. Melissa Schilling, *Strategic Management of Technological Innovation,* 5th edition. (New York: McGraw Hill, 2015).

54. Ed Catmull, "How Pixar fosters collective creativity," *Harvard Business Review* (September, 2008): 65–72.

55. Melissa A. Schilling, *Quirky: The Remarkable Story of the Traits, Foibles, and Genius of Breakthrough Innovators Who Changed the World* (New York: Public Affairs, 2018).

56. Christina Fang, Jeho Lee, and Melissa A, "Balancing exploration and exploitation through structural design: advantage of the semi-isolated subgroup structure in organizational learning," *Organization Science,* 21 (2010): 625–42.

57. Michael Diehl and Wolfgang Stroebe, "Productivity loss in brainstorming groups: Toward the solution of a riddle," *Journal of Personality and Social Psychology* 53 (1987): 497–509; Wolfgang Stroebe, Bernard A. Nijstad, and Eric F. Rietzschel, "Productivity loss in brainstorming groups: The evolution of a question," In Zanna, MP & Olson JM (Eds). *Advances in Experimental Social Psychology* 43 (pp. 157–203). San Diego, CA: Academic Press.

58. Brian Mullen, Craig Johnson, and Eduardo Salas, "Productivity loss in brainstorming groups: Ameta-analytic integration," *Basic and Applied Social Psychology* 12, no. 1 (1991): 3–23.

59. Melissa A. Schilling, Quirky: The remarkable story of the traits, foibles, and genius of breakthrough innovators who changed the world (New York: Public Affairs, 2018).

60. B. Ryder, "Fail often, fail well," *The Economist,* April 14, 2011; R. McGrath, "Failing by design," *Harvard Business Review,* April issue, 2011.

61. T. Forbath, "The realm of intelligent failure," *Rotman Management,* Winter, 2014.

62. T. Grant, "Failed at business? Throw a party," *The Global Mail,* May 28, 2013.

63. Melissa A. Schilling, Serial Breakthrough Innovation: The Roles of Separateness, Self-Efficacy, and Idealism. SSRN Working paper 2017, https://papers.ssrn.com/sol3/papers.cfm?abstract_id=3190195.

64. Christopher A. Bartlett and Sumantra Ghoshal, "Managing Innovation in the Transnational Corporation," in *Managing the Global Firm,* eds. C. A. Bartlett, Y. Doz, and G. Hedlund (London and New York: Routledge, 1990).

65. Ibid; and Alan M. Rugman, "Research and Development by Multinational and Domestic Firms in Canada," *Canadian Public Policy* 7 (1981): 604–16.

66. Peter Golder, "Insights from Senior Executives about Innovation in International Markets."

67. Tammy Madsen, Elaine Mosakowski, and Srilata Zaheer, "The Dynamics of Knowledge Flows: Human Capital Mobility, Knowledge Retention and Change," *Journal of Knowledge Management* 6, no. 2 (2002): 164–77.

11 新产品开发过程的管理

1. Eric Berggren and Thomas Nacher, "Introducing New Products Can Be Hazardous to Your Company: Use the Right New-Solutions Delivery Tools," *Academy of Management Executive* 15, no. 3 (2001): 92–101.

2. Melissa A. Schilling, "Technological Lockout: An Integrative Model of the Economic and Strategic Factors Driving Success and Failure," *Academy of Management Review* 23 (1998): 267–84; and W. Brian Arthur, *Increasing Returns and Path Dependence in the Economy* (Ann Arbor: University of Michigan Press, 1994).

3. Anirudh Dhebar, "Speeding High-Tech Producer, Meet Balking Consumer," *Sloan Management Review* (Winter 1996): 37–49.

4. C. Merle Crawford, "The Hidden Costs of Accelerated Product Development," *Journal of Product Innovation Management* 9, no. 3 (1992): 188–200.

5. Goncalo Pacheco-de-Almeida and Peter Zemsky, "The Creation and Sustainability of Competitive Advantage: Resource Accumulation with Time Compression Diseconomies," mimeo, Stern School of Business, 2003.

6. Ed J. Nijssen, Arthur R. Arbouw, and Harry R. Commandeur, "Accelerating New Product Development: A Preliminary Empirical Test of a Hierarchy of Implementation," *Journal of Product Innovation Management* 12 (1995): 99–104; R. W. Schmenner, "The Merits of Making Things Fast," *Sloan Management Review,* Fall (1988): 11–17; Abdul Ali, Robert Krapfel, and DouglasLaBahn, "Product Innovativeness and Entry Strategy: Impact on Cycle Time and Break-Even Time," *Journal of Product Innovation Management* 12 (1995): 54–69; and R.Rothwell, "Successful Industrial Innovation: Critical Factors for the 1990s," *R&D Management* 22, no. 3 (1992): 221–39.

7. Abbie Griffin, "Evaluating QFD's Use in US Firms as a Process for Developing Products," *Journal of Product Innovation Management* 9 (1992): 171–87; and C. H. Kimzey, *Summary of the Task Force Workshop on Industrial-Based Initiatives* (Washington, DC: Office of the Assistant Secretary of Defense, Production and Logistics, 1987).

8. Arnoud De Meyer and Bart Van Hooland, "The Contribution of Manufacturing to Shortening Design Cycle Times," *R&D Management* 20, no. 3 (1990): 229–39; Robert Hayes, Steven G. Wheelwright, and Kim B. Clark, *Dynamic Manufacturing* (New York: Free Press, 1988); Robert G. Cooper, "The New Product Process: A Decision Guide for Managers," *Journal of Marketing Management* 3 (1988): 238–55; and Hirotaka Takeuchi and Ikujiro Nonaka, "The New Product Development Game," *Harvard Business Review,* January–February (1986): 137–46.

9. Kathleen Eisenhardt and Behnam N. Tabrizi, "Accelerating Adaptive Processes: Product Innovation in the Global Computer Industry," *Administrative Science Quarterly* 40 (1995): 84–110; and Christian Terwiesch and Christoph H. Loch, "Measuring the Effectiveness of Overlapping Development Activities," *Management Science* 45 (1999): 455–65.

10. Billie J. Zirger and Modesto A. Maidique, "A Model of New Product Development: An Empirical Test," *Management Science* 36 (1990): 867–83; Roy Rothwell et al., "SAPPHO Updates—Project SAPPHO, PHASE II," *Research Policy* 3 (1974): 258–91; Albert H. Rubenstein et al., "Factors Influencing Innovation Success at the Project Level," *Research Management,* May (1976): 15–20; Axel F. Johne and Patricia A. Snelson, "Product Development Approaches in Established Firms," *Industrial Marketing Management* 18 (1989): 113–24; and Yoram Wind and Vijay Mahajan, "New Product Development Process: A Perspective for Reexamination," *Journal of Product Innovation Management* 5 (1988): 304–10.

11. Thomas F. Gattiker and Craig R. Carter, "Understanding project champions' ability to gain intra-

organizational commitment for environmental projects," *Journal of Operations Management* 28 (2010): 72–85.

12. Edwards Roberts, "Benchmarking Global Strategic Management of Technology," *Research Technology Management,* March–April (2001): 25–36.

13. E. Rudden, "The Misuse of a Sound Investment Tool," *Wall Street Journal,* November 1, 1982.

14. Mike Devaney, "Risk, Commitment, and Project Abandonment," *Journal of Business Ethics* 10, no. 2 (1991): 157–60.

15. Mike Devaney, "Risk, Commitment, and Project Abandonment."

16. F. Axel Johne and Patricia A. Snelson, "Success Factors in Product Innovation," *Journal of Product Innovation Management* 5 (1988): 114–28; and Frederick W. Gluck and Richard N. Foster, "Managing Technological Change: A Box of Cigars for Brad," *Harvard Business Review* 53 (1975): 139–50.

17. Robert G. Cooper, "Selecting Winning New Product Projects: Using the NewProd System," *Journal of Product Innovation Management* 2 (1985): 34–44.

18. John E. Butler, "Theories of Technological Innovation as Useful Tools for Corporate Strategy," *Strategic Management Journal* 9 (1988): 15–29.

19. Mariachiara Restuccia, Ulrike Brentani, and Renaud Legoux, "Product Life-Cycle Management and Distributor Contribution to New Product Development," *Journal of Product Innovation Management* 33 (2106): 69–89.

20. Anna S. Cui and Fang Wu, "The Impact of Customer Involvement on New Product Development: Contingent and Substitutive Effects," *Journal of Product Innovation Management* 34 (2016): 60–80.

21. Cornelius Herstatt and Eric von Hippel, "Developing New Product Concepts via the Lead User Method: A Case Study in a Low-Tech Field," *Journal of Product Innovation Management* 9 (1992): 213–21.

22. Dominik Mahr, Annouk Lievens, and Vera Blazevic. "The value of customer cocreated knowledge during the innovation process." *Journal of Product Innovation Management* 31 (2014), 599–615.

23. Asmus 和 Griffin 发现，将供应商与工程、制造和采购相结合的公司可以降低成本、缩短交货时间、降低开发风险和缩短开发周期。D. Asmus and J. Griffin, "Harnessing the Power of Your Suppliers," *McKinsey Quarterly*, no. 3 (1993): 63–79. 此外，Bonaccorsi 和 Lipparini 发现，与供应商组成战略联盟可以缩短产品开发周期、提高产品质量，尤其是在快速变化的市场中。A. Bonaccorsi and A.Lipparini, "Strategic Partnership in New Product Development: An Italian Case Study," *Journal of Product Innovation Management* 11, no. 2 (1994): 134–46.

24. Luara Birou and Stanley Fawcett, "Supplier Involvement in New Product Development: A Comparison of US and European Practices," *Journal of Physical Distribution and Logistics Management* 24, no. 5 (1994): 4–15; and Al Ansari and Batoul Modarress, "Quality Function Deployment: The Role of Suppliers," *International Journal of Purchasing and Materials Management* 30, no. 4 (1994): 28–36.

25. Interview with Andy Zynga, former CEO of NineSigma, March 13, 2018.

26. Nikolaus Franke and Martin Schreier. "Why customers value self-designed products: The importance of process effort and enjoyment," *Journal of Product Innovation Management* 27 (2010): 1020–31.

27. Wayne D. Hoyer et al., "Consumer cocreation in new product development," in *Journal of Service Research* 13, no. 3 (2010): 283–96.

28. Robert Cooper and Elko J. Kleinschmidt, "New Product Processes at Leading Industrial Firms," *Industrial-Marketing-Management* 20, no. 2 (1991): 137–48; and Robert G. Cooper, "Doing It Right," *Ivey Business Journal* 64, no. 6 (2000): 54–61; and Robert G. Cooper, "Stage-Gate Idea to Launch System," *Wiley International Encyclopedia of Marketing: Product Innovation & Management* 5, B.L. Bayus (ed.), (West Sussex UK: Wiley, 2011).

29. Robert G. Cooper, "Stage-Gate Idea to Launch System," *Wiley International Encyclopedia of Marketing: Product Innovation & Management* 5, B.L. Bayus (ed.), (West Sussex UK: Wiley, 2011).

30. Lorraine Y. Coyeh, Paul W. Kamienski, and Ramon L. Espino, "Gate System Focuses on Industrial Basic Research," *Research Technology Management* 41, no. 4 (1998): 34–7.

31. A. LaPlante and A. E. Alter, "Corning, Inc: The Stage-Gate Innovation Process," *Computerworld* 28, no. 44 (1994): 81.

32. John J. Cristiano, Jeffrey K. Liker, and C. C. White, "Key Factors in the Successful Application of Quality Function Deployment (QFD)," *IEEE Transactions on Engineering Management* 48, no. 1 (2001): 81.

33. Ian Bier, "Using QFD to Construct a Higher Education Curriculum," *Quality Progress* 34, no. 4 (2001): 64–9; Niel Eldin, "A Promising Planning Tool: Quality Function Deployment," *Cost Engineering* 44, no. 3 (2002): 28–38; and Willem J. Selen and Jos Schepers, "Design of Quality Service Systems in the Public Sector: Use of Quality Function Deployment in Police Services," *Total Quality Management* 12, no. 5 (2001): 677–87; Jose A. Carnevalli and Paulo C. Miguel, "Review, analysis and classification of the literature on QFD—types of research, difficulties and benefits," *International Journal of Production Economics* 114 (2008): 737–54.

34. Kim B. Clark and Steven C. Wheelwright, *Managing New Product and Process Development* (NewYork: Free Press, 1993); John R. Hauser and Don Clausing, "The House of Quality," *Harvard Business Review,* May–June (1988): 63–73; Abbie Griffin, "Evaluating QFD's Use in

US Firms as a Process for Developing Products," _Journal of Product Innovation Management_ 9 (1992): 171–87; and Abbie Griffin and John R. Hauser, "Patterns of Communication among Marketing, Engineering and Manufacturing," _Management Science_ 38 (1992): 360–73.

35. Evan I. Schwartz, "The Inventor's Play-Ground," _Technology Review_ 105, no. 8 (2002): 68–73.

36. Kim B. Clark and Steven C. Wheelwright, _Managing New Product and Process Development_ (NewYork: Free Press, 1993); J. R. Hauser and D. Clausing, "The House of Quality," _Harvard Business Review,_ (May–June 1988): 63–73; A. Griffin, "Evaluating QFD's Use in US Firms as a Process for Developing Products," _Journal of Product Innovation Management_ 9 (1992): 171–87; and Abbie Griffin and John R. Hauser, "Patterns of Communication among Marketing, Engineering and Manufacturing," _Management Science_ 38 (1992): 360–73.

37. This example is adapted from https://relyence.com/2018/02/22/a-real-world-fmea-example-in-six-steps/.

38. Lawrence P. Chao and Kosuke Ishii, "Design Error Classification and Knowledge Management," _Journal of Knowledge Management Practice,_ May (2004); and P. Valdes-Dapena, "Tagged: 10 Cars with Bad Reputations," CNNMoney.com (accessed April 23, 2009).

39. Gloria Barczak, Abbie Griffin, and Kenneth B. Kahn, "Trends and Drivers of Success in NPD Practices: Results of the 2003 PDMA Best Practices Study," _Journal of Product Innovation Management_ 26 (2009): 3–23.

40. Murray R. Millson, S. P. Raj, and David Wilemon, "A Survey of Major Approaches for Accelerating New Product Development," _Journal of Product Innovation Management_ 9 (1992): 53–69.

41. "The printed World," _The Economist (2011),_ February 10, 2011; K. Lee, "Foodini 3D printer cooks up meals like the Star Trek food replicator," www.inhabitat.com (2013): December 9th; Michael Fitzgerald, "With 3-D printing the shoe really fits." _MIT Sloan Management Review_ (2013), www.sloanreview.mit.edu: May 15th.

42. Bradford L. Goldense and J. Gilmore, "Measuring Product Design," _Machine Design_ 73, no. 14 (2001): 63–7.

43. Thomas D. Kuczmarski, "Measuring Your Return on Innovation," _Marketing Management_ 9, no. 1 (2000): 24–32.

44. Ibid.

12 新产品开发团队的管理

1. Morris A. Cohen, Jehoshua Eliashberg, and Teck Ho, "New Product Development: The Performance and Time-to-Market Trade-Off," _Management Science_ 42 (1996): 173–86.

2. Marco Iansiti and Alan MacCormack, "Living on Internet Time: Product Development at Netscape, Yahoo!, NetDynamics, and Microsoft," _Harvard Business School Case_ No. 9-697-052, 1996.

3. B. E. Collins and H. Guetzkow, _A Social Psychology of Group Processes for Decision Making_ (NewYork: Wiley, 1964); V. B. Hinsz, "Cognitive and Consensus Processes in

Group Recognition Memory Performance," *Journal of Personality and Social Psychology* 59 (1990):705–18; and M. E. Shaw, "Comparison of Individuals and Small Groups in the Rational Solution of Complex Problems," *American Journal of Psychology* 41 (1932): 491–504.

4. S. J. Karau and K. D. Williams, "Social Loafing: A Meta-Analytic Review and Theoretical Integration," *Journal of Personality and Social Psychology* 65 (1993): 681–706.

5. Dennis J. Devine et al., "Teams in Organizations: Prevalence, Characteristics, and Effectiveness," *Small Group Research* 30 (1999): 678–711.

6. Shona Brown and Kathleen Eisenhardt, "Product Development: Past Research, Present Findings, and Future Directions," *Academy of Management Review* 20, no. 2 (1995): 343–78.

7. Ibid.

8. Edward Roberts, "Benchmarking Global Strategic Management of Technology," *Research Technology Management,* (March-April 2001): 25–36.

9. Linda Rochford and William Rudelius, "How Involving More Functional Areas within a Firm Affects the New Product Process," *Journal of Product Innovation Management* 9 (1992): 287–99.

10. John R. Kimberly and Michael Evanisko, "Organizational Innovation: The Influence of Individual, Organizational, and Contextual Factors on Hospital Adoption of Technological and Administrative Innovations," *Academy of Management Journal* 24 (1981): 689–713; Fariborz Damanpour, "Organization Innovation: A Meta-Analysis of Effects of Determinants and Moderators," *Academy of Management Journal* 34, no. 3 (1991): 555–90; and Michael Aiken and Jerald Hage, "The Organic Organization and Innovation," *Sociology* 5 (1971): 63–82.

11. Thomas J. Allen, *Managing the Flow of Technology: Technology Transfer and the Dissemination of Technological Information within the R&D Organization* (Cambridge, MA: MIT Press, 1977); Deborah G. Ancona and David F. Caldwell, "Demography and Design: Predictors of New Product Team Performance," *Organization Science* 3 (1992): 321–41; and Deborah G. Ancona, and David F. Caldwell, "Bridging the Boundary: External Activity and Performance in Organizational Teams," *Administrative Science Quarterly* 37 (1992): 634–65.

12. P. Jervis, "Innovation and Technology Transfer—The Roles and Characteristics of Individuals," *IEEE Transaction on Engineering Management* 22 (1975): 19–27; and Danny Miller and Peter H. Friesen, "Innovation in Conservative and Entrepreneurial Firms: Two Models of Strategic Momentum," *Strategic Management Journal* 3 (1982): 1–25.

13. Irving L. Janis, *Victims of Groupthink* (Boston: Houghton Mifflin, 1972); Christian R. Ostergaard, Bram Timmermans, and Kari Kristinsson, "Does a Different View Create Something New? The Effect of Employee Diversity on Innovation," *Research Policy* 40 (2011), 500– 09.

14. Susan E. Jackson, Karen E. May, and Kristina Whitney, "Understanding the Diversity of

Dynamics in Decision Making Teams," in *Team Effectiveness and Decision Making in Organizations,* eds. R. A. Guzzo, E. Salas, and Associates (San Francisco: Jossey-Bass, 1995), 204–61; and Richard L. Priem, David A. Harrison, and Nan Kanoff Muir, "Structured Conflict and Consensus Outcomes in Group Decision Making," *Journal of Management* 21 (1995): 691–710; Ray Reagans and Bill McEvily, "Network Structure and Knowledge Transfer: The Effects of Cohesion and Range," *Administrative Science Quarterly* 48 (2003): 240–67.

15. Paul F. Lazarsfeld and Robert K. Merton, "Friendship as a Social Process: A Substantive and Methodological Analysis," in *Freedom and Control in Modern Society,* ed. M. Berger (New York: VanNostrand, 1954): 8–66.

16. Brian Uzzi, "Social Structure and Competition in Interfirm Networks: The Paradox of Embeddedness," *Administrative Science Quarterly* 42 (1997): 35–67.

17. Kenneth L. Bettenhausen, "Five Years of Groups Research: What We Have Learned and What Needs to Be Addressed," *Journal of Management* 17 (1991): 345–81; and Katherine Williams and CharlesA. O'Reilly, "Demography and Diversity in Organizations: A Review of 40 Years of Research," *Research in Organizational Behavior* 20 (1998): 77–140.

18. Warren Watson, Kamalesh Kumar, and Larry K. Michaelsen, "Cultural Diversity's Impact on Interaction Process and Performance: Comparing Homogeneous and Diverse Task Groups," *Academy of Management Journal* 36 (1993): 590–602; Ray Reagans and Bill McEvily, "Network Structure and Knowledge Transfer: The Effects of Cohesion an Range," *Administrative Science Quarterly* 48 (2003): 240–67.

19. Susan Jackson, Karen May, and Kristina Whitney, "Understanding the Diversity of Dynamics in Decision Making Teams."

20. Susan L. Kichuk and Willi H. Wiesner, "The Big Five Personality Factors and Team Performance: Implications for Selecting Successful Product Design Teams," *Journal of Engineering and Technology Management* 14, nos. 3–4 (1997): 195–222.

21. Steven C. Wheelwright and Kim B. Clark, *Revolutionizing Product Development: Quantum Leaps in Speed, Efficiency and Quality* (New York: Free Press, 1992).

22. Kim B. Clark and Steven C. Wheelwright, "Organizing and Leading 'Heavyweight' Development Teams," *California Management Review* 34, no. 3 (1992): 9–29.

23. Ibid.

24. Fariborz Damanpour, "Organization Innovation."

25. Kim Clark and Steven Wheelwright, "Organizing and Leading 'Heavyweight' Development Teams."

26. Edward F. McDonough, "Investigation of Factors Contributing to the Success of Cross-

Functional Teams," *Journal of Product Innovation Management* 17 (2000): 221–35.

27. Kim B. Clark and Steven C. Wheelwright, *Managing New Product and Process Development* (New York: Free Press, 1993); Edward F. McDonough and Gloria Barczak, "Speeding Up New Product Development: The Effects of Leadership Style and Source of Technology," *Journal of Product Innovation Management* 8 (1991): 203–11; and Gloria Barczak and David Wilemon, "Leadership Differences in New Product Development Teams," *Journal of Production and Innovation Management* 6 (1989): 259–67.

28. Shona Brown and Kathleen Eisenhardt, "Product Development."

29. Melissa A. Schilling and Charles W. L. Hill, "Managing the New Product Development Process: Strategic Imperatives," *Academy of Management Executive* 12, no. 3 (1998): 67–81.

30. C. W. Miller, "Hunting for Hunting Grounds: Forecasting the Fuzzy Front End," in *The PDMA Toolbook for New Product Development,* eds. P. Belliveau, A. Griffin, and S. Sommermeyer (New York: John Wiley & Sons, 2002).

31. Edward McDonough, "Investigation of Factors Contributing to the Success of Cross-Functional Teams."

32. Ibid.

33. Carla Joinson, "Managing Virtual Teams: Keeping Members on the Same Page without Being in the Same Place Poses Challenges for Managers," *Human Resource Magazine,* June 2002.

34. Frank Siebdrat, Martin Hoegl, and Holger Ernst, "How to Manage Virtual Teams," *MIT Sloan Management Review* (2009) Summer: July 1.

35. Ibid.

36. Frank Siebdrat, Martin Hoegl, and Holger Ernst, "How to Manage Virtual Teams," *MIT Sloan Management Review* (2009) Summer: July 1.

37. Frank Siebdrat, Martin Hoegl, and Holger Ernst, "How to Manage Virtual Teams," *MIT Sloan Management Review* (2009) Summer: July 1.

38. Bradley L. Kirkman et al., "Five Challenges to Virtual Team Success: Lessons from Sabre, Inc.," *Academy of Management Executive* 16, no. 3 (2002): 67.

39. Mitzi M. Montoya et al., "Can You Hear Me Now? Communication in Virtual Product Development Teams," *Journal of Product Innovation Management* 26 (2009): 139–55.

40. Arvind Malhotra, Ann Majchrzak, and Benson Rosen, "Leading Virtual Teams," *Academy of Management Perspectives* 21 (2007): 60–9.

13 制定部署战略

1. Jacob Kastrenakes, "The Biggest Winner from Removing the Headphone Jack Is Apple," *The Verge,* September 8, 2016.

2. J. Johng et al., "Honda Insight: Personal Hybrid," New York University teaching case, 2003.

3. Melissa A. Schilling, "To Protect or to Diffuse? Appropriability, Architectural Control, and the Rise of a Dominant Design," in A. Gawer's *Platforms, Markets, and Innovation* Cheltenham, UK Edward Elgar Publishing 2011).

4. Joost Rietveld, "Creating and Capturing Value from Freemium Business Models: A Demand–Side Perspective," *Strategic Entrepreneurship Journal* 12, no. 2(2018): 171–93.

5. Melissa A. Schilling, "Technological Leapfrogging"; and Melissa A. Schilling, "Winning the Standards Race: Building Installed Base and the Availability of Complementary Goods," *European Management Journal* 17 (1999): 265–74.

6. D. Machan, "Great Job—You're Fired," *Forbes* 158, no. 7 (1996): 145–46.

7. Reinders, MJ, Frambach, RT, and Schoormans, JPL. "Using Product Bundling to Facilitate the Adoption Process of Radical Innovations," *Journal of Product Innovation Management* 27 (2010): 1127–40.

8. Rick Munarriz, "Conversions Dip at Sirius XM Radio but Don't Panic," *The Motley Fool,* February 2, 2016.

9. Oliver Hinz et al., "Seeding Strategies For Viral Marketing: An Empirical Comparison," *Journal of Marketing* 75 (November 2011): 55–71; see also Muaro Bampo et al., "The Effects Of Social Structure Of Digital Networks On Viral Marketing Performance," *Information Systems Research* 19 (2008) (3): 273–90.

10. Philip Kotler, *Marketing Management* (Upper Saddle River, NJ: Prentice Hall, 2003). See also Y. Chen and J. Xie, "Online Consumer Review: Word-Of-Mouth As A New Element Of Marketing Communication Mix," *Management Science* 54 (2008): 477–91.

11. Everett M. Rogers, *Diffusion of Innovations,* 3rd ed. (New York: Free Press, 1983).

12. Jakki Mohr, *Marketing of High-Technology Products and Innovations* (Upper Saddle River, NJ: Prentice Hall, 2001).

13. Geoffrey Moore, *Inside the Tornado* (New York: Harper Business, 1995).

14. M. E. McGann, "Crossing Swords," *Dealerscope Consumer Electronics Marketplace* 37, no. 10 (1995): 63–5; and Schilling, "Technological Leapfrogging."

15. Rajesh K. Chandy and Gerard Tellis, "The Incumbent's Curse? Incumbency, Size, and Radical Product Innovation," *Journal of Marketing* 64, no. 3 (2000): 1–18.